普通高等学校物流管理专业本科系列教材

吴志华 等 编著

供应链管理
——战略、策略与实施

重庆大学出版社

内 容 提 要

本书首次按战略(外包战略、供应链创建战略与供应链整合战略)、策略(供应链关系策略、供应链产品策略与供应链物流策略)与实施(供应链流程管理、供应链控制管理、供应链信息管理与供应链成本管理)的管理思路搭建框架,着重阐述富有供应链管理个性特点的牛鞭效应理论与费歇尔供应链匹配理论、供应链管理的最新发展以及可供选择的供应链战略、策略及其实施路径、手段与方法,努力通过专题或综合性的案例分析、啤酒游戏体验等密切供应链管理理论与实际的结合。

本书可作为高等院校物流管理专业、相关专业《供应链管理》课程的教学用书,也可作为相关理论与实务人员的参考书。

图书在版编目(CIP)数据

供应链管理——战略、策略与实施/吴志华等编著. —重庆:重庆大学出版社,
2009.1(2024.12重印)

(普通高等学校物流管理专业本科系列教材)

ISBN 978-7-5624-4608-8

Ⅰ.供…　Ⅱ.吴…　Ⅲ.物资供应—物资管理—高等学校—
教材　Ⅳ.F252

中国版本图书馆CIP数据核字(2008)第117276号

供应链管理
——战略、策略与实施
吴志华 等 编著

责任编辑:梁 涛 谢 芳　版式设计:梁 涛
责任校对:文 鹏　　　　责任印制:赵 晟

*

重庆大学出版社出版发行
出版人:陈晓阳
社址:重庆市沙坪坝区大学城西路21号
邮编:401331
电话:(023)88617190　88617185(中小学)
传真:(023)88617186　88617166
网址:http://www.cqup.com.cn
邮箱:fxk@cqup.com.cn(营销中心)
全国新华书店经销
重庆亘鑫印务有限公司印刷

*

开本:787mm×960mm　1/16　印张:22　字数:454千
2009年1月第1版　2024年12月第11次印刷
印数:12 216—13 215
ISBN 978-7-5624-4608-8　定价:59.00元

编 委 会

序 XU

——实行供应链管理的战略制胜

2007 年下半年起的通胀逐渐渗透到经济体系的各个环节,各类物价相互推动、交替增长。由于这是在农产品总体供给充裕的情况下出现的,因此农产品涨价更多地反映了成本上升的压力。据有关部门对全国 30 个省(区、市)化肥市场监测,2008 年 4 月份国内主要化肥品种价格继续上涨。其中,国产尿素、磷酸二铵、氯化钾平均零售价格分别为 2 130 元/吨、4 270 元/吨、3 070 元/吨,分别比上月上涨 5.45%,6.75%,9.25%,比去年同期上涨 14.52%,61.13%,52.74%。另外,中国经济的高增长与高消耗促使我国成品油、天然气、电、水、土地等资源性产品价格呈现出强烈的趋涨之势;国际铁矿石、石油等原材料价格大幅度上涨,从供应链上游开始推动了企业采购成本的增加;劳动力价格的上升、社会福利水平的进一步完善,特别是劳动力工资超越劳动生产率的进步显然会形成通胀压力。而这些由原材料、燃动力购进价格涨幅等引起的 PPI 上涨,会和农产品价格上涨相互影响,从而导致 PPI 和 CPI 联动上涨,也容易导致价格的全面通胀。

对此,目前政府明显加大了治理通货膨胀的力度。但由于这些宏观调控手段并不能从根本上解决企业高成本的问题,且可能迫使更多的企业倒闭,造成更多人员的失业,所以根治通胀的关键还在企业。它可以通过签订长期供货协议或对上游进行前向一体化的整合等保持原材料采购成本的稳定;可以通过制造业劳动生产率的提高而在内部消化大部分的涨价因素;可以通过对供应链的系统整合和吸收,使整个生产组织和物流管理水平都得到相应的提高,从而促使物流费用的下降。当然,还可以通过企业在产业中的影响力把过高的成本压力向下游转移,成品油、水、电等行业往往就是这样。

随着信息技术以及各种自动化技术在生产过程中的不断应用,企业生产率已被提到了一个相当高的程度,产品生产率的潜力作用相对变小;外包在享受其好处的同时,也要支付不小的机会成本,且外包并没有触及解决牛鞭效应的本质因素——供应链上各企业各自为政而形成的短期决策;竞争日益激烈,使得企业不仅面临着日益趋涨的成本压力,而且还必须谋求不断提高的响应速度与服务质量;随着全球经济一体化和信息技术的发展,企业之间的合作正日趋加强,跨地区甚至跨国合作的趋势明显,因此企业竞争的视角必须由国内扩展到国际……凡此种种,使得企业必须着眼于经营各环节费用的降低,必须努力考虑企业内外两个资源的有效配置,即不仅要协调企业计划、采购、制造和销售的各个环节,而且要与包括供应商、承销商等在内的上下游企业紧密配合。为此致力于专长发挥基础上合作的供应链管理大有用武之地,必将成为未来企业实行战略制胜的关键举措。这也是供应链管理作为一门学科,形成的时间虽然不长,但不断得到重视、再重视的根本原因之所在。在这种情况下,如何建设富有系统性与切实性的供应链管理教材就成了许多仁人志士的重要追求。

综观国内外供应链管理书籍,大致可以分成两大类别:国内出版的供应链管理教材和能够参阅到的供应链管理研究专著。对于前者,主要着眼于对供应链管理基本概念、理论与方法的阐述,大多按供应链管理基础—供应链设计—供应链合作—供应链物流—供应链职能管理的逻辑展开,所述内容也大致雷同。它对于供应链管理在中国的运用、推广起到了重要的基础性导引作用,但也存在着章节间逻辑关系不很明确,与物流管理的内容重复较多,对内地企业实施供应链管理的针对性不强等不足。而对于后者,随着供应链理论与实践的不断发展,可以说学术界出现了由国外翻译与国内专著所组成的供应链管理"丛林"。由于供应链管理本身的不成熟、所涉及范围的宏大,以及国内外供应链管理环境与中外学者研究视角的较大差别,致使不同供应链管理书籍间存在着从框架到内容的很大差别,从而又大大影响了一般在校生与相关人士的学习与运用。

2005年,笔者有幸参加了北京大学召开的"供应链管理与知识管理高层论坛",会上公布的联泰供应链管理案例,让我真切地感受到供应链管理在内地运用的美好前景,更让我充分感悟并确立了实行供应链管理的基本框架——战略制订、策略细化与实施控制。随后,我大胆地在南京财经大学本科与硕士生的《供应链管理》教学、相关本硕士论文与全国物流设计大赛方案指导中,以及相关供应链管理咨询或课题项目中进行创新性的探讨,也收到了良好的效果。而本书则为多年来进行供应链管理教学、研究与咨询的初步总结与提炼。

值得一提的是,2006年暑假我随同国内外20余名物流与供应链管理专家、教授一起实地考察了位于广东东莞的联泰供应链城,期间,笔者进一步坚信了供应链管理的真谛——专长基础上的供应链合作,并把它自觉地体现到有关教研与社会服务中。本书虽然没有独立的供应链合作章节,但供应链合作已渗透到本书的主要章节及核心表述中。

本书充分考虑了供应链管理的逻辑性、一致性和创新性要求,努力从供应链管理的战略、策略和实施3个逻辑层面强化理论与实际相结合的内容安排,满足物流管理专业学生想更多地运用供应链管理的实践性要求;努力根据物流管理专业学生的知识特点与能力要求安排相关内容,防止它与《物流管理学》、《仓储管理》等相关课程的重复。除此之外,本书还重视供应链理论研究前沿与实际运用动态的追踪,力求把一些相对成熟的内容,如把 SCOR 9.0 版本等吸收到本书中来,努力倡导最具管理学特点的供应链管理的案例教学与游戏体验等。

当然,细究本书,发现按战略、策略与实施重构供应链管理的框架与内容非常不易,期间的一些观点与论据也值得进一步研究或推敲,真诚地希望广大读者给予必要的理解、批评与指正,以期共同促进中国供应链管理的战略制胜。

吴志华

2008 年 5 月 12 日

目 录

第 **1** 章

供应链管理导论

本章导读：

- "在 21 世纪,市场上只有供应链而没有企业,市场竞争将是供应链和供应链的竞争,而不是企业和企业的竞争。"

  ——Martin Christopher(2005 年 CSCMP 物流突出贡献奖得主,英国著名物流专家)

- 致力于真正领悟供应链管理的真谛,并使其在今后的工作、生活中有意识地调整自己的行为和心态。

- 关注牛鞭效应及其相关的供应链管理理论,以及纵向一体化向横向一体化、供应链一体化的转变。

1.1　物流、供应链与供应链管理的概念

物流的概念最早是在美国形成的,当初被称为 Physical Distribution(PD),译成汉语是"实物分配"或货物配送。1963 年被引入日本,当时的物流被理解为"在连接生产和消费间对物资履行保管、运输、装卸、包装、加工等功能,以及作为控制这类功能后援的信息功能,它在物资销售中起了桥梁作用"。

我国是在 20 世纪 80 年代才接触"物流"这个概念的,此时的物流已被称为 logistics,而不是过去的 PD 概念了。"logistics"一词来源于希腊的"logistike",意为计算的艺术(the Art of Calculating)。作为一个学术术语,则源于军需物流的配送(the Procurement of Ammunitions and Essential Supplies to Troops Located at the Front),这是二战期间军队在运输武器、弹药和粮食等给养时使用的一个名词,它是维持战争需要的一种后勤保障系统。后来 Logistics 一词转用于物资流通,被发展为一种主要涉及运输、包装与仓储管理及其相关职能或服务的工商管理科学与艺术。这时,物流就不单纯是考虑从生产者到消费者的货物配送问题,而且还要考虑从供应商到生产者对原材料的采购,以及生产者本身在产品制造过程中的运输、保管和信息等各个方面,全面地、综合性地提高经济效益和效率的问题。因此,现代物流是以满足消费者的需求为目标,把制造、运输、销售等市场情况统一起来考虑的一种战略措施,这与传统物流把它仅看作是"后勤保障系统"和"在销售活动中起桥梁作用"的概念相比,在深度和广度上又有了进一步的含义。

美国物流管理协会(Council of Logistics Management)关于物流的定义认为,现代物流是供应链流程的一部分,是对从产品源头到最终消费全过程中所涉及的前后向产品位移、储存及相关服务与信息进行富有效率与效益的计划、实施与控制,其目的是满足顾客需要(Logistics is that part of the supply chain process that plans, implements, and controls the efficient, effective forward and reverse flow and storage of goods, services, and related information between the point of origin and the point of consumption in order to meet customers' requirements.[①])

目前物流管理已经扩展到包括上游供应链的企业之间的物资管理,从这个意义上讲,物流指的是供应链范围内企业之间的物资转移活动(不包括企业内部的生产活动)。另外,值得一提的是,现代企业物流管理已经把采购与分销两个为生产服务的领域统一

---

① 　来源于 http://www.iwla.com/why/industry.aspx.

在一起,形成所谓的物流供应链。

在物流管理出现之前,物流管理业务只是被当作制造活动的一部分。直到 20 世纪60 年代物料管理(Materials Management)和物资配送(Physical Distribution)出现后,情况才发生了变化。20 世纪 80 年代出现了把企业的输入与输出物流管理以及部分市场和制造功能集成在一起的集成物流的概念(Integrated Logistics),并在 20 世纪 90 年代初进一步出现了以企业通过和其他的供应链成员进行物流协调为重要内容的集成供应链概念(Integrated Supply Chain)。

目前,不同的学者对传统的物流管理、物料管理、物资配送与现代物流管理等概念及其与供应链管理关系的理解和所指的范围均有所不同,而图 1.1 则较好地反映了他们的内在演变关系。

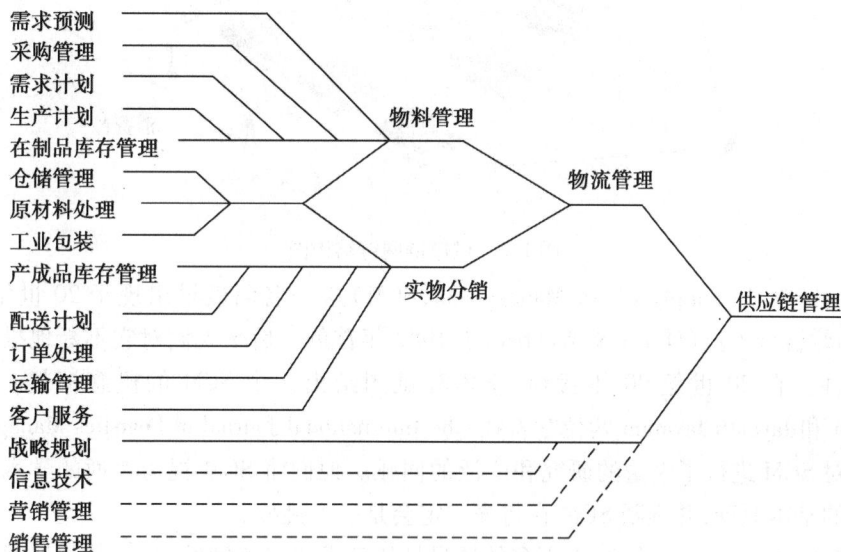

图 1.1 物流与供应链的发展关系图

关于供应链的定义,马士华认为:供应链是围绕核心企业,通过对信息流、物流、资金流的控制,从采购原材料开始,制成中间产品以及最终产品,最后由销售网络把产品送到消费者手中的将供应商、制造商、分销商、零售商,直到最终用户连成一个整体的功能网链结构模式。中华人民共和国国家标准《物流术语》对供应链的定义(GB/T 18354—2001)是:生产和流通过程中,涉及将产品或服务提供给最终用户活动的上游与下游企业所形成的网链结构。美国供应链协会则认为:供应链涉及从供应商的供应商到客户的客户的产品生产与交付的一切努力。

供应链是由原材料采购、加工并配送成品的过程中围绕核心企业而形成的合作性网链结构(见图 1.2)。它是市场经济发展的产物,是日益重要的产业组织形式与市场营销方式。随着市场竞争的不断加剧,社会不断地对供应链的速度、柔性、质量成本与服务等指标提出了要求,从而促进了以供应链提升或竞争力增强为基本目标的供应链管理的发展。

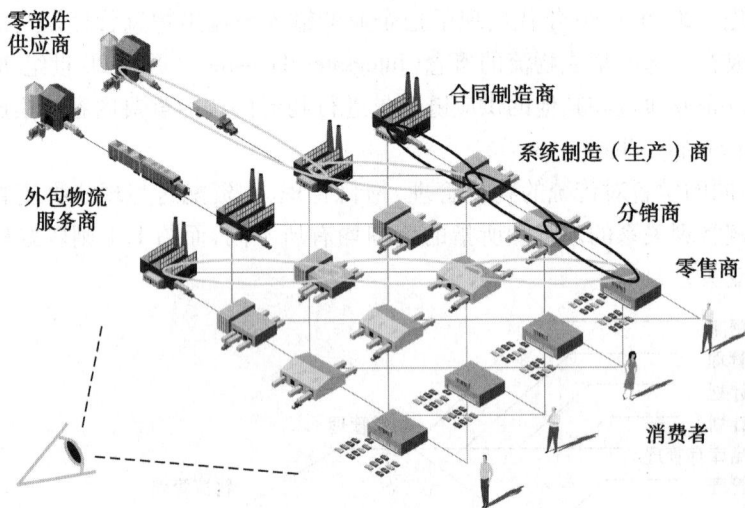

图 1.2　供应链网链结构图

供应链管理(Supply Chain Management,SCM)这一名词最早出现于 20 世纪 80 年代,由两位咨询人员(Oliver & Webber)于 1982 年首创。后来人们对它不断地投入了巨大的关注。在 20 世纪 90 年代初,学术界试图给出一个 SCM 的概念框架。Bechtel Christian 和 Jayanth Jayaram 两位学者在"the International Journal of Logistics Management"一文中对 SCM 进行了大量的研究和广泛的回顾。他们将 SCM 视为普通的学术理论去研究它的基本原理,并推断 SCM 在将来一定会是一个挑战。

长期以来,对于供应链管理更多的还只是从学术研究角度的引导,是从普通的层面而不是在引导业务实践上进行的。这就有必要从构建理论、开发标准化的工具方法方面使 SCM 的实践更为成功。

关于供应链管理的定义有多种不同的表述。尹文斯的定义是:"供应链管理是通过前馈的信息流和反馈的物料流及信息流,将供应商、制造商、分销商、零售商,直到最终用户连成一个整体的管理模式。"而菲利浦则认为:"供应链管理不是供应商管理的别称,而是一种行业的管理体制策略,它把不同企业集成起来以增加整个供应链的效率,注重企业之间的合作。"供应链世界论坛①给出的定义为:"供应链管理是从提供商品、

①　1993 年成立的一个世界性非营利组织和学术研究机构,它定期举办研讨会议,对供应链管理进行研究和探讨,以进一步完善供应链的理论和实践。

服务和信息来为用户和股东增添价值的,从原材料供应商一直到最终用户的关键业务过程的集成管理。"《物流术语》国家标准(GB/T 18354—2001)将供应链管理定义为:"利用计算机网络技术全面规划供应链中的商流、物流、信息流、资金流等,并进行计划、组织、协调与控制。"马士华将供应链管理定义为:"供应链是围绕核心企业,通过对信息流、物流、资金流的控制,从采购原材料开始,制成中间产品以及最终产品,最后由销售网络把产品送到消费者手中的将供应商、制造商、分销商、零售商,直到最终用户连成一个整体的功能网链结构模式。"

  供应链是围绕核心企业,由供应商、制造商、分销商、零售商与最终用户连成的一个功能性网链结构,它涉及从供应商的供应商到客户的客户的全过程。而供应链管理是围绕核心企业,借助于信息管理技术,将从原材料采购、产品制造、分销,到交付给最终用户全过程中的相关业务流程(商流、物流、信息流、资金流)进行协同运作的管理总称。其目的是在提高客户满意度的同时,降低整个供应链系统的成本。它与采购与供应管理、分销管理、物料管理和物流管理的联系与区分大致可以从图1.3中得到反映。

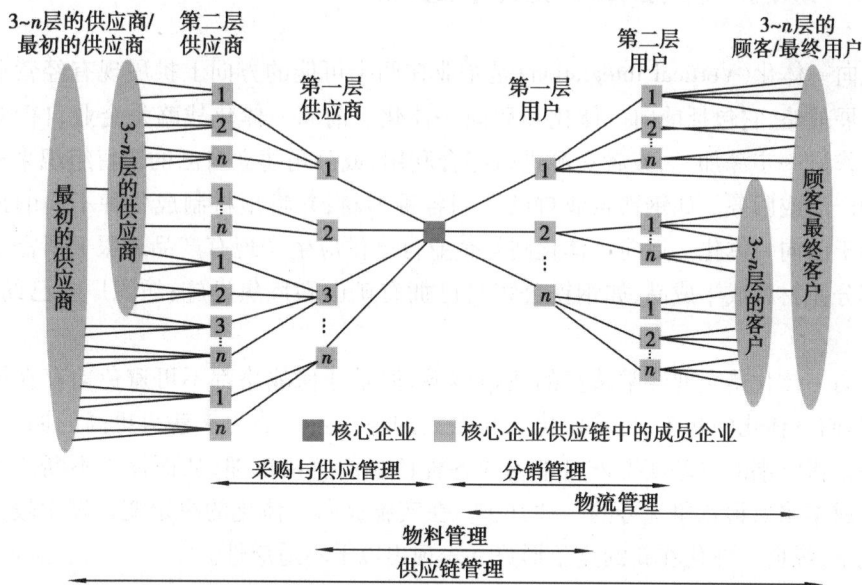

图1.3　供应链管理与相关概念的关系图

其基本要点包括:

①以流程为中心,强调从职能管理向过程管理转变。

②注重顾客价值与灵活性,强调从利润管理向绩效管理转变,以及从产品管理向顾客管理转变。

③注重供应商与客户关系管理,强调从交易管理向关系管理转变。

④用信息来驱动、代替库存,强调从库存管理向信息管理转变。

⑤强调专长基础上的内外资源协同利用,以及推迟定制等方法的运用。其中推迟定制是指在设计产品时,将产品的制造和订单执行过程尽可能地标准化,推迟客户差异点,在提高客户价值的同时,提高资产利用率。

1.2 供应链管理产生与发展的背景

关于供应链管理的产生与发展,很多书籍都有大同小异的描述,这里着重从其中纵向一体化及其向横向一体化、供应链一体化转变的内在逻辑角度进行分析。

1.2.1 纵向一体化对环境的不适应

纵向一体化(Vertical Integration)是企业在两个可能的方向上扩展现有经营业务的一种发展战略,它包括前向一体化和后向一体化。前向一体化战略是企业自行对本公司产品作进一步深加工,或者资源进行综合利用,或公司建立自己的销售组织来销售本公司的产品或服务。如钢铁企业自己轧制各种型材,并将型材制成各种不同的最终产品即属于前向一体化。后向一体化则是企业自己供应生产现有产品或服务所需要的全部或部分原材料或半成品,如钢铁公司自己拥有矿山和炼焦设施;纺织厂自己纺纱、洗纱等。

纵向一体化是企业经常选择的战略体系,但是任何战略都不可避免地存在风险和不足,纵向一体化的初衷,是希望建立起强大的规模生产能力来获得更高的回报,并通过面向销售终端的方略获得来自市场的各种信息的直接反馈,从而促进不断改进产品和降低成本来取得竞争优势的一种方法。在实施纵向一体化的决定变量发生较大变化的情况下,纵向一体化在新的竞争形势下表现出以下不适应性。

1)缺乏快速响应能力

企业无论是实施前向一体化还是实施后向一体化,都必然涉及产权交易。而产权交易少则需要花费数月,多则需要花费数年的时间,包括为实施并购开展先期调研和可行性分析的时间、寻找合适的潜在并购对象的时间、与潜在并购对象进行谈判的时间、为实施并购筹措资金的时间、取得政府有关批文的时间、签订并购合同以后企业整合的时间等。而众多的市场需求却具有即时性的特点,实施纵向一体化所需要的较长时间周期使得纵向一体化缺乏快速响应的能力。

2）市场风险不断增加

纵向一体化会提高企业在行业中的投资，提高推出壁垒，从而增加商业风险，有时甚至还会使企业不可能将其资源调往更有价值的地方。由于在所投资的设施耗尽以前放弃这些投资成本很大，因此，纵向一体化的企业对新技术的采用常比非一体化企业慢一些。对于专用性程度较高的资产而言，纵向一体化所进行产权交易的结果使资产得以在企业内部沉淀下来。而市场机会变化迅速，在并购完成以后，市场需求和竞争态势可能已经发生了翻天覆地的变化，使得纵向一体化的潜在风险大大增加。

3）代价昂贵

纵向一体化迫使企业依赖自己的场内活动而不是外部的供应源，这样做所付出的代价可能随时间的推移而变得比外部寻源还昂贵。产生这种情况的原因有很多。例如，纵向一体化可能切断来自供应商及客户的技术流动。如果企业不实施一体化，供应商经常愿意在研究工程等方面积极支持企业。再如，纵向一体化意味着通过固定关系来进行购买和销售，上游单位的经营激励可能会因为是在内部销售而使竞争有所减弱。反过来在从一体化企业内部某个单位购买产品时，企业不会像与外部供应商做生意时那样激烈地讨价还价。因此，内部交易会减弱员工降低成本、改进技术的积极性。

4）需要不同的技能和管理能力

尽管存在一个纵向关系，但是在供应链的不同环节可能需要不同的成功关键因素，企业可能在结构、技术和管理上各有不同。熟悉如何管理这样一个具有不同特点的企业是纵向一体化的主要成本。例如，很多制造企业会发现，投入大量的时间和资本来开发专有机能和特许经营技能以便前向一体化进入零售货批发领域，并不是总如他们想象的那样能够给他们的核心业务增值，而且拥有和运作批发、零售网络会带来很多棘手的问题。

5）不利于形成和强化核心竞争力

过分强调纵向一体化，必然使得企业战线拉得过长，将企业有限的人力、物力、财力分散到众多的领域，使企业难以集中资源发展、强化核心竞争力和核心业务。尤其是在企业尚未形成自己的核心竞争力的情况下，盲目进行规模的扩张，追求"大而全"、"中而全"、"小而全"所进行的纵向一体化，必然以失败而告终。事实上，即使是 IBM 这样的大型跨国公司，从 20 世纪 80 年代末起就不再进行纵向发展，而是与其他企业建立了广泛的合作关系。面对新的竞争形势,企业实施纵向一体化必须慎重,至少需要具备以下条件:在现有的业务环节已建立明显的核心竞争力;资产具有足够的专用性;市场需求和竞争形势相对稳定;企业资源能够确保纵向一体化所需;纵向一体化的实施周期不能太长等。否则,最好不要实施纵向一体化。随着竞争形势的变化,纵向一体化的趋势必然减弱。

1.2.2 横向一体化模式的主要内容及其特征

从 20 世纪 80 年代后期开始,国际上越来越多的大公司开始逐步放弃"纵向一体化"的经营模式,"横向一体化(Horizontal Integration)"的经营思想开始兴起。"横向一体化"是企业充分利用外部资源以便快速响应市场需求的经营模式,对本企业即核心企业来说,只需要抓住最核心的东西:产品方向和市场。至于生产,只需把握关键零部件的制造,甚至全部委托其他企业加工。纵向一体化向横向一体化的转变,从西方经济学角度来讲,是组织通过权衡,认为公司内部交易成本大于外部市场交易成本的结果。但横向一体化注重与外部组织的合作与共存,故其与外界的交易是非纯粹的市场交易,而是在完全市场交易与内部组织交易之间达到了一个均衡,从而有利于企业整体利益的实现、竞争优势的形成。

横向一体化经营模式具有以下特征:

1)生产的专业性

在横向一体化思想的指导下,企业集中其有限的资源专注于核心业务,围绕核心能力从事开放式专业化经营,着重于发挥自身的核心能力,致力于成为某个领域的世界领先者。尤其是随着科学技术的发展,社会生产过程不断向纵深拓展,社会分工越来越细化,企业如果一味地追求包揽整个产业链,就很难在某些业务领域达到顶级水平。所以,在横向一体化模式下,企业尽可能集中智力资源、技术优势、资金实力于关键业务领域,发挥其独特的优势,进行产品或服务的专业化生产和经营。

2)市场的广泛性

全球经济一体化促进了国与国之间的经济往来,也使市场的边界逐步消失,各国消费者之间的消费习惯和消费倾向也逐步趋同,统一的大市场开始形成。在此条件下,企业不仅仅是局限于本国的区域市场以及需求多样化影响下的较小规模的产品市场,而是经过多国市场的叠加效应,产品市场变得较为广阔。当一种新产品诞生后,企业可以通过各种渠道投放到各国市场上,以谋求多国同一市场的支配地位。所以,在横向一体化的经营模式下,企业要走出国门,广泛地与各国公司进行交流与合作,多方捕捉市场机会,在全球市场上争取一席之地。

3) 产品的标准性

在纵向一体化时期,企业包揽产品的设计、开发、生产、销售等各个环节,所以产品的部件没有更多可以选择的余地;在横向一体化时期,企业谋求与供应商之间广泛合作,使用标准的零部件产品,使公司在物色供应商时有更多的选择。正如计算机行业中模块化思想的运用:核心企业制订和发布标准化设计规则,各供应商在充分遵循该体系结构、接口标准的情况下进行某个或多个模块的设计,最后由核心企业进行组装和测试。核心企业在选择供应商时,按其信誉、产品质量、价格等因素做全面衡量,以最终确定产品供应商。除了计算机行业以外,其他行业甚至许多服务行业也正在进行模块化管理,通过模块化,企业与企业之间的横向联系变得明确而简单,也避免了很多繁杂的合作协议和条款。

4) 管理的延展性

在要求企业强化与供应商、销售商关系的基础上,管理的边界已经从企业内部的各职能部门、各事业单位之间的管理延展至企业与供应商、分销商之间的管理与沟通。所以,管理领域已变得相当宽泛。在过去,企业或者选择内部自己供给,或者选择纯粹的市场交易,其管理只局限于企业内部的协调与沟通;而现在,企业必须在与合作伙伴相互信任和理解的情况下,以为顾客创造更大价值为首要目标,变对立关系为长期共存、互惠互利的协作关系。

5) 组织的柔韧性

在"业务核心化"的指导下,许多公司开始剥离低收益的附属业务,甚至剥离大块大块的资产以精简管理机构,而把业务集中于有发展潜力的方面。同时,在公司内部采用可以快速重构的生产单元构成的扁平组织结构,以充分自治的、分布式的协同工作代替宝塔式的多层管理结构,充分发挥人的创造性。在公司与外界的衔接上,传统企业的有形边界已被打破,组织内部与外部的划分已经不那么明显,为了共同完成一项任务,组织内部部门可以进行自由拆分并与外部机构或组织进行自由组合。

6) 信息的共享性

要达到企业与企业间的良好协作与有效沟通,信息的交流必不可少。在全球性信息网络系统中,组织内及组织与组织之间的信息交换和处理能力得到极大的提高,为生产技术、新型管理技能和研究开发成果在公司间的瞬间传递提供了可能。实施供应链管理使供应商和销售商实现信息共享，供货商们可以直接进入到企业的系统，相互的信任度大大加强，双方不再是零和关系①，而是建立在共赢基础上的受欢迎的业务合作伙伴，例如像沃尔玛实行的"零售链接"。通过零售链接，供货商们就可以随时了解销售情况，对将来货物的需求量进行预测，以决定生产情况，这样他们的产品成本也可以降低，从而使整个流程成为一个"无缝"的过程。

1.2.3　供应链一体化及其特征

纵向一体化向横向一体化的转变，较好地顺应了"公司内部交易成本大于外部市场交易成本"的发展要求，但随之又产生了许多组织间需要协调的问题（参见第3章中关于外包的机会成本等内容）。在这种情况下，源于中间产品的市场交易效率高于内部分工交易效率的横向一体化就有必要向供应链一体化（Supply Chain Integration）转变，以进一步顺应以信息、通讯与交通为代表的新技术发展、市场制度在全球范围的拓展，以及企业竞争向供应链竞争的转变。其核心要求是通过供应链管理努力取得纵向一体化下的企业内部优势与横向一体化下的外包优势——基于供应链合作的企业内外部集成优势。

供应链一体化不仅能够使顾客、供应商、制造商、零售商等都获利，而且还可以为顾客提供最大化的价值。因为通过供应链上的无缝链接，可以把供应链的成本降低，使从供应商直到终端顾客的每一个成员都分享好处。如果供应链中的某企业篡改供应链规则，压榨供应商或对顾客服务质量漠视，在卖方市场环境下，顾客只能忍气吞声。但在现实环境下，这些企业将会遭到顾客的遗弃，同时供应链其他成员也将采用一致行动，或者核心企业主持"公道"将他清除出供应链，因为他的存在可能造成供应链的崩盘。

供应链一体化具有如下特征：

1）顾客导向性

企业的目标永远都会是以最低的投入为顾客提供产品和服务，从而获得最大化的收益。所不同的是，传统企业凭借自身资源，或单独面向市场，或以"纵向一体化"形式面对市场而获利。他们按照自己对市场的预测设计、生产产品，按自己的需要为顾客提供服务，由于体制的局限，他们往往离顾客最远，因此往往不能满足顾客的需求。而供应链一体化中的企业可以通过整合各自企业的优势，以最低的整体成本，敏捷地满足顾

---

① 零和关系即一方的所得和另一方的所失相等。

客的需要,通过提供全面的服务,赢得顾客、稳定顾客、实现市场目标和企业的经营目标。整个供应链就是围绕顾客而展开的服务网络,在这个网络中,有的企业开发和设计顾客喜欢的产品,有的企业以最低的成本生产出优质产品,敏捷的物流保证,及时的可得性,完善的售前、售中、售后服务,分工协作,协调运行,从而使顾客认为该产品就是为其量身定做的,该产品所承载的服务正是其所需要的。靠某一个企业的有限资源来做到这些往往并不是最优的,良好的选择是依靠供应链的整体才能做到。因此,供应链一体化的价值取向是顾客服务,顾客服务是提高效率、实现企业目标的决定性因素。

2) 战略性

供应链一体化强调和依赖战略管理。在供应链一体化模式下,管理信息、管理技术和企业资源成为供应链节点企业的共享资源,克服了传统管理模式下企业"纵向一体化"的"大而全"、"小而全"的资源浪费和管理成本居高不下的弊病;从供应链节点企业的竞争性质来看,节点企业之间的竞争是基于培育和巩固供应链整体竞争力和各企业竞争力的双赢性竞争,克服了传统管理模式下企业之间竞争的对抗性;从供应链节点企业与其他企业的竞争来看,不仅仅是企业与企业之间的竞争了,而是供应链系统与供应链系统之间的整体性竞争。

3) 系统性

供应链一体化把从供应商、生产商、销售商到终端顾客组成的供应链中所有节点企业都看成是一个系统整体,使管理贯穿整个物流的、从供应商到终端顾客的采购、制造、分销、零售等职能领域的过程,从而克服了传统管理模式中企业只关注自身因素,忽视外在因素对企业竞争力的影响,导致供、产、销、人、财、物相互脱节的弊端。

供应链一体化是集成化管理的思想的结果,而不仅仅是节点企业、技术方法等资源的简单连接。它包括三个层面的内容:首先,它强调企业内部供应链的整合,这是供应链一体化的基础。它强调企业管理的效率,如在优化资源和能力的基础上,如何以最低的成本和最快的速度生产出最好的产品,敏捷地满足顾客的需求,以提高企业反应能力和效率,提高企业的运作柔性。其次,强调企业外部供应链的整合,这是供应链一体化的关键。它强调企业战略伙伴关系管理,强调以面向供应商和顾客取代面向产品,增加与供应商和顾客的联系,增进相互之间保持一定的一致性,实现信息共享。最后,形成具有同步化敏捷响应有效顾客需求能力的动态联盟。

4) 敏捷性

组织结构柔性化和业务流程规范化是供应链一体化的基础和保证。在企业内部,通过采用 TQM（全面质量管理）、JIT（准时制管理）有效地提高生产的柔性，降低生产成本，提高质量；在企业外部，通过与合作伙伴业务流程的规范化，缩短提前期，降低物流成本，增强市场竞争的协同性和顾客服务的一致性，赢得市场营销的优势；同时将顾客纳入一体化管理系统，采用顾客关系管理系统（Customer Relationship Management，CRM）、柔性制造系统（Flexible Manufacturing System，FMS）提高顾客响应能力，提高顾客服务水平。如果以核心企业为基点，供应链一体化可以被看作是两种关系的对接与融合。在核心企业的上游是由核心企业与供应商乃至供应商的供应商组成的供应链伙伴关系，在核心企业的下游是由核心企业与下游生产商、销售商（分销商、零售商）、终端顾客组成的顾客关系。这两种关系通过核心企业在供应链上衔接，从而形成一个一体化的整体。通过 Internet/Intranet 或电子数据交换（EDI）系统将企业无缝连接，可以根据动态联盟的形成和解体进行快速的业务流程重构，提高企业的敏捷性和对市场的快速反应。这样，在供应链管理的整体需要的带动下，企业内部的业务流程也必然敏捷化，而企业内部的业务流程的简捷化又会使企业间的业务流程效率提高，服务质量和服务效率也随之得到提高。

1.3　供应链牛鞭效应

霍瑞斯特（Forrester，1961）经过一系列案例研究后发现一个规律性问题：对于季节性商品，制造商觉察到的需求变化远远超过顾客的需求变化，而且这种效应在供应链上的每一级都会逐渐放大。因此这种效应最早被称为霍瑞斯特效应（Forrester Effect）。

20 世纪 90 年代初，美国宝洁公司（Procter & Gamble）的行政人员在研究"尿不湿"的市场需求和订货策略时发现：这种产品在零售商店中零售时是相当稳定的，存在波动性但并不大。可是分销商向宝洁公司订货时，这种波动性明显增大了。而分销商解释说他们是根据汇总的零售商的订货需求量向公司订货的。这些行政人员进一步研究宝洁给自己的供货商所下的订单后发现，这种波动变得更大。这就正如牛仔所使用的长鞭，顶端的一点小小抖动就会在末梢转化为一条长长的弧线。除了宝洁公司，其他如惠普公司在考察其打印机的销售时也曾发现这一现象：订货量的波动沿零售商、分销商、制造商、供应商这一供应链方向往上游逐步增大，它使得企业多支付 12.5% ~25% 的无效生产运作费用。

美国著名的供应链管理专家李豪（Hau L. Lee，1997）教授把这一现象归结为牛鞭效应（Bullwhip Effect），也就是所谓的"需求变异加速放大原理"，其基本思想是：当供应链的各节点企业只根据来自其相邻的下级企业的需求信息进行生产或供应决策时,需求信息的不真实性会沿着供应链逆流而上,产生逐级放大的现象,达到最源头的供应商时,其获得的需求信息和实际消费市场中的顾客需求信息发生了很大的偏差,需求变异系数比分销商和零售商的需求变异系数大得多。由于这种需求放大效应的影响,上游供应商往往维持比下游供应商更高的库存水平。图 1.4 所示为供应链中牛鞭效应示意图。

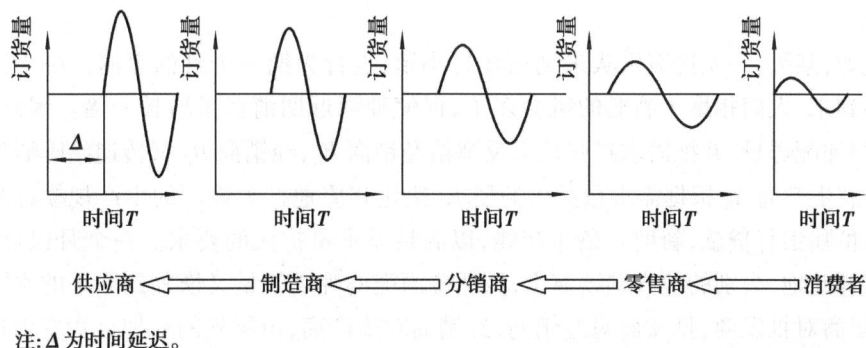

注:Δ 为时间延迟。

图 1.4　供应链中牛鞭效应示意图

1.3.1　牛鞭效应的存在和不可消除性

霍瑞斯特(Forrester,1961)根据系统动力学理论,指出供应链内部的结构、策略和互相作用会导致需求变动的放大。在此基础上,许多学者纷纷用模拟的方法证明了牛鞭效应的存在,其中最为著名的是"啤酒博弈(beer game)"试验:过度的反应出现在供应链的上游,从而造成系统的总费用常常 5～10 倍于执行最优化策略产生的费用。布林德(Blinder,1981)运用订货策略证明了牛鞭效应的存在,通过数学模型可以发现牛鞭效应是供应链成员追求利益最大化的理性决策过程的结果。

斯图亚特(Stuart,1993)对牛鞭效应进行了量化,得出了"牛鞭效应"存在于各种企业和产业中,且无法完全消除的结论。只要存在需求波动的情况,即使在信息共享的条件下,牛鞭效应及其对供应链中各个主体造成的危害依然不能完全消除。要抑制牛鞭效应,就要在源头上控制市场的稳定性,尽量减少市场的波动。

啤酒游戏是一个经常用以说明供应链中由于信息的不畅所引起的"牛鞭效应"的经典案例。它以澳大利亚某一地区的啤酒生产销售物流系统为例来进行说明。以 A_0 来表示该地区的某一家啤酒生产商,该啤酒生产商若想扩大生产规模,需向银行进行贷款;以 $B_0,\cdots,B_i$ 来表示该地区的啤酒经销商;以 $C_0,C_1,\cdots,C_j$ 来表示该地区的啤酒批发商;在该地区的一个乡村小镇上有四家酒吧(即啤酒零售商)D_0,D_1,D_2,D_3。酒吧 D_0,

D_1, D_2, D_3 向啤酒批发商 C_0 进货,啤酒批发商 C_0 向啤酒经销商 B_0 进货,啤酒经销商 B_0 向啤酒生产商 A_0 进货。

生产商→经销商→批发商→零售商(即 $A→B→C→D$)构成一条啤酒销售的供应链。

长期以来,由于啤酒销量的稳定,从啤酒生产商一直到零售商构成了一条稳定的供应链。但是,如果啤酒销量出现变动的话,就会层层影响供应链上各个环节啤酒供应量的变化。

例如,某天,一支摇滚乐队来到该乡村小镇,进行为期一个月的表演。由于该摇滚乐队的到来,人们相聚于酒吧的机会多了,促使啤酒近期消费量增长一倍。因此,批发商 C_0 增加配送量,并把需求扩张信息反馈给经销商 B_0,经销商 B_0 又传递给啤酒生产商 A_0。啤酒生产商 A_0 根据需求量扩大的要求,决定相应地扩大该厂的生产规模,因此,啤酒厂急忙找银行贷款,新增一条生产线,以满足需求量扩大的要求。一个月以后,摇滚乐队离开此地,去别的地方继续演出,该地各酒吧的啤酒销量又恢复到原来的水平。于是,零售商对批发商,批发商对经销商,经销商对生产商,由原先的增加订货变为现在纷纷削减订货量。而对于生产商 A_0 来说,新增的生产线这一固定资产却无法退货,生产规模扩大,而需求量却没这么大,导致生产商 A_0 负债累累,濒临破产。继而又影响到它的下游各企业,对整个供应链的稳定性都产生了巨大的影响。

从上述案例中可以看出,有时候市场需求信息在短期内发生了变化,如果需求信息可以实时或以较小的失真度传递到生产商,生产商对生产规模的把握将会更好地符合实际,但当该信息经由供应链各个环节传递到生产商时,由于生产商未对此信息进行充分的分析而被该信息所误导,导致该厂家盲目扩大生产规模而负债累累,最终导致供应链运作系统崩溃。因此,为了维护供应链的稳定性,应采取相应的应变措施,减少各环节对信息的过度加工,尽可能地减少这种由于信息误导而发生的供应链的动荡。

1.3.2 牛鞭效应的形成原因

1)行为学的观点

需求放大效应是一个需求信息逐级扭曲的过程。在供应链中,每一个供应链的节点企业都有一定程度的信息扭曲,这样逐级而上,即产生信息扭曲的放大。在这个过程中,存在着节点企业保证自身库存足够、保障自身利益的决策行为。斯特曼(Sterman,1989)进行了"啤酒博弈",他的试验表明,在实践、管理过程中,牛鞭效应是个很普遍的现象,并将它解释为供应链成员的系统性非理性行为的结果,或称"反馈误解",并指出管理者对于所处供应链的实质缺乏了解。李豪则认为这一系列的决策行为是在追求利润最大化条件下的理性行为。

2)经济学的观点

供应链是若干个公司或组织组成的动态联盟,根据委托代理理论,供应链内部上下游之间是一种双向委托代理关系,即使那些企业形成供应链,也都有各自的利益,分别拥有市场需求、销售数据、成本结构等方面的信息,并据此分别作出对自己最有利的决策,不同成员的决策又会互相影响。如果处于委托人地位的供应方通过销售奖励,避免了需求方提供虚假销售信息,使双方均从中获利,更重要的是,有效的激励机制使上下游企业的合作成为可能,不仅牛鞭效应得到控制,而且使管理中的许多问题都变得不再棘手。

刘玉海等人将牛鞭效应直接定义为需求曲线的位置和性质沿着供应链由下而上逐级变化的现象。用需求曲线和一个随机扰动来描述市场需求,并且采用一般的市场需求预期机制,得出两个命题:①在理性的零售商可以完全观察到市场需求信息且供应商不能观察到该信息的条件下,牛鞭效应是否产生取决于市场随机扰动在成本函数中的性质;②在理性的零售商不能完全观察到市场需求信息的条件下,牛鞭效应是否产生取决于零售商对市场需求的预测机制和零售商的预测结果在成本函数中的性质。最后得到牛鞭效应是否存在以及牛鞭效应的性质依赖于下游企业的需求预测、下游企业的成本函数和下游厂商的决策行为。

3)运作管理的观点

李豪(Hau L. Lee,1997)在搜集大量数据的基础上对这一现象进行分析后,把其产生的原因归结为4个方面:

(1)需求预测修正

在供应链中每个企业都会向其上游订货。零售商按顾客需求预测确定订货量和安全库存,分销商按照零售商的订货数量来预测需求,确定其安全库存量,然后生产商也类似地按照分销商提供的订货数量预测需求,确定安全库存量。各级企业通常采用指数平滑法来预测平均需求及其方差,观察的数据越多,对预测值的修正也就越多。对未来需求连续进行修正,最后到达上游供应商手中的订货数量已经过多次的修正,库存控制不可避免地受到扭曲信息的负面影响。这样一次次地重复,呈现逐步放大的趋势,即多重预测是导致牛鞭效应的一个关键因素。

(2)订货批量决策

订货批量也称作伯比奇效应(Burbidge Effect,1991)。订货是存在成本的,供应链中的每个节点企业为了使得订货成本和库存成本最小化,通常都会进行经济批量订货(EOQ),所以对于供应链上的分销商、制造商和供应商来说,订货量一般都要比实际销售量大得多。如果安全库存量比较大就更加容易产生牛鞭效应的波动,供应链中各环节的交货期越长,波动会越剧烈。此外,订单通常都是随机分布,甚至是重叠的。当顾客的订货周期重叠时,很多顾客会在同一时间订货,需求高度集中,从而导致牛鞭效应高峰的出现。

（3）价格波动或促销效应

产品价格在一定范围内随机变化时,零售商就会在价格低时扩大订货,价格高时减少订货。另外,由于大批量订货的价格折扣、数量折扣和其他一些促销手段造成的价格波动,往往会导致不正常的订货或销量,也会引起牛鞭效应。

（4）配给博弈

配给博弈也称为霍利亨效应（Houlihan Effect,1987）。当产品供不应求时,制造商会根据分销商的订货进行配额的限量供应。此时分销商为了获得更大份额的配给量,可能会超额订货。当这种问题解决后,订货量会回到正常的水平。这种由于短缺博弈导致的需求信息的扭曲最终也会引发牛鞭效应。

1.3.3 牛鞭效应的模型

1）系统动力学模型

最早分析牛鞭效应所采用的模型是霍瑞斯特（Forrester,1961）所构建的系统动力学模型,它是在美国麻省理工学院斯隆管理学院创立的系统动力学的基础上,对一个多节点的分销系统的描述。通过分析,得出供应链系统中的牛鞭效应是系统本身结构所决定的,系统中各个节点的行为受到系统结构的影响,则牛鞭效应不可避免地就会产生。当然,通过对系统动力学模型的分析,就会发现它可以辅助决策,但没有预测能力。

2）AR（1）模型

陈·弗兰克（Frank Chen,2000）为衡量牛鞭效应的严重程度,引入了牛鞭效应系数BE（BE = 供应商需求方差 / 零售商需求方差）,系数BE揭示了牛鞭效应的本质,BE值越大,牛鞭效应越严重,对供应链的损害就越大。陈·弗兰克讨论采用（s,S）的库存策略下,采用移动平均和指数平均的预测方法求BE指数的下限,通过比较得出移动平均法比指数平均法更精确。

3)卡尔曼滤波模型

相对于 AR(1)模型,卡尔曼(Kalman,2003)滤波器模型采用了同样的指标即系数 BE 来衡量牛鞭效应,如果不考虑系统误差和观测误差,系数 BE 主要取决于提前期的长短。由于卡尔曼滤波器模型具有良好的过滤"噪声"的性能,能提供更科学的需求预测,其优点主要体现在:把市场需求和销售量区分开来;卡尔曼滤波器模型是一个动态模型,并且给出了系数 BE 的精确表达式;卡尔曼滤波器模型具有良好的可扩展性。

1.3.4 牛鞭效应的影响

众多学者对各个行业的供应链牛鞭效应进行了实证研究,得出了牛鞭效应的表现形式,结果大同小异。一个最明显的特征就是需求信息由供应链下游的消费者开始,经过了零售商、分销商、生产商和供应商后,以订单形式传递的需求信息在每一个环节都发生了放大。其中,供应链的上游供应商变化最为明显。此时,多数企业会采取积极响应的生产和采购策略来迎接需求的不确定性。与其他产品的牛鞭效应类似,粮食牛鞭效应也具有同样的表现。粮食产品需求的价格弹性较小,在消费者需求相对波动很小的情况下,牛鞭效应并不是特别明显,通常众多的生产企业通过增加原粮库存来降低缺货风险。

牛鞭效应对供应链管理是不利的,它造成批发商、零售商的订单和生产商峰值远远高于实际客户需求量,进而造成产品积压、占用资金,使得整个供应链运作效率低下。供应链运作的企业越多,这种效应越明显,整个供应链会变得十分复杂、困难。牛鞭效应导致供应链上的需求信息失真度越大,其危害就越严重。

1)打乱企业生产计划,增加额外成本

生产商通常依赖分销商的销售订单进行产品预测、设计生产能力、控制库存及安排生产时间。由于存在牛鞭效应,生产商面临的需求波动性很大,这打乱了生产计划,有时生产处于停顿状态,有时为了及时满足突然增加的需求必须加班加点、仓促生产,这无法保证产品的质量。预期之外的短期产品需求导致了额外的成本,如加班费、加快运输的费用等,最终导致生产和运输成本上升。另外,供应链企业在不同时期的运输需求是与订单的大小密切相关的。由于牛鞭效应的存在,运输需求以及相应的劳动力需求会随着订单的波动而波动。在不同的阶段,供应链企业有不同的选择,或者持有剩余运力和劳动量,或者变动运力和劳动量,但是无论进行何种选择,都将增加成本及相应的劳动力成本。

2）增加供应链的库存，占用大量资金

就一般情况而言，零售商按自己对顾客需求的预测向批发商订货，由于存在订货提前期，零售商在考虑平均需求的基础上，增加了一个安全库存，这使得零售商订单的变动性比顾客需求的变动大。批发商接到零售商订单再向生产商订货，如果生产商不能获得顾客需求的实际数据，它只能利用零售商已发出的订单进行预测，这样批发商在零售商平均订货量的基础上又增加了一个风险库存，由于零售商订单的变动明显大于顾客需要变动，为了满足零售商同样的服务水平，批发商被迫持有比零售商更多的安全库存。依此类推，到生产商或供应商处时波动幅度就越来越大。即使最终产品的顾客需求稳定，但从零售商、批发商、生产商到供应商的订购量变动越来越大，造成过高的库存，增加了供应链的库存成本，使供给与需求很难匹配，没有实现供应链管理降低库存的目标。供应链上的各节点企业通常拥有大量的库存来应付供应链需求中的不确定性，这势必增加企业的库存。牛鞭效应引起的库存增加，增加了企业的库存成本，占用了大量资金。

3）降低供货水平和顾客满意度

扭曲失真的信息使得各节点企业很难对市场需求作出准确的预测和正确的决策，生产能力闲置或过度使用，从而使短缺与过剩交替，甚至产品腐败变质的现象，无法满足客户需求，降低了供应链产品的供给水平，削弱了顾客的满意度。企业对市场需求预测的失真，往往会出现当前生产能力和库存不能满足订单的需求，造成了供应过程中的缺货现象，使得顾客的有效需求得不到满足，这就大大削弱了顾客的满意度，降低了对顾客的服务水平，减少了销售额。企业还可能因为过高地估计市场需求，导致过量生产，出现剩货现象。

1.4 供应链管理相关理论

供应链管理理论的产生并不是哪个管理学者的专利，而是经济发展、环境变革及竞争升级等因素综合作用下自发的结果。作为一门综合性的学科，它除了上面所讲的供应链牛鞭效应理论，以及第4章要讲述的供应链匹配等供应链管理核心理论外，还包含了很多其他相关理论，如价值链理论、交易费用理论与范围经济理论的思想精髓或指导方法。这里着重对价值链理论及其与供应链管理的关系等进行概述。

价值链理论是哈佛大学迈克尔·波特教授于 1982 年在研究企业的竞争优势时提出的,波特认为每一个企业都是进行设计、生产、营销、交货以及对产品起辅助作用的各种活动(材料供应、技术、人力资源、售后服务等)的集合(见图 1.5)。基本活动为企业创造和增加外部顾客所需要的价值,辅助活动支持目前和未来的基本增值活动。这些活动在公司的价值创造中相互联系,组成公司价值增值的链条。

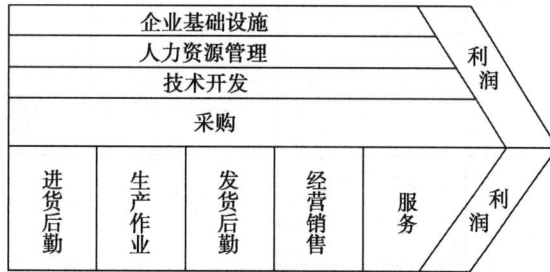

图 1.5　价值链模型

价值链理论是供应链拓展战略的基础理论之一。按价值链理论对企业的分析,应该以价值链上的增值为主线,从价值优化的角度寻求企业的竞争优势。波特指出,虽然价值活动是构成竞争优势的基石,但价值链并不是一些独立活动的集合,而是由相互依存的活动构成的一个系统,并且不仅公司内部存在价值链,一个公司价值链与其他经济单位的价值链也是相连的。任何一个企业都存在于从供应商到消费者的价值链体系中,体系中各价值行为之间的联系对公司竞争优势的大小有着至关重要的影响。因此,价值链理论十分强调价值链上活动的整合与协同,这种整合不仅局限于企业内部,还应该在企业之间进行。价值链理论认为各种活动集成的程度对竞争优势起着关键的作用。协调一致的价值链将支持企业在产业激烈的竞争中获取竞争优势。企业可以利用内部扩展而获胜,或者也可以通过与其他企业形成联盟来做到这一点。价值链理论要求消除整个价值链流程上不必要的不产生增值效应的中间环节,业务活动之间要紧密衔接,保证物流和信息流的顺畅,以最大可能地获取流程的增值效应。价值链理论的这些观点奠定了企业基于供应链发展的理论基础。价值链理论与供应链理论从不同的层面描述了当前企业发展应遵循的原则与方向。企业在基于供应链的发展过程中必须从本质上考虑整个供应链价值的优化与整合,这也是价值链的核心所在。企业只有分清了企业的各种活动,并确定各种活动在企业发展过程中的作用与地位,评估自身的比较优势以进行内外资源的有效利用与整合,才能更好地以较低的成本创造较高的价值,整个价值流程才是富有成效的。

供应链管理正是企业在发展过程中寻求价值链最优的表现。企业也只有有效利用供应链上可以利用的资源优化企业价值流程,才能实现整个价值链的最优。如图 1.6

所示,按照价值链理论,整个供应链也是由一个个基础活动与辅助活动构成的,而每个企业完成一个活动的价值成本是不同的。以下以供应链上的 A,B,C 企业加以简单论述。

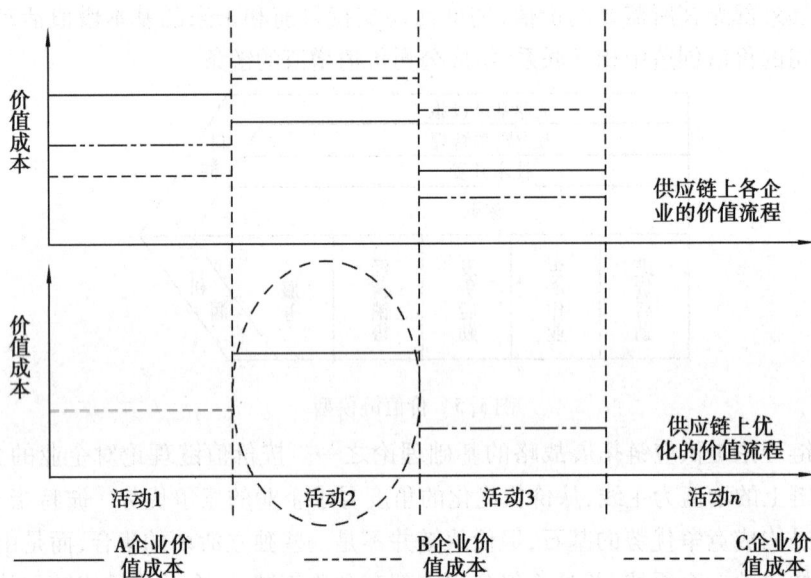

图 1.6　供应链上的价值活动成本比较

假设:F_A,F_B,F_C 分别为 A,B,C 企业的总体价值成本;$f_A(x_n)$、$f_B(x_n)$、$f_C(x_n)$ 分别为 A,B,C 企业第 n 项活动的价值成本。

在没有进行供应链价值整合之前,由图可知:

$$F_A = f_A(x_1) + f_A(x_2) + f_A(x_3) + \cdots + f_A(x_n)$$
$$F_B = f_B(x_1) + f_B(x_2) + f_B(x_3) + \cdots + f_B(x_n)$$
$$F_C = f_C(x_1) + f_C(x_2) + f_C(x_3) + \cdots + f_C(x_n)$$

3 个企业的整体价值成本为

$$F = F_A + F_B + F_C$$

进行供应链上价值流程的有效整合,则由图 1.6 可以看出,在价值活动 1 中,C 企业的成本最低;在价值活动 2 中,A 企业具有比较优势;在价值活动 3 中,B 企业为承担此项活动价值增值的最佳选择。以此可以类推供应链上其他价值活动,即由

$$f_C(x_1) < f_B(x_1) < f_A(x_1)$$
$$f_A(x_2) < f_C(x_2) < f_B(x_2)$$
$$f_B(x_3) < f_A(x_3) < f_C(x_3)$$

得出初步整合后供应链上最优企业价值活动成本为

$$F^* = f_C(x_1) + f_A(x_2) + f_B(x_3) + \cdots + f_N(x_n)$$

但按照价值链理论,消除整个流程价值链上不必要的不产生增值效应的中间环节的原理,对于单个企业进行价值增值必需的环节,经过供应链上的价值整合可能就变成没有必要的企业价值活动。以图 1.6 中活动 2 为例,运用价值链分析后就可能可以被去掉。因此最终的供应链价值成本为

$$F^{**} = f_C(x_1) + f_A(x_2) + f_B(x_3) + \cdots + f_N(x_n) - F_M(x_m)$$

其中 $F_M(x_m)$ 为供应链中可以消除的企业价值活动。

企业通过对供应链上的价值链整合,供应链可以节约的价值即创造的价值为

$$F - F^{**} = \left| f(x_1) - f^*(x_1) \right| + \left| f(x_2) - f^*(x_2) \right| + \left| f(x_3) - f^*(x_3) \right| + \cdots +$$
$$\left| f(x_n) - f^*(x_n) \right| - F_M(x_m)$$

总之,价值链理论作为企业基于供应链发展与流程优化的最基本理论之一,解释了企业基于供应链发展的内在必要性。

1.5　本书的技术路线与导引

从供应链管理产生与发展的阐述中可以发现供需环境变化、企业成本增加、外包产生与发展、企业交易成本增加、以企业间合作为重要内容的供应链管理崛起的内在逻辑关系(见图 1.7)。且广义地讲,企业成本增加、外包产生与发展、企业交易成本增加与企业间合作增加等本身就是供应链管理环境的重要内容,且对供应链管理产生着越来越重要的作用。为此,本书在第 1 章导论后,接着就讲第 2 章供应链环境,主要就环境与供应链管理的关系、供应链管理环境分析的方法与程序等方面进行理论与实际相结合的阐述,其目的是有针对性地制订并实施供应链战略(第 3 章)。

依据企业涉入供应链的程度,供应链管理战略大致可以分为供应链外包战略、供应链创建战略与供应链整合战略。而每一种战略都应细化实际操作性更强的供应链关系策略(第 4 章)、供应链产品策略(第 5 章)与供应链物流策略(第 6 章),强调供应链管理的基本内容是在发挥专长的基础上积极进行供应伙伴合作及其关系处理,使与供应链产品特性相匹配的供应链物流得到快捷有效的实施。而要做到这一点,就必须将战略与策略转化为一个个可操作的流程,不失时机地进行流程再造,即进行供应链流程管理(第 7 章);就必须进行供应链管理中的绩效评价、成员激励与风险防范,即进行供应链控制管理(第 8 章);就必须强化期间的供应链信息管理(第 9 章)、供应链中的知识管理(第 10 章)与供应链成本管理(第 11 章)。

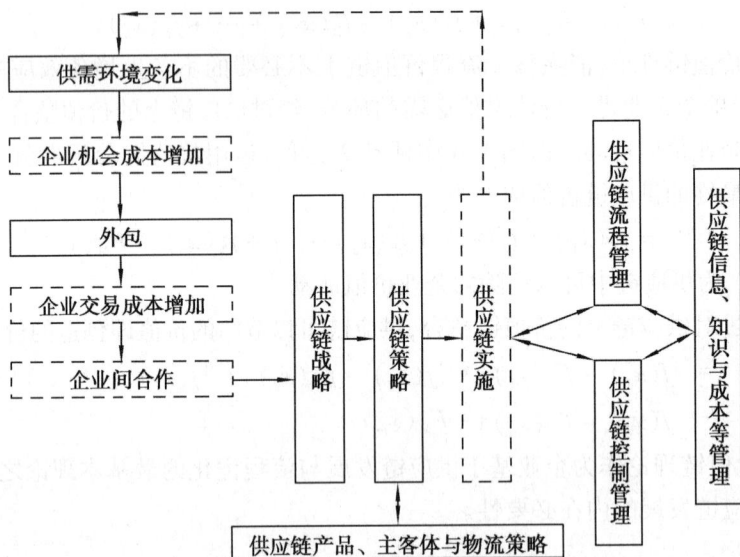

图 1.7　供应链管理战略、策略和实施框图

　　另外,本书还安排了重要的一章,供应链管理案例的综合分析(第 12 章),主要是强化供应链管理教学与研究过程中的案例研究方法特性,并寄希望通过示范,促使广大读者对有关案例描述、案例分析、引申发挥等一般思路与方法的探讨。

≫ 案例分析　沃尔玛的供应链管理及其借鉴

　　沃尔玛百货有限公司(以下简称"沃尔玛")由美国零售业的传奇人物山姆·沃尔顿先生于 1962 年在阿肯色州成立。经过四十余年的发展,沃尔玛已经成为美国最大的私人雇主和世界上最大的连锁零售商。目前沃尔玛在全球 10 个国家开设了超过 5 000家商场,员工总数 160 多万,分布在美国、墨西哥、波多黎各、加拿大、阿根廷、巴西、中国、韩国、德国和英国 10 个国家。每周光临沃尔玛的顾客近一亿四千万人次。2004 年沃尔玛全球的销售额达到 2 852 亿美元,连续多年荣登《财富》杂志世界 500 强企业和"最受尊敬企业"排行榜。

　　沃尔玛的业务之所以能够迅速增长,并且成为现在非常著名的公司之一,是因为沃尔玛在节省成本以及在物流配送系统与供应链管理方面取得了巨大的成就。沃尔玛的供应链管理的组成部分包括:顾客需求管理;供应商和合作伙伴管理;企业内和企业间物流配送系统管理;基于 Internet/Intranet 的供应链交互信息管理。

　　1. 顾客需求管理

　　沃尔玛的供应链管理是典型的拉动式供应链管理,即以最终顾客的需求为驱动力,整个供应链的集成度较高,数据交换迅速,反应敏捷。

零售业是直接与最终消费者打交道的行业,顾客决定一切,如果企业不以满足消费者需要为中心是无法生存下去的,这一点沃尔玛公司理解得最为透彻。以推销员出身的沃尔玛创始人山姆深知顾客真正需要什么,因此从在小镇最初经营杂货业,到后来转而经营折扣百货业,山姆一直坚持低价位、标准化服务,坚持以乡村小镇为基地,都是遵循了顾客第一和让顾客满意原则的结果。

"让顾客满意"排在沃尔玛公司目标的第一位,"顾客满意是保证我们未来成功与成长的最好投资"是公司的基本经营理念。

公司为顾客提供"无条件退货"保证和"高品质服务"的承诺,绝不只是一句口号。在美国,只要是从沃尔玛购买的商品,无任何理由,甚至没有收据,沃尔玛都无条件受理退货。高品质服务意味着顾客永远是对的。沃尔玛每周都进行顾客期望和反映的调查,管理人员根据电脑信息系统收集的信息,以及通过直接调查收集到的顾客期望即时更新商品的组合,组织采购,改进商品陈列摆放,营造舒适的购物环境,使顾客在沃尔玛不但买到称心如意的商品,而且得到满意的全方位的购物享受。

只要有关顾客利益,沃尔玛总站在顾客的一边,尽力维护顾客的利益。这一点反映在与供应商的关系上尤为突出。沃尔玛始终站在消费者采购代理的立场上,苛刻地挑选供应商,顽强地讨价还价,目的就是做到在商品齐全、品质有保证的前提下向顾客提供价格低廉的商品。为此,公司要求采购人员必须强硬,因为他们不是为公司讨价还价,而是为所有顾客讨价还价,为顾客争取到最好的价钱,而不必对供应商感到抱歉。沃尔玛不搞回扣,不需要供应商提供广告服务,也不需要送货,这一切沃尔玛自己会搞定,唯一需要的就是得到最低价。

2. 供应商和合作伙伴管理

供应商参与了企业价值链的形成过程,对企业的经营效益有着举足轻重的影响。建立战略性合作伙伴关系是供应链管理的重点。供应链管理的关键就在于供应链上下游企业的无缝连接与合作。企业供应链合作关系的建立是一个复杂的过程。沃尔玛与供应商建立合作伙伴关系经历了一个较长的艰难的过程。

在众多的供应商眼里,沃尔玛一直是以强硬得令人生畏的形象出现。早在20世纪80年代初,沃尔玛就采取了一项政策,要求从交易中排除制造商的销售代理,直接向制造商订货,同时将采购价降低2%～6%,正好相当于销售代理的佣金数,如果制造商不同意,沃尔玛就终止与其合作。一些供应商怕引起连锁反应而不同意减价,并为此在新闻界展开了一场谴责沃尔玛的运动。

直到20世纪80年代末,技术进步提供了更多可督促制造商降低成本、削减价格的手段,沃尔玛才不必总引起公众的公开对抗。沃尔玛开始全面改善与供应商的关系,主要是通过计算机联网和电子数据交换系统与供应商共享信息,从而建立伙伴关系。其中最典型的例子就是沃尔玛与宝洁的伙伴关系的建立。

在经济萧条时期,一直有"自我扩张欲的家伙"之称的宝洁,企图控制沃尔玛对其产品的销售价格和销售条件,沃尔玛也不示弱,针锋相对,威胁终止宝洁公司产品的销售或留给其最差的货架位置,彼此之间没有信息共享,没有合作计划,没有系统的协调,关系一度紧张。直到80年代中期,这种敌对关系才有所改变。宝洁的高级职员拜访了当时粗具规模的沃尔玛,双方就建立一个全新的供应商和零售商关系达成了协议,其中最重要的成果就是建立电脑互联网共享信息,即宝洁公司可以通过电脑监视其产品在沃尔玛各分店的销售及存货情况,然后据此调整它们的生产和销售计划,从而大幅提高了经营效率。10多年过去了,沃尔玛和宝洁建立的长久的伙伴关系已成为零售商和制造商关系的标准。这一关系基于双方成熟的依赖度:沃尔玛需要宝洁的品牌,而宝洁需要沃尔玛建立的顾客通道。

沃尔玛与供应商努力建立伙伴关系的另一做法是为关键供应商在店内安排适当的空间,有时还让这些供应商自行设计布置自己商品的展示区,旨在店内造成一种更吸引人、更专业化的购物环境。

3. 物流配送系统管理

有效的商品配送是保证沃尔玛达到最大销售量和最低成本的存货周转及费用的核心。在沃尔玛折扣百货公司建立之初,由于地处偏僻小镇,几乎没有哪个专业分销商愿意为它的分店送货,沃尔玛的各分店不得不自己向制造商订货,然后再联系货车送货,效率非常低。也就是在这种情况下,一向以节俭著称的山姆为使公司获得可靠的供货保证及成本效率,决定大手笔投资建立自己的配送组织。沃尔玛的第一家配送中心于1970年建立,占地6 000平方米,负责供货给4个州的32家商场,集中处理公司所销商品的40%。随着公司的不断发展壮大,配送中心的数量也不断增加。到现在,沃尔玛拥有20多家配送中心,分别服务于美国18个州超过2 500家商场,配送中心平均占地约10万平方米。整个公司销售8万种商品,年销售额达1 300多亿美元,其中85%的商品由这些配送中心供应,而其竞争对手只有大约50%的商品采用集中配送方式。

配送中心完全实现了自动化。每种商品都有条码,由十几公里长的传送带传送商品,由激光扫描器和电脑追踪每件商品的储存位置及运送情况。繁忙时,传送带每天能处理20万箱货物。配送中心的一端是装货月台,可供30辆卡车同时装货;另一端是卸货月台,可同时停放135辆大卡车。每个配送中心有600~800名员工,24小时连续作业,每天有160辆货车开进来卸货,有150辆车装好货物开出,许多商品在配送中心停留的时间总计不过48小时。沃尔玛的自动补货系统采用条形码(UPC)技术、射频数据通讯(RFDC)技术和电脑系统自动分析并建议采购量,使得自动补货系统更加准确、高效,降低了成本,加速了商品流转以满足顾客需要。20世纪90年代初,沃尔玛有2 000多辆牵引车头、1万多个拖车车厢、5 000名员工、3 700名司机,车队每年运输次数达7.7万辆次,并创下了310万公里无事故记录。车队采用电脑进行车辆调度并通过全球卫星定位系统对车辆进行定位跟踪。

许多大连锁公司,包括凯玛特和塔吉特,都是将运输工作包给专业货运公司,以为这样可以降低成本,但沃尔玛一直坚持拥有自己的车队和自己的司机,以保持灵活地为一线商店提供最好的服务。沃尔玛通常每天一次为每家分店送货,而凯玛特平均5天一次;沃尔玛的商店通过电脑向总部订货,平均只需两天就可以补货,如果急需,则第二天即可到货。这使得沃尔玛在其竞争对手不能及时补货时,其货架总是保持充盈,从而赢得竞争优势。

沃尔玛的车队还采用一系列科学合理的运输策略,如满车(柜)运输,散货装车,晚间送货,按预约准时送货,以及配送中心提供回程提货运输折扣,供应商按订单要求备货和按预约时间准时送货,同时降低了沃尔玛和供应商的运营成本。

4.供应链交互信息管理

信息共享是实现供应链管理的基础。供应链的协调运行建立在节点主体间高质量的信息传递与共享的基础上,因此,有效的供应链管理离不开信息技术的可靠支持。在沃尔玛除了配送中心外,投资最多的便是电子信息通信系统。沃尔玛的电子信息通信系统是全美最大的民用系统,甚至超过了电信业巨头美国电报电话公司。沃尔玛是第一个发射和使用自有通信卫星的零售公司。它在本顿威尔总部的信息中心,1.2万平方米的空间装满了电脑,仅服务器就有200多个。截至20世纪90年代初,沃尔玛在电脑和卫星通信系统上就已经投资了7亿美元。

20世纪80年代初,沃尔玛较早地开始使用商品条码和电子扫描器实现存货自动控制。采用商品条码可代替大量手工劳动,不仅缩短了顾客结账时间,更便于利用计算机跟踪商品从进货到库存、配货、送货、上架、售出的全过程,及时掌握商品销售和运行信息,加快商品流转速度。

80年代末,沃尔玛开始利用电子数据交换系统(EDI)与供应商建立自动订货系统。该系统又称为无纸贸易系统,通过计算机联网,向供应商提供商业文件、发出采购指令、获取收据和装运清单等,同时也使供应商及时精确地把握其产品销售情况。1990年沃尔玛已与1 800家供应商实现了电子数据交换,成为EDI技术的全美国最大用户。沃尔玛还利用更先进的快速反应系统代替采购指令,真正实现了自动订货,此系统利用条码扫描和卫星通信,与供应商每日交换商品销售、运输和订货信息。

正是依靠先进的电子通信手段,沃尔玛才做到了商店的销售与配送中心保持同步、配送中心与供应商保持同步。

≫案例分析与讨论题

正如同上面的案例所描述的,沃尔玛给人们留下印象最深刻的是它的一整套先进、高效的物流和供应链管理系统。有经济学者指出,沃尔玛的思路并不复杂,但多数商业企业更多的是"充当厂商和消费者的桥梁",缺乏参与和控制生产的能力。也就是说,沃尔玛的模式已经跨越了企业资源计划(ERP)和与外界"沟通"的范畴,而是形成了以自身为链主,链接生产厂商与顾客的全球供应链。而这一供应链正是通过先进的信息技术来保障的,这就是它的一整套先进的供应链管理(SCM)系统。离开了统一、集中、实时监控的供应链管理系统,沃尔玛的直接"控制生产"和高水准的"客户服务"将无从谈起。从中也可得到如下启发:

1. 顾客需求管理是供应链管理的起点和原动力

沃尔玛公司把让顾客满意作为公司的第一目标,每周都对顾客期望和反映进行调查,管理人员根据计算机信息系统收集的信息,以及通过直接调查收集到的顾客期望,及时组织采购,更新商品,改进商品陈列摆放,营造舒适的购物环境。这使得沃尔玛更贴近消费者,了解消费者,清楚掌握各个商品的需求情况走势,不用被动地等待供应商供货,而是主动地将这些信息反馈给上游供应商,参与到他们的生产计划中去,这样一来,沃尔玛就总能最早得到市场上希望看到的商品。

作为供应链的末端环节,消费者是否愿意掏钱和愿意掏多少钱直接决定了整条供应链的生死存亡。一切生产经营策略的成功与否最直接的评判标准都是看能否抓住消费者的消费心理。在直接面对消费者的最前线,零售连锁企业如果不能细致、全面地研究消费者,那将注定他会面临很多的浪费。中国的零售业现在的情况是把更多的精力用在与供应商的博弈上,大家终日为返点、进场费、收款等吵得不可开交,这样的供销模式最终可能会为一些强势的连锁巨头带来利润,但却是在对上游的挤压过程中得到的。可悲的是,他们一边在上游抠钱,一边却在下游烧钱,由于缺乏对市场的研究,使很多商品积压,造成浪费,很多商品脱销失去了机会。所以中国零售连锁目前应该首先将顾客需求管理作为供应链管理的起点和原动力,顾客需求管理不是说顾客来了你就对他们多一点笑脸,多说几句好话就行了,而是要踏踏实实地贴近顾客,认认真真地做研究,这样才能得到有价值的信息。

2. 选择优秀的供应商合作共赢是供应链管理的基础

沃尔玛在选择供应商时,并不仅仅看重低价,它对供应商的要求是相当苛刻的,力求与零缺陷供应商合作。沃尔玛的供应商必须在信誉、质量、价格等方面都达到要求。沃尔玛甚至在商业道德方面都有严格的要求,所有的供应商均要遵守所在国的法律,遵纪守法、信守企业道德、勇于承担社会责任、形象阳光正面的供应商才是沃尔玛的长期合作伙伴。沃尔玛的供应商都要通过长达半年至一年的考验期,才能被认定为合格的供应商。尽管沃尔玛对供应商的考核相当严格,但一旦双方达成合作关系并不因自身的强势而损害供应商的利益。与很多超市的通行做法不同,供应商的产品通过沃尔玛卖场销售无须缴纳入场费和保证金,沃尔玛给供应商付款的周期也远远快于同行。沃尔玛从采购到销售有一套严谨的、标准化的管理程序。而这一套标准化管理顺着供应链一直延伸到供应商的供货流程。沃尔玛专门为供应商制作了供货操作手册,包括凭据、资料填写、订货、供货、价格变动、账单管理、付款等过程的方方面面。通过这种规范化采购运作的延伸,把供应商纳入自己的管理体系。沃尔玛在网上建立了供应商平台,供应商可以通过这个平台实时了解自己的产品在各个商店的销售情况,大大加强了供应商的自我管理。通过这个系统,供应商可以查询到自己的产品在每个商店、每个时段的每个款式的销售情况,并且收到自动生成的报表,供应商甚至可以了解到其他供应商产品的相关信息。当系统发现商品处于最低库存时,还可以自动向供应商发出采购提示。这种宝贵的市场信息不仅可以帮助工厂有效控制库存和生产节奏,也给供应商开发新产品提供了依据。为了进一步降低供应商的成本,沃尔玛还为供应商提供管理协助,如选择最快、最节省成本的送货路线。沃尔玛在同供应商交易时,能严格遵守合同所规定的交易期限,按时结算,而且批量大、周转快,加上采购额巨大,所以供应商大都愿以最低价位向其出售商品。

沃尔玛的这一套供应商管理程序不是所有的中国零售企业都能模仿的,原因就在于规模不一样。沃尔玛发展到今天已经是一个极其强势的企业,在沃尔玛这条供应链上的所有企业必然会以他为核心,游戏的规则是由他制订,游戏的过程是由他操纵,所以,他可以去选择去淘汰。中国目前很多的零售连锁企业没有这样的规模,在整条供应链上,他们还难以拥有更多的话语权,以至于无论在供应商的选择还是在供应商的管理上,中国零售连锁无法做到像沃尔玛这样强势。由于受到资金规模的限制,他们无法去控制供应商的生产经营。至于像沃尔玛这样透明的网上管理平台,在今天的中国更是难以想象。因为在供销环节,在当代中国的商业哲学里大家进行的是你死我活的竞争,商家根本不可能把自己的商业信息这么透明地告诉供应商。沃尔玛可以,是因为他与供应商取得了"合作共赢"这样的共识,在中国要这样做,首先要解决的是意识形态的统一。其次,在这之前,大家已经各自有自己的信息系统,大家的接口不一样,要想两个系统对接,将付出很大的代价,作为零售连锁,如果与每个供应商都这样去统一系统,今天的中国,还没有哪家企业有这样的经济实力。

环境决定了战略。国外优秀企业的成功模式是不能不加改变地生搬硬套的,就是这个企业本身也必然会根据环境的变化改变自己的经营模式,否则只会死亡。就像沃尔玛不要进场费这一规定在中国难以行得通。因为中国所有的连锁都要进场费,沃尔玛不要,他就必然向供应商要求更低的价格,结果使得同一市场上同一商品的价格相差较大,其他零售商对这一供应商的意见就会很大。沃尔玛在中国的规模没有他在美国的大,无法为一个供应商销完所有的货,这样会使得供应商不能满意。事实是中国的沃尔玛现在也开始要进场费了。

3. 完备的信息系统和有力的后勤保障是建立拉式供应链的保证

追溯沃尔玛的历史,几乎每次信息系统的投资都是正确的:1969 年最早使用计算机跟踪存货,1974 年全面实现 S. K. U. 单品级库存控制,1980 年最早使用条形码,1984 年最早使用 CM 品类管理软件,1985 年最早采用 EDI,1988 年最早使用无线扫描枪,1989 年最早与宝洁公司(Procter & Gamble)等大供应商实现 VMI-ECR 产销合作。正是凭借信息技术的鼎力支持,沃尔玛实现了以最低的成本、最优的服务、最快的管理反应拓展全球连锁业务。目前,沃尔玛在美国已建立 60 多个配送中心,这些配送中心包括 6 种形式,分别处理不同品种商品的配送业务。其运作流程是:供应商将商品送到配送中心后,经过核对采购计划、进行商品检验等程序,分别送到货架的不同位置存放。提出要货计划后,电脑系统将所需商品的存放位置查出,打印有商店代号的标签。整包装的商品直接由货架送往传送带,零散的商品由工作台人员取出后也送到传送带上。一般情况下,商店要货的当天就可以将商品送出。

沃尔玛的信息系统是每一个零售企业所羡慕的,但不是随便一个企业都可以送一颗卫星上天,当沃尔玛依靠他的信息系统去设计一些经营策略时,这些就不是中国企业所能模仿的了。但可以看到,沃尔玛信息系统的发展是经过了一个漫长的过程的,并非一步到位。那么所要向沃尔玛学习的应该是一直以来他对科技的敏感度和始终致力于用科技创造生产力的精神。但沃尔玛拉式供应链的配送方式是目前世界上先进的配送模式,倒是可以学习借鉴。但这样的配送模式有一个限制条件,那就是你拥有的门店数必须足够多,否则,这个配送中心就要亏钱。一直以来,沃尔玛都执行着先建配送中心后建门店的策略,这使得一开始其在深圳的配送中心连连亏损,如果中国零售要使用这样的策略,必须先考虑是否具有沃尔玛一样的财力。

4. 高效的运输系统是供应链衔接有力的关键

沃尔玛拥有自己的运输车队,将运输业务纳入公司一体化的可控流程并辅以高科技进行管理。这样做,一方面减少了不可控成本较高的中间环节和车辆供应商对运输的中间盘剥,从而大大缩短了商品供给时间,而且降低了较高的外部交易成本;另一方面,由于可以根据数据中心提供的信息对运输车辆作出及时的调度和安排运力,确保了货物的及时发送和运抵,从而将货等车、店等货的现象控制在最低限度,使配送中心的发货与各店铺收货平滑、无重叠衔接。

另外,沃尔玛注意加强对运输和装卸的时间管理。其所有的运输卡车全部装备了卫星定位系统。可以合理安排运量和路程,最大限度地发挥运输潜力,避免浪费,降低成本,提高效率。沃尔玛正是通过信息流对物流、资金流的整合、优化和及时处理,实现了有效的物流成本控制。如一些商场只在白天开门,但物流部门却 24 小时地进行工作,因此需要和商店预先定好,作出卸货的安排,以尽量减少对商店正常经营的影响。在配送中心,沃尔玛也和供应商定好时间,按时间表进行接货卸货工作。正是由于沃尔玛这种非常精确、严格的传统,才达到了减少成本、节省时间和提高效率的目的。

沃尔玛在物流方面的成就也是中国企业难以模仿的,因为养护一个车队将是一件非常耗成本、非常耗精力的事,这必须拥有强大的财力作为后盾,更何况,沃尔玛还有一颗中国企业难以企及的卫星作定位系统。当企业没有一定规模的时候,物流还是外包比较好。同样是沃尔玛,由于政策的原因,其卫星通讯系统在中国无法发挥作用,全球采购和全球物流的有效共享在中国就大打折扣,后台物流各个环节无法紧密配合,跨地区物流的连锁配送大受影响。相对而言,家乐福充分依托供应商物流系统,大大降低物流成本,又可以配合在不同的地区开店,适时组织商品供应和配送,从而赢得发展速度。

进一步思考的问题:沃尔玛的供应链管理确实是一个令众人关心的焦点,不仅过去有众多的人对它进行研究,而且现在仍然有很多人致力于对沃尔玛的供应链管理问题的研究。为什么人们会如此关注沃尔玛的供应链管理问题呢?仅仅是因为它排名世界500 强的第一位吗?

≫复习思考题

1.如何理解供应链及其管理的概念?

2.解释牛鞭效应及其相关的供应链管理理论。

3.简述纵向一体化及其向横向一体化、供应链一体化的转变。

4.考察一下从一家便利店购买矿泉水的情形,并在此基础上描述这个供应链的不同阶段及所涉及的供应链流。

第 ② 章

供应链管理环境

本章导读：

- 任何一个组织都不是孤立存在的。进化论告诉我们，既不是最强壮的，也不是最聪明的，而是最能适应环境变化的物种才能生存下来。
- 对供应链环境的分析，主要从宏观环境、行业供应链环境和供应链内部环境 3 个方面进行。
- 正确识别与运用 SWOT 分析法。

2.1 供应链管理的宏观环境分析

供应链管理的宏观环境分析,指对供应链管理过程中对政治法律(Politics)、经济(Economy)、社会文化(Society)与自然技术(Technology)等方面的分析,简称 PEST 分析(见图 2.1),其目的在于制定与环境相适应的战略与策略,更好地认识并适应环境。

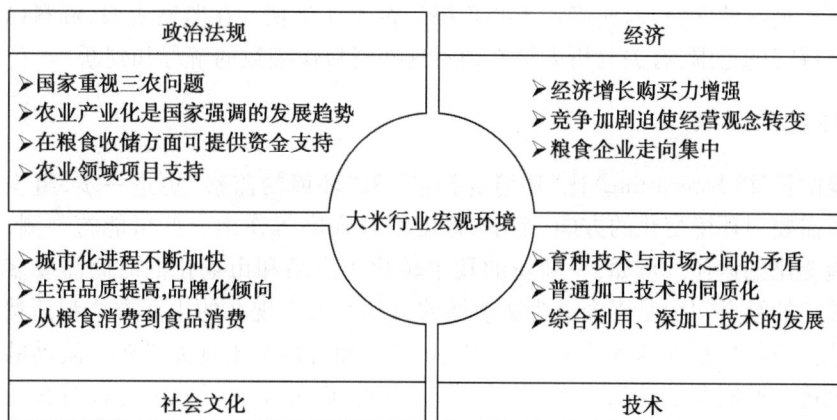

政治法规	经济
➢国家重视三农问题 ➢农业产业化是国家强调的发展趋势 ➢在粮食收储方面可提供资金支持 ➢农业领域项目支持	➢经济增长购买力增强 ➢竞争加剧迫使经营观念转变 ➢粮食企业走向集中
➢城市化进程不断加快 ➢生活品质提高,品牌化倾向 ➢从粮食消费到食品消费	➢育种技术与市场之间的矛盾 ➢普通加工技术的同质化 ➢综合利用、深加工技术的发展
社会文化	技术

(中心:大米行业宏观环境)

图 2.1 大米行业外部环境分析(PEST)

按照法赫(L. Fahey)和纳那亚南(V. K. Nalayanan)的观点,宏观环境分析的程序可以分为 4 个步骤或活动内容,它们是:环境的扫描(Scanning)、环境的监察(Monitoring)、环境的预测 (Forecasting)、环境的评估(Assesment)。

1)环境的扫描

环境的扫描(Scanning)是指对企业环境的整体作一般性的监视,即通过研究和解释社会、政治、经济、生态及技术等事件的变化从而确定将要成为未来环境驱动因素的萌芽趋势。其目的在于:①鉴定环境改变的早期信号;②视察环境变化。

环境的扫描阶段没有既定的条条框框,资料的收集也没有一个特定的范围,一般来说是比较粗糙的。这些资料必须由企业的环境分析人员加以阐释。环境扫描法有助于管理者延长规划的时间跨度,将未来机会或威胁的模糊信号转换成清晰的战略问题,有利于企业从战略的角度思考周围环境中的未来变化趋势。

环境扫描法犹如一个预警系统,其目的在于及早确定出现的问题,以便有时间采取合适的措施,防患于未然。在当前瞬息万变的企业环境中,公司要么适应,要么死路一条。只有那些使用持续的宏观环境扫描法来分析社会经济、政治及技术趋势的企业才有可能预测到未来的机遇和威胁。目前国外正式采用环境扫描的公司主要有通用电气公司、美国电话电报公司、可口可乐公司、福特公司、通用汽车、杜邦公司和壳牌石油公司,等等。

2) 环境的监察

环境的监察(Monitoring)是指对企业环境的变化趋势进行追踪(Tracking),以及一系列事项的演变过程。它所追踪的是前一个"扫描"阶段企业所得到的信息。监察的目的在于收集足够的资料,以便确定某些趋势是否正在出现。在监察阶段,资料已经局限在某一个特定的范围,有关分析人员必须对这些资料作细致的解释和判断。

3) 环境的预测

环境的预测(Forecasting)比"环境的扫描"和"环境的监察"更进一步,组织的环境分析人员需要对环境变化的方向、范围、速度以及强度等作出一些可能的预测,并指出预期环境变化的途径。例如,一项新的技术转化为商品和市场化的时间需要多久?当前人们关注的社会问题是否会成为法律性的行动?人们现在的生活方式和消费趋势是否会持续?市场机制中的各个要素,如利率、汇率和价格会出现波动吗?波动的幅度有多大?上述这些问题都属于预测性的工作。当然,作为预测所要求的资料必须相当具体,而采用的方法有系统性的方法,也有结构性的方法。其预测的结果必须是对众多的数据作出合理的解释和判断。

实际中采用的预测方法多达上百种,常用的也不太多(见表2.1)。

表2.1 几种主要的环境预测方法

分　类	方　法	应　用
直观预测	头脑风暴法、德尔菲法、关联树法、先行指数法	未来预测、科技预测、产品开发预测
时间序列预测	单纯外推法、移动平均法、指数滑动平均法、周期变动分析法	长、中、短期需求预测、科技预测、其他各种预测
计量模型预测	回归分析法	中短需求预测、模型模拟预测、其他各种预测

4) 环境的评估

环境的评估(Assessment)是整个环境分析程序中最重要和不可或缺的一部分,它鉴定和评估目前或预测的环境变化如何影响企业的战略,并解释其原因。"环境的评估"试图解决下列问题:环境中的主要问题是什么? 环境变化对企业的战略有什么样的影响? 一般来说,环境的评估所要求的资料必须非常具体,评估结果出来的同时,相应对付环境变化的具体行动方案也就制订出来了。

4个步骤的关系如图2.2所示。

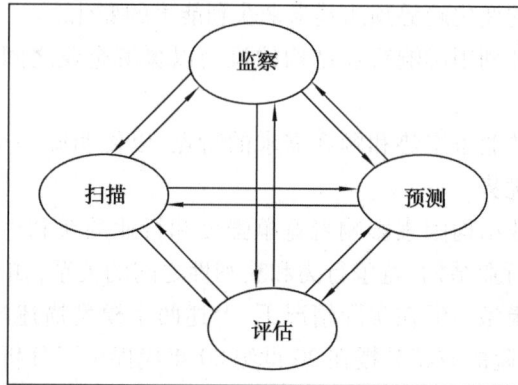

图2.2　宏观环境扫描、监察、预测与评估的关系

2.2　供应链行业环境分析

根据源物质是否具有生物属性,可以把供应链分为涉农供应链和工业连接型供应链。涉农供应链主权涉及对动植物等具有生命体征的原材料的生产、加工制造、分销至消费者最终消费的过程,如粮食供应链、棉花供应链、生鲜食品供应链、乳业供应链与烟草供应链等。工业连接型供应链主要涉及对非生命体原材料的采掘、提取、初级加工、制造与分销过程。如钢铁供应链、汽车供应链、电子供应链等。另外,现实中还存在着以这两种基本类型交叉、叠加而成的混合供应链。供应链管理研究与实践的一个最新趋势是根据供应链涉农还是非涉农的特性及其基础上的其他行业特性进行分类管理,即按供应链不尽相同甚至差别很大的行业特性进行个性化管理。这就说明,不同供应链所涉及的行业环境有很大的不同,而以下所提到的方法,则有助于帮助企业了解所处的供应链行业环境。

1)行业竞争结构分析

行业中的竞争结构是决定行业竞争规则和激烈程度的根本因素,它不仅影响着企业的竞争行为,而且决定着行业的获利性,因此行业竞争结构分析对企业制订战略至关重要。具体而言,行业竞争结构分析的目的表现在:

①明确影响企业竞争行为和获利性的行业结构的主要特点,同时分析行业结构、竞争态势和获利水平之间的关系。

②根据回收投资能力等评价一个行业的吸引力。

③根据行业结构的变化趋势预测其未来获利能力的变化。

④帮助企业寻找和利用影响行业结构的机会以缓解企业之间的激烈竞争,并进而改善行业的获利性。

⑤深入分析行业的竞争态势和顾客需求的特点,以便明确一个行业的关键成功因素并创造和维持竞争优势。

现实中有许多行业结构因素影响着竞争强度和行业的获利性。同样,也有许多理论和模型被用于描述行业结构、竞争行为和获利性之间的关系,如产业组织经济学中的垄断竞争和完全竞争模型。但在实际情况下,上述两个模型描述的竞争状态并不经常发生。为此,哈佛商学院的波特教授在 20 世纪 80 年代提出了分析行业竞争结构的“五因素模型”图(见图 2.3),成为竞争分析的最主要工具,并为人们广泛关注和引用。

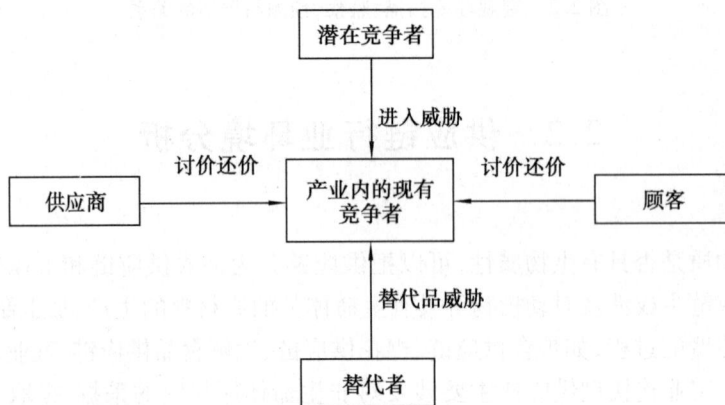

图 2.3　波特的“五因素模型”图

波特认为,影响行业内竞争结构及其强度的主要有现有企业、潜在的参加竞争者、替代品制造商、原材料供应者以及产品用户 5 种环境因素,它们都影响着企业新市场的开拓。企业管理者应仔细分析这些因素,采取适当的措施,避免企业受到他们的影响,其最终目的是为企业找到能够获得利润并能够立足于市场的位置。

2)行业生命周期分析

与宏观经济运行一样,行业环境也是动态变化的,有其生命周期。对此,著名战略家、哈佛商学院迈克尔·波特教授把行业生命周期描述为"预测行业革命概念的始祖"。

所谓行业生命周期是指从行业出现到行业完全退出社会经济活动所经历的时间，它包括幼稚期、成长期、成熟期和衰退期4个发展阶段。行业生命周期曲线反映了社会对该行业需求的状况。

实践中，如何识别行业生命周期各阶段呢？主要识别标志有：市场销售增长率、市场需求增长率、产品品种、竞争者数量、进入退出壁垒、技术变革、顾客购买行为等。其中，市场销售增长率、市场需求增长率、产品品种和竞争者数量是最重要的标志。

分析行业所处的生命周期，可以使企业对行业的现状及发展前景有个基本了解，为企业进入某个行业选择一个较好的时期。那么，在一般情况下，企业在什么时期进入一个行业为好呢？一是幼稚期，这个时期进入，一旦成功，就是行业的领导者，就能在较长时期内获取高额利润。但是，这个时期进入的成本较高，风险较大。二是成长期，这个时期进入一个行业，如能在最短的时间内，用最快的速度挤入行业的前几名，甚至是第一名，企业就一定可以成功。但是，这个时期进入也有风险，因为这个时期往往是竞争者进入最多的时期，一旦行业里竞争者过多，就会加剧行业里的激烈竞争，导致全行业利润率下降，甚至会出现全行业亏损。那么，企业在成熟期能否进入一个行业呢？通常认为最好还是不要在这个时期进入。因为这个时期进入，进入壁垒太高，风险太大，而成功的可能性很小。

3）行业规模结构分析

企业对行业规模结构进行分析，是为了弄清行业的发展与社会需求之间的关系，这对于确定企业的经营范围和规模具有重要意义。具体而言，分析重点如下：

①产品或服务的需求总量分析。社会对本行业的产品或服务的需求总量是多少？从趋势上看是增加还是减少？

②行业生产能力与行业需求总量比较分析。本行业目前总的生产能力、设计能力、实际能力是多大？与社会对本行业产品或服务的需求相比，行业的生产能力是过剩还是不足？

③行业集中度分析。行业集中度是指行业里前四名大企业的市场占有率的总和。其总和越大，行业集中度就越高；反之，行业集中度就越低。

④企业与行业规模发展趋势分析。本企业规模的发展趋势与行业规模的发展变化趋势是否相一致？企业目前的规模是否适当？应当扩大还是应当缩小？

⑤行业与企业产品类型结构分析。行业内产品类型，如原材料、零部件、整机以及不同的最终产品等结构是否合理？比例是否合适？发展趋势如何？本企业属于哪种产品类型？从行业的总体出发，企业应扩大还是缩小？

⑥企业规模结构分析。本行业中的企业是规模实力悬殊型还是规模实力均衡型？特别是要重点分析行业内前几名大企业的经营状况、经营战略、技术水平和产品特色等。

4）行业技术状况分析

在当今这个科学技术飞速发展的时代，技术状况对行业发展的影响很大，因此弄清楚行业的技术状况，有利于对行业前景进行分析。分析行业的技术状况，可以重点围绕以下几方面的问题展开：

①行业的技术处在技术寿命周期的什么阶段？

②行业的技术水平如何？属于技术先进行业，还是技术落后行业？

③行业技术的易变性如何？这是指技术变化节奏的快与慢。有些行业技术变化很快，如电子行业、航天行业、制药行业等；有些行业技术变化比较慢，如钢铁行业、建材行业、纺织行业等。

④今后行业的技术将朝什么方向发展？

⑤行业目前的技术水平在整个行业中处于何种位置？是居于领导地位，还是居于中间或落后地位？

2.3　供应链内部环境分析

供应链内部环境分析主要是对构成供应链的主体进行分析，包括对供应商、分销零售商、顾客及企业内部供应链的分析。

1）供应商

供应商是影响企业经营的微观环境的重要因素之一。供应商是指向企业及其竞争者提供生产产品和服务所需资源的企业或个人。供应商所提供的资源主要包括原材料、设备、能源、劳务、资金等。

供应商对供应链的影响主要表现在：

①供货的稳定性与及时性。原材料、零部件、能源及机器设备等货源的保证，是企业生产经营活动顺利进行的前提。如加工厂需要谷物来进行加工，还需要具备人力、设备、能源等其他生产要素，才能使企业的生产活动正常开展。供应量不足，供应短缺，都可影响企业按期完成交货任务。

②供货的价格变动。毫无疑问,供货的价格直接影响企业的成本。如果供应商提高原材料价格,生产企业亦将被迫提高其产品价格,由此可能影响到企业的销售量和利润。

③供货的质量水平。供应货物的质量直接影响到企业产品的质量。针对上述影响,企业在寻找和选择供应商时,应特别注意两点:第一,企业必须充分考虑供应商的资信状况。要选择那些能够提供品质优良、价格合理的资源,交货及时,有良好信用,在质量和效率方面都信得过的供应商,并且要与主要供应商建立长期稳定的合作关系,保证企业生产资源供应的稳定性。第二,企业必须使自己的供应商多样化。企业过分依赖一家或少数几家供货人,受到供应变化的影响和打击的可能性就大。为了减少对企业的影响和制约,企业就要尽可能多地联系供货人,向多个供应商采购,尽量注意避免过于依靠单一的供应商,以免当与供应商的关系发生变化时使企业陷入困境。

2)分销商

在供应链中,分销商是连接制造商和客户的纽带,是实现商品从制造商到客户流动的经济实体。它利用其拥有的供求信息,通过提供采购、存货、运输、促销、融资、风险承担等服务,加速产品、资金和信息在制造商和客户之间的流动,是商品流通过程中的润滑剂。一般而言,选择好的分销商将有助于节约制造商的交易费用,规避交易风险与投资风险,提高库存管理的效率,为客户提供更好的服务等;缺乏信用基础、不忠于制造商企业文化、不遵守市场规范的分销商将不会给企业带来任何价值。所以,分销商的选择在企业的发展战略上越来越不容忽视。

分销商对供应链的影响主要表现在以下两方面。

(1)分销商的销售能力

主要包括:

①分销商的地理区位优势和市场范围。

②分销商的经营实力。经营实力表现为分销商在商品的吞吐规模、在市场开发的投入量上。

③分销商的财务状况及管理水平。这是决定分销商发展潜力的重要因素。

④分销商的道德水准和信誉能力。

⑤分销商经销某种产品的历史和成功经验。

(2)分销商的合作意愿

主要包括预期合作程度、共同愿望和共同抱负原则。

3)顾客

企业与供应商和中间商保持密切关系的目的,是为了有效地向目标市场提供商品与劳务。企业的目标市场可以是下列 5 种顾客市场中的一种或几种：

①消费者市场。个人和家庭购买商品及劳务以供个人消费。

②工业市场。组织机构购买产品与劳务,供生产其他产品及劳务所用,以达到赢利或其他目的。

③中间商市场。组织机构购买产品及劳务用以转售,从中赢利。

④政府市场。政府机构购买产品及劳务以提供公共服务或把这些产品及劳务转让给其他需要的人。

⑤国际市场。买主在国外,这些买主包括外国消费者、生产厂、转售商及政府。

4)企业内部供应链

供应链管理最初起源于企业资源计划(Enterprise Resource Plan,ERP),是基于企业内部范围的管理。企业资源计划将企业内部经营的所有业务单元,如订单、采购、库存、计划、生产、质量、运输、市场、销售、服务等以及相应的财务活动、人事管理均纳入一条供应链内进行统筹管理。当时企业重视的是物流和企业内部资源的管理,即如何更快、更好地生产出产品并将其推向市场。这是一种"推式"供应链管理,管理的出发点是从原材料推到产成品、市场,并一直推至客户端。随着市场竞争的加剧,生产出的产品必须转化成利润,企业才能得以生存和发展。为了赢得客户、赢得市场,企业管理进入了以客户及客户满意度为中心的管理,因而企业的供应链运营规则随即由推式转变为以客户需求为原动力的拉式供应链管理。这种企业内部供应链结构将企业各个业务环节的信息连接在一起,使得各种业务和信息能够实现集成和共享。企业内部供应链结构如图 2.4 所示。

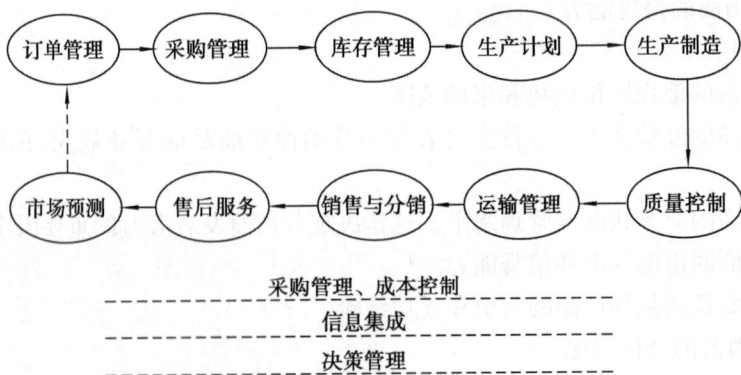

图 2.4　企业内部供应链

2.4 供应链管理环境的 SWOT 综合分析法

SWOT 是由英文优势（Strengths）、劣势（Weaknesses）、机会（Opportunities）、威胁（Threats）4 个词的第 1 个英文字母构成的，这种经营战略环境分析的方法，目前在国内外普遍使用。优劣势分析主要着眼于企业自身的实力及其与竞争对手的比较，而机会和威胁分析将注意力放在外部环境的变化及其对企业的可能影响上。SWOT 分析的主要思想就是：抓住机遇，强化优势，避免威胁，克服劣势。这个方法的使用前提是企业对一个（或几个）业务已经有了初步的选择意向。SWOT 分析的目的是进一步考察这些业务领域是否适合企业的经营，是否能够建立持久竞争优势。SWOT 用于企业经营环境分析时，有以下特点：

①它是定性和定量相结合的方法。

②它能将内外因素有效地结合，增强了分析的系统性和战略制定的针对性。

③方法较为简便，易掌握，便于推广，可以为企业经营战略的制定提供有力的支持和帮助。

1）企业优劣势分析

所谓企业的优势，指的是一个企业比其竞争对手有较强的综合优势。而企业的优势究竟应该由谁来评判呢？可以认为它取决于消费者的眼光，也可以认为，竞争优势是指在消费者眼中一个企业或它的产品有别于其竞争对手的任何优越的东西。它可以是产品线的长度、产品的风格、包装、大小、质量、可靠性、适用性及风格和形象等。

由于竞争优势来源广泛，因此确认竞争优势比较困难，所以在作优劣势分析时必须从整个价值链的每个环节上，将企业与竞争对手作详细的对比。比如，产品设计是否新颖、制造工艺是否复杂、销售渠道是否畅通，以及价格是否具有竞争性等。如果一个企业在某一方面或几个方面的优势正是该行业企业应具备的关键成功要素，那么该企业的综合竞争优势也许就强一些。

企业的劣势，指的是某种企业缺少或做得不好的东西（和其他企业相比较而言），或者指某种会使企业处于劣势的条件。内部劣势就不足以形成企业的资源补充。一项劣势究竟会不会使一家企业在竞争中受到伤害，取决于这项劣势在市场上的重要程度及这项劣势会不会被企业所拥有的强势所抵消或减弱。

2）机会和威胁分析

企业的机会指对公司行为有吸引力的领域。市场机会是影响企业战略的重大因素。一般说来,企业的管理者如果首先不确认企业面临的每一个机会,评价每一个机会的成长和利润前景,采取那些最能抓住企业面临的机会中最有前途的一个机遇的策略,那么企业的管理者所制定的战略就不可能很好地同企业所面临的形势适应起来。

企业所面临的机会往往取决于企业所处的行业环境,有时可能遍地都是,有时则极为罕见,有时可能很有吸引力(即通常所说的那种必须追逐的机会),有时也可能引不起多大兴趣(这时往往处于企业战略优先秩序的低端)。在评价企业所面临的市场机会并对这些市场机会进行排序时,企业的管理者必须防止将每一个行业机会都看作是企业的机会,并不是行业中的每一个企业都有足够必要的资源来追逐行业中存在的每一个机会。对于某些具体的机会,有些企业的资源可能更充足一些,有些企业在某些机会被利用之前就可能被无情地淘汰出去。明智的战略管理者往往对这些情况非常警觉敏锐,也许企业的资源强势和资源弱势使企业更适合于追逐某些具体的机会,也许出现的机会同企业现有的资源并不是很相称。但是如果企业采取积极的措施,可以设法获得企业现在没有的资源能力,这些机会就仍然有着吸引人的成长潜力。同企业最贴切最相关的市场机会是这样一些机会:它们能够为企业创造重要的利润和成长之路。在这种机会下,企业获得竞争优势的潜力最大,它们能够同企业已经拥有或能够设法获得的财务和组织资源能力相匹配起来。

企业的威胁指的是环境中一种不利的发展趋势所形成的挑战,如果不采取果断的战略行为,这种不利趋势将导致公司的竞争地位被削弱。

一般说来,在企业的外部环境中总存在着某些对企业的赢利能力和市场地位构成威胁的因素。例如,出现了更便宜的技术;竞争对手推出了新产品或更好的产品;成本更低的外资竞争厂商进入了企业的市场根据地;容易受到利率上升的冲击;可能被对手接管;企业建有生产设施的外国政府出现大的变动等。

一方面,外部威胁所产生的负面效应可能不大(所有的企业在业务经营过程中都面临一些威胁);另一方面,外部威胁也可能非常显著,非常重要,会使企业的形势和状况变得非常脆弱。企业管理层的任务就是,确认危及企业未来利益的威胁并作出评价和确定采取什么样的战略行动可以抵消或减轻它们所产生的影响。成功的战略管理者心目中的目标是:抓住企业最好的增长机会,建立对那些危及企业竞争地位和未来业绩的外部威胁的防御。将企业的战略同企业的形势匹配起来要求做到:追逐那些能够同企业的资源能力很好地适应的市场机会,建立相关的资源能力,防御那些危及企业业务的外部威胁。

3）用 SWOT 方法制定企业战略

SWOT 方法可以作为企业制定战略的一种方法，它为企业提供了 4 种可以选择的战略类型：SO 战略、WO 战略、ST 战略和 WT 战略。

SO 战略就是利用企业内部的长处去抓住外部机会的战略。一般来说，在企业使用 SO 战略之前可能先使用 WO，ST，WT 战略，从而为成功实施 SO 战略创造条件。当企业有一个致命弱点时，应该努力将其克服并变成长处；当企业面对重大威胁时，应努力避免它，以便把精力放在利用机会上。

WO 战略是利用外部机会来改进自身内部弱点的战略。有时企业外部有机会，但其内部的某一弱点使得企业好像不能利用这个机会。一个可能的 WO 战略就是通过引进设备和先进设计来提高产品质量和开发新品种，当然也可以通过聘用和培训工人及其他方法来实现这一目标。

ST 战略就是利用企业的长处去避免或减轻外在威胁的打击（当然这并不是说企业总是可以避免威胁的打击）。

WT 战略是直接克服内部弱点和避免外部威胁的战略，目的是将弱点和威胁弱化。WT 战略是一种防御性战略，如果一个企业面对许多外部威胁和内部弱点，那么它可能真的处在危险境地，因此它不得不寻找一个生存和合并或收缩的战略，或者在宣布破产和被迫清盘之间作出选择。

从战略制定的角度来看，一家企业的资源强势有着非常重要的意义，因为它们往往会成为企业战略的奠基石，成为建立竞争优势的基础。如果一家企业没有充足的资源和竞争能力来制定企业的战略，那么企业的管理者就必须采取补救措施以提高企业现有的组织资源和能力并增加其他资源和能力；同时企业的管理者还必须纠正企业的竞争弱势，因为它们会使企业在竞争中受到伤害，使企业的利润水平降低，或者使得企业不具备追逐某种有吸引力的新机会的条件。这样，战略制定的原则就十分简单了：一个企业的战略必须适合它的资源能力——既要考虑企业的强势，又要考虑企业的弱势。如果企业所追逐的战略计划会被企业的弱势所破坏，或者该战略计划不可能得到很好的执行，那么，企业非要这样做不可就不免显得有些固执了。一般来说，企业的管理者应该将其战略建立在充分挖掘和利用企业的能力——最具有价值的资源之上，而要避免将企业的战略建立在那些很弱或没有确切能力的领域之上。如果企业有幸拥有某种核心能力或全部具有出色竞争价值的资源，那么它也应该明智地意识到这种资源和能力的价值会随着时间的推移而发生变化。图 2.5 所示为 SWOT 分析战略选择图。

4）三九集团协同整合“走出去”的 SWOT 分析

随着国外强势企业的纷纷进入，很多企业的国内市场份额呈现出不同程度的下降

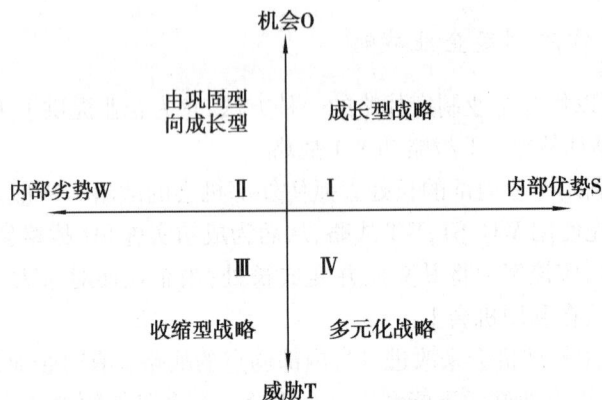

资料来源:竞争优势,迈克尔·波特

图 2.5　SWOT 分析战略选择图

之势。在这种情况下,如果不能积极实施以走出去为重要目标的供应链战略,就可能在国际竞争中趋于劣势。为此,如何在我国产品技术、管理、营销等诸多方面都与世界行业巨头有一定的差距的条件下,通过全球范围内的市场细分,以期努力找准在整个产业价值链中的比较优势,并进行有效的产品定位与核心竞争力的培育,就成了很多不甘落后的企业战略的重要组成部分。问题在于我国许多企业在分析整个行业价值链的各个环节中都没有发现比较优势,或即使有也不很明显。这种带有一定普遍性的情况,严重影响着我国企业参与国际竞争的步伐。而以下探讨的中国三九集团所开展的 SWOT 分析及在此基础上实施的"医药协同走出去"战略则为我们提供了非常宝贵的经验与许多有益的启示。

三九企业集团作为一家大型的跨行业综合性企业,之所以把传统的中医药产品与服务作为走出去的主打产品,首先是由超越公司能力以外的经济环境、社会文化、政治法律与科学技术等外部因素,以及行业与市场等微观环境因素决定的。总体而言,三九企业集团处于一个有利于实施"走出去"战略,并借此把集团做大做强的国际环境中。但同时,也存在着一些不利于企业发展的因素(威胁),如中国在国际植物药市场的份额仅占3%等。而从企业内部来讲,又有一些突出的优势与需要克服的劣势。而新近制定的企业走出去战略很好地考虑到了企业外部机会与威胁,以及企业内部的优势与劣势,且进行了以有效利用机会与避免威胁为其重要内容的战略匹配。表 2.2 所示为三九企业集团 SWOT 矩阵。

表 2.2　三九企业集团 SWOT 矩阵

机会威胁与 优势劣势匹配(M) 机会(O) 威胁(T) 优势(S) 劣势(W)	优势(S): S₁.优秀的企业文化及人力资源; S₂.创新的思维方式和长远的战略眼光; S₃.娴熟的综合管理能力、资源全能力; S₄.知名品牌	弱点(W): W₁.高速发展中,上缴多,企业积累不足; W₂.部分兼并企业历史包袱重,改造任务极为繁重,资产重组、产业整合面临困难; W₃.产业升级的压力大,在关键技术和大品种上急需重大突破
机会(O): O₁.国际植物药市场的发展迅速(10%～20%); O₂.中医药对开拓天然植物药市场有传统优势; O₃.加入 WTO 降低了国际市场开拓的成本; O₄.中医药是中国最具有自主知识产权的优势领域; O₅.WTO 缓冲期内,本土企业尤其是大型国有企业有优先机会; O₆.国有企业的产权改革与新一轮的结构调整将为优势企业的快速发展创造更为有利的条件	SO 战略: $M_1(S_2,O_1,O_2)$尽早建立以中医中药为主攻方向的集团战略; $M_2(S_2,S_3,O_3,O_4)$考虑继续加强海外市场的开发力度,服务全球; $M_3(S_3,S_4,O_5,O_6)$整合现有资源,加速企业的扩张速度	WO 战略: $M_4(W_1,O_1,O_2)$加强与金融机构的合作,为中药现代化找好合作伙伴; $M_5(W_2,O_5,O_6)$加大监管力度,保证企业扩张质与量的齐头并进; $M_6(W_3,O_4,O_6)$加强科研力度
威胁(T): T₁.中国在国际植物药的市场份额仅占3%; T₂.天然药物领域尚无国际标准; T₃.中药的有效成分认定还在探索当中; T₄.出口市场缺乏强有力的战略引导; T₅.外资的大举进入会通过资本投资强占优势资源; T₆.国内众多企业加入到中药竞争中	ST 战略: $M_6(S_1,S_2,T_1)$中药现代化的战略尽早落实; $M_7(S_1,S_2,T_2,T_3)$实施中药产业化战略,以医带药; $M_8(S_3,S_4,T_4,T_5,T_6)$尽早整合现有资源,加速 GMP 改造,确立行业领袖地位	WT 战略: $M_9(W_1,T_1,T_2)$寻找战略同盟,全盘考虑中药现代化、中药产业化与健康全球化等; $M_{10}(W_3,T_6)$加强研发力度,扶持技术创新

注:根据三九医药产业发展研讨会会议文件等有关内容进行适当整理。

而对其组合成的战略($M_1 \sim M_9$)进行归并提炼,则形成了一条以"振兴传统中医药与打进全球五百强企业行列"为基本宗旨的走出去战略。其战略的基本要点是:整合海外中医药资源,在欧美建成1 000家中医诊所,并通过中医药科研、教育、培训制高点的抢占,以及健康服务全球网的运作与中药现代化的开拓来保证与推动中医药跨国集团公司的尽早建成。其主要内容包括:

(1)以"中药现代化"为基础

中药现代化,是让中药真正走向世界的必由之路。三九企业集团自1985年创业开始,以三九胃泰等中成药科技成果作为主导产业起,就开始走上了一条中医药现代化的发展之路。它将传统中药与现代科技相结合,从药材种植、生产、市场拓展等各个环节上进行现代化科技改造,并取得了丰硕的创新性成果。

(2)以"麦当劳"式的中医健康诊所为路径

中药现代化的市场离不开中医的现代化与产业化。而中医产业又将极大地推动中药现代化。在海外建立1 000多家连锁中医健康诊所,既是三九企业集团致力于中医产业化的主要目标,更是使中药迅速、大批量走进国际市场的捷径。当前在美国有1万家中医诊所,加拿大也有近2 000家,中医在海外发展已有100多年的历史,但到目前为止也没有发展成为一个产业,主要原因是缺少强势企业的有效整合。它为国内中医药龙头老大的三九企业集团提供了一个通过整合构建中医健康服务网,并借此带动中药出口的良好机遇。

(3)以健康服务全球网为载体

有五千年文明史的中医药为人类的健康作出了巨大的贡献,而且随着天然产品的优势越来越被世界人民所接受,回归自然潮流的逐渐兴起,中医药定将为人类作出更大的贡献。它既是三九集团中药现代化与中医产业化的目标所在,还是三九集团实施中医药走出去战略的重要手段。在很多欧美人眼里,中医中药只不过是"荒蛮"地方的"妖医巫术"而已,为此,需要进行长期的以健康服务为宗旨的从理论到产品的多层次立体化培训与咨询活动。

≫案例分析　环境制约,汽车供应链伤在何处难在何处

作为世界上最复杂的供应链管理系统,汽车供应链的整合势必更加艰难。

随着"入世"以后汽车及零部件关税的逐年降低,未来"国内市场国际化、国际市场国内化"是必然的趋势。汽车供应链管理作为一种集成的管理思想和方法,围绕核心企业,执行供应链中从供应商到最终用户的物流、信息流、业务流、资金流的计划和控制职能,在整个汽车行业发展过程中起到了非常重要的作用,也日益受到汽车生产经营者的

重视。

然而,汽车供应链被公认为是世界上最复杂的供应链管理系统,在我国又处于刚起步阶段,因此在实际应用中暴露出不少问题,值得大家关注。

1. 认识误区:对供应链整体观念的认识不足

供应链是执行采购原材料,将它们转换为中间产品和成品,并且将成品销售到用户的功能网。其核心思想是供需联动,信息集成,纵向一体化。英国著名经济学家克里斯多夫讲过这样的话:"市场上只有供应链而没有企业。"未来的竞争一定是供应链与供应链之间的竞争,而不是企业与企业之间的竞争。

然而在现实中,虽然管理者注意到了供应链在汽车业发展中所起的重大作用,但对其全局认识还不同程度地存在着偏差。实际运作中,上下游企业追求的是自己的赢利,而不是共赢。一方面,中心汽车装配厂在汽车供应链中处于中心位置,一般拥有很大的发言权,往往在汽车供应链过程中为了自己利益最大化,损害上下游的合作者。比如,目前国内众多汽车厂商采用了 JIT 等比较先进的管理模式,相对于传统的管理方式,大部分汽车中心厂利用此管理方式能更容易地达到自己的零库存管理,更大幅度地提高自身的库存周转率,节省大量的库存管理费用。然而,JIT 模式在安排长期生产和采购计划方面有它不足的一面,为防止计划变更所产生的风险,主车厂往往习惯性地要求其配套厂商垫高安全库存,或要求在其周围建立存储仓库,以备不时之需,而不是利用供应链优势,做好整车生产计划,减少生产波动,从而减少供应链整体库存,达到双赢。这种做法实际上把这部分管理成本间接转移给了上游;另一方面,处于弱势地位的配套厂商由于担心把信息过多地透露给中心厂商,在价格谈判过程中利益受损,而在参与汽车供应链体系的态度上有所保留。

追求供应链中单个个体的利益最大化并不能带来整体供应链的竞争优势,认识不到这一点,经济利益共同体远不能真正建立起来,汽车供应链整体竞争力也无从发挥。

2. 执行难度:供应链内各成员内部管理水平参差不齐

供应链运作必然会涉及众多的企业成员参与,由此各成员的管理水平成为供应链正常运作的关键因素之一。汽车供应链作为典型的供应链管理系统之一,涉及的上游供应商和下游经销商更多,供需间的关系也更密切。尤其作为供应链核心的汽车中心厂,与上游厂商交互非常频繁,局部的管理不善会迅速影响到供应链整体的运作。

国内大部分汽车厂商由于具备国外先进管理技术的基础,内部的制度流程相对完善,信息化程度高,作为汽车供应链的核心起到了关键的作用。但众多上下游的经销商、部件供应商的管理水平往往被忽视。由于零部件供应商的管理体制不完善而引起的供应链运行问题屡见不鲜。在汽车供应链项目中,上线期初由于参与的配套厂众多,其普遍规模偏小,人员素质相对较差,大部分使用信息系统自愿性不强,资金投入有限,整个汽车供应链的实施难度相对较大,造成很大的项目风险。因此,如果没有事先内部管理体制的提升,没有中心厂商对于其配套厂的日常管理的重视并配合专业供应链厂商辅导,供应链项目不可能取得阶段性的成功上线。

3. 信息化基础:供应链信息的不对称

供应链管理作为一种新的运作与管理模式,如果没有信息网络技术作支撑是不可思议的。神州数码总裁郭为曾将企业电子商务道路划分为四个阶段:第一是网络基础建设;第二是企业内部信息化;第三是一对一,也就是 BtoB 或者 BtoC 的互联互通;第四是网络社区的形成。汽车供应链的建设与此前三阶段类似。第一阶段相对容易达成,第二阶段是基础,第三阶段是关键因素,难度也最大。

在国内汽车供应链体系中,信息交互的障碍严重制约着汽车供应链的发展。现在,一些先进的汽车企业已经不满足于系统对接,订单直接生成,更需要了解供应厂商在生产制造等方面的更多信息,如关键零件的库存信息,以安排生产计划。而另一方面,汽车供应链中存在着信息化基础相当薄弱的众多厂商,信息的交互容易出现断层。以上面所提到的汽车供应链项目为例,中心厂的信息化程度比较高,也具备相当的管理基础。但其上下游的合作商情况并不乐观。很多供应商还停留在手工管理阶段,使用的信息化工具仅限于电子表格;或者只是某些部门使用了部分信息系统。内部的集成还存在很大的问题,与外部供应链中其他企业的信息交互更是困难重重。

4. 环境制约:汽车供应链的外因

美国供应链专家罗伯特·伊斯曾在文章中指出:"中国供应链的管理今天面临几个重大挑战:基础设施薄弱、分销体系零散混乱、地方保护主义严重、缺乏第三方能力。"就第三方物流的发展来看,随着社会分工的不断细化,企业更加注重于自己的核心竞争力,供应链中不仅有供应商、生产商、分销商,还包括物流商,第三方物流企业成了供应链中不可缺少的一员。然而在国内,一方面由于受"大而全"、"小而全"商业运作模式的影响,物流需求有效需求不足。但另一方面,由于第三方物流企业参差不齐,信息化基础薄弱,一体化服务功能差,有效供给也不足。这些都严重制约着汽车供应链的发展。

不过,也能看到,中国 2001 年底加入世界贸易组织以后,这些问题正在逐步改善。企业还是应该注重练好内功。

5. 展望

随着中国经济的快速发展,汽车供应链必然会得到越来越多人的关注。从现在的角度展望,有四点是必然的发展趋势。

首先,供应链中各企业方会逐渐习惯于站在全局角度上看待汽车供应链,认识到供应链是人和过程的整合体,在关注供应链事物本身的同时同样重视人的思想观念的改造。

其次,要构建具备足够竞争力的供应链体系,各企业内部的管理体制的提升是基础,这点将会成为企业界的共识。

第三,在汽车供应链的技术基础方面,即企业内外的信息化建设方面,互联网技术将得到更广泛的应用。借助先进管理信息系统和网络技术,资源能得到更广泛的共享,信息得到更快速的交流,为供应链优势的进一步发挥创造了条件。

第四,随着中国改革开放的深入,汽车供应链的外部环境必然会逐步得到改善,为其发展创造更为有利的条件。

≫案例分析与讨论题

1. 结合本章所学的环境分析方法,分别分析汽车供应链的宏观环境、行业供应链环境和供应链内部环境。

2. 如果你是汽车行业某公司的高层管理人员,谈谈如何改善汽车供应链状况。

≫复习思考题

1. 进入 21 世纪以来,企业竞争环境发生了哪些变化? 供应链管理呈现出哪些特点?

2. 何为 SWOT 分析? 如何用 SWOT 分析企业竞争环境?

3. 波特的 5 种力量是怎样影响供应链运行的?

第 3 章

供应链管理战略

本章导读：

- 一个有效的供应链不仅能优化企业间的资源，而且能消除不必要的中间环节，改善社会经济活动中的物流与信息流的有效性，促进社会经济持续、稳定地发展。
- 要想进一步发挥供应链管理的潜在作用，应将供应链管理作为企业的战略性问题来考虑，而不能仅仅将其看作一种操作方法。
- 依据企业涉入供应链的程度，供应链管理战略大致可以分为供应链外包战略、供应链创建战略与供应链整合战略。

3.1　供应链外包战略

3.1.1　外包概述

外包这种管理模式早在 20 世纪 60 年代的美国就开始出现了,但真正发展为规模是在 20 世纪 80 年代以后,比较著名的例子是柯达公司。1989 年柯达将自己的信息部门委托给了 IBM 等两家公司经营。此举不但完成了原信息部门的工作,而且使柯达计算机关联投资减少了 90% 以上,年运营成本也减少了 20%。这一成功的尝试引发了业务外包的高潮。在 20 世纪 80 年代后期,外包影响到日本、欧洲,全球外包业务急剧增加,外包成为一股潮流。现在许多著名的大公司都在开展形式不同的外包业务。例如,世界上最大的运动鞋制造商耐克公司,几乎完全靠贴牌生产;波音公司,自己只生产座舱和翼尖,其他的零部件大多是由世界上几十个国家的有关企业提供。手机生产厂商摩托罗拉、诺基亚,家电生产厂商索尼、菲利浦等知名企业所需零部件多是靠系统外部提供。随着网络的兴起,观念的改变,外包的可行性也越来越大,已成为集团经济的新特征。

所谓外包(Outsourcing)也称资源外包、业务外包,英文一词是"外部寻源"。1990 年,美国学者 Gary Hamel 和 Praharad 在《企业的核心竞争力》中首次提出了"outsourcing"这一概念。具体而言,业务外包是指企业整合利用其外部相对优秀的企业资源,将一些非核心的、次要的或辅助性的功能或业务外包给企业外部的专业服务机构,利用它们的专长和优势来提高企业整体的效率和竞争力,而自身仅专注于那些核心的、主要的功能或业务。所以从本质上讲,外包是企业的一种经营战略,是企业经营管理的一种新理念。

业务外包的理论依据最远可追溯到劳动分工理论。亚当·斯密在其《国富论》中详细阐述了劳动分工对提高生产率的好处,业务外包可以看成是劳动分工的延伸,外包不但简化了管理的复杂性,还有助于提高承包商的专业化生产率。大卫·李嘉图的比较优势理论和麦克尔·波特的价值链理论也为外包提供了理论支持。经济学中,有个很有名的木桶理论,该理论认为木桶的盛水多少不是由最长而是由最短的木板决定的。外包用木桶理论解释,企业可以把最短的木板交给其他企业制造,提高该木板的整体高度,从而提高容量。

外包的主要依据是核心竞争力理论,该理论认为,本企业应该确定核心业务和核心优势,如果某项业务不是自己的核心业务,但它对企业的核心竞争力也很重要,那么可以把该项业务外包给最好的专业公司,从而企业能够把更多的资源投入到核心业务,创造核心优势,最终提高企业的核心竞争力。有人经研究发现,业务外包的流行领域主要分布在信息系统技术(40%)、不动产和有形工厂(15%)、后勤(15%)以及管理、人力资源、消费者服务、金融、营销、销售和运输(30%)等方面。

1)外包趋势

(1)外包规模逐渐加大

任何公司的资源都是有限的,并且其能力也不可能在各个方面都是显著的,业务外包是当前跨国公司为保持其在本行业具有持续竞争优势的战略性调整。美国著名的战略咨询公司贝恩曾经对美国、澳大利亚、英国、法国、德国、意大利和日本的1 854家,营业额达5亿美元的公司作了研究,结果表明:所有那些能够持续地为股东创造价值,并且满足销售额和利润增长要求的公司,都具有一个相同的特征,即它们都有一个比较鲜明的核心业务,并在核心业务中发展着各自的核心竞争力。缩减价值链,进行业务外包,已成为跨国公司经营的一种趋势,这种趋势使得世界跨国公司的业务外包量逐年增加,业务外包规模逐渐加大。全球外包市场经过30年的发展,已经形成每年数万亿美元的巨大市场,目前全球项目外包市场以每年20%的速度递增。

(2)外包对象有由发达国家向发展中国家转移的迹象

在外包刚刚起步的时候,由于发展中国家基础条件相对较差,不能满足跨国公司的外包要求,因此,外包项目一般也由发达国家的公司来承担。当跨国公司进入某一新的市场时,提供外包服务的公司也随之进入。随着发展中国家的发展与改善,承担外包的能力得到提升。并且,发展中国家在跨国公司外包竞争中越来越显现出相对优势。发展中国家的公司比较熟悉当地的环境,能更好地体察到当地消费者需求的变化,发展中国家还存在着人力资本低廉、政策法律环境宽松等优势。对于跨国企业来说,完成企业外包活动的公司选择不再只局限于某一行业或地域,而是跨越了行业和国家的界限,形成了遍布全球的国际生产体系,这也是全球价值链的基本内涵。近年来,跨国公司在寻求业务外包时,逐渐把目光投向发展中国家,尤其是一些处于产业链中较低层的生产、加工、装配等非技术性劳力业务。

(3)制造业外包继续发展,服务业外包方兴未艾

跨国公司更多地关注技术的研发和品牌的塑造,而制造业处于产业链的下游,附加价值偏低,成为跨国公司实行外包的首选。在制造业外包已经大行其道的同时,跨国公司又把目光投向了服务业。服务业外包(Service Business Process Outsourcing,SBPO)是

指跨国公司将其非核心的对企业发展提供支持作用的服务部门职能,通过合同的方式分包给公司以外的其他公司来承担。通过签订数年合同以保证服务的稳定供应、最优的质量和最低的成本。服务业外包包括 IT 外包、金融服务外包、客户服务外包、人力资源外包、物流外包等。就物流服务来说,根据一项调查显示,西欧地区的受访企业把占物流成本 65% 的物流业务外包出去,北美的比例为 49%,亚太地区为 50%。值得一提的是,这 3 个地区的企业都预测,在未来 3～5 年内这一比例将会增加。西欧企业预计会增加到 81%,北美和亚太地区将分别增至 56% 和 60%。可以预见,跨国公司的服务业外包还将持续增长。

2)三条不可外包的原则

外包给公司带来竞争优势的同时,也可能承担一定程度的风险。为此必须信守以下 3 条不可外包的原则:

①公司不应外包那些利用了自己核心能力的业务,如核心部件的生产或营销渠道的管理,因为公司本身就在该业务领域里有竞争优势。

②公司不能把那些对整个业务的顺利开展具有决定性影响的业务或生产外包出去,即使从成本上分析公司在该领域里没有竞争优势,公司也不能将这些业务或生产外包出去。

③公司战略的决策者不应把那些有可能使公司形成新竞争能力和竞争优势的学习机会的生产活动外包出去。作为竞争优势来源的知识在公司开拓新业务方面非常重要。

3)外包的方式

从某种意义上讲,外包实际上是一种从外部获取优秀资源的方式。在现代化的社会大分工生产条件下,标准化生产的推广使得企业向外部整合资源不但成为可能,而且还成为竞争环境中所必须考虑的一种新的生产组织管理方法。外包中的供应商和企业之间的合作形式也是多种多样的,按照两者之间的合作深入程度,可以分为以下 4 种形式:

(1)合同关系

合同关系通常是指用户与供应商建立起单一的合同关系,而且合作期限较短。企业在完全控制他们主产品生产过程的同时,将业务流程的某一环节外包出去,并以合同的形式明确期望的结果。这种合同关系又可以进一步分为简单型和复杂型两种。

简单型合同关系中,外包的活动可能会是一些诸如自助餐厅、邮件管理、门卫等辅助性、临时性的服务。由于此类外包业务不会影响到企业的核心能力,更不需要企业的专用性资产投资,所以短期性的合同外包风险较小。另外,因为在外包业务市场上供应商竞争激烈,企业可以较为容易地找到新的替代者。因此,在这种关系下,企业可以完全利用市场竞争机制对外包业务进行控制,确保供应商完成合同。

复杂型合同关系中,企业需要根据外包的动因,选择合适的供应商,外包合同将更为详细地制订,同时企业将会有一定程度的专用性资产投资。这样与简单型合同关系相比,供应商的替代性降低,市场竞争机制在对外包业务控制效果上将会减弱,因此,企业必须加大对供应商业绩的评估和监控。

（2）业务剥离

企业在寻找外包供应商时,也有可能是由原企业剥离出去的子公司提供。为了提高竞争优势,增加差异化,大量的企业将"控制导向"、"纵向一体化"的企业组织分解成独立的业务部门或公司,使其成为面向市场的独立的利润中心。例如,隶属于戴姆勒——克莱斯勒集团的 Mercedes-Daimler AG 公司,除了在汽车制造方面具有专业知识外,在 IT 领域也具备世界一流的实力。于是决定成立专业的 Debis IT 服务公司,用来满足母公司的 IT 外包需求,同时在市场上又与其他的 IT 服务公司竞争。这种外包方式,与第一种相比,由于供应商更为可信,并且来自于企业文化,生产工艺等方面沟通的难度降低,因此这种外包方式风险较低。

（3）战略联盟

越来越多的企业认识到单个厂商不可能在所有的业务领域中都具有世界一流的能力,采用战略联盟可以在保持各厂商独立性的同时,有效组织复杂的商业交易。在战略联盟中,两个或多个厂商同意在某项目中合作,共享信息或生产性资源,同时共担风险。由于这种类型的合作没有严格的激励条款和处罚条款,因此合作双方的透明度是合作成功与否的关键。促进信息共享以及对核心能力保护机制的设置将有助于降低战略联盟的外包风险。

组建合资企业是战略联盟的一种特殊形式。为了通过外包实现更大的规模经济,外包的双方可能会合资组建新的企业,共担风险,分享收益。合资企业的成功会促使企业超越其最初的合作性质,利用专用性知识的积累,以及双方知识的特殊组合,使其面向新的市场。例如,德国最大的保险公司 Gothaer 公司与 IBM 德国公司合作成立了一家合资公司,最初是用以解决公司的数据处理、内外部网络维护以及应用程序开发等工作。而后又与另外两家德国保险公司合作组建了新的合资企业。该合资企业集合了保险业务的专业和 IBM 的技术专业知识,根据标准的体系结构开发应用程序软件,然后向其他保险公司推广。

（4）合作关系

这是合作双方之间最为紧密的合作类型。关系的建立不是通过公平的契约来组织,而是依靠企业间长期的、半正式关系的复杂联合体,企业与供应商之间存在着紧密的相互依存的关系,比战略联盟的合作形式更近一步。如分包商网络和企业集团(Keir-etsu)。

Keiretsu类型的合作关系最初源于日本。日本的汽车公司和高新技术企业通常会与规模较小的供应商共同分担成本,而且他们围绕"母公司"建立。"母公司"只负责产品的设计工作,其组装工作由众多独立的供应商和联盟伙伴来完成,"母公司"对他们没有所有权。由于这种合作是建立在长期合作、相互信赖、信息交流和限制竞争压力对供货商的影响等原则的基础之上,并且通过显性方面(如股权持有)和隐性方面(如商誉)管理长期的合作关系,使合作各方更注重商业规范并增强集中度,创造了一种允许供货商进行投资的环境。在这种环境下,不但可以鼓励供货商长期规划、促进投资,还可以营造出鼓励创新的文化氛围。在通过创新活动来满足特定需求的同时实现了规模经济,这正是Keiretsu类型的合作关系所能带来的最大好处。

Keiretsu类型的公司现在已经发展到纵向上供应商与用户的紧密结合,以及横向上银行与贸易公司的紧密结合。长期合作的结果,使得供应商与用户之间会涉及更多的资产专用性,双方之间套牢的风险加大,但是供应商的投资同时也能使其加速学习曲线并提高服务质量。

企业对外包合作方式的选择,取决于外包的业务或资源对企业竞争优势和核心能力的影响。当外包的资源位于企业价值链上不创造价值的活动环节时,企业对其控制权会相对放松,采取普通合同形式,外包关系结束后,企业可以寻找新的外包供应商。如果企业外包的目的是为了增强竞争优势,弥补实现战略目标所需的资源和企业自有资源的缺口,那么为了减少企业对这种外部资源依赖的不确定性,降低供应商的契约后机会主义行为,外包的企业间可以通过建立相互依存关系加以消除,如成立合资企业或战略联盟,加强对外包活动的控制。

3.1.2 物流外包

将物流外包给专业的第三方物流供应商(3PL)可以有效降低物流成本,提高企业的核心竞争力。具体说来将物流业务外包能够带来如下优势:

(1)企业得到更加专业化的服务

当企业的核心业务迅猛发展时,也需要企业的物流系统跟上核心业务发展的步伐,但这时企业原来的自理物流系统往往因为技术和信息系统的局限而相对滞后。与企业自理物流相比,3PL可以集成小批量送货的要求来获得规模经济效应,在组织企业的物流活动方面更有经验、更专业化,从而降低企业的营运成本、改进服务,提高企业运作的灵活性。

对于委托企业而言，它不可能获得所需要的各方面人才。通过将物流外包给 3PL 委托企业，不但可以引入资金、技术，同时也可以根据自己的需要引入"外脑"。物流方面的专家或专门人才不一定属于该委托企业，却可以成为企业所使用的一部分有效的外部资源。特别是对于那些财力、物力有限的小企业而言，通过将物流外包更容易获得企业所需要的智力资本。

（2）解决本企业资源有限的问题，更专注于核心业务的发展

企业的主要资源包括资金、技术、人力资本、生产设备、销售网络、配套设施等要素。资源的有限性往往是制约企业发展的主要"瓶颈"，特别是在当今时代，技术和需求的变化十分复杂，一个企业的资源配置不可能局限于本组织的范围之内。即使对于一个实力非常强大、有着多年经验积累的跨国企业集团来说，仅仅依靠自身的力量也是不经济的。物流外包策略对于企业有限资源的合理利用非常重要，国内外的许多企业正是通过利用物流外包，突破原有的资源"瓶颈"，获得了难以想象的增长速度。

利用物流外包策略委托公司可以集中资源建立自己的核心能力，并使其不断提升，从而确保委托公司能够长期获得高额利润，并引导行业朝着有利于企业自身的方向发展。应该认识到无论企业是处于扩张期还是压缩期，大多数企业用于投资的资金总是有限的，通过 3PL 可以节约资金和资本投入，使公司资本集中在主要的、能产生高效益并取得主要竞争力的业务上。通过 3PL 不仅可以减少物流基础设施的新投资，而且可以腾出自有仓库与车队所占用的资金，并把资金用在更有效率的地方。

（3）可以提高企业的运作柔性

委托企业选择 3PL 的重要原因之一是提高柔性的需要。企业可以更好地控制其经营活动，并在经营活动和物流活动中找到一种平衡，保持两者之间的连续性，提高其柔性，使实行物流外包的委托企业由于业务的精简而具有更大的应变空间。

由于大量的非特长业务都由合作伙伴来完成，物流外包企业可以精简机构中的中层经理。传统上的监督和协调功能被计算机网络所取代，金字塔状的总公司、子公司的组织结构让位于更加灵活的、对信息流有高度应变性的扁平式结构。这种组织结构将随着知识经济的发展而越来越具有生命力。

（4）可以减少监督成本，提高效率

委托公司可以利用物流外包策略缩小公司的规模，精简公司的组织，从而减轻由于规模膨胀而造成的组织反应迟钝、缺乏创新精神的问题。规模偏小的公司管理事务比较简单，更易于公司专注于自己核心能力的培养。公司要想在激烈的竞争环境里成长，就必须尽量控制公司的规模，以确保公司的灵活反应能力。物流外包策略在这方面具有非常重要的意义。

(5)降低风险的同时也可以同合作伙伴分担风险

首先,在迅速变化的市场和技术环境下,通过物流业务外包委托公司,可以与合作公司建立起战略联盟,利用其战略伙伴们的优势资源,缩短产品从开发、设计、生产到销售的时间,减轻由于技术和市场需求的变化造成的产品风险。其次,由于战略联盟的各方都发挥了各自的优势,这有利于提高新产品和服务的质量,提高新产品开拓市场的成功率。最后,采用物流外包策略的委托公司,在与其战略伙伴共同开发新产品时风险共担,从而降低了由于新产品开发失败给公司造成巨大损失的可能性。

当然,与自营物流相比较,物流外包在为企业提供上述便利的同时,也会给企业带来诸多的不利,主要有:企业不能直接控制物流职能,不能保证供货的准确性和及时性,不能保证顾客服务的质量和维护与顾客的长期关系,企业将放弃对物流专业技术的开发等。

3.1.3 供应链外包战略的制定与实施

1)确定外包业务

美国著名的管理学家迈克尔·波特认为,企业创造价值的过程可以分解为一系列互不相同,但又互相联系的增值活动,如设计、生产、销售等,其总和构成企业的价值链。实际上并非每个环节都能创造价值,价值创造来自于某些特定的活动,即战略环节企业的竞争优势,实际上就是企业在价值链上某个特定战略环节上的优势。所以,为保持竞争优势,在外包活动中凝聚核心竞争力的战略环节是不可以外包的。另外,企业不能把那些对整个业务的顺利开展具有决定性影响的业务外包出去,即使从成本上分析企业在该领域里没有竞争优势,企业也不能将这些业务分包出去。比如,在美国凯玛特公司与沃尔玛公司的竞争过程中,凯玛特沿着价值链评估其各阶段的竞争优势,决定应该把物流外包出去,而同时沃尔玛却在建立自己的地面运输队,正是这项决策严重影响了凯玛特的长期竞争力,最终使凯玛特在同沃尔玛的竞争中节节败退。

一般来说,下列业务应该外包出去:①合作者能比本企业完成得更加出色;②合作者能够以更低的费用完成;③合作者能以更快的速度完成任务;④外包商能在销售方面取得更大成功;⑤需要在某一遥远的、具有不同文化的国家进行;⑥需要特殊能力如获取政府基金;⑦需要昂贵资源但可能出现新型资源使其贬值;⑧在企业内部进行代价太大;⑨投资回报率较低。

2)选择外包方式

首先,就企业的产品生产来说,可以选择全部外包,也可以选择部分外包。有的企业把大众化的产品外包出去,而留下创新性的高端产品来自己组织生产;也有的企业把产品中的一般部件外包出去而留下核心部件自己生产。

其次,外包可以选择"临时工"方式,如把某一批产品的生产外包给合作者,也可以选择"正式工"方式,如长期把本企业的产品生产固定外包给某一特定合作者的方式。这两种方式各有利弊,前者会增加企业的交易成本,后者可能使企业形成对合作者的依赖,增加转移成本。

再次外包可以选择代加工这样的"体力"外包形式,也可以选择"脑力"形式。这是指企业管理层面的业务外包,如产品设计、技术创新、财务管理、对外公关、人力资源管理等,将这些环节外包出去而由专家打理。

3)准确评价外包商

外包商信誉的好坏、能力的高低会直接影响外包战略的完成,应该慎重选择外包商。有的企业在选择外包商时,注重外包商的文化、灵活性、开展业务的简易性和对成功的承诺,而有的企业则考虑外包商的生产经验、开拓市场能力、创新能力等。选择时应基于能够给企业带来竞争优势客观考虑外包商几个方面:伙伴关系、能力、成本、架构、经验、重点、文化、灵活性、满足时间要求的实施能力等因素。企业创新记录、对创新的态度、研发人员待遇、创新奖励办法,以及高水平的技术和知识的积累、市场销售的能力、敏捷快速的反应能力也是企业选择外包商的评价标准。

一般说来,外包商的评价指标体系应至少由以下 3 个方面的指标构成:①投入指标,指外包商拥有的固定资产、人力资源、技术资源等生产要素;②能力指标,指外包商的生产能力、技术创新能力等综合能力;③兼容指标,指核心企业与外包商在生产、文化等方面的兼容性。

4)考虑选择多个外包商

在市场中垄断往往意味着高额利润。实施业务外包战略时也一样。企业应选择多个外包商,使其相互牵制,即可避免失去对业务的控制能力。如宝洁公司将物流业务外包时,给其最大的合作伙伴中铁物流的业务也不超过 40% 。有些企业在实施外包战略时,对不同的外包商采取不同程度的控制措施,不但使他们获得丰厚的回报,而且企业的技术也得以完整保护。

在这方面,美国耐克公司提供了成功的经验。耐克公司把它的外包商分成 3 类:

①长期合作伙伴。耐克与这类外包商联合开发新产品,对一些新技术共同投资,在这些外包商那里生产最新式的产品,这些产品价值昂贵、产量低。

②批量生产外包商。耐克不与这些外包商进行合作开发,外包商只为耐克生产某

一型号产品。产品批量大,这些外包商无权选择原材料和二级外包商。

③部分拥有型外包商。这些外包商分布在世界各地的发展中国家,由于劳动力成本低、遍布全国而受到耐克的青睐,耐克为这些外包商提供资金及技术支持,这些外包商只为耐克生产产品。

通过不同的控制策略,耐克在发展核心竞争力的同时,也不用担心技术丢失或泄露。

5) 签订外包合同引入双赢模式

外包合同的作用在于约束合作双方的合作行为。在合同中应就双方的责任、义务、权利等方面作出较为详细的规定和说明,特别是达成有关知识产权与保密的协议,以保证双方的合作愉快,从而形成长期的战略联盟。

值得一提的是合作双方要引入双赢模式,这就要从传统的竞争关系中非赢即输、针锋相对的关系,改变为更具合作性、共同为谋求更大利益而努力的关系。外包企业内并不是一方的所得以另一方的损失为代价的。相反企业兴旺,双方都会受益,而企业败落谁也不会得利。因此在业务外包活动中强调合作双方的相互利益非常重要,一方投资者为了谋求自己的利益而损害另一方的做法是极不明智的。双方应该为了共同的利益精诚合作,使整个外包活动与企业核心业务相辅相成,产生协同效应,以此获得竞争优势,从而实现双赢目标。

6) 控制与评估

控制有利于督促参与外包企业按照约定进行生产或提供服务。企业一般应派出专门人员对产品或服务的质量、标准与工期进行现场监督,并对突发事件进行有效处理。

在参与外包企业的产品交付或服务结束后,应当对其实施绩效进行客观公正的评价,并把经验教训添加入企业的知识管理系统,为双方长期合作奠定基础。

总之,随着经济的发展与社会分工日益细化,业务外包已被认为是一种智慧型的战略选择。一条缩小战略目标与资源条件差距的重要途径是企业培育核心竞争力、获得市场竞争优势的有力手段。企业运用业务外包战略可以起到事半功倍的效果。然而囿于传统观念、官本位以及地方保护主义等原因,我国企业以该战略来发展自己的做法并未普遍得到采用。我国企业应当借鉴这一企业经营的新模式,尽可能地运用业务外包战略发展业务外包经营。

3.2 外包的机会成本与供应链创建战略

3.2.1 外包的机会成本

外包并不是包治百病的万能药,且越来越遭受着日益巨大的机会成本(Opportunity Cost,OC),主要表现在以下5方面:

1)失去核心能力风险

许多企业在外包过程中缺乏对本企业自身能力的认识,盲目地进行外包战略,导致失去对核心能力的控制力。更有甚者,企业错误地将原本的核心能力外包,导致企业的整个发展失去了存在的根本。例如,当年IBM公司错误地将个人电脑业务中的核心技术微处理器和操作系统分别外包给了英特尔公司和微软公司,结果导致IBM公司在个人电脑领域的优势迅速消亡,被惠普、戴尔等赶上和超过。

2)协调成本

企业的研发、生产、营销各个阶段是交互式相互影响的,虽然各个阶段的特征及管理原则各不相同,但是随着信息化和网络化的发展,这种交互式的影响必将更加明显。因此,企业在运用外包战略的过程中,一旦将部分传统企业职能外包,必然会影响原有的研发、生产或营销能力,进而破坏整体的交互能力,从而增加企业协调各部门的成本。

3)安全性成本

在长期的业务外包中,承包商或多或少都会掌握企业的信息,甚至机密,他们极可能以此控制企业,使企业不能自由选择外包承包商。承包商也可能泄露企业一些极具敏感性的信息,使企业丧失某些关键技能与优势资源的独有优势。为此,企业通常要支付一笔不小的风险防范成本,甚至因担心风险或防范风险成本太高而影响外包的开展。

4)控制力成本

业务外包常常会增加企业控制外包承包商的难度,很可能使企业丧失对外包的控制,进而影响到整个企业业务的发展。因此,在与外包承包商交往中应努力掌握主动权,并与其保持畅通的沟通渠道等。而要这样,就必须支付一笔防范控制力丢失的成本,否则就可能重蹈凯玛特(K-mart)的覆辙。凯玛特曾经是沃尔玛(Wal-mart)最强大的竞争对手,为了在短期内降低营运成本,把大部分的物流业务外包出去了,最后逐步失去了对物流的控制,总成本不断升高,最终无法与沃尔玛抗衡而败下阵来。

5)员工问题

业务外包很可能使原来企业内部的一些员工面临被解雇或者调入外包承包商企业的命运,从而使部分员工失去工作动力,并可能最终导致整个公司生产效率低下。

3.2.2　创建并实施供应链战略的必要性

外包涉及不同的企业,在享受其好处的同时,也要支付不小的机会成本。而应对这种机会与风险俱在的最好的办法,就是将生产商、供应商、分销商、零售商以及运输、信息及其他物流服务供应商纳入一体化管理,即实施供应链管理或创建供应链战略。其基本要求是实行一般外包向供应链管理的转变,使整个供应链从原料采购、加工生产、分销配送到商品销售给顾客,各个环节高效地协调工作,以最优的商品供应体系降低整个供应链的成本。

值得一提的是,外包并没有触及解决牛鞭效应的本质因素——供应链上各企业各自为政形成短期决策。供应链上各企业可能与不同的外企业合作,导致整个供应链信息无法实现共享,各企业信息仍然不透明。随着竞争的加剧,单个企业在竞争中显得力量不足,逐渐演变为供应链与供应链之间的竞争,而外包着眼点是为单个企业消减物流成本,缺乏整个供应链的系统视角。因此,有必要通过实施供应链管理,使整个供应链从原料采购、加工生产、分销配送到商品销售给顾客,各个环节高效地协调工作,以最优的商品供应体系降低整个供应链的成本,实现对顾客的快速反应,同时提高顾客服务水平。除此之外,还可以从以下3方面提高认识创建并实施供应链战略的必要性:

1)企业内部挖掘潜力相对变小

随着信息技术以及各种自动化技术在生产过程中的不断应用,生产率已被提到一个相当高的程度,产品加工过程本身的技术手段对提高整个产品生产率的潜力作用已经在相对变小。每个企业的财力有限,不可能均匀投入。企业若开展自己不熟悉的业务,就会有增大投资风险的危险,而且也存在失去市场机会的潜在压力。因为费力地自己开展一项新业务需要一定时间,说不定当新产品上市时,市场需求已发生变化。在企业资源有限的情形下,通过外包而借助其他企业的优势是一种重要选择,但常因外包风险或机会成本太大而受到影响。

2）外部环境中市场竞争的压力变大

竞争日益激烈而赋予的快速响应与不断趋低的成本上升要求，使得企业必须着眼于各环节费用的降低，必须努力在更大的范围内考虑资源的有效配置。企业要在激烈的竞争环境中取得竞争优势，就不仅要协调企业计划、采购、制造和销售的各个环节，而且要与包括供应商、承销商等在内的上下游企业紧密配合。为此以专长发挥以及其基础上进行合作的供应链管理大有用武之地。

3）实际供应链的潜力很大

美国商业部调查表明，全球 500 强企业中，运输成本占总物流成本的 60%。另外，随着全球经济一体化和信息技术的发展，企业之间的合作正日趋加强，跨地区甚至跨国合作的趋势已经日益明显。在这种情况下，供应链管理备受推崇。

3.2.3 供应链创建战略的总体模型

从企业与企业之间关系的角度来讲，可供选择的供应链创建战略总体模型包括链状模型与网状模型两种。在供应链管理实践中面临的几乎都是网状模型，因此本文着重从网状模型来进行说明。

网状模型（见图 3.1）较链状模型更能说明现实世界中产品的复杂供应关系。在理论上，网状模型可以涵盖世界上所有厂家，把所有厂家都看作是其上面的一个节点，并认为这些节点存在着联系。当然，这些联系有强有弱，而且在不断地变化着。通常，一个厂家仅与有限个厂家相联系，但这不影响对供应链模型的理论设定。网状模型对供应关系的描述性很强，适合于对供应关系的宏观把握。

（1）入点和出点

在网状模型中，物流作有向流动，从一个节点流向另一个节点。这些物流从某些节点补充流入，从某些节点分流流出。可以把这些物流进入的节点称为入点，把物流流出的节点称为出点。入点相当于矿山、油田、橡胶园等原始材料提供商，出点相当于用户。图 3.2 中 A 节点为入点，F 节点为出点。对于有的厂家既为入点又为出点的情况，出于对网链表达的简化，将代表这个厂家的节点一分为二，变成两个节点：一个为入点，一个为出点，并用实线矩形框将其框起来。如图 3.3（a）所示，A1 为入点，A2 为出点。同样地，如有的厂家对于另一厂家既为供应商又为分销商，也可将这个厂家一分为二，甚至一分为三或更多，变成两个节点：一个节点表示供应商，一个节点表示分销商。也用实

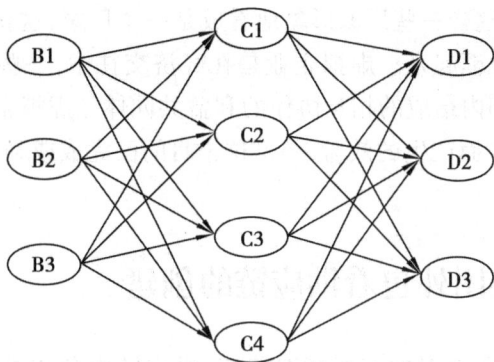

图 3.1 网状模型

线矩形框将其框起来。如图 3.3(b) 所示,B1 是 C 的供应商,B2 是 C 的分销商。

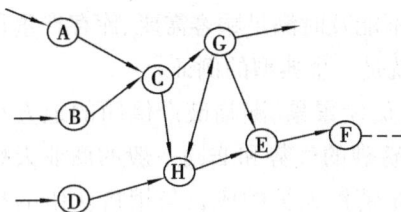

图 3.2 入点和出点

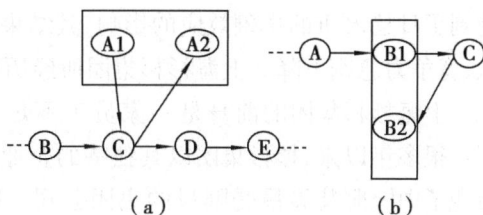

图 3.3 包含出点和入点(供应商和分销商)的厂家

(2)子网

有些厂家规模非常大,内部结构也非常复杂,与其他厂家相联系的只是其中一个部门,而且其内部也存在着产品供应关系。用一个节点来表示这些复杂关系显然不行,这就需要将表示这个厂家的节点分解成很多相互联系的小节点,这些小节点构成一个网,称之为子网(见图 3.4)。在引入子网概念后,研究图 3.4 中 C 与 D 的联系时,只需考虑 C2 与 D 的联系,而不需要考虑 C3 与 D 的联系,这就简化了无谓的研究。子网模型对企业集团是很好的描述。

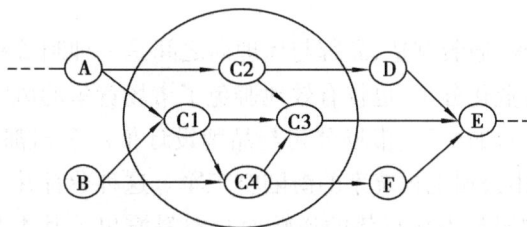

图 3.4 子网模型

(3)虚拟企业

借助以上对子网模型过程的描述,可以把供应链网上为了完成共同目标,通力合作,并实现各自利益的这样一些厂家形象地看成是一个厂家,这就是虚拟企业。虚拟企业的节点用虚线矩形框框起来。虚拟企业是在经济交往中,一些独立企业为了共同的利益和目标在一定时间内结成的相互协作的利益共同体。虚拟企业组建和存在的目的就是为了获取相互协作而产生的效益,一旦这个目的已完成或利益不存在,虚拟企业即不复存在。

3.2.4　从杉杉集团外包看供应链的创建

卖方市场下,企业所面对的市场相对稳定,供应链中各成员间的协调问题不很突出,企业绩效主要取决于本组织内部工作的好坏。但随着卖方市场不断向买方市场的转变,供应链中各组织只追求本部门利益,相互间缺少沟通与集成的传统管理做法,遭受到了日趋严重的牛鞭效应的影响,其结果是产品不能及时满足顾客需要、库存严重积压、竞争力急剧下降。上海杉杉集团所经历的情况就是一个典型的例证。

上海杉杉集团的前身是一家员工不足 300 人、负债累累、濒临破产倒闭的地方小厂。很多年以来,杉杉集团以其独特的企业文化与磅礴的气势和非同一般的商业天赋缔造了中国服装界最受瞩目的集团公司。随着企业销售人员的成长与销售队伍的扩大,原本各管一块的"个体户"做法,渐渐被相对规范的办事处替代。企业在充分利用原有商业渠道进行产品销售的同时,积极构筑直销性质的专卖店、厅销售体系。并渐渐形成了主要靠市场公司—分公司—办事处—专卖店、厅进行产品销售的营销模式。这是沿袭军队组织的金字塔形营销管理体制,它较好地解决了产品供不应求情况下企业迅速发展及其产品市场日益扩大的分销问题,并发展成为杉杉集团的实力象征。但在1997 年,服装市场几乎在一夜间进入买方市场后,这种盲目追求产量、销售与市场占有率的一体化市场营销管理体制就暴露出了其本身的很多不足:

1)效率低下与库存剧增

按照国际化的要求,服装制造、品牌与代理商之间是一种利益和风险进行合理分配的关系,它既有利于专业化分工,也较有效地避免了市场竞争的风险。而对于改革前杉杉这个大企业,世界一流的工厂、市场公司与品牌设计推广公司都是企业自己,这种三位一体的体制好比是由公司老板统率的海陆空三军。这种孕育并发展于短缺年代的销售组织体系,随着中国服装市场形势的逆转而日益暴露出了其本身的"大锅饭"缺陷。比如,市场公司接了 60 套衣服,工厂说不能做,不成批量怎么做?服装公司说你收的东西我没有这个面料。这好比遇到一股很小的土匪,你也必须调动海陆空三军进行联合作战,而等部署完毕,土匪已早不知去向。这种情况造成的直接后果是企业进行市场研究、样品设计、生产加工、销售服务的效率低下,由产品不对路而造成的产品在生产厂、市场分公司、产品代理商、服装专卖店(厅)各环节的积压增多。可能分布在每个环节的库存都不多,但各地区、各环节高达几千个销售网点库存加起来就成了一笔非常可观的数字。

2)管理失控、腐败滋生

杉杉在中国服装界是最具有实力与影响力的企业之一,之所以能够取得这样大的成就,那是因为公司有一整套"领导有情、管理无情与制度绝情"的措施、办法与文化氛围,并在公司上下形成了一支非常敬业的杉杉人队伍。但在那种"市场公司"的大锅饭体制下也不免产生了严重损害杉杉人利益的蛀虫。据此,公司进行了严格的市场整顿,毫不留情地开除了4位市场公司老总。但要彻底解决问题,还必须对产生这一腐败的市场管理体制进行开刀。

3)机会成本增大

杉杉集团之所以要大刀阔斧地进行市场体制改革,并建立全新的特许经营体系,有寄于公司库存积压严重、市场公司效益滑坡、管理漏洞不断滋生等方面的原因。然而最重要的不是因为企业发生了什么生存危机,而是入世后中国国内服装市场竞争更趋激烈及对企业的要求。也就是说出于现在不改革,以后就很麻烦的深思熟虑。用公司总裁郑永刚先生的话来讲,即是不仅仅因为国内品牌的竞争,而是国际资本、国际品牌进入中国市场以后,他们会以很雄厚的资金在中国市场做特许经营,那个时候企业一成不变的市场网络将会消失殆尽。而进行了以建立特许经营为主要内容的市场体制改革,则不仅可以建立一整套与国际服装强手接轨的市场体系,增强国内外市场竞争的能力,还可以从体制改革中腾出更多的人财物资源进行服装以外的高科技与资本板块的运作。

杉杉集团这套以"市场分公司—办事处—专卖店、厅"为基本内容的市场营销网络体系尽管有不少缺陷,但在国内同行尚无成功先例的情况下,亲手把它彻底打破(用了10年心血耗资近8亿元构建的体系),这绝非是一般的强者所能够胜任的。但擅长借鉴国际服装企业家智慧来求得更多更好发展的郑永刚总裁经过苦苦思索后,决意要打好业务外包与特许经营这块牌,因为它蕴含着无尽的潜力和发展空间。

为此,根据国际上普遍盛行的"制作、品牌与代理相对分开,利益与风险合理分配"的原则要求,杉杉集团采用了以品牌与契约为其基本纽带、以"生产与销售外包"为重要内容的特许经营做法。生产外包是指把工厂交给外国人管理,集团成了工厂的大客户,照样下订单、照样验收,运用国外先进工艺和管理措施管理现代化企业。销售外包是指杉杉选择并实施规范、健全意义上的特许经营模式。不仅仅统一形象、统一操作模式、统一服务理念,而且还给予加盟商更多的权利,生产总量由他们来确定,即特许经营商下订单向工厂订货,由工厂负责生产,下订单时给付定金,旺季时预付货款的20%,淡季时预付货款的5%,提货时,一手交钱一手交货。

通过生产与销售外包,杉杉集团总部需把握的只是品牌核心,关注如何提升品牌,加强设计水准,积累品牌内涵,赚取的是品牌运作的利润。与此同时,工厂要做的是一心一意提高工艺水平,赚取服装加工部分的利润;营销方面则是加盟商从服装市场中赚取利润。在这种情况下,原本企业内部的上下游关系,演变成了以品牌为纽带的"契约关系"、供应链的上下游关系。这种变革的实质是将集团上下游机构的性质由"公有制"转化为"私有制",从而从体制上调动上下游的积极性。与此同时,也要求集团更加注重产品设计与品牌管理,更加注重与利益各方进行平等协商、关系处理,并以契约的形式进行严格执行,从而对专长及其基础上的合作——供应链管理产生了极大的依赖,从某种意义上说,企业供应链管理的状况将直接影响着产销外包的开展乃至企业进一步发展的成败。

3.3 供应链整合战略

整合意味着将整条供应链像一个企业一样进行管理。在整合后的供应链中,组成供应链的所有功能都像单个企业一样进行运作,而不是各个功能模块单独运作。关于供应链整合相关的定义,不同学者都试图根据自己的理解给出合理的解释,因此目前尚未形成统一的认识。

Lawrence and Lorsch 将整合视为组织各部门为适应环境变化而达成的一种相互合作的状态。Lambert 和 Cooper 等认为供应链整合包含整个供应链网络中的主要环节,包含内部与外部的实体为了共同的目标所形成的联盟。整合后的供应链不仅可以降低成本,而且还为顾客、股东和所有供应链成员创造价值。Akkermans 则将供应链整合的基本要素归纳为合作、协作、信息共享、信任、成员间关系、技术共享以及从单个企业管理向供应链整合管理过程的转变。北京大学联泰供应链研究与发展中心(2005)在《中国供应链现状:理论与实践》中指出:整合是将整体的各个部分连接得更加紧密,使其在实际中更多发挥"整体"作用而非"局部"作用的过程。供应链整合则是指转换并"合理化"一个功能性供应链上各组织实体(公司、部门)行为的过程,这些功能被重新定义和重新分配,使它们执行起来更快、成本更低并且效果更好(以提高品质来满足客户的需求,即端对端供应过程中被转换或传递的输出的下一个"接受者"的需求)。

因此供应链整合的过程是以供应链核心企业为主导,包括供应商、制造商、销售商、零售商以及最终用户的整个链条所形成的一种动态联盟的过程,是对原有价值链的重新配置,其目标是提高供应链管理水平、扩大市场份额、提高供应链的赢利水平,在市场竞争中获取竞争优势。

3.3.1 供应链整合的驱动因素和目标

供应链整合虽是供应链管理的重要组成部分,但并非任何时间任何供应链都适合进行整合。供应链整合是在供应链发展特殊阶段,为满足核心企业以及供应链成员企业战略发展要求而进行的。信息革命、提高全球竞争能力、创造需求性的顾客和需求驱动的市场、组织间新型关系的出现等都可能是企业实施供应链整合的主要原因和动因。一般认为,供应链整合的驱动因素主要有以下 3 种:

(1)提高供应链运作效率

不同行业间的供应链、同一行业的不同供应链之间、供应链结构和运作方式之间存在很大差别,供应链面临的环境和相对竞争优势也有所不同。因此造成供应链之间赢利能力和运作效率差距很大。供应链整合作为供应链资源重新配置的重要途径,通过供应链成员的重新筛选以及供应链运作方式的变革,可以提高整个供应链的赢利水平,扩大市场占有率。

(2)降低供应链运行成本

供应链整合可更加容易地获取合作伙伴间的信任,使在供应链上形成共同决策和合作,降低非理性行为和不必要的猜测,从而达到降低牛鞭效应、减少安全库存的目的。通过加强合作,可以降低企业间交易摩擦,减少交易费用。供应链中节点企业强强联合、不必要环节的外包可提高供应链资源的利用水平,减少不必要的浪费。

(3)获取竞争优势

供应链整合强调供应链节点企业间充分发挥相对竞争优势,是在核心能力发挥基础上的合作。供应链上企业形成强大的联盟优势,通过降低运行成本获取低成本的竞争优势,同时通过提高顾客响应速度。设计适合产品的供应链能有效满足客户需求,从而获取差异化的竞争优势。

虽然通常情况下对供应链整合驱动因素的理解只能说明或描述供应链整合的根本动因,并没有确切表明企业或供应链在何种情况下需要进行供应链整合。供应链整合的时机可以从以下两个方面予以判断:

一是被迫整合。原有供应链企业成员关系松散,面对市场环境的变化,企业原有运作模式已经不能适应激烈的市场竞争要求,必须从密切上下游企业关系出发对供应链进行整合。通过对供应链的整合提高供应链上下游企业之间的协同和运作效率,通过降低供应链上的浪费,提高供应链的竞争能力和抵御市场风险的能力,改善供应链企业的生存状况和运作绩效。

二是主动整合。现阶段,企业供应链运作和管理已经取得一定成果产品,具有一定市场份额,供应链运作基本能够满足短期企业发展的需要。但从企业长远发展来看,只有积极进行供应链整合,通过供应链各环节战略资源的重新构架为供应链未来发展奠定基础,真正将供应链管理作为企业发展中的竞争优势来源。

供应链整合的目标和其整合驱动因素是紧密联系在一起的,无论是出于何种原因进行供应链整合,其根本目的仍是通过供应链整合改变现有供应链运作状况和赢利能力,通过扫除供应链企业间交流的障碍,减少冗余,提高供应链管理的水平。

3.3.2　供应链整合的发展阶段

企业从传统的管理模式转向集成化、整合化的供应链管理模式,一般要经过以下 4 阶段,如图 3.5 所示。

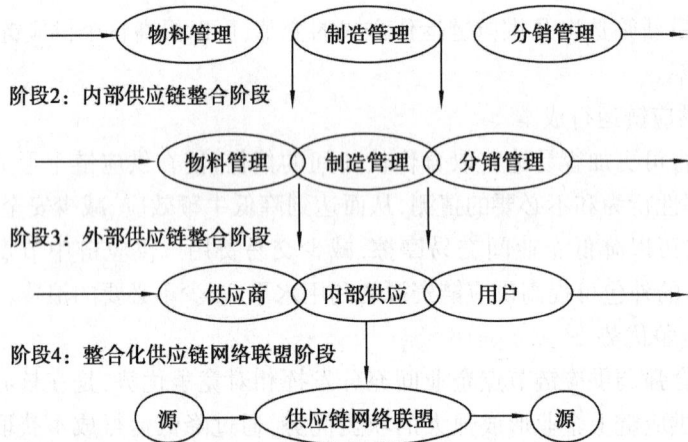

图 3.5　供应链整合阶段

1)阶段 1:职能供应链整合阶段

这一阶段是在原有企业供应链的基础上分析、总结企业现状,分析企业内部影响供应链生产效率的阻力和有利之处,集中处理企业内部的物流,企业围绕核心职能对物流实施集中管理,对组织实行业务流程重构,实现职能部门的优化整合。通常可以建立交叉职能小组逐步取代传统的职能模块,参与计划和执行项目以提升职能部门的合作效率,克服可能存在的不能很好满足用户的问题。

职能整合强调满足用户的需求。实际上,用户需求在今天已经成为驱动企业生产的主要动力,而成本则在其次,但这样往往导致生产、运输、库存等成本增加。此时供应链管理主要有以下特征:

①分销和运输的职能整合到物流管理职能中,制造和采购职能整合到生产职能中;

②强调降低成本而不注重操作水平的提高;

③积极为用户提供各种服务,满足用户需求;

④职能部门结构严谨,均有库存作缓冲;

⑤具有较完善的内部协议,如采购折扣、库存投资水平、批量等。

本阶段企业的核心是内部生产效率,以最优化的成本最快速地生产产品。在此阶段,一般采用物料需求计划(Material Requirement Plan,MRP)系统进行计划和控制。对于分销网络需求得不到准确的预测和控制,分销的基础设施也和制造没有有效的联系。由于用户的需求得不到确切的理解,从而几乎导致业务的失误,所以在这一阶段要采用有效的预测和根据对用户的需求作出较为准确的计划和控制。各项技术之间、各项业务流程之间及技术与流程之间都缺乏有效整合。

2)阶段2:内部供应链整合阶段

这一阶段要实现企业直接控制的领域的整合,要实现企业内部供应链与外部供应链中供应商和用户管理部分的整合,形成内部整合供应链。为支持企业内部化供应链整合管理,主要采用供应链计划(Supply Chain Planning,SCP)和ERP(Enterprises Resources Planning,ERP)系统来实施集成化计划和控制。这两种信息技术都是基于客户/服务(C/S)体现在企业内的应用。有效的SCP整合了企业的主要计划和决策任务,包括需求预测、库存计划、资源配置、物料和能力计划、设备管理、优化路径、基于能力约束的生产计划和作业计划、采购计划等。ERP系统集成了企业业务流程中主要的执行职能。SCP和ERP通过基于事件的整合技术联结在一起。此阶段的供应链管理具有以下特征:

①强调战术问题而非战略问题;

②指导中期计划,实施集成化的计划和控制体系;

③从采购到分销完整体系具有可见性;

④与用户建立良好的关系而不是管理用户。

本阶段管理的核心是企业供应链内部管理的效率问题,主要考虑在优化资源、能力的基础上,以最低的成本和最快的速度生产最好的产品,快速地满足用户的需求,以提高企业反应能力和效率。这对于生产多品种或提供多种服务的企业来说意义更大。投资于提高企业的运作柔性也变得越来越重要,而因满足用户需求而导致的高服务成本是此阶段管理的主要问题。企业可以考虑同步化的需求管理,将用户的需求与制造和供应商的物料流同步减少不增值的业务。同时企业可以通过广泛的信息网络(而不是大量的库存)来获得巨大的利润。

3)阶段 3:外部供应链整合阶段

供应链整合的关键是将企业内部供应链与外部的供应商和用户整合起来形成一个集成化的供应链网络。而与主要供应商和用户建立良好的合作伙伴关系即所谓的供应链合作关系(Supply Chain Partners)亦即是本阶段的核心任务。此阶段企业要特别注重战略伙伴关系的管理。管理的焦点是要以面向供应商和用户取代面向产品:增加与主要供应商和用户的联系,增进彼此间的了解(如产品、工艺、组织企业文化等),提供与竞争者不同的产品服务或增值的信息而获利。供应商管理库存(Vendor Management Inventory,VMI)和共同计划预测与库存补充(Collaborative Planning Forecasting and Replenishlment,CPFR)的应用就是企业转向改善、建立良好的合作伙伴关系的典型例子。建立良好的合作伙伴关系,企业就可以很好地与用户、供应商和服务提供商实现整合合作,共同在预测、产品设计、生产、运输计划和竞争策略等方面设计和控制整个供应链的运作,从规划的角度看,更多的职责向一级供应商转移,从某种程度上说供应链规划的重任已经从原始设备制造商(Original Equipment Manufacture,OEM)转移到主要供应商(桑德罗萨·拉姆,1996)。对于主要客户企业,一般建立以用户为核心的小组,这样的小组具有不同职能领域的功能,从而更好地为主要用户提供针对性的服务。

处于这个阶段的企业生产系统必须具备更高的柔性,以提高对用户此需求的反应能力和速度。企业必须能根据不同用户的需求既能按订单生产(Make to Order),按订单组装、包装,又能按备货方式生产(Make to Stock)。这样一种根据用户的不同需求对资源进行不同的优化配置的策略称为动态用户约束点策略。为了达到与外部供应链整合,企业必须采用适当的信息技术,为企业内部信息提供与外部供应链节点企业的很好接口,达到信息共享和信息交互达到相互操作的一致性。这些都需要采用信息技术。

本阶段企业采用销售点驱动的同步化、集成化的计划和控制系统。它集成了用户订购数据和合作开发计划、基于约束的动态供应计划、生产计划等管理功能,以保证整个供应链中的成员同步化地进行供应链管理。本阶段供应链整合的核心延伸到整条供应链的相关环节,其中供应商、经销商都已经成为供应链决策不可或缺的环节。

4）阶段4：整合化供应链网络联盟阶段

在完成了以上3个阶段的集成以后所形成的一个网链化的企业结构,称为供应链共同体。它的战略核心及发展目标是占据市场的领导地位。随着市场竞争的加剧,供应链共同体必将成为一个动态的网以适应市场变化、柔性、速度、个性、知识等需要,不能适应供应链需求的企业将从供应链联盟中被淘汰。供应链从而成为一个能快速重构的动态组织结构,即整合化供应链网络联盟。企业通过 Internet 网络商务软件结合在一起以满足用户的需求,一旦用户的需求减少,它也将随之解体。而当另一需求出现时,这样的一个组织结构又由新的企业动态地组成。在这样的环境中求生存,能及时、快速地满足用户需求的供应商是企业生存、发展的关键。

整合化供应链网络是基于一定的市场需求,根据共同的目标组成的,通过实时信息的共享来实现的集成。主要应用的信息技术是 Internet/Intranet,它的集成是同步化的、扩展的。供应链计划和控制的主要工具是基于 Internet 的电子商务手段,这是供应链管理发展的必然趋势。但是无论怎样联合企业,供应链目标都是通过对供应链进行整体优化。此阶段供应链管理的核心是对所有影响价格利润环节的约束确认以及优化,以使整个供应链体系统发挥更高的功效。

3.3.3 供应链整合的分析框架

现阶段供应链整合理论中尚未形成同一的分析范式。供应链整合可参照的分析框架可见图3.6。

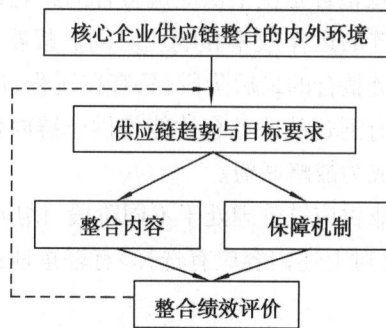

图3.6 供应链整合分析框架

供应链整合是供应链发展到一定阶段在特殊情况下的必然选择,但不同行业因其产品特性以及行业所处环境不同,供应链整合的整合内容和所处阶段也不尽相同。我国行业因其开放较晚,相对其他行业发展较为落后。供应链管理仍处于刚刚起步阶段,供应链能否进行供应链整合,现阶段是否有必要进行供应链整合,必须通过供应链所处外部环境的变化以及供应链自身发展要求的分析来得出。因此供应链整合分析首先对影响供应链发展的外部因素,以及体现供应链运作现状的供应链内部因素进行分析。供应链整合外部环境因素主要包含其所处经济、政治、技术和社会等因素以及行业竞争状况;内部因素则主要在于供应链总体状况、供应链上下游关系、供应链特性分析等。此外在供应链环境分析中还应重点进行核心企业能力的分析,以判断我国是否适合以及能否进行供应链整合。

供应链内外环境的分析决定了供应链是否应该以及是否有能力进行供应链整合,同时也回答了供应链整合目标的问题。供应链整合的目标是由供应链发展的现状和其存在的问题所决定的。作为关系到国计民生的重要战略物资在中国有其特殊重要性,因此我国行业的发展存在严重的政策干预个性。现阶段我国行业发展存在两种趋势:一种是高度的纵向一体化;另一种则是横向一体化的供应链整合。只有明确我国供应链的发展方向,才能真正确定供应链整合是走强强联合的供应链管理的道路,还是走以所有权为纽带的纵向一体化的道路。

供应链整合的内容,目前尚未有统一定论,有学者将供应链整合按照物流、资金流和信息流来进行描述。综合大部分学者的观点,将供应链整合分为供应链流程整合、供应链信息整合、物流整合以及供应链战略整合。流程整合是供应链整合的基础,从企业和供应链长远发展以及全国性战略资源配置出发,对现有供应链的供应、生产和销售环节进行流程整合,确定未来供应链发展所需要的合作伙伴,为下阶段整合打下良好基础。流程整合是供应链整合必须首先考虑的问题。供应链信息与物流整合是供应链整合的重要组成部分,其中信息整合是整个供应链整合的灵魂,而物流整合与信息整合相辅相成,共同推动整条供应链的运作效率和响应时间。战略整合则是维持供应链运作协同的重要举措,也是供应链整合的最后阶段,只有在流程、信息和物流整合的基础上,战略整合才能够完成,也只有通过战略整合才能将供应链内化为企业,保持供应链运作的协调统一,真正使供应链成为战略联盟。

需要指出的是,不同行业供应链管理处于不同阶段,供应链整合驱动因素和目标也不同,因此,在供应链整合时对上述内容应有选择、有轻重地进行,并非是所有行业整合都需要遵循的教条。

≫案例分析　强者之路主动出击制定全球供应链战略

沃尔玛、戴尔等跨国巨头凭借杰出的供应链管理能力成为市场新的领导者。供应链的竞争已经成为全球商业中竞争的核心内容。我国企业必须学会制定符合自身实际的全球供应链战略,主动适应全球化的综合竞争。

2001 年中国加入 WTO 后,跨国公司一改此前的"试水"策略。通用汽车、诺基亚、沃尔玛等纷纷在中国建立新的大规模生产基地、合资公司及销售网,络将其全球供应链延伸至中国。

中国企业最初以建立合资企业或代工等方式被动地融入全球供应链中,被动地接受跨国公司全球供应链的安排,建立了低成本制造能力和物流执行能力。如今,本土企业要实现国际化,成为真正的"财富500强",必须突破"被动战略",自觉融入全球供应链的竞争中。

1.“主动策略”的实施方法

中国企业主动出击,自觉融入全球供应链竞争的主要形式有对外直接投资和全球化并购两种。相对直接投资而言,并购可以更快地进入国际市场,但存在整合的风险。

与汤姆逊彩电业务合并使 TCL 完成了对欧美电视市场的布局,其手机业务则通过和阿尔卡特的合资势在冲击全球手机市场霸主地位。通过全球化并购,TCL 在各个市场逐个击破,积累了丰富的国际市场运作经验。

宝钢在打造全球供应链方面走得更远,始终坚持一手掌控上游资源,一手锁定下游市场。宝钢自有矿山每年只能提供400万吨原矿,而公司年产钢铁产品2 000万吨,需要铁矿石3 000万吨左右。其生产所需的原材料绝大部分依靠进口,占中国整个进口量的1/5。很早以前宝钢便开始考虑原材料的供应问题,相继与巴西淡水河谷公司、澳大利亚哈默斯利公司等合资办矿,确立了资源的长期稳定供给,并与多家世界知名船东签订长期运输协议,确保了原料资源的稳定供应和运输能力保障。2003 年,尽管矿石、焦煤、废钢等原材料价格大幅上升,但宝钢保持了低成本,原材料涨价对其经营并未形成重大威胁。2004 年,宝钢决定累计投资80亿美元在巴西建设一个钢铁厂,产品主要为当地汽车工业服务。这一计划吸引了巴西淡水河谷矿业公司、法国钢铁集团阿赛洛的参与,是迄今中国最大的一笔海外投资。宝钢此举不但进一步紧固了与国际矿业巨头和钢铁巨头的战略联盟,也直接嵌入了美资巨头主导的全球汽车供应链条,将供应链向高端汽车零部件领域延伸。

2.“洋为中用”是捷径

成功实施全球供应链战略是一个长期并布满荆棘的征程,中国企业可以通过引进、消化、吸收跨国公司在其家乡市场和中国市场的供应链管理经验并加以创新,制定符合自身实际的全球供应链战略。在"洋为中用"的过程中除考虑文化和组织上的差异外,还要对参照国的经济往来、消费者偏好、物流基础设施、销售通路的构筑、信息系统及技术发展走向有所了解。长期来看,各国之间的文化差异不会成为发展全球供应链的障碍,因为竞争充分的市场会产生淘汰,让适应市场规则者存留。

总结起来,中国企业可以在如下几个方面借鉴学习跨国公司在全球供应链管理方面的成功经验:

①供应链战略方面:产品定位战略、供应链类型选择战略、需求匹配战略等;

②供应链规划方面:工厂选址、分销中心规划、仓库规划等;

③供应链运营管理方面:市场预测、库存计划、生产计划、采购计划、运输计划、合作伙伴管理、仓库管理、射频识别等。

3.敢于"与众不同"

制定一套有效的供应链战略对大多数企业而言是一个挑战。当中国企业"走出去"时,原来在中国运作有效的供应链策略很可能不再适用,潜在的供应链问题、管理重点均有所不同,无法简单照搬。此时企业面临两种策略的选择:跟随策略或与众不同策略。我们更关注后者,希望更多的中国企业有更多的勇气探讨如何应用全球供应链模型,制定出众的全球供应链战略。当那些"成熟的"竞争对手沿着它们固有的惯性运作时,中国企业可以制定出众的供应链战略并有效执行。这里重点探讨制定供应链战略的几个关键问题。

(1)供应链战略目标与企业总体绩效目标保持一致

保持供应链战略目标与企业总体绩效目标相一致,这一点似乎天经地义,但遗憾的是一些中国企业并没有做到这一点,在"走出去"的热情中迷失了方向。

供应链管理的目标很简单:以最优化的成本满足客户需要,使全球范围内的供应能力和市场需求相匹配。而有效的供应链管理对企业绩效有直接的作用。供应链管理的对象是产销量、库存和费用。产销量的增加、库存的降低、费用的削减会直接改善利润、投资回报、现金流量等企业总体绩效指标。

(2)全球供应链战略的内容

供应链战略也是公司战略的有机组成部分,与产品开发战略和市场营销战略并列为三大职能战略支撑竞争战略。一套完整的供应链战略应该包括库存策略、运输策略、设施策略和信息策略。具体的必须考虑下列问题:

①库存:循环库存、安全库存、季节库存的部署策略。

②运输:运输方式、路径和网络如何选择?自营还是外包?反应能力和赢利水平如何权衡?

③设施:工厂、配送中心如何布局?设施能力(灵活性和赢利性)大小?如何选择生产方式?是按订单生产还是按库存生产?如何选择仓储方式?反应能力和赢利水平怎样权衡?

④信息:选择推动型抑或拉动型?如何进行供应链协调与信息共享?需求预测与整合计划的准确性如何提高?技术工具如何选择?反应能力和赢利水平怎样权衡?

⑤在产品种类增多、产品生命周期缩短、顾客要求增加、供应链所有权分裂、全球化的情况下如何保持供应链战略的变动灵活性？

（3）保证供应链战略和竞争战略相匹配

任何一家公司要想成功，其供应链战略与竞争战略必须相互匹配。竞争战略设计用来满足顾客的目标与供应链战略，旨在建立供应链能力的目标之间相互协调一致。

竞争战略的选择很大程度上决定了顾客需求的确定性。可以把竞争战略图谱分为4类：确定的需求、高需求确定性、一定的需求确定性、需求确定性低。产品生命周期和预测准确度对需求的确定程度也有影响。一般新产品上市时，需求确定性最低，随着产品销售逐步成熟，需求确定性会增加，销售预测的准确性也会相应增加。

而对供应链战略而言，根据供应链的反应能力和赢利能力的平衡，其图谱也可以分为4类：高反应能力、一定反应能力、一定赢利水平、高赢利水平。

这样就可以得到一个"战略匹配带"，对于赢利型供应链和反应型供应链采取不同的策略。

（4）选择合适的战略视角和广度

一条供应链可能由多个供应链阶段组成，供应链战略的视角和广度要做到最优选择，以实现整个供应链的利润最大化。全球供应链战略的视角和广度可以分为4类：

①公司内、经营部门内范围：最小局部成本的观点。这是战略匹配的最小范围，在中国许多快速成长的企业中经常可见。典型表现是不同产品线分别建立自己的销售网络、队伍和后勤系统，即使客户资源大部分是共享的。

②公司内、职能部门内范围：职能部门成本最小化观点。战略匹配范围扩展到供应链某个阶段的所有职能部门。如销售经理能够不仅考虑运输成本，而且考虑仓储及其他供应链成本。尽管采用卡车运输每件产品可以节约4元，但仓储和库存成本要增加8元，而采用快递每件产品运费6元，但无需额外的仓储成本，销售经理仍会选择快递。

③公司间、职能部门间的范围：供应链剩余（即供应链中所有公司共享的总利润）最大化的观点。与公司内范围相比，公司间范围引起的供应链剩余会更大。这个结果会使供应链或者通过共享额外剩余来增加利润，或者通过将部分剩余转移给顾客而降低价格，这使供应链更具竞争力。

④公司间、职能部门间的战略范围。在今天看来这是必需的，因为竞争领域从公司之间的竞争转化为供应链之间的竞争。公司在供应链的伙伴可能决定公司的成败。它要求公司以整条供应链为背景来评价其每项行动，这个宽广的范围使供应链各个阶段共享的剩余规模更大。

在许多产业的全球供应链中，中国既是主要供应源，又是技术创新中心、生产及设计基地和新兴的消费者市场。中国有实力在链条中打造自己的核心地位。但这一切依靠千千万万家致力于成功"走出去"的中国企业,在全球供应链中采取"主动策略",制定符合自身实际的全球供应链战略,成为真正的强者。

≫案例分析与讨论题

1.在实施主动策略时,该案例中的企业是怎么做的? 他们各采取了什么样的战略?

2.一整套供应链战略应该包括哪些方面?

3.针对上面所述画出战略匹配带的图谱,并对各自的优缺点以及在什么条件下采取什么样的策略进行讨论。

4.从全球供应链战略的视角和广度来说,如果你是企业主的话,你认为应如何选择合适的战略视角和广度。

≫复习思考题

1.业务外包和核心竞争力的关系以及业务外包的优点、方式是什么?

2.从企业与企业之间关系的角度看有哪几种供应链的拓扑结构模型?

3.供应链整合经历了哪些阶段以及在整合中要考虑到哪些因素?

4.供应链设计方法有哪些?

第 4 章

供应链关系策略

本章导读：

- 供应链策略探讨的是供应链成员，尤其是核心企业根据供应链产品特性与上下游合作关系要求，确定以怎样的时间、成本与物流方式实行供应链竞争战略制胜的谋略。
- 供应链关系策略是供应链策略的基础，它强调供应链关系的客体定位及其客户关系、供应商关系与应急关系等处理。
- 应强化供应链伙伴识别与关系的处理与改善。

4.1　供应链关系的主体策略

主体有两种含义:一是指事物的主要方面,二是指具有主动认识与实践能力的人。这里主要是指供应链管理中主动影响客体或伙伴的一方。供应链主体,是主动进行供应链管理活动、向供应链伙伴主动施加影响的各种企业。

根据主体在供应链中的地位和作用,可以将供应链主体划分为核心企业与非核心企业。供应链核心企业发挥着供应链的主导作用,掌握着供应链的发展方向和整合方向;供应链的非核心企业则主要是围绕着核心企业发挥其特长。

4.1.1　供应链核心企业及其策略

供应链的核心企业被誉为供应链运行的动力源。马士华教授发表的《论核心企业对供应链战略关系形成的影响》一文论述了核心企业在供应链运作中的地位,认为如果没有一个强劲的核心企业,供应链中企业的绩效都会受到影响。然后从核心企业在行业中的影响力、产品开发能力、产品导向能力、商业信誉与合作精神、主导产品结构、经营思想等诸多方面研究了核心企业对于形成供应链战略伙伴关系的影响。

学者们纷纷认为核心企业应当集中资源发展其核心业务和核心能力,而对于非核心业务,则通过外包等形式与其他企业进行协作,这也有利于核心企业对供应链业务流程的整合,从而使供应链成员具有合作的规范和约束性,使它们步调趋于一致,保证供应链管理的效率和效益。同时,也对核心企业提出了要求,核心企业必须以它自身的实力与声誉为供应链其他成员带来好处。

核心企业从理论上说,可以是供应商、制造商、分销商或零售商中的任何一个,但是,在传统的供应链管理的研究中,绝大部分都是将核心企业预先固定在了制造商身上,并以此为视角来研究它与上游供应商网络的交互关系,核心企业似乎不存在讨论的必要。但是,随着供应链在社会经济领域的不断发展和影响,核心企业到底为谁?应该为谁?诸如此类的问题变得越来越复杂,必须进行科学与有效的动态把关。

1)供应链核心企业的作用

(1)核心企业是供应链管理的信息交换中心

来自最终顾客的需求信息通过不同层次和不同渠道传递到核心企业,核心企业经过处理,再把分解后的需求信息订单等发送给上游供应商。一批订单完成后,再依相反的方向从上游企业生产商将供货信息反馈给核心企业,经过核心企业处理后,再反馈给下游企业。于是,核心企业就成了供应链上的信息交换中心,供需信息在此交融,经过处理后产生的各类信息传递到供应链的各个节点。由于供应链的运作效果在很大程度上取决于网络中信息交换的质量,因此,要想通过信息共享达到物流顺畅、产品增值的目的,就必须提高供应链上的信息传递质量,核心企业在这方面无疑起着至关重要的作用。

(2)核心企业是供应链管理的物流中心

供应商按订单将半成品或产成品送达核心企业的配送中心后,后者按照规定执行分拣、包装、加工等操作,并将生产的产成品配送给分销零售商,由它们送达给最终用户,这样便形成了以核心企业为集散中心的物流系统。在这里,核心企业扮演着对物流集散、配送进行调度的角色向供应商适时发出物流需求指令,向销售商适时发出供货指令,以保证各个节点都能在正确的时间、正确的地点得到正确数量的零配件或产成品,既不造成缺货,又不造成库存积压,把对供应链总成本的影响减至最低限度。

(3)核心企业是供应链的结算中心

核心企业在供应链的资金结算中同样也处于核心地位。配送中心的送货清单与零售商传送过来的收货清单对单后,形成应收账款。对零售商而言,供应商通过电子方式发送的送货清单与核心企业的收货清单对单后,形成应付账款。对供应商而言,在这里,核心企业作为结算中心的地位能够保障资金在供应链的各节点中通畅流动,进而推动物流的无阻性。

(4)核心企业是供应链的协调中心

供应链包含一个由建立、运行、解散构成的完整的生命周期历程,从建立时的组织发起工作、运行过程中的沟通协调工作直到解体后的善后处理工作,核心企业都起着连接和协调的作用(见图4.1)。核心企业必须协调各个方面的利益关系,以保证整条供应链的效益最大化。在追求整条供应链效益最大化的过程中,可能会出现某些个体企业利益遭受损失或增加的情况,这就要求核心企业必须将利润在整条供应链中进行合理分配,以维护供应链的公平性和公正性,并能有效激励供应链的合作伙伴关系进一步发展下去。

2)供应链核心企业的界定

(1)供应链核心企业的特征

正因为核心企业决定了战略伙伴关系以及供应链管理的成败。因此,要成为供应链的核心企业也必须满足一定的条件和要求。

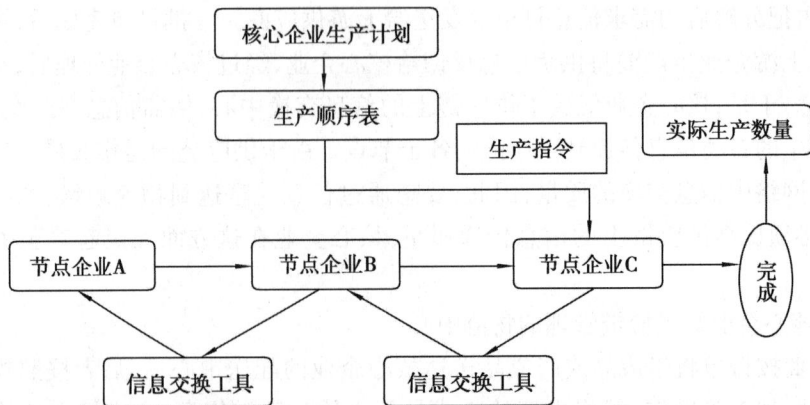

图 4.1　核心企业是供应链的协调中心

①核心企业必须具有影响力。核心企业应该具备的第一个也是最重要的一个因素,就是它必须具有影响其他企业的能力。作为供应链上的其他非核心企业来说,为了自己的利益,必然会对加入供应链的获利情况作一个判断,如果加入后获利更大,有利于企业的发展,那么他们就愿意加入供应链,反之则会将自己有限的资源投向更能使自己获利的其他供应链中去。国际上实施供应链卓有成效的一些企业,如丰田、索尼、惠普等跨国大公司,在很大程度上就是借助于其在行业中的巨大影响力来实施和主导供应链管理的。

②核心企业必须具备吸引力。吸引力是指核心企业所具有的吸引供应商和分销零售商加入供应链的能力。核心企业的吸引力主要表现在两个方面:市场占有率和商业信誉。市场占有率越高,说明该企业在市场上所拥有的市场份额越高,高市场份额常常意味着可以为其他合作企业带来竞争优势。因此,产品的市场占有率高会对其他供应商和分销零售商产生巨大的吸引力。一个企业是否能得到其他企业的合作,还与企业的商业信誉有很大的关系,因为供应链上的企业相互之间有频繁的业务往来和财务结算关系,处于核心地位的企业能否按时与供应商或者分销零售商结算有关款项,对其他企业加入供应链的影响是很大的。供应商如果不能及时获得回款,可能会直接殃及其正常的生产活动,而且在供应链本身就是一条链的情况下,这种影响极有可能会造成连锁反应。因此,处于主导地位的核心企业不但应该有能让供应商、分销零售商加入供应链的发展潜力,而且还应让供应商、分销零售商有加入供应链的信心,从而有利于建立并持续发展供应链的合作伙伴关系。

③核心企业必须具备融合力。融合力是指核心企业在经营思想与合作精神、企业文化等方面与其他企业相互交融的能力。核心企业的经营思想与合作精神具有重要的影响。任何企业都会把它的经营思想反映到企业经营活动中去,反映在与合作伙伴的

合作态度上。核心企业若能着眼于长远利益而不为眼前利益所驱动,把与供应商和分销零售商建立长期的合作关系放在第一位,与他们结成长期联盟,达到风险共担、利益共享,这样才能有助于形成供应链的合作伙伴关系,提高供应链的整体绩效。核心企业的企业文化同样具有重要的影响,核心企业的企业文化应该具有灵活适应性,因为具有灵活适应性的企业文化由于其本身具有很强的环境适应性、亲和力和吸纳力,容易为其他企业成员所接受,共同形成以核心企业的企业文化为基础,具有该供应链鲜明特色的"供应链文化",这对提高整条供应链的绩效也是非常有价值的。

(2)供应链核心企业的界定标准

供应链核心企业的界定标准即核心企业的作用和特征的综合。综合前面对核心企业的作用和条件的分析论述,核心企业的性质可以被总结归纳为核心企业在供应链的运作和管理中所处的地位是信息的交换中心、物流集散的调度中心、资金的结算中心和统筹规划的协调中心。同时,它具有一定程度的影响力、吸引力和融合力。因此,满足这两个条件的企业在任何类型、任何结构和任何行业的供应链中都会成为核心企业,成为供应链的运作和管理中的主导。

3)不同类型供应链核心企业定位策略

(1)制造商网络直销型模式

在这种供应链管理模式中,制造商充分利用电子商务的模式和技术,创建或删除商品的分销和零售系统,直接利用网络在电子技术的支持下展开销售和营销。很明显,它在成员结构的组成上包括多级供应商网络和制造商,如果利用了第三方电子中介商的网络平台,则还包括第三方电子中介商。在这种网络直销型供应链管理模式中,核心企业的定位问题是很容易分析的。

在网络直销型模式中,制造商基于保证自身核心竞争力的考虑,一般会将生产、制造等业务运作以外包的方式转移给制造商的合作伙伴或零部件、半成品的供应商,而本身只保留研发、市场营销或电子商务职能等核心能力,因为这些才是距离客户最近端的企业所应该执行的职能,而不再仅仅是生产制造和装配产品了。制造商的这些合作伙伴,零部件、半成品的供应商在性质上都可以被划入该模式的多级供应商网络,它们是供应链的主要生产型企业,而且又是距离最终客户或消费者最远的成员企业。因此可以看出,它不是以实体的身份参与供应链,而只是因为自身的功能使它成为了制造商的商务网络在外界的延伸,因此这种情况不算是分销渠道型的,反而可以看成是制造商的基础设施外包的一种。制造商要在管理好供应链的生产任务的同时,协调好与下游企业的供货关系、商品转交关系等。

这些多级供应商网络在供应链管理模式中是无法处于核心企业地位的。而在该模式下,制造商是商品供应和商品销售的中枢,全权负责供应链的物流过程、信息流过程以及价值流和业务流过程。制造商的触角一端直接延伸至客户,另一端直接连接到供应商。因此,它既能迅速快捷地搜集到顾客和市场需求信息的变动,又能洞悉商品生产、制造或在途的一切内部运作信息,这两端的信息都在制造商处汇总,使它能够轻而易举地、及时地、准确地做出各项反馈决策。由此可看出,制造商是网络直销型供应链管理模式的信息处理中心、物流调度中心以及协调规划中心。同时,这种直销的产品一般都是处于发展成熟阶段的品牌产品,消费者或客户会放心并且信任该产品的质量而直接从网上下订单,而能够生产处于成熟期的品牌产品的制造商在企业的信誉、企业的影响能力、企业的发展能力等方面也一定是具备充当核心企业的条件的。因此,制造商很显然地成为网络直销型模式的核心企业,而多级供应商只是制造商的业务合作伙伴,密切地配合制造商的生产、销售及服务等要求,促进供应链的协调运作。

(2)大型零售业主导型模式

大型零售业主导型供应链管理模式是指大型零售业凭借其资金、品牌、信息、渠道、信誉等优势,对整个供应链的运作和管理拥有主导权,而其上游的供应商网络、制造商、分销商等处于从属地位,各自承担一定的责任,共同为满足消费者的需求而努力协作。最典型的大型零售业主导型供应链管理模式就是沃尔玛的供应链管理模式。

随着经济的发展,在市场消费者驱动的无缝信息流的作用下,供应链管理中的决策权和资源开始向处于供应链最佳地位的成员转移,大型零售百货店开始在供应链中取得更多的控制权,他们在制造商及批发商和捉摸不定的消费者之间提供着有利的连接。当沃尔玛、家乐福、麦德龙、万客隆等大型连锁零售商出现后,它们在供应链上逐渐处于举足轻重的位置。而其上游的合作伙伴与消费者的距离不能让它们及时把握住市场的脉搏,只能依靠零售商来增加信息搜集,降低供应链运作的不确定性,所以,其上游的合作伙伴不具备充当核心企业的条件。零售商直接面对供应链的最终消费者,并直接承受着来自包括顾客在内的纷繁市场环境的影响,因此,零售商的最大优势就在于它能够使顾客成为真正的供应链信息源,能够把市场信息及时、准确地传递给上游的合作伙伴,能够高效地满足顾客和市场的需求。零售商是该模式的信息搜集中心和协调服务中心。

信息的价值是巨大的,供应链的专家学者喜欢引用这样一句话:"利用信息来代替库存。"这句话不免有些夸张,但是它却实实在在地突出了信息在供应链管理以及当代市场竞争中的重要地位。零售商因为自身所处的地位优势,能够最方便、最快捷地搜集到决定供应链运作和管理绩效的关键信息,对这些信息进行处理和加工,然后与供应链成员共享需求信息、存货情况、生产能力计划、生产进度、促销计划、需求预测与装运进度,从而减少供应链中需求的变动性,帮助供应商网络和制造商等作出更完美、更准确和更及时的预测,把握市场变化,充分协调生产和销售系统及其策略,使供应链更快捷地响应市场需求变化并作出反馈决策。另外,零售商在与顾客面对面的交易过程中,还能够逐步掌握顾客的兴趣、爱好、消费习惯、满意程度等,从而能够挖掘顾客的潜在需求,搜集市场竞争信息和价格信息等。因此,大型零售商是市场的触角,在供应链管理模式中起着信息集成和协调组织的作用。正是零售商与顾客和市场这种一衣带水的关系,决定了它在该模式中必然要成为核心企业。另一方面,这种大型的零售商因为其自身的资金实力、品牌资产和渠道条件,决定了它们有能力合乎核心企业的要求,这表现在他们的服务质量、价格设定、准时交货、货物齐全、性能可靠以及市场开拓能力、发展潜力等方面。

(3)分销商批发业主导型模式

分销商批发业主导型供应链管理模式与前面所讲的大型零售业主导型模式最大的一点不同,就是供应链最末端的零售商不是规模大、实力强的大型零售业,而是一些中小型的销售店铺之类的零售商。而紧挨零售商的分销商批发业则相对强大,它们通常采用了先进的信息技术,能部分地代替零售商的备货、分拣等物流机能,能通过商品进货的广泛性和多样化来缩短零售商满足客户多样化需求的货物补给速度,还能帮助零售商实行单品管理和店内促销管理。除此之外,分销商批发业在整个供应链管理中所具有的职能和所发挥的作用与大型零售商主导型模式中的零售商是基本相同的,同样具有信息搜集中心和服务协调中心的地位。

这种供应链管理模式最常见于日常性用品和一般性商品的行业,组建供应链的生产商和零售商基本上都是一些中小企业,具有数目较多、规模较小、名气一般的特点。对于这些中小型的生产商和零售商而言,尤其是零售商,要想在单品管理和物流管理上适应柔性化、及时化响应的经营管理,建立一整套自己完整的经营管理体制是很困难的。

同时,零售商和制造商也就很难协调他们之间对产品供需的多样与专业、采购量与库存量、分批需求与连续供给等之间的矛盾。因此,自身实力强大、充分信息武装的分销商批发业便凸显出来,在组织、业务职能和经营管理等方面都发挥出主导作用。具体而言,分销商批发业在该模式下主要起着这些重要的作用。分销商批发业能够直接了解零售企业和消费者的需要,科学地组织货源,提供优质服务,扩大销售,还能够将批零交易内部化以节约交易费用,开展零售支援。分销商批发业除了向零售企业转手商品之外,还能向零售企业提供促销、广告、营业技术指导等全方位服务,帮助零售企业进行市场调查、分析和预测,提供商品结构调整方案,强化商品调集、编配能力。分销商批发业能够强化商品调集、编配能力,从而找出产销连接薄弱的市场,发展自身的核心竞争优势,提高商品开发能力。

中小生产企业开发新产品的能力和中小零售企业获取新商品经营机会的能力与各自领域的大型企业都无法抗衡,而在消费时尚化的今天,批发业更有条件和能力提高自身商品开发能力。在该种模式中,分销商批发业往往通过扩大自己批发产品的多样性和广泛性,将业务辐射到更多的零售商来提高商品流通的效率,加强零售商对最终用户的响应能力。并且,经信息技术充分武装后,分销商批发业在物流配送系统的管理上,能部分地代替零售商进行物流作业,承担备货或分拣等各项物流机能,从而大大促进了中小零售商的各种经营费用的压缩,以寻求零售终端价格上的绝对优势,实现效率化地经营与竞争。另外,分销商批发业因为信息汇集,能够快捷地响应需求变化,利用自身的信息集中优势对零售商各店铺的商品销售动向进行分析,进而指导零售商,为他们提高经营业绩提供建议和帮助。同时,分销商批发业在发挥其自身的重要作用的过程中,已经具备了充当核心企业的实力。因此,大型分销商批发业就成为这种供应链管理模式中的核心企业。

(4)产销联盟型模式

产销联盟就是特定的生产企业和特定的流通企业以长期的交易关系为基础签订契约关系形成特定联盟的行为,也可以理解为制造商、分销商和零售企业之间建立战略联盟,在信息共享的基础上为响应消费者需求而及时提供商品的组织方式。产销联盟是流通构造发生变化,并且改变了生产和流通之间社会分工关系的新型结构,是在信息处理技术和物流技术发展的支持下,更加效率化地组织管理的运营模式,是改变了企业之间的关系,向着更大地改变社会分工关系的方向发展的行为。产销联盟型模式中的交易关系以生产信息、库存、销售和店铺信息的相互公开为条件,达到各种业务的效率化目标。它将店铺的销售信息及时连接到生产基地和库存据点,提高库存的周转率,进而使信息的共享发展为决策支持的结合。

在产销联盟型供应链管理模式中,制造商、分销商、零售商直接结成联盟,分销商、零售商能够和制造商在业务上综合集成,消除或减少信息扭曲,通过建立自动订、发货系统等现代信息手段和交易框架,确立长期的合作关系,稳定供应链的关系和结构。

产销联盟的主体包括制造商、分销商和零售商。按照传统的结合分类,可以是从上游面向下游进行的前向联盟,也可以是从下游面向上游的后向联盟,即制造商对分销商和零售商的联盟以及分销商对零售商的联盟可以称为前向联盟,分销商对制造商的联盟以及零售商对制造商和分销商的联盟可以称为后向联盟。前向联盟中,制造商的实力更强大,处于供应链管理中的主导地位,因此,制造商是前向联盟中的核心企业。后向联盟中,零售商的地位更重要,处于供应链管理中的主导地位,因此是后向联盟中的核心企业。实际上,这十分类似于前面所提到的第二种模式——大型零售业主导型模式。

在产销联盟模式中,有大型的制造商为了产品的销售渠道而联盟,有零售商或大型的零售商为了独占产品的供给而联盟中小制造商的情况,也有大型制造商和大型零售商进行联盟的事例,其中最典型的就是宝洁和沃尔玛的产销联盟。值得注意的是,如果产销联盟中有明显实力强大的公司存在,那么核心企业一般就是实力强大的企业,如前向联盟中制造商成为核心企业,后向联盟中零售商成为核心企业。而如果产销联盟是大型零售商和大型制造商之间的联盟,如宝洁和沃尔玛的联盟,就不好轻易论断谁应该成为核心企业。这种联盟既可以说是前向联盟,也可以说是后向联盟,不存在明确的联盟的主导和核心,而更确切地说,是一种双方充分达到彼此信任、结成一种平等互利的合作关系。沃尔玛需要宝洁的品牌,宝洁需要沃尔玛的顾客渠道,而且双方的实力都很大,都具有自己的品牌资产,在地位上难以区分出高低,任何一方的擅自离开或中断联盟都会对另一方和自己的利益产生巨大的破坏。

因此,在这种产销联盟模式中,可以说不存在绝对的核心企业,也可以大胆设想为两者都是核心企业。但是有一点可以确定,那就是在不同的发展时期和阶段,在供应链不同的业务和流程领域,可以相应确定出谁的核心地位更加突出和重要一些。而且,不可否认的是,鉴于人们消费的多样性和个性化趋势,商品生命周期的日益缩短以及市场竞争环境的飞速变化,顾客需求和市场变化信息将越来越成为关键因素。因此,随着供应链管理实践的继续发展,在地位上具有优势的沃尔玛将会有更多的机会、更大的几率,在更多的时期、阶段和业务领域中成为核心企业。

4.1.2　供应链非核心企业及其作用

1) 供应链非核心企业的概念

供应链非核心企业即在供应链中需要依靠核心企业,并处于依附地位,通过发挥自己的特长,配合核心企业的战略,促进整条供应链的有效正常运作的企业。供应链非核心企业则在产品生产、组织战略、业务流程等方面配合核心企业的要求,供应链组织间的依附关系和合作关系非常紧密,各个非核心企业虽然获得的利益少于核心企业,但从过去竞标获得订单或产品的不稳定方式转变为相对稳定的利益获得方式,并同时降低相应的营销、采购方面的成本,供应链非核心企业还是可以获得多于以前的更好的经济利益。基于这种动机,供应链非核心企业和核心企业可以有效地进行合作,从而促进供应链的健康发展,提升供应链的整体竞争力。

2) 供应链非核心企业的作用及其策略

伊戈尔·安索夫先生在20世纪60年代第一个向公司经理们阐述了基于协同理念

的战略如何像纽带一样把公司多元化的业务联结起来,从而使公司得以更充分地利用现有优势开拓新的发展空间,协同这一基本理念在随后的岁月中显现出惊人的生命力。在此,基于供应链非核心企业的战略,应该多从协同的角度出发,重视协同战略的应用。20世纪80年代,著名的战略问题权威迈克·波特教授指出,对公司各下属企业之间的相互关系进行管理是公司战略的本质内容。在他看来,一个缺乏对下属企业间相互关系进行认真管理的多元化公司,并不比一个共同投资基金强多少。他建议经理们仔细分析一下各下属企业的价值链,识别出其中相似的业务行为以及它们之间的相互关系,并据此构造公司的竞争优势。哈佛大学教授、公司创新与变革专家罗莎贝丝·莫斯·坎持也同样指出过,多元化公司存在的唯一理由就是获取协同效应。为此她对什么样的企业文化或价值观可以鼓励资源共享进行了研究。

协同战略的发展为供应链非核心企业的战略提供了依据和出路。虽然在过去的40年中,协同已经成为学术和管理领域的最基本的概念。但是有关协同的理论和实践结果方面始终存守着差异。讲多专家不断强调协同,或者说强调技能、行为、资源或竞争力等的共享是成功企业战略的基石。对于供应链企业来说,协同实施战略主要的针对对象是在组织内实现知识和技能的共享。

供应链企业应该从供应链企业之间的相互关系中谋求协同的利益,应该相应地培养其技能和优势特长,进行优势资源配置和在企业的协同中获得竞争优势。只要企业期望从协同中获得好处,就必须发展一种称为"水平组织"的新的组织形式,这种组织的结构、体系和功能可以适应企业间复杂的相互关系。这种组织是一种紧密结合的网络,设备、产品、资源、人员和信息都可以在各自独立的单位之间自由流动。

供应链采用协同模式的有效性,部分地源于经济规模带来的好处。例如,通过提高设备的利用率、共同销售队伍或统一的订货手段,有可能使两个企业的成本都得到降低。同时,协同也包括其他一些比较抽象的好处,经理们有可能把他们在一个企业中积累的知识和经验应用于其他新的企业。如果新企业的管理决策由此得到改善,那么协同就发挥了作用。所以供应链企业之间的协同具有重要的意义,对于非核心企业要高度重视协同的作用。

配合效益来自于有效使用资源和积累资源的一个战略要素组合。供应链企业应该着重考虑两类组合效应:互补效应和协同效应。充分考虑企业在整个供应链中的角色和地位,针对自身企业的角色和地位,合理运用企业的资源,配合整条供应链的发展,充分发挥互补和协同的作用。

3)供应链非核心企业向核心企业的转化

核心企业在供应链管理中所起的作用和企业自身所具有的核心竞争力都是突出和

显著的,它能够统筹规划供应链的整体的协调运转,获取超额利润,其自身所具有的核心竞争力又能够保证它满足要求或达到目标。然而,对于不同类型的供应链来说,其核心企业的类型也是各不相同的。

供应链首先诞生并被大力推行于制造行业,制造商必然要从上游的供应商购进原材料,自己生产、加工以及包装变成产成品,再交给下游经销商和零售商,所以,供应商、自己和分销商、零售商是这种模式的绝对主体。在后来的经济发展中,外包的战略思想大行其道,越来越多的制造商开始学会将一部分非至关重要的业务和职能外包。由此,供应链中还加入了一些属于接纳外包任务的合作伙伴,而这些合作伙伴有些是可以直接被纳入供应商网络的,因此,从成员性质来看,仍是以供应、制造、销售的企业为主体。适用于制造行业的传统管理模式盛行于20世纪60年代,在当时的环境下,消费环境和市场竞争状况都是制造商可以把握的,再加上采用供应链这种新型的管理模式,制造商很显然就成为供应链运作和管理的主导。由制造商主导的供应链能够让参与组建该供应链的供应商、分销商和零售商及业务伙伴等获利丰厚。如果制造商不承担供应链运作管理的主导责任,那么整个供应链可能会瘫痪。因此,在传统模式中,核心企业非制造商莫属,它虽然不是最接近客户和消费终端的,但它是最有能力应对消费需求和把握市场变化的。

世界上的一切都无时无刻不在发生着变化,尤其是人们的思想观念在不断地发展和创新。随着先进的信息技术和电子商务的模式与技术的飞速发展,供应链管理模式也从传统模式向新兴模式发展和变革。在充分利用信息技术的基础上,传统模式有能力也有必要大胆甩开下游分销零售网络,直接通过网络来触及消费者和市场,从而发展成为网络直销型的管理模式,其结果是供应链的运作不仅及时快捷,而且信息也充分沟通和极为准确,在缩短了供应链不必要的环节的同时提高了供应链运作的响应速度。因此,同样是由制造商来主导供应链管理,但此时的制造商不仅是作为产品生产流程的管理者,更主要的是作为市场的考察者和信息的传递者来行使职能的,所以,它是既最接近客户终端、又最有能力应对消费需求和市场变化的核心企业。

同样,从20世纪80年代末直到本世纪初,在消费需求日益多样化和个性化、商品生命周期日益缩短、市场竞争的激烈程度与日俱增的情况下,大型零售业和分销商批发业的作用也更加凸显出来。他们直接接触消费者和市场变化的得天独厚的优势地位使它们相应地成为大型零售业主导型模式和分销商批发业主导型模式中的核心企业。这都是因为需求信息是供应链运作和管理的绝对指挥棒,供应链一切的活动安排都是本着以最低成本、最高效率去最充分地满足顾客和市场需求为宗旨的,因此,在大型零售商和分销商的功能已由传统的销售产品慢慢转变为顾客的采购代理商。如沃尔玛和顾客需求的生产组织者以及供应链的管理者(如利丰公司)的合作过程中,这些企业逐渐取代了制造商,成为新兴供应链管理模式中的核心企业。于是,这些企业不仅地位上的优势能够持续保持,而且核心竞争能力也不断得到发展、完善和转变,已然成为新型的顾客采购的代理商和顾客需求的生产组织者以及供应链的管理者。同样的情况也发生在产销联盟型的管理模式中。

今后,随着技术的不断进步以及各种新的经营方式的出现,供应链的结构将更加虚拟化、网络化和动态化,供应链网络的管理也将更具柔性、敏捷性和精益性,而供应链的战略伙伴关系更协作化。在这种情况下,供应链中的核心企业将会呈现出怎样的发展趋势呢? 以下3方面可以大致描述核心企业在将来的演变趋势:

首先,核心企业不再是仅有而唯一的,供应链中会出现若干核心企业并存的局面。然而,这若干的核心企业会分属于不同地域,或不同业务领域,或不同产品线。因为随着供应链的结构日益向着网络化、虚拟化和动态化的复杂方向演变和发展,在供应链或供应网络的结构里将不再有明显完整的链条边界,相应地,它将形成一种随时需要,随时接入的即插即用的动态结构公司战略结构。这时,供应链的核心企业就未必是仅有而唯一的了,尤其当多个大型跨国集团和众多中小型企业共同合作,参与组建全球化供应链时,更会出现这种情况。在不同的国度、不同的产品和行业领域、不同的业务范畴中,同时存在若干个核心企业,共同负责供应网中的各个供应链子集的顺利运作,以实现整个供应链的协调同步运作的目标,达到最佳绩效。

其次,核心企业之间在需要的时候会以资源的最合理有效利用为宗旨,相互转换角色。随着供应链管理在向敏捷化、精益化和电子化方向升级的过程中,一切业务流程活动都将遵循一个共同的宗旨,那就是全力投入、共同满足客户需求。所以,这往往会导致供应链的合作伙伴之间在需要的情况下进行彼此功能的转移,传递核心职能,让最合适的企业在最需要的时候承担起最适合的职能,从而成为最需要的情况下最适合的核心企业。这样就保证了供应链的各个合作企业之间能够最充分有效地利用自身的资源和核心竞争能力,发挥出最大的能量,使供应链管理突出柔性、敏捷性和精益性的特点,创造出卓越的运作和管理成效。

最后,在各个不同地域、不同业务环节、不同时期的核心企业之中,越接近客户终端,同时也具有相应实力和潜力的企业成员将会成为核心企业的重中之重。这里的客户终端是指与整个供应网络相对应的客户终端,它包括供应链的各个子集的客户终端的总和。因为某些供应链子集的客户终端可能是供应网络中另一些供应链子集的供应方。所以,越接近客户终端的供应链子集中的核心企业就越会成为供应网络中的核心部分。并且,在众多核心企业之间存在着良好的信息共享、资源互通和互信互利的战略合作关系的基础上,彼此之间充分对等的信任会让那些成为"重中之重"的核心企业发挥出更为突出的作用力和影响力,而处于次重地位的核心企业则能够通过协调配合,从而最终推动整个供应网络在驾驭其无限的潜能的同时在市场竞争中立于不败之地。

4.2 供应链伙伴关系

4.2.1 供应链伙伴关系的定义

供应链主体所对应的客体为供应链伙伴,其关系为供应链伙伴关系。

对供应链伙伴关系的研究由来已久,John Etal(1991)、Graham(1992)、Annkul & Deshmakh(1994)、Maloni(1997)等都提出了各自对供应链合作关系的定义,分别从供应链联盟、供应商—制造商关系、卖主供应商—买主供应商关系的不同角度给出了合作伙伴关系的定义。

对供应链伙伴关系定义较有权威的是 Maloni、Benion(1997),他们将伙伴关系定义为:在供应链内部两个或两个以上独立的成员之间形成的一种协调关系,以保证实现某个特定的目标或效益。他们认为供应链合作伙伴关系是供应渠道中两个独立实体为了取得特定的目标和利益而结成的一种关系。这种关系通常可以通过降低总成本、降低供应链上的库存和增加信息共享水平来提高每个成员的财务和绩效、制造商旨在和供应商共同合作来改善服务、技术创新和产品设计。

Macbeth 等人认为,合作伙伴关系是这样一种情况:顾客和供应商建立一种亲密的长期合作伙伴关系,它的目标在于保证最有可能的商业优势。其原则是团队合作胜于相互搏斗,即"双赢"。Rackham 认为真正的企业变革,指的是组织之间以团结合作、合力创造价值的方法来产生变化,公司开发出新的合作经营方法,协助企业取得前所未有的获利和竞争力。这种新的关系就被称为"伙伴关系"。

Brewer and Speh(2000)在其研究中亦指出:供应链管理的重点是伙伴与合作,若无伙伴与合作,就没有整合的效果。外部环境快速变迁且日趋复杂化,产品的生命周期变得愈来愈短,供给和需求的相互配合已成为产业中主要的挑战,现今企业已难以在市场上持续地单打独斗,因此企业逐渐专注在本身的核心能力上,并进而寻求可以相互合作的伙伴。由于敌对与封闭的关系阻碍资源与信息的交流,不利于企业的发展,故各企业无不致力于与供应链伙伴建立良好的伙伴关系。这样的改变使得制造商与供应商传统上的敌对关系逐渐被彼此相互依存的合作关系所取代(Angeles and Nath,2001;Mc-Cutcheon and Sruart,2000;Hoyt and Huq,2000;Lambert,Emmelhainz and Gardner,1996;

Larson and Rogers,1998）。美国哈佛大学商学院教授迈克尔·波特（Michael Porter）教授亦认为,一个快速发展的企业需要一流的供应商,并从自己经营领域相关的企业间的竞争中获利。这些企业与供应商形成一个有利于加速革新的行业群。

国内对供应链伙伴关系定义研究方面,主要有马士华等人,认为供应链合作伙伴关系为供应商与制造商之间,在一定时期内的共享信息、共担风险、共同获利的协议关系。

4.2.2 供应链合作伙伴关系的发展阶段

供应链合作伙伴关系发展的主要特征是以产品物流为核心转向以集成作为核心的发展方向。传统的供应关系向供应链合作伙伴关系转变大致经历了以下 3 个阶段,如图 4.2 所示。20 世纪 60 年代和 70 年代以传统的产品买卖为特征;70 年代和 80 年代以加强基于产品质量和服务的物流关系为特征;90 年代以后以实现集成化战略合作伙伴关系和信息共享的网络资源关系为特征。

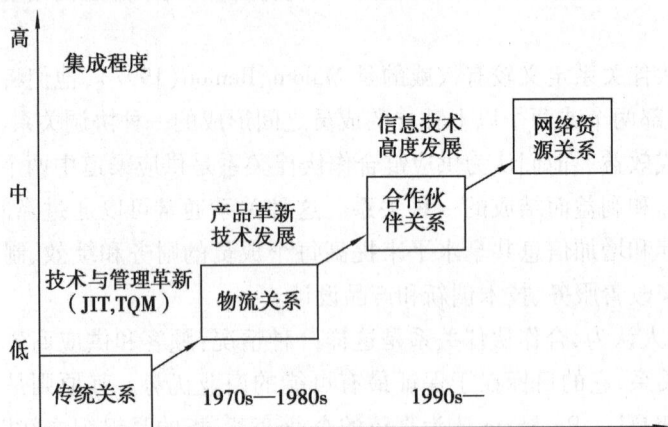

图 4.2　供应链合作伙伴关系的发展阶段

传统的供应关系是基于价格的关系,买方在卖方之间引起价格的竞争并在卖方之间分配采购数量来对卖方加以控制,同时也只是短期合同关系。

物流关系阶段的主要特征是操作层的基于物料从供应链上游到下游的转换过程的集成,除了价格,这种关系注重的是服务的质量和可靠性(交货的频繁规律和时间准确率,供应的小批量和质量,供应商在产品组、柔性、准时等方面的要求较高。随着 JIT,TQM 等技术的应用,传统的供应关系实现向物流关系的转变。随着供应链节点企业间战略层合作的加强,不仅是物流、资金流、信息流的畅通要求供应链节点企业向战略合作关系转变,并且众多的因素推动这种合作关系的形成,其中主要的因素包括:研究和开发成本的大幅度提高、使用新技术的风险提高、新产品淘汰更快、产品程序系统复杂性的增加、产品创新性和生产柔性、效率集成的要求。信息技术高度发展以及在供应链节点企业间的高度集成,供应链节点企业间的合作关系最终集成为网络资源关系。

4.2.3　供应链合作伙伴关系模式

合作伙伴的模式由4部分组成:检查伙伴关系的动因、检查伙伴关系的促因、伙伴关系组员的核准以及结果测评。动因是建立伙伴关系的显著原因,必须在开始接触一个潜在的合作伙伴时就被检查;促因是两家公司中有助于或有碍于伙伴关系建立过程的一些特点。正是动因和促因两者的结合才得以描述一个适当的伙伴关系类型。组元是从管理角度来看可以被加以控制的元素。根据所表现出来的伙伴关系的紧密程度,这些元素可以在不同程度上被加以实施。它们在实际上是如何被实施的将决定现有的伙伴关系的类型。模式输出的结果是公司期望业绩的实现程度,见图4.3。

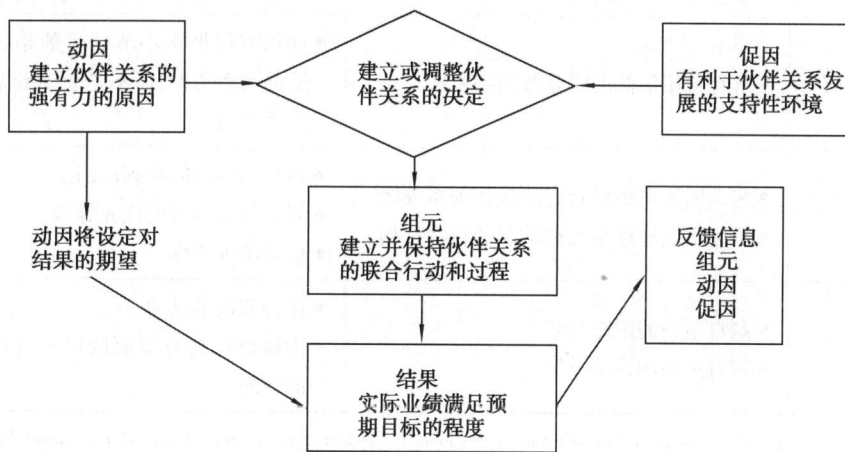

资料来源:Douglas. M. lambert, Margaret A. Emmelhainz, and John T. Gardner, "Developing and Implementing Supply Chain Partnerships,"The International Journal of Logistics Management, Vol. 7, No. 2(1996), p. 4.

图4.3　合作伙伴模式

在实际操作中,伙伴关系有赖于相关各方的沟通与协调(见表4.1)。下面着重从准备会议方面进行介绍。

所有参加会议的各方公司、会议进程协调员和参加者都有应在会议前完成的一些任务。这些任务包括选择参加人员、安排会议日程以及计划会议内容和筹划准备工作,等等。

表4.1　伙伴关系的促成过程——要点及挑战

过程阶段	要点	挑战
会议准备	• 开会前对该模式进行预习 • 邀请适当人员参加（来自多个层次和部门）	• 会议安排方面的困难
介绍和目标确定小节	• 告诉大家这件事没风险 • 确定该过程的期望	• 确保公正的讨论
动因小节	• 通报大家确定动因时必须从"自私"的角度出发 • 确保该小节内容的保密性 • 认真准备，以向另一方表达自己的看法	• 建立完整的动因指标 • 向供应商解释客户服务动因 • 学会如何对动因评分
促因小节	• 营造一个联合会议的环境 • 学会如何一起对促因评分	• 确保公正的讨论 • 确定对以前行为提供例子的必要性
目标定位小节	• 解释使用最低动因分数的必要性	• 向双方传播本小节的目的是选出合适的关系类型，而不是要达到最高的关系类型
管理组元小节	• 将动因联系到已选定的伙伴关系等级 • 阐述实现管理组元和动因的行动计划	• 将行动内容联系到动因上 • 划分行动内容的优先等级 • 包括动因指标
总结小节	• 制订适当的跟踪计划 • 制订适当的评估方案	• 保持前进的动力 • 为执行行动方案而确保对管理资源的分配

资料来源：Douglas M. Lambert, A. Michael Knemeyer, John T. Gardner. Supply Chain Partnerships：Model Validation and Implementation. Journal of Business Logistics, 2004, 25（2）：21-42.

　　决定了使用该模式的管理小组必须确定哪些商业关系是"候选人"。管理人员会经历一条学习曲线，因此，为了取得一些经验，从一个重要的但不是至关重要的关系开始是很有帮助的。这样做就可以在对该模式有了一定程度的掌握之后，再去解决一些更为关键的关系。另外，当决定于某些具体的公司使用该模式时，管理层还要考虑与此相关的口碑问题，尤其是当一个供应商或客户发现其竞争对手已经先于他们完成了这个过程之后，他们的内部会作何反应，被邀请来参加会议的公司经理们都问：还有哪些公司已经完成了这一过程？

　　如果有来自企业内部不同等级、不同职能专长的代表参加，那么该会议的效果将会得到极大的增强。会议成员的结构能够向另一方公司的成员传递这样一个信息,即该关系对会议倡导方公司有多么重要。尽量邀请到最高层的主管参加该会议是很重要的。因为在与会者之外的管理层次越多,会议的结果就越有可能因某个更高层经理人员的变化而被消极地影响。

对雇员来自不同层次并有不同部门背景的要求使得计划的安排制订变得非常困难。正如一位参加者所说的:"所有这些人坐在一间屋子里还是第一次。"解决这一挑战的最佳途径是既让最高层的企业主管宣布必须优先对待该会议,又要让他参加这个会议。

一些额外的关于准备会议的意见总结如下:

①公布一份详细的日程安排来明确目标并保证重点。

②安排一天半的会议日程。不建议从头到尾的合作伙伴会议。

③在第一天结束后安排晚餐来使双方代表有机会增进了解,并澄清白天讨论时遇到的一些问题。

④事先预习该模式(每个参加者都必须做的一件事)。

⑤确信会议协调员熟悉所要涉及的商业情形。

⑥提供一个中性的场所,宽敞的房间,以及适当的设备来记录和通告该过程。

⑦提供参与者全部相关的材料,包括日程安排、参加者名单及材料复印件等。

尽管这些要准备的细节看起来很直观,但某些会议已因缺乏对这些问题的注意而受到影响。

准备工作结束后就是召开合作伙伴会议。这个会议是一个复杂的、由多个小节组成的过程。会议期间将制订预期目标、审查环境,同时将制订并分配行动计划。合作伙伴会议相关的具体细节和要点,主要按照表4.1中的要点及挑战来作为会议主要解决的问题。

4.2.4 供应链合作伙伴关系的建立、选择与维护

1)供应链合作伙伴关系的建立

供应链合作伙伴关系的建立可以为企业带来生产力的改进及竞争的优势,前者是指可以减少存货、降低成本等,后者则是提高市场占有率、加速新产品的研发以及品质改进等(Tuart,1993)。Robert(1998)等人提出了合作伙伴关系发展的4个阶段:谈判关系阶段、互助关系阶段、协调关系阶段、战略合作关系阶段。其中,谈判关系阶段是在开放市场中,以价格商讨为基础形成的彼此对立的利益竞争关系;在互助关系阶段,仅有

几个供应商,一般签订长期的合同;在协调关系阶段,开始注重以 WIP 连接和 EDI 交换的信息公开和共享;在战略合作关系阶段,合作各方是基于供应链的整合,他们之间有正式联合计划,并且实现信息和技术共享。Rosabeth(1994)等人研究并总结出通过供应商联盟能实现双赢、整体供应链的高效率等优势,Burchell(1997)等人讨论了企业间的信任、合作与社会环境的关系。道格拉斯、k·麦克思贝、尼尔弗格森论述了供应商合作伙伴关系和战略以及开发供应商合作伙伴关系可以转变成新的组织形式的方式,并提出一个变革模型。Cristina 和 Andrea(2000)依据合作关系涉及的时间范围、关系涉及整合性质方面的内容将合作伙伴关系分为 4 种类型:短期物流整合关系、长期物流整合关系、短期战略整合关系、长期战略整合关系。张秀萍(2004)对合作伙伴关系建立的基础进行了分析,总结了建立和保持合作伙伴关系的 7 点要素。

2)供应链合作伙伴的选择

国外学者 Weber C. A. 、Current J. R. 、Benton W. C. 回顾了自 1966 年以来与供应商选择相关的 74 篇文献,将注意力着重于供应商选择过程中所采用的准则以及分析方法,讨论了 23 条准则,涉及质量、配送、价格和态度等,同时提供了在供应商选择中的 JIT 效应分析。Dickson(1966)在其论文中提出:"从研究采购问题的文献中,非常容易地列出 50 条独立的准则来作为供应商选择必须考虑的依据。"Yahaya 和 Kingsman(1999)运用层次分析法得到了供应商评价准则以及相应权重。Roodhooft F. 、Konings J. 提出使用基于活动的成本分析法,即 ABC 分析法,计算由供应商各项性能指标在企业生产经营过程中引起的附加费用,为企业在选择供应商的过程中提供了比较合理的依据和方法。国内学者杨东等(2003)用定量的方法对供应链伙伴选择与优化进行了分析。

供应链合作伙伴的评价、选择是企业在当前激烈的竞争环境中最重要的活动之一。选择了错误的供应链合作伙伴,会造成企业在经营和财务上的麻烦。国内外选择合作伙伴的方法很多,常的有以下 6 种:直观判断法、招标法、协商选择法、采购成本比较法、ABC 成本法、层次分析法。每种方法都存在其长处和相对的不足,现对各方法作如下介绍:直观判断法在于选择过程过于简单,主观性过强。招标法手续较繁杂,时间长,不能适应紧急订购的需要;订购机动性差,有时订购者对投标者了解不够,双方未能充分协商,造成货不对路或不能按时到货。协商选择法的不足主要是由于选择范围有限,不一定能得到价格最合理、供应条件最有利的供应来源。采购成本比较法又存在比较片面和静态的缺点。ABC 成本法也同样存在相对的精确度不够的缺点。而 AHP 遇到因素众多、规模较大的问题时判断矩阵往往难以满足一致性要求,就必然很难再进一步对其进行分组。供应链合作伙伴评价选择的现实情况中,应根据具体的实际情况和需要,选择相应的方法进行分析、选择和评价。

3)供应链合作伙伴关系的维护与激励

国内外对供应链合作伙伴关系的维护与激励问题的研究也日趋成熟,方法也日渐多样化。国外 Goyal 和 GuPta(1980)从技术层面分析了供应链合作伙伴关系,建立了著名的经济批量与协调模型。国内学者汤世强(2003)总结了维护合作伙伴关系所进行的激励原则与内容。卜祥智(2004)用模糊层次分析法分析了供应链合作伙伴关系的评价体系,提出了动态保持问题。此外,近年来博弈理论也应用于供应链合作伙伴的建立和维护之中,通过重复博弈分析合作的长期有效性。在此着重介绍国内学者汤世强于2003年在《供应链企业战略合作伙伴关系的形成和运行机制》一文中介绍的供应链合作伙伴中的激励机制。

(1)供应链企业合作伙伴激励机制的基本原理

激励是一种使个体为了自己的利益而做出有利于整体的行为的机制。它是在信息不对称情况下,委托人防范代理人机会主义行为的手段。事实上,从激励的定义看,上述防止逆向选择的机制本质上也是一种激励机制。不过,激励更多的是指防止败德行为的机制。如上所述,逆向选择及其防范机制通常是在信息不对称情况下,发生于企业之间正式建立的合作伙伴关系之前。当委托—代理关系建立后,信息不对称情况依然存在,委托人可能依然无法掌握、观察到代理人的某些私有信息,特别是代理人的努力程度方面的信息。在这种情况下,代理人可能做出某些损害委托人利益的行为,即败德行为或称事后机会主义行为。为了克服这种败德风险所带来的危害,委托人可以进行监督,但其成本往往非常高昂,或者根本不可行。这样,激励机制就成为解决事后机会主义行为的主要手段。

(2)供应链企业合作伙伴激励机制内容

供应链企业合作伙伴激励机制的内容包括激励的主体与客体、激励的目标和激励的手段 3 个方面。

①激励主体与客体。激励主体是指激励者,激励客体是指被激励者,即激励对象。激励的主体是委托人,激励的客体是代理人。供应链管理中的激励主体是主导企业(如制造企业),激励客体是其成员企业,如上游的供应商企业、下游的分销商企业等。

②激励目标。激励目标主要是通过某些激励手段,调动代理人的积极性,兼顾合作双方的共同利益,消除由于信息不对称和败德行为带来的风险,使供应链的运作更加顺畅,实现供应链企业共赢的目标。

③激励手段。供应链管理模式下的激励手段多种多样,如价格激励,订单激励,商誉激励,信息激励,淘汰激励,新产品、新技术的共同开发和组织激励。

4.3 典型的供应链伙伴关系

道格拉斯·M·兰伯特(Douglas. M. Lambert)把伙伴关系分为3类:

第一类为整个关系家谱中比例最大的部分,它主要是参与双方互相都认识到对方是合作伙伴,并在有限的范围内活动和计划。这类伙伴通常有一个短期的工作重心,而且通常只包括各个公司中的一个或少数几个部门。

第二类为参与双方已经超越了协调活动的程度而进化到整合行动的程度。尽管双方并不期望该关系永久地持续下去,但该类伙伴关系通常都会有很长的生命周期。企业内部的多个分公司和部门都将参与该伙伴关系。

第三类中每一方都视对方为自己公司的一个延伸,如供应商和客户。一般来说,这类伙伴关系的存在是没有终止日期的。虽然在所有关系中的比例有限,但他们对公司的长远发展却至关重要。

马士华等人则认为供应链合作伙伴关系为供应商与制造商之间,在一定时期内共享信息、共担风险、共同获利的协议关系。并通过供应链成员对供应链增值作用以及竞争实力状况,将流程整合中合作伙伴分为四类:战略性合作伙伴、有影响力的合作伙伴、普通合作伙伴和竞争性/技术性合作伙伴(见图4.4)。

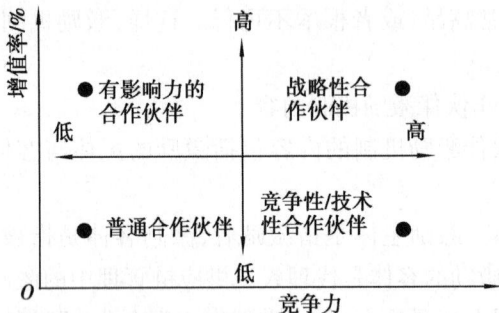

图 4.4 供应链合作伙伴分类

根据供应链企业间合作时间的长短和企业间的合作程度分为供应链战略伙伴关系和供应链一般伙伴关系;根据供应链伙伴在供应链的位置,可将供应链主客体间的关系分为供应商关系与客户关系;根据主客体关系形成的原因及所要解决的侧重点,可把其分为应急关系与一般关系。下面主要就其主要的一些关系,如供应链应急关系、战略伙伴关系、供应商关系策略与客户关系管理等进行阐述。

4.3.1 供应链战略伙伴关系

供应链战略伙伴关系,也就是发生在供应商与制造商或制造商与经销商之间,在一定时期内共享信息、共担风险、共同获利的高度协调关系。这种合作关系形成于集成化供应链管理环境下供应链中具有一致的目标和利益的企业之间。

供应链战略伙伴关系形成的原因通常是降低供应链总成本、降低库存水平、增强信息共享水平、改善相互之间的交流、保持战略伙伴相互之间操作的一贯性、产生更大的竞争优势,以及质量、产量、交货、用户满意度和业绩的改善和提高。

实施战略伙伴关系就意味着新产品技术的共同开发、数据和信息的交换、研究和开发的共同投资。在供应链战略伙伴关系环境下,制造商选择供应商不再是只考虑价格,而是更注重选择在优质服务、技术革新、产品设计等方面提供合作的供应商。

1)战略伙伴关系是供应链管理的核心

供应链管理最基本的功效就是在满足市场服务水平需要的同时,为了使系统成本最小而将供应商、生产商、分销商、仓库和商店等有效地结合成一体来销售商品,做到把正确数量的正确商品在正确的时间配送到正确的地点,追求效率和整个系统的费用有效性,以实现供应链的企业群体的利益最大化。所以,供应商、生产商和零售商之间的合作关系显得格外重要,三者之间建立的合作伙伴关系是供应链管理的核心,这种战略合作伙伴关系被誉为整个供应链的减震器和振荡器。它既能减少环境变化对供应链的波动,同时,它的波动又将直接影响到企业的生存与发展,以及供应链长期的运作绩效。和谐的战略伙伴关系有助于提高最终产品的质量,减少系统成本,加强对客户的服务,提高对市场的反应速度和合作企业的竞争地位等。

供应链战略伙伴关系的特点如下:

(1)更持久的合作效果

根据斯特沃特和沃里夫等的理论可知,供应链企业间的战略伙伴关系具有以下几个方面的良好合作效果:良好的交货情况、较大的柔性及快速反应性、较小的物流成本、优越的资产管理。这些良好的合作效果在合作双方利益共享、风险分担的前提下,能达到双赢的目的,这种合作效果因而能够更长久。

(2)更好的协调性

战略伙伴关系是企业间全方位、深层次的合作。首先,合作双方在战略层次上高度一致;其次,战术层次上双方完美地整合;最后,在操作层能够跨企业实行横向信息交流。因此,合作企业间能够做到及时、动态地协调。

（3）更广的合作范围

在合作范围方面，供应链企业间不仅仅在物流以及随之而来的资金流方面相互融合，而且在信息流上高度集成。这些信息不仅包括操作层的物流、资金流，而且包括战术层与战略层的决策信息。因此，供应链企业间的战略伙伴关系在交货、柔性、成本、资产管理等方面具有更高的优越性。

（4）更高层次的整合

与以往的企业间合作关系相比，供应链企业间的战略伙伴关系能够实现更高层次的整合，即不仅仅表现在操作层（如传统的企业关系）和战术层（如纯粹的物流关系），而且表现在战略层次，它们有共同的战略目标与战略计划，同步进行战略管理。

（5）更高的相互信任程度

良好的供应链企业间的合作关系以企业间相当程度的相互信任为基础。战略伙伴关系一般是企业间多次反复合作的结果。其合作时间长，彼此能够深层次地相互了解，并通过共同投资达到相互融合，因此该合作关系具有相当程度的、对等的信任。

2）供应链企业间战略伙伴关系的影响因素

战略伙伴关系的建立必须满足整合、合作、协调和信任等高层次的要求。而要实现这些要求，供应链中居于核心地位的核心企业无疑起着主导作用，因为战略伙伴关系就是核心企业为了更好地调控合作伙伴，在供应链运作过程中，通过各种方式的积极配合而在实践过程中逐步形成、积累、规划并固定下来的。如果不是由核心企业来主导这个过程，而是由所有合作伙伴自行培养建立，那将会引起许多不必要的交易成本，并且成功的几率也非常小。现实生活中的实例几乎无一例外地验证了结论："核心企业将是建立战略伙伴关系的主导和决定性因素"。同时实践也表明，供应链运作的好坏以及整个供应链竞争力的大小，在很大程度上取决于供应链上核心企业的影响力。供应链战略伙伴关系的具体影响因素包括合作因素、供应商自身因素、客户自身因素和提高竞争力因素，如图4.5所示。

另外，相对于供应链战略伙伴关系来说，供应链同时存在一般伙伴关系。这样的一些企业之间的关系合作仅仅局限在各取所需，根据自己目前利益的需要或暂时合作的需要而建立的企业合作关系，这样的企业间的关系约束力较弱。同时可能因为企业相互之间的选择余地较大，或者是选择其他企业进行合作的转移成本较低，给予双方更大的谈判空间。因而导致双方的约束力不强，建立长久战略伙伴关系的必要性降低和意愿降低。同时也因为可以减少整合成本和管理成本，在供应链的非关键环节或领域，供应链企业倾向于选择建立一般的伙伴关系。

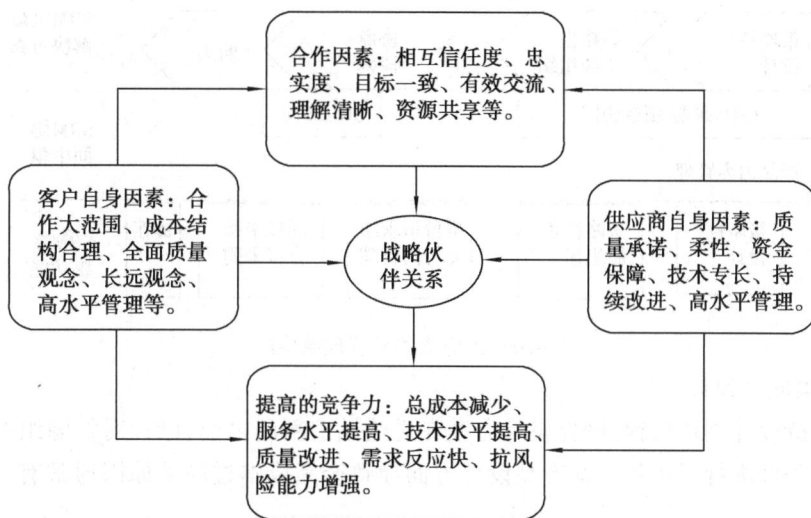

图 4.5　影响战略伙伴关系的因素

4.3.2　供应商关系管理

供应商关系管理(Supplier Relationship Management,SRM)是用来改善与供应链上游供应商的关系的一种管理方式,是一种致力于实现与供应商建立和维持长久、紧密伙伴关系的管理思想和软件技术的解决方案。它旨在改善企业与供应商之间关系的新型管理机制,实施于围绕企业采购业务相关的领域,目标是通过与供应商建立长期、紧密的业务关系,并通过对双方资源和竞争优势的整合来共同开拓市场,扩大市场需求和份额,降低产品前期的高额成本,实现双赢的企业管理模式。同时,它又是以多种信息技术为支持和手段的一套先进的管理软件和技术。供应商关系管理将先进的电子商务、数据库、协同技术等信息技术紧密地集成在一起,为企业产品的策略性设计、资源的策略性获取、合同的有效洽谈、产品内容的统一管理等过程提供了一个优化的解决方案。

供应商关系管理是以一种全新的管理模式,集成了协同和决策支持解决方案,提供了策略性的设计、策略性的货源组织、供应计划和采购等功能,可帮助企业作出优化的战略性决策。这些决策可帮助企业的管理人员了解并回答许多重要的问题,从而对企业经营目标产生重大的影响。供应商关系管理主要由供应商关系管理策略解决方案和供应商关系管理协同中枢组成。其中,供应商关系管理策略解决方案主要由策略性设计、策略性货源组织、协商/谈判以及购买组成;供应商关系管理协同中枢则由设计/采购/制造协同、供应协同和产品内容管理组成,其结构如图4.6所示。这里主要就供应商关系管理策略解决方案的主要内容进行阐述。

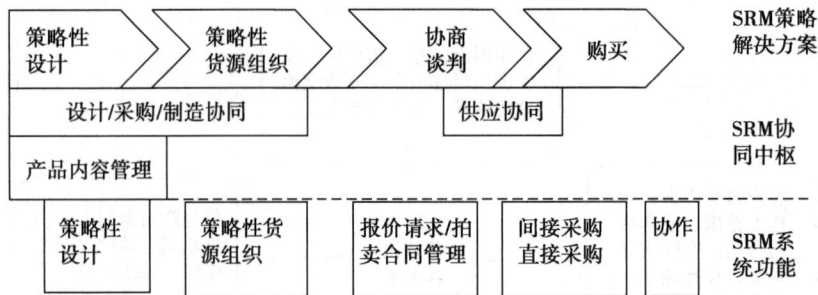

图 4.6 供应商关系管理结构图

（1）策略性设计

它支持设计创建过程，确保设计方案在送达制造部门之前，已针对货源组织和供应链的约束条件进行了优化。在产品设计方面导致产品成本过高的原因通常有以下 4 个方面：

①设计人员在设计过程中大多只考虑产品的性能、质量等因素，而忽略了产品物料零部件的成本因素，常常作出"不受约束的"货源组织决策，导致在产品生命周期的早期就"锁定"了高额的产品成本。

②产品个性化和市场动态性的趋势需要越来越多的工程更改和下达工程更改单。

③如果将资格认证的成本考虑在内，则增加新的零件、新的供应商或技术的成本非常高，它们增加了不能完成批量生产计划的风险。

④在计划的周期内选择注定要过时的部件，会导致经常需要在以后进行计划外的重新设计，这会导致设计人员无法集中精力开发新的产品。

针对这些问题，策略性设计的解决方案支持对产品定义和对开发过程进行优化，以确保新产品在进入批量制造之前，已针对货源组织和供应链的约束条件进行了优化。这些功能已不仅仅是实现工程更改单的自动化，还使得设计人员能够在产品设计定稿之前认识到供应链内的约束条件，从而减少过程更改单的数量。这种优化加快了产品进入市场的速度，同时又能减少生产中的停工时间。策略性设计解决方案的主要组件和功能如下：

①物料清单（Bill of Material，BOM）管理。它用来针对成本、供应、生命周期和其他的业务约束条件，通过物料清单来对产品内容和结构进行分析和衡量。

②首选项管理。它是一个动态引擎，可用来衡量货源组织和供应链的约束条件，直到设计人员选择了已针对供应情况进行了优化的部件、物料和供应商。

③目标成本计算。它在新产品设计和开发的过程中，能够对物料、装配件和制造成本进行分析，以符合既定的成本目标。

④产品推介计划。它对涉及开发、市场营销等活动进行综合计划，管理新产品的推

介,其中包括产品功能、时间选择和执行,以取得最大的产品生命周期利润。

⑤重复使用管理。它用于促进首选的零件和供应商的重复使用,以最大限度地提高利用率,降低风险。

⑥产品生命周期管理。对产品的整个生命周期进行管理,其管理特点是以活动为单位,以过程为核心,综合考虑企业资源、产品数据、相互协作等因素。

⑦设计的管理与优化和物料清单优化。在完成对产品过程分析的基础上,针对产品过程的瓶颈进行过程优化与重组,调整旧过程,建立新过程。

策略性设计为企业带来的效益主要有:降低产品成本、提高产品利润、缩短批量生产时间、降低产品风险、基于企业的货源组织策略和供应链的约束条件、针对供应情况对设计进行优化、尽量减少零件和供应商的扩散。

(2)策略性货源组织

策略性货源组织可以为企业提供资源,以获取业务所需要的知识和信息。一方面,它针对每一商品和供应商确定最佳的货源组织策略,降低供应风险和成本,并能取得持续性的收益;另一方面,它通过协调企业内所有的采购活动,并保留较少量、经严格管理的供应商合作伙伴,能够取得更佳的利用率,赢得更好的价格和货源组织条款。策略性货源组织的主要构成和功能有:

①供应商管理。它为企业提供了寻找和开发最好的供应商的功能,与它们建立战略性合作关系,并不断改善这种关系的功能;能够对照新的/备选的供应源,定期对现有供应商的表现进行监控和检查。

②产品管理。它提供一个综合的、全球范围的费用支出/需求信息的视图,可以获得更多的商机,减少采购零件和供应商的数量。它还可以对全球费用支出、制造商费用支出等进行分析,完成成本节约的评估和采购价格变化分析任务等。

③投标优化。它根据报价请求单和拍卖规则所做出的出价反应,提供多样性的决策优化和"暗箱"裁决方案,使采购专业人员对供应商和投标作出最佳判决。

④合同分析。它针对不同的 ERP 系统或同一 ERP 系统的多个实例,通过对照合同条款,监控和分析历史开支与计划开支。

⑤外包风险管理:外包风险管理综合了外包物料单的开支和预计的需求,评估供应商表现和可选供应选项,提供了主动减少风险的策略。

策略性货源组织为企业带来的主要效益有:降低供应风险、改善供应保障、降低产品固有成本、优化供应商分配以及供应商和部件的数量。

(3)协商谈判

协商谈判解决方案不仅仅是一个报价请求和拍卖工具,而且它能帮助采购部门以最佳的条款进行谈判。它除了支持多种类型的报价请求工作流程之外,还通过实现报

价过程的自动化,自动提供后端的报价分析功能,取得最佳的供应基础。它的主要组件和功能有:

①报价请求。典型的手工报价请求过程既冗长乏味,又消耗大量的时间和资源。报价请求的功能在于可节省时间,就备选的成本缩减建议进行多轮出价报价请求项目管理和出价报价请求分析,与供应商进行协作。

②投标分析。投标分析可以针对客户定义的多个属性,对报价请求和拍卖回应进行衡量与比较,以便更有效地判断出获胜方。

③拍卖。对直接和间接物料商品,它可以通过设置拍卖过程进行谈判,并迅速执行拍卖过程,产生一个动态环境进行定价。

④合同管理。它能够将报价请求条款方便地转换为合同条款,并且可查找现有的合同,以复制条款和条件。

(4)购买

购买解决方案致力于简化所有直接和间接物料的购买过程。它能快速有效地完成采购任务,减少人为干预作用,降低人员成本,使专业采购人员能够将精力集中在战略性货源组织和商品管理,为组织机构带来可量化的优势。它的主要组件和功能有:

①直接物料订单管理。它由高级计划与编程系统的输出功能自动创建直接物料的采购订单,与产品内容管理中的合同存储库集成,确保符合商品策略,并实现"无人值守"的事务管理过程。

②重要的 MRO(保养、维修和运行)管理。它包括货物采购、设备管理所需复杂服务的采购和过程。它与产品目录管理相集成,使买方方便地浏览供应商的情况,从有资格的供应商处采购。

③员工请购。它可以产生简化而直观的请购审批工作流程,使员工创建请购单、获取批准并购买 MRO 产品。

④订单协作。它能发出(或上载)采购订单,就交货计划进行协作,接收和确认提前装运通知,接收货物,实现付款事务处理过程,并可与其他内部系统相协调。

⑤目录管理。它能够支持库存项目,并可以从中查看整个企业的 MRO 零件的库存可用件情况。

购买解决方案为企业带来的主要效益有:支持"集中管理、本地执行采购"的方式,提高策略性采购活动的成功率;通过业务规则驱动的、自动实施的 POS 创建过程,降低了直接物料的成本,确保符合合同,并准确地执行采购策略;基于互联网信息的购买功能提供了低成本的事务处理联系过程,提高了采购效率;快速确定库存的可得性。

4.3.3 供应链客户关系策略

1)客户关系管理的含义与意义

近年来,客户关系管理不断提升到了重要的位置。客户关系管理(CRM)是指围绕客户生命周期的发生和发展,针对不同价值的客户实施以客户满意为目标的营销策略,通过企业级协同,有效地"发现、保持和留住客户",从而达到留住客户、提高销售、实现企业利润最大化的目的。对于供应链来说,客户关系管理对整条供应链的生存亦尤为重要。企业管理的传统观点往往专注于企业资源的内部利用,ERP系统帮助他们实现了这种内部商业流程的自动化,提高了生产效率。而对于企业管理的上游,往往重视不够,面对诸如哪种产品最受欢迎、原因是什么、有多少回头客、哪些客户是最赚钱的客户、售后服务有哪些问题等,大部分企业还只能依靠经验来推测。作为专门管理企业前台的CRM为企业提供了一个收集、分析和利用各种客户信息的系统,帮助企业充分利用其客户管理资源,也为企业在电子商务时代从容自如地面对客户提供了科学手段和方法。

客户关系管理不仅实现了企业的销售自动化,而且使企业能够充分利用客户信息,从而优化企业决策过程。客户关系管理使企业逐步从传统的营销、销售和服务模式进化到以互联网为中心的模式来完成扩大市场领域、改进客户服务以及增强产品和服务的个性化。

客户关系管理的研究与应用,对于计算机集成制造系统的进一步发展、加强企业竞争能力、提高企业运作效率、增加经济效益有重大意义。

供应链企业客户关系管理的意义通常体现在如下6个方面:

①获得客户的成本更低。节省了市场营销、邮寄宣传品、追踪调查等方面的开支。

②不必要求过多的客户同样能够保持稳定的业务量。

③减少了销售成本。通常,现有的客户对企业的渠道和分销商的更多的了解能增强客户对企业销售活动的反应。客户关系管理还能减少促销活动的成本并提供营销和客户沟通方面更高的效率。

④更高的客户创利能力。即更多的后续销售、更多的来自满意客户的推荐、更有实力进行交叉销售或增量销售。

⑤提高客户的保留度和忠诚度。客户关系管理增强了销售机会和整个客户寿命周期的商业价值。

⑥评估客户的创利能力。了解哪些客户是真正的创利客户,哪些客户可以通过交

又销售或增量销售改变其低利或无利的状态,哪些客户永远无利可图,哪些客户需要用外部渠道管理,以及哪些客户可以驱动企业未来的业务。

2)客户关系管理实施的影响因素

供应链企业在实施客户关系管理的过程中会面临着这样或那样的影响因素,一些影响企业发展客户关系的因素大体如下:

(1)市场营销费用

当一个公司整顿预算流程时,考虑到运营成本一定程度上影响了发展客户关系的资金投入,从而影响了客户关系的有效管理。

(2)营销活动

经常削减市场营销费用。许多公司经常生存在各种活动费用的阴影中,一些营销活动是否能增加公司的客户呢? 只要认真地评估一下就会知道,很多这类营销活动的效果很差,因为这种大规模的营销活动总是以一种面孔面对所有客户,没有多少个性化的色彩。另外,在开展营销活动的过程中,会产生出种种浪费现象,例如,用客户的老地址联系客户或没有目标地投寄公司的宣传品,这样必然导致客户回复减少和浪费现象。

(3)沟通渠道与时间

公司通过许多渠道与客户交流,例如电话服务中心、因特网、实地见面等。但是,公司通常没有时间或只有很少时间整合这些渠道,共同为客户提供服务。因特网是沟通客户最好的渠道,但许多公司很少利用网络为客户提供实时的服务。

(4)客户的期望

无论经济走势如何低迷,客户总是期望公司能找到他们、追求他们,希望公司能认识他们、记住以往与他们的交流、以往为他们提供的价值等,但同时又不希望公司经常打扰他们。

(5)CRM 应用软件

目前人们谈论最多的是客户关系管理的应用软件。企业不要轻易通过广告或软件公司提供的宣传资料选择应用软件。市场上各式各样的软件很多,公司在选择软件的投资时一定要谨慎,因为一些应用软件往往缺少关键的元素,如正确的客户数据处理等。不慎的投资要花费公司许多的资金。

3)客户关系管理成功实施的方法

每一个企业面临的挑战都是如何保持老客户、如何获得新客户、如何解决企业所面临的问题。企业成功实施客户关系管理可以采用以下方法:

（1）改进营销目标

将营销的目标集中在一些有资格的团体客户上,这将更有前景,而且营销费用也低。这种战略增加了有效性,因为人们对企业所提供的信息和企业所销售的产品更感兴趣。企业在锁定目标和操作的过程中,那些对本企业产品不感兴趣的人要慢慢地被排除掉。例如,在利用电子邮件进行营销的过程中,企业就可以用一些应用软件将那些对企业产品的电子行销反应不佳或没有反应的邮件地址从邮件列表中删除掉,最后留下来的就是客户或潜在客户。

（2）进行交叉销售

应该告诉现在的客户,使他们了解本企业所提供的全部产品和服务,从而使企业获得交叉销售的机会。如果客户在购买企业的某一产品或服务时,又购买了相关的产品和服务,这就增加了企业的销售量。另外,提供折扣也是一种使客户使用企业的产品和服务的好方法。这样可以建立起客户对企业产品的依赖性,有助于保持长期的客户关系。

（3）塑造统一的企业形象

客户并不会关心他们所购买的产品是企业的哪一个分支机构所产,他们只会针对企业。所以企业要向客户提供统一的企业形象,提供完整的企业信息,使客户能够方便地找到企业。

（4）整合和巩固所有与客户接触的数据

客户数据整合是客户关系管理里一个相当新的门类,它是获得客户和保持客户的关键元素。客户数据整合是指整合客户的各种信息,拉动客户需求的流程,寻求企业理智地进入市场的途径。它使企业对每一个客户都能全面地了解,能及时去掉客户的旧数据,保持客户最新的数据,并能使企业无论何时何地都能与自己的客户联系。许多客户关系管理应用软件也都有这些功能,企业可以用这些软件处理客户数据,真正全面了解客户,形成真正的客户关系。

（5）有效分析缺失数据

一旦企业进行了数据整合流程,企业就要有足够的数据去知道客户的需求,但是往往会出现客户数据的盲点。这要求企业要花时间分析数据,描述出到底缺少了什么数据。这样就能引导企业寻找专业的资源,通过创立一个富有特性的模型,利用统计学方法和其他预测技术,破除数据盲点,最大限度地理解客户和了解企业的前景。

（6）完善数据

企业了解了自己缺少了哪些客户数据,就应该补充这些数据,可以通过电话、电子邮件、统计资料等渠道获取客户新的数据。企业有了完整的客户数据就会清楚市场上发生了什么。投资一点补充客户数据的小钱,会给企业带来更大的效益。

(7)分析客户数据,鉴别最有价值的客户

在所有的客户数据中,企业要找出最有价值的客户,并且了解这些客户的特点,这样,当企业寻找新客户时,就能利用这些特点找到新的有价值的客户。企业可以建立一个有价值客户的数据元素表,描述形成价值的元素,这样就能根据这些描述找到新的有大价值的客户。总而言之,要不断增加大的、有价值的客户数量,减少小价值或无价值的客户数量。

在当今不稳定的、动荡的经济环境下,市场需要花大力气寻找客户并与他们交流,形成良好的客户关系,并在供应链上形成良好的客户关系,这是企业之本。利用好客户数据,企业将节约许多的金钱、时间和资源。一个明智的公司懂得这个基本原则,并按这个原则行事,这样的公司必然能提高效率,保持老客户,获得新客户,使供应链下游通畅。

4.3.4　供应链应急关系

突发事件对于企业与供应链来说不仅仅会造成原材料供应的暂时中断,它对供应链来说还可能造成需求的巨大波动,如 2008 年 5 月 12 日四川汶川大地震后,所需要的各类救灾物资巨大,但原有的交通、电讯、电力等基础设施设备因严重破坏而一时用不起来,灾区供需矛盾异常剧烈,它对供应链应急管理等提出了相当高的要求。

1)供应链应急管理的产生和发展

应急管理的产生是一个长期积累的过程,很难准确地说出它是什么时候由谁首先提出的。一般认为,应急管理这个术语是由 Jens Clausen、Jesper Hansen、Jesper Larsen 和 Allan Larsen 在 2001 年的 OR/MS Today 上提出的。它是一个不断发展深化的领域,发展到今天的应急管理概念和以前的应急概念有很大的区别。通常认为应急管理是在计划的开始阶段,设计一个在当前情形下是最优的策略。在计划实施过程中,由于内部和外部的不确定因素,诸如机器故障、供应短缺、人员罢工、需求波动、原材料价格变动、恶劣天气、自然灾害、流行病、能源大幅涨价、新法案的颁布、无法预料的交通堵塞、运输公司破产等,使原计划不再最优或甚至不可行,需要实时地产生新的计划。而应急管理就是为了迅速处理这类扰动,实时地对原计划进行修复或修改计划的执行而制订一个新的最优或近似最优决策的过程。其主要目标是克服扰动,并使得对原计划的偏离尽可能小。在最近几年时间里,不断涌现出关于应急管理的研究文献,最初运用在航空业中并取得卓越的成效,之后相关的研究也渗透到生产管理、库存控制、生产调度、项目管理以及供应链管理当中。这些研究成果表明应急管理具有广泛的应用背景。应急管理问题可以通过建立有效的模型来求解,有效的应急策略可产生显著的效果。近年来,一些研究学者把应急管理思想应用于供应链的研究,在应对突然变化的供应链协调方面做出了一些有意义的工作,但这方面的研究还只是处于初步阶段,很多问题仍有待解决。例如,随机需求下的研究只涉及了两级供应链的情形,而且没有考虑随机市场需求与销售商努力之间的关系以及多级供应链中产品生产成本及市场需求同时变化时的供应链协调策略。

2) 供应链的不确定性及风险防范

面对激烈变化的市场环境,不确定性随时随地存在,对人们的决策提出了巨大的挑战。所谓不确定性,就是指引入时间因素后,事物的特征和状态不能充分地、准确地加以观察、预测。供应链的不确定性则可能发生于物资经由供应链流经众多的生产流通企业到用户,产生商流、物流、信息流,涉及运输、储存、装卸、搬运、包装、流通、加工、配送、信息处理等诸多过程,其中任意一个环节出现问题都会造成供应链的风险,影响其正常运作。

在供应链上各企业之间的合作过程中,存在着各种产生内生不确定性和外生不确定性的因素。其中,不确定的来源主要有 3 个方面:供应者的不确定、生产者的不确定、顾客需求的不确定。供应商的不确定表现在提前期的不确定、订货量的不确定等。究其原因是多方面的,如生产系统发生故障、员工罢工、生产原料的变价、意外交通事故导致的运输延迟等。生产者的不确定主要是制造商本身的生产系统的不可靠性、机器的故障、计划执行的偏差等。顾客的不确定原因主要有需求预测的偏差、购买力的波动等。不确定性常常迫使生产计划中断,而且又很难避免和防范,这就使得决策者顺利实施一个计划变得困难。供应链上各企业之间的合作会因为信息不对称、信息扭曲、市场不确定性以及其他政治、经济、法律等因素的变化而导致各种风险的存在。

为了使供应链上的企业都能从合作中获得满意的结果,必须采取一定的措施规避供应链在运行过程中的风险,如提高信息透明度和共享性、优化合同模式、建立监督控制机制等,尤其是必须在企业合作的各个阶段采用激励机制,并通过各种手段实施激励,以使供应链上各企业之间的合作更加有效。

①建立战略合作伙伴关系。供应链上各企业要实现预期的战略目标,供应链中的企业必须进行合作,形成利润共享、风险共担的局面,加强信息交流与共享,建立合作机制。加强对供应链中企业的激励,通过确保合作比不合作能获得更多的利益来吸引供应链上各企业之间的合作。

②弹性的合约设计。在供应链上各企业合作过程中,通过弹性的合约设计,可以部分地消除外界环境不确定性影响。

③风险日常管理。建立有效的风险防范体系,当一项以上的指标偏离正常水平并超过临界值时即发出预警信号。

④建立应急处理机制。在预警系统做出警告后,应急系统及时对紧急、突发事件进行应急处理。目前,应急管理思想在供应链中的应用越来越受到人们的关注。

3)影响供应链计划改变的因素

供应链的运作过程当中存在着许多的不确定因素和影响因素。引起供应链计划发生变化的因素可能有以下几个方面的来源:

①系统环境发生变化,如恶劣天气、自然灾害、恐怖袭击等;

②一些不可控制的事件,如停水停电、交通事故、工人罢工等;

③系统参数发生变化,如原材料或产品市场价格改变、货物配送时间变化等;

④资源的可利用性的变化,如工人生病、机器突然发生故障、供应短缺等;

⑤一些新的外部制约因素,如新的合约、政府的新政策、产品的招回维修等;

⑥系统性能的不确定性,如不可靠的预测评估、人的因素等;

⑦新的因素,如新订单、变化了的顾客需求的优先权等。

不管引起这些变化的原因是什么,这些变化可以通称为"扰动"。但是这些扰动要及时被发现,就必须建立完备的实时检测系统。在实际应用中,实时决策支持系统通过用户界面对计划的运行过程进行实时监控,用户时刻注意系统中的各种因素,发现系统中存在的和潜在的问题。

4)供应链应急关系管理策略

随着经济的全球化、产品的多样性、技术的更新和竞争的加剧,在许多产业部门消费者需求和市场价格变得更加具有不确定性,这些不确定因素越来越影响一个企业的生存发展。当进行供应链的设计时,应该尽可能地考虑各种不确定的因素,设计出具有较强弹性的计划,以使当遇到一些小的扰动时,系统依然能保持在最优或近似最优的计划上。事实上,在原来设计好的计划运行的过程中,可能会遇到各种各样的偶发事件,使得原来的计划不再最优甚至不可行,因此就要实时地调整原来的计划,以使系统能够平稳地运行。正如前面所述,如果不能对这些扰动进行及时有效的处理,将严重影响公司的收益、运作效率、顾客的满意度、市场竞争力等,甚至导致一个公司的破产倒闭。对不确定性进行处理的方法有很多,其中一个重要且越来越受关注的方法是应急管理。虽然应急管理已经成功地应用于航空管理中,但是在其他的运筹管理领域,应急管理的研究还刚刚起步。将应急管理和供应链管理结合起来考虑,利用应急管理的思想方法和研究框架,对供应链系统中出现的需求扰动现象进行实时的管理,可以有效地降低扰动对供应链系统的影响,提高变化后的环境中供应链系统的性能。一般来讲,供应链应急运作管理,包括由各个组成部分构成的供应链系统的实时管理和当遇到扰动时的快速修复。一个供应链系统中,典型的组成部分包括供应、制造、仓储、配送和服务公司,每一个部分的不确定性都会影响供应链的性能。

①决策变量。包括生产计划、存储补货策略、配送渠道、路线和时间表、处理顺序、零售商选择等。

②数据参数。包括机器处理时间、工人日工作时间和最大加班时间、允诺的发货日期、存储能力、运输速度等。

③约束条件。包括满足需求、仓储能力限制、发货的最后期限、发货车辆的可利用性等。

④原计划目标函数。包括最大化总的利润、最小化总的成本。

可能的扰动:

①系统环境的变化,如送货路线或交通状况变化等;

②不可控制事件,如停电、罢工等;

③系统参数变化,如生产和存储能力变化、市场需求变化等;

④资源的可利用性变化,如装配线或机器故障等;

⑤新的外部制约,如政府规章、公司契约等;

⑥系统性能的不确定性,如不同工人处理各工种的时间等;

⑦新的因素,如新的顾客订单等。

实时运作恢复问题的目标函数主要是最小化总的扰动对供应链系统的影响,主要包括客户的不满意情绪、损失的利润、误掉的送货、增加的存储费用、加班费、增加的送货费、增加的生产费用、计划改变的运作费用等。

综合以前的研究可以看出,应急管理应用于其他领域的研究还比较少见,尤其是供应链管理。现实中供应链有很多不确定的因素,一些随机的模型和方法并不能解决突发事件的实时处理问题。扰动具有多样形式,且扰动的程度很难用某种概率分布加以描述。用来管理扰动的最适宜的方法应该是对扰动采取自然的反应及最小化当扰动发生时由扰动造成的影响。应急管理提供了一种当供应链中出现扰动时的有效的实时处理方法,相信它在供应链管理中能够得到很好的应用,从而提高供应链应对突发事件的能力。

>>案例分析　从宝洁和沃尔玛的合作看供应链核心企业的转变

20世纪80年代,美国流通产业链的主导权从生产方转移到了零售商,宝洁公司的垄断地位开始动摇。同时,沃尔玛由于销售和配送成本过高,很难单独应对国外企业的挑战。于是双方建立起紧密的产销合作。借助信息技术实现了信息共享及交易的自动化,同时宝洁公司改革原有的品牌管理制度,建立起管理制度,因而明显出现了供应链核心企业从生产商向零售商的转变趋势。

1. 背景介绍

20世纪80年代以前,宝洁公司作为美国大型生产商,拥有强大的经营实力和销售队伍,在销售政策上也一直采取强硬的态度,常常利用自身在产业链中的垄断地位和权力严格地控制下游的经销商和零售商,并迫使后者在日常经营中贯彻自己所制定的营销战略和各种相应的规定。

然而到了20世纪80年代,美国的流通产业迎来了巨大的变革,这种变革的背景是随着大规模零售企业的发展,特别是连锁店的规模和实力大为增强,同时由于零售企业形成了完备的流通信息网络,从而相对于商品供给方逐渐拥有了信息上的优势。因此,整个流通产业链中的主导权已经从生产方转移到了零售商,其结果是到20世纪80年代中期,生产商与零售商之间的冲突和矛盾日益加剧,特别是供给全国品牌的大型生产商与拥有强大销售力和商品调度系统的大规模连锁零售业之间形成了一种对峙关系,这无疑给整个社会经济和流通产业带来了动荡和不稳定,也在一定程度上削弱了美国企业的竞争力。

在上述背景和原因下,宝洁公司再像以前那样采取压迫式的销售方式显然已经行不通,其结果只能是市场占有率逐年下降,因此企业的长远发展面临挑战。与此同时,美国市场面临着来自国外企业的强大挑战,零售企业仅凭自身的实力和规模,仍难以应对这种国际化的竞争。当时沃尔玛面临的一个大问题是在香皂市场,沃尔玛既要从事商品的配送,又要进行商品的销售,其结果是大大提高了成本,从而在与国外企业的竞争中处于不利地位,如果要把这部分成本转嫁给消费者,又不利于企业的长远发展,因此急需改变自己的经营策略。

2. 问题综述

宝洁公司。尽管宝洁公司长期以来处于霸主地位,控制着批发商和零售商,但其霸主地位随环境的变化已经不复存在了,这主要表现在两个方面:①零售商不断合并,规模与实力不断增强,对宝洁的霸主地位造成威胁;②由于零售商离下游节点更近,在需求信息获取上比制造商存在优势,同时零售商开始大规模地采用信息技术,更使其在信息获取上的优势凸显,宝洁公司的霸主地位此时已经无法维持。所以,宝洁公司必须随环境的变化调整自己的战略,以重新获得自己的竞争优势。

沃尔玛。沃尔玛在当时的美国市场上发展迅速,但也存在着一些问题:①企业的实力和规模尽管不断扩大,但在经营方式上仍依靠单个企业,所以面对国际激烈的竞争很难应付;②沃尔玛作为零售企业同时要兼顾商品的配送,这不仅分散了其精力,更大大增加了成本,在与国外企业竞争中处于不利地位。所以,沃尔玛同宝洁公司一样希望调整经营方式,以参与国际化竞争。

3. 解决方案

通过对宝洁公司和沃尔玛各自存在问题的分析,得出以下结论:宝洁公司和沃尔玛只有形成一条产销联盟供应链,通过战略性合作伙伴关系的建立,才能解决各自的问题,在增强供应链的竞争力的同时,才能保证各自的竞争地位。于是在双方高层领导会晤之后,开始了正式合作,同时在合作的过程中,二者还不断调整各自的经营方式,通过加强自身实力保证合作的顺利进行。

为了构筑新型的生产商和零售商之间的产销关系,宝洁和沃尔玛建立起一个协作的团队,通过联盟的形式,借助计算机开始实现信息的共有。宝洁公司可以调用沃尔玛的销售和库存数据,并以此为依据制订出有效率的生产和出货计划。不仅仅是单纯的财务管理,而且是通过利用新型的信息技术对整个业务活动实行全方位的管理。

作为实施合作的主要组织机构,宝洁公司和沃尔玛双方组成由财务、流通、生产和其他各职能部门组成的约70人的专门合作团队,派往沃尔玛实行协作管理。根据合作团队策划,沃尔玛于1989年开始对宝洁公司的纸尿裤产品实行供应链管理,即构筑JIT(准时制)自动订发货系统。借助于这种信息系统,宝洁公司除了能迅速知晓沃尔玛物流中心内的纸尿裤库存情况外,还能及时了解纸尿裤在沃尔玛各店铺的销售量、库存量、价格等数据。这样不仅使宝洁公司能及时制订出符合市场需求的生产和研发计划,同时也能对沃尔玛的库存实行单品管理,做到连续补货,防止出现商品结构性的机会成本(即滞销品库存过多,畅销品断货)。而沃尔玛则从原来繁重的物流作业中解放出来,专心于经营活动,同时在宝洁公司的信息基础上,及时决策商品的货架和进货数量,并由MMI(Manufacturer Manage Inventory)系统实行自动进货。

这样不仅沃尔玛不用从事具体的物流活动,而且由于双方企业之间不用就每笔交易的条件(如配送、价格问题等)进行谈判,大大缩短了商品从订货,经进货、保管、分拣、补货,到销售的整个业务流程的时间。

具体作业流程是沃尔玛的各店铺都制订了一个安全库存水平,一旦现有库存低于这个水平,设在沃尔玛的计算机通过通讯卫星自动向宝洁公司的纸尿裤工厂订货,宝洁公司在接到订货后,将订购商品配送到各店铺,并实施在库管理。

与整个商品提前期缩短相适应,两个企业之间的决算系统也采用了电子资金转账(Electronic Funds Transfer,EFT)系统,通过这种系统,企业之间的财务结算就可以通过计算机等电子设备来完成。

EFT系统的导入不仅提高了企业之间的结算效率,而且大大降低了两个企业的间接成本,一方面对于宝洁公司来讲,EFT加速了资金的回笼,提高了资金周转率;另一方面对于沃尔玛来讲,由于及时化的商品管理制度,保证了货款的支付在商品完成以后进行,加速了资金周转,提高了资金效率。

宝洁与沃尔玛之间的产销联盟所产生的另一个重大积极作用是彻底打破了当时在美国流通领域占统治地位的以双环节为主的多环节流通体制。所谓双环节流通体制是指商品的流通过程往往要经过批发商和零售商两个环节,甚至有的产品还要经过代理商、经纪商等三环节、四环节。这种多环节的流通体制所产生的问题不仅在于增加了流通时间和成本,更在于它放大了整个产业链中的波动幅度(即牛鞭效应),增加了生产商的经营风险。

宝洁公司与沃尔玛的产销联盟引进了单环节的直接交易形式,使产销双方紧密联系在一起,同时借助以信息共享为特征的经营和物流管理系统,使产销都能对应市场的变化做出及时响应,结果使库存下降、有效遏止了滞销品的产生。

通过合作,双方降低了费用和风险,宝洁还建立起强大的核心竞争力。产销联盟形式的供应链有以下优势:①通过信息共享及信息系统的采用,降低了供应链的成本和不确定性;②沃尔玛将物流中心或仓库的管理权交给宝洁公司(所有权还是属于沃尔玛)代为实施,这种策略的实施提高了制造商的生产柔性,使零售商专营核心业务;③通过单环节交易制度的建立,缩短了供应链的长度,在降低牛鞭效应的同时,节省中间环节费用,增强整个供应链的竞争力。

4.案例总结

宝洁和沃尔玛的这种主导地位的变化,虽然是由于某些具体的细节因素导致的变化,但是又具有其转变的必然性,包括以上分析的销售终端的重要性和不可替代性。这种变化同时表明了供应链控制权的转移,逐步从生产型企业作为供应链的核心企业,开始了向下游的转移,即出现了宝洁与沃尔玛的联盟形式;出现了两个供应链的核心企业,分别分布在生产领域和消费领域;成为一种联盟形式,成为一种供应链核心企业由供应链上游向下游转移的一种特殊形态,一种过渡形态。随着市场经济的发展和销售终端的发展壮大,其供应链的核心企业必然由供应链的上游向供应链的下游逐步转移,整条供应链的控制力也逐渐由供应链的上游向下游转移变化。

≫案例分析与讨论题

1. 供应链间特别是核心企业间的合作极大地提高了供应链的效率和竞争力,沃尔玛与宝洁的产销联盟的运作方式是怎样的?

2. 沃尔玛与宝洁的合作给双方各带来哪些好处? 合作中应注意哪些问题?

3. 案例中供应链核心企业发生从生产商向零售商的转移过渡,讨论供应链核心企业呈现出一种怎样的演变规律和演变趋势。

≫复习思考题

1. 简述不同供应链模式下供应链核心企业的运作。

2. 论述供应链非核心企业怎样向核心企业转化。

3. 简述供应链合作关系的发展阶段。

4. 简述供应链合作伙伴的激励机制。

5. 简述供应商的选择及评价步骤。

6. 简述供应链应急管理中的风险防范策略。

第 5 章

供应链产品策略

本章导读：

如果一家公司首先弄清楚他们所处的环境，然后制定最适合他们独特情形的供应链战略，这个公司将会发展得更快，而这个战略可能与其他公司正在实施的战略完全不同。为此需要考虑产品所面临的需求性质及其匹配要求。

——宾夕法尼亚大学沃顿学院的马歇尔·L·费歇尔教授

美国一项对食品行业的研究认为,由于供应链各个成员之间不能很好地协作,每年要浪费 300 亿美元。25% 的顾客由于商店已经卖完了他们来买的某种商品而不得不空手离开商店。同时另外一些商品由于供应过度而使价格大打折扣。为此,必须建立与产品匹配的供应链对策体系,以期有效地解决经常出现的缺货与滞销问题,即根据产品的功能性与创新性特点,分别采取与其相匹配的精益供应链与敏捷供应链。对此,费歇尔的供应链匹配理论有许多精辟的论述:有必要根据产品的生命周期采取不尽相同的供应链策略,有必要根据产品所在行业的特性采取相应的策略等。

5.1　费歇尔的供应链匹配理论

宾夕法尼亚大学沃顿学院的马歇尔·L·费歇尔教授对食品、时装和汽车行业进行了长达 10 年的研究和咨询,提出了有助于实践问题解决的供应链匹配模型理论。

5.1.1　匹配:最合适的方法

对于供应链的改善问题,许多公司常常束手无策,也不了解在设计供应链时他们所处的环境中哪些特征才是最重要的,单纯的模仿可能带来短期利润,但是不能解决根本问题。

费歇尔教授认为:如果一家公司在了解和掌握他们所处的环境之后再制定最适合他们独特情形的供应链战略,这个公司将会发展得更快,而这个战略可能与其他公司正在实施的战略完全不同。在设计供应链时,需要考虑的最重要的特征是企业提供的产品所面临的需求性质,产品的需求有什么差别,这些差别又是怎样影响供应产品的方式。

以老式优质的 Campbell 鸡肉面条汤和时髦的太阳镜为例:鸡肉面条汤的需求在一年中各个时期非常稳定,或许在冬天时高一点,因此预测每周的销售量是相对简单的;但是对太阳镜来说,一般在春夏两季卖得最多,并且很难预测像这种抽象造型的太阳镜在市场上表现如何。

鸡肉面条汤是对价格敏感的产品,利润率很低;它又是美国市场上很古老的产品,种类变化非常有限,生命周期很长。但是时髦太阳镜是一个完全相反的例子,时髦太阳镜的主要生产商 BL 有大约 2 400 种款式,每一年都有很多变化和款式,这些款式的生命周期很短,对市场的需求预测很难,这意味着一旦对需求作出错误的估计,就没有时间再弥补了。同时太阳镜是一种高利润产品,它的售价大约为 100 美元一只,而它们仅仅是把几块塑料粘在一块儿而已,所以生产成本很低。具体特征可参见表 5.1。

表 5.1　产品特征对比

产品 ＼ 特征	价格敏感性	利润率	生命周期	品种	需求预测性
鸡肉面条汤	高	低	长	少	强
时髦太阳镜	低	高	短	多	弱

很明显,这两种产品的需求特征不同。那么这些差异又是如何影响供应方式的呢?太阳镜面临的最大问题是需求的不可预测性,以及脱销代价沉重,所以需要一条快速的供应链;而对于汤类产品,因为需求可以预测,就不需要反应如此迅速,但是这种产品对价格的敏感性意味着必须非常有效地最小化生产和运输成本。这些都是费歇尔供应链匹配模型理论的关键思想,在这里认为像鸡肉面条汤这样的产品属于实用性产品,而时髦太阳镜就属于创新性产品。

5.1.2　协调供需关系

在设计有效的供应链战略时,第一步考虑的是产品所面临的需求的性质,即供应的产品主要是实用性的(像汤类),还是创新性的(像时髦的太阳镜)。实用性产品包括从各种各样的零售渠道所购买的日常生活用品,它们满足基本的需求。而且基本需求随时间的变化不大,这些产品的生命周期很长,需求稳定,可以预测(如饮料、啤酒、饼干)。然而一个时髦太阳镜的供应商面临着完全相反的一种类型的需求。每年公司供应的大部分产品都是全新的设计款式,对这些款式的需求预测可能 100% 错误,而且由于销售季节仅仅只有几个月,如果公司误解了市场信息,将很难有时间再作反应(如腰带、鞋子、服装)。由于赢利率高,需求多变,创新性产品需要一个完全不同于需求稳定、赢利率低的实用性产品的供应系统。

要理解这种差异,首先认识到供应链实现两种不同的功能是有必要的。第一个是实物功能,包含将原料转化为零部件,最后成为制成品和在供应链各个不同地方之间的运输。相对于第一个功能来说,第二个功能不易看到,但是同样重要,那就是市场协调功能。这种协调功能最终归结于保证进入市场的各种产品形式的组合与顾客想买的产品形式相匹配。实物功能和市场协调功能都会产生不同的成本。实物上的高效(高效的供应链)意味着生产成本、运输成本、库存成本的最小化。当一种产品的供应超过或者低于需求时就产生了市场反应成本(供应链成本),在第一种情况下,价格被迫下降或者产品必须亏本销售;在第二种情况下,销售机会丧失了,而且顾客也不满意。如图5.1所示。

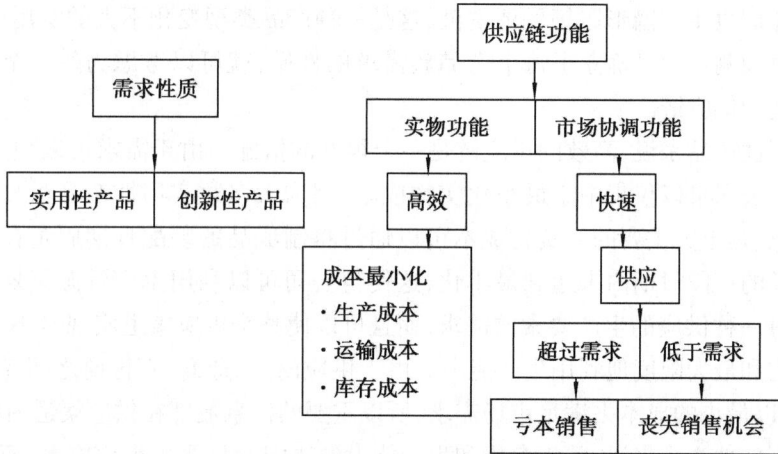

供应链功能

需求性质

实物功能　市场协调功能

实用性产品　创新性产品

高效　快速

成本最小化
·生产成本
·运输成本
·库存成本

供应

超过需求　低于需求

亏本销售　丧失销售机会

图5.1　产品需求性质及供应链功能

具体以时髦太阳镜来解释供应链的功能。时髦太阳镜的生产商,由于产品需求的不确定性而面临着很高的市场协调成本,一方面会因为有些产品卖不出去而遭受损失,另一方面会因为缺货而丧失销售机会,进而影响最后的赢利。所以很明显,实用性产品和创新性产品在各自的供应链中需要有不同的关注重点。

费歇尔教授的模型将需求的性质和供应链的功能联系在一起,矩阵的4个部分代表供应链战略与产品战略组合的4种可能。根据产品需求的性质可以把需求分为两类:可以预测的实用性产品的需求和不可预测的创新性产品的需求。而根据供应过程的侧重点,供应链也可分为两类:追求成本最小化的高效供应链和追求反应速度最快的快速供应链。公司可以利用它们的矩阵来为它们的每一个产品族设计一种供应链战略。首先应该标绘出每一个产品族在矩阵中的实际位置,然后决定产品族在矩阵中应该占据的位置。最后根据这些定位,制订建立合适的产品供应链的计划。这样,费歇尔供应链匹配模型可以如图5.2所示。

	实用性产品	创新性产品
高效供应链	匹配	不匹配
快速供应链	不匹配	匹配

图5.2　费歇尔供应链匹配模型

要标绘出每一个产品族在矩阵中的位置,首先要了解被考察产品的需求的性质,可以凭直觉区分开可预测需求的实用性产品和不可预测需求的创新性产品。那些给供应带来麻烦的产品就是需求不可预测的创新性产品。当然,对于产品性质的区分,费歇尔教授提供了一些特征,比如生命周期、利润率、价格敏感性等。但是在生活中会发现一些公司的产品中有一部分是创新性的,有一部分是实用性的,例如 BL 制造创新性太阳镜的同时他们也生产隐形眼镜的清洗液,这是一种产品类型变化不大的实用性商品,它的需求可以预测。一旦确立了每个产品族需求的性质,就可以考虑为每一个产品族建立一个合适的供应链。

对实用性产品来说,高效的供应链是一个很好的搭配。由于需求可以预测,市场协调很容易。公司可以仅集中于最小化实物成本,因为大多数实用性产品都具有价格敏感性,这一点是至关重要的。实物成本可以通过将制成品的装配日期固定在一个月或者将来更长的一段时期内来达到最小化,这使得公司可以利用生产资源规划软件来确定对应于每一种供应的生产要素的需求,而且可以使整个供应渠道实现最小化库存、精简组织机构和最大限度地利用生产能力。由于供应商、制造商、零售商之间互相协调他们的行动,以最小的成本去满足市场需求,所以重要的信息流都在供应渠道内部。

对于创新性产品来说,关于存货和生产能力的决定不是要最小化成本,而是应该在供应渠道的哪个环节上设置战略储备和超额的生产能力来更好地防范需求的不确定性,应该根据速度和灵活性来选择供应商。对于市场反应不明确的创新性产品来说,缺货和供应过度的风险是相当高的:一方面,高赢利和快速建立市场份额的重要性抬高了缺货的成本;另一方面,创新性和产品生命周期短就增加了产品过时的风险和供应过剩的成本。在这种环境下,关键是分析前期的销售和其他的市场信号作出快速的反应,所以关键的信息流不仅仅来自于供应渠道内部,而且来自市场,例如消费者以前的购买情况和市场研究机构的情报。

所以,对于创新性产品来说,市场协调的成本是最重要的。公司首要关注的焦点应该是市场协调成本,而不是实物成本,对应费歇尔模型,匹配的位置应该在右下角。一旦在矩阵中标绘出每一个产品族,就可以看出当前的每一种产品的供应过程与产品的类型是否能很好地相匹配。实用性产品需要一个高效的供应过程,而创新性产品需要一个快速的供应过程。当一个产品族在矩阵中处于右上角或者左下角,意味着在某一方面出了问题。由于出现在左下角不匹配的情况很少见,也就是快速反应链和实用性产品的不匹配,所以不加以讨论。

5.1.3 右上半角误区

在费歇尔模型中,通过上面的分析,认为实用性产品与高效供应链相匹配,而创新性产品与快速供应链相匹配。但是,如果创新性产品强调供应效率的话,也就是创新性产品选择高效供应链,那么有什么问题呢?对于这个问题,费歇尔教授把它定义为"右上半角误区"(见图5.3)。

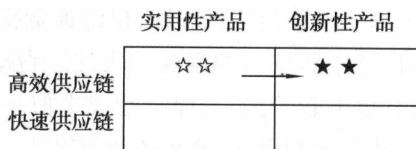

	实用性产品	创新性产品
高效供应链	☆☆ ——→	★★
快速供应链		

注:☆表示某类实用性产品,★表示经过创新后的同类产品。

图5.3　右上半角误区的形成

1)右上半角误区的形成

费歇尔认为,如果一家公司处于矩阵的右上角,那么投入1＄提高供应链反应的敏捷性,通常会因为供应与需求的不匹配而带来成本,即因为缺货或存货过多而引起价格下降,这种下降不止1＄。考虑一种典型的创新性产品,边际收益为50%,平均脱销率为20%,由于缺货给利润带来的损失是巨大的,相当于销售量的10%(50%×20%＝10%)。这一数字通常超过公司的税前利润。在这种情况下降低缺货率的经济收益很大。花钱去提高供应链的敏捷性是明智的,也是值得的。

费歇尔教授给出了几个例子,例如康柏公司就作出了一个明智的选择,自己生产某种变化多、产品生命周期短的集成电路,而不是到低成本的亚洲国家采购。这个决定背后的原因是这样可以使公司提高灵活性,缩短供货期。另外一个例子是日本一家主要服装制造商world公司,他们在低成本的中国工厂生产一些基本的样式,而在本国生产时髦的样式,这使他们对新出现的时装潮流能快速作出反应,这种优势足以弥补日本劳动力成本高昂的不足。这两个例子都说明,对于创新性产品花钱去提高供应链的敏捷性是明智的。

但是,对于一种典型的边际效益为15%的实用性产品,1%的平均脱销率意味着因为缺货对利润带来的损失仅为销售量的0.15%。这个成本可以忽略,因此不值得花大把的钱去提高反应速度和灵活性。

同样对于实用性产品,费歇尔也举了一个例子。Campbell的产品中每年仅有5%是新创的,现有的产品大多数都已经上市多年,销售量是高度可预测的,这使得Campbell可以通过存货迅速满足98%的需求。而且即使是少数新产品也很容易经营,他们有一个月的补充供货期,并且最短有6个月的市场生命周期。当推出一种新产品时,在头一个月里Campbell会部署足够多的供应,以保证能满足最乐观的预测需求量。如果产品销售得好,在存货售完之前会有更多的供应来补充。如果销售得不好,在最坏的情况下,6个月也能让公司有足够的时间售完多余的存货。Campbell满足市场需求的水平已经高达98%以上,这意味着在市场协调成本方面,做出改进的空间已经很小了。因此它将继续集中精力来改善它已经做得很好的地方,就是高效的运送。

从上面的分析看来,这个模型很容易理解,也许你觉得看不出来它如何能帮助公司找出一个解决它们在供应链中所遇到的问题的方法。费歇尔教授是这么解释的,他发现许多公司恰恰是在这件事上栽了跟头,原因看起来似乎是因为在实物上是一样的产品,例如个人电脑、汽车、冰淇淋和咖啡,它们都既可以是实用性产品,也可以是创新性产品。公司很容易从实用性产品倾向于创新性产品而并没有意识到有些事情已经改变了。在模型中,可以看到这种变化是如何发生的。

实用性产品需求稳定,容易引起竞争,这是符合逻辑的。广泛竞争的结果就是低利润率。为了避免低利润率,公司引入创新,给顾客一个理由来购买本公司的产品,并且证明要求一个更高的价格是合理的。时装和个人电脑是典型的例子。但是有时候会在一些最没有预料到的领域见到成功的创新。例如在生产食品这一类典型的实用性产品的公司中,本杰明、fields 和星巴克都想通过设计上的多样性和获得创新性产品的概念来赢得竞争优势。创新可以使公司获得更高的利润,但是也正是由于创新性产品的"新"而使得它们的需求更加难以预测。而且创新性产品的生命周期短,通常只有短短的几个月,还会有仿制者来侵蚀现有创新性产品的竞争优势,因此公司必须有稳定的创新源泉。由于这些变化是慢慢发生的,所以公司往往意识不到这些变化而继续强调供应链的高效,结果就出现了需求的性质与供应链的侧重点不相匹配的情况,他们的产品是创新性的,但是供应链却追求高效和低成本,而不是速度,这就进入了"右上半角误区"。

这个问题,一般经理人不容易发现,需要长时间的反应。原因是,不匹配的成本往往是不可见的,并不是看得见、摸得着的东西。经理人们看到的是他们满足消费的水平神秘地下降了,或者是存货水平到了警戒线。所以,关键是一旦公司将其产品族定位在矩阵中,首要的问题就是解决不匹配的情况。

2) 走出右上半角误区

当产品处在右上半角时,有两种选择,可以往下移,使供应链反应敏捷;或者往左移,重新使产品成为实用性产品。

这样的例子很多,如电脑、包装好的消费品、小汽车等行业,因为竞争者数目的不断增加,现有竞争者不断努力提高利润率,所以公司都尽力把传统的实用性产品转化为创新性产品,但他们的重点仍然放在供应链的节约成本上,这样他们最终的位置还是回到了右上角。又如,在电脑行业,20 年前的公司可以用一个并不敏感的过程来销售创新产品,因为市场允许。但是现在个人电脑和工作站已经取代了大型主机而成为主导技术。市场可接受的交货期不再以年计算而是以天计算,然而很多电脑公司仍然将大部分精力放在供应链的实物高效上,导致了自己在需求—供应矩阵中处于右上半角的误区。

那么如何解决这种困境呢? Dell 公司很好地演示了如何从右上半角出来,也即通过往下移建立快速供应链,他们建立了一条反应高速敏捷的定制个人电脑的供应程序。现在可以通过互联网根据自己的喜好定做一台戴尔电脑,如果在美国的话第二天就可以收到。处于右上半角的公司克服问题的另一个方法就是使产品重新成为实用性产品(如图 5.4 所示)。

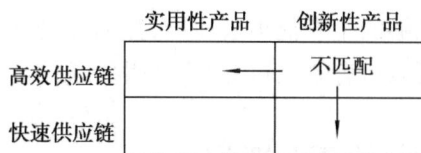

	实用性产品	创新性产品
高效供应链	←	不匹配
快速供应链		↓

图 5.4　走出右上半角误区

那又如何确定企业是要向左移动还是向下移动呢? 费歇尔教授认为,正确的方法取决于利润率的大小。如果可以由产品创新得到足够多的额外赢利来弥补建立供应链的成本,公司应该向下移动。相反,向左移动的标志是一条产品线的产品种类很多,但是利润率低,牙膏就是一个很好的例子,因为每一种牙膏的配料都基本相同,所有的区别都是装饰性的,大部分都在包装上。

在现实中,有很多都不是像电脑和牙膏这么简单的产品,例如汽车行业就是一个很好的例子。费歇尔举了一家汽车工厂为例,从汽车的销售广告中可以计算,如果考虑颜色、内部组成和其他变化的话,这家工厂可以提供 2 000 万种不同样式的小汽车,但是因为定制一辆汽车要有 8 个星期等待的时间,90% 以上的顾客都在现场的车型中购买。而它的一个代理商处只有 2 种可供选择的款式,在不同的地区有 10 个代理商,那么假设其余的代理商也都有两种样式的存货的话,那么只能从 20 种样式中选择,而这种汽车本应该有2 000万种样式的。

所以汽车供应渠道的形状就像水漏,代理商处于瓶颈位置。在瓶子的顶部即工厂每年都有创新,几乎可以提供各种类型的样式;瓶子的底部代表很多品味不同的顾客,他们本来应从变化中受益,但由于代理商处于瓶颈的位置,所以他们实际上并不能得到多少好处。

费歇尔认为,对于这类问题的解决,许多关于这方面的建议都没有切中要害,因为他们仅仅为整个行业提供了一个解决方案。他们忽略了这样一个事实:一些汽车,如福特是实用性产品,而另外一些汽车,如《黄金眼》中的宝马 Z3 是一种创新性产品。这些种类的汽车要求不同种类的供应渠道,低成本、高效率的供应渠道对于实用性汽车来说是完全合适的,但是对于创新性汽车来说就完全不恰当了。认为对于创新性汽车的制造商来说,使用20 世纪 80 年代各种汽车厂商竞相采用的"及时"生产系统是错误的,创新性产品需要有缓冲的存货来应对需求的不确定性。

费歇尔教授又提到,对于一家拥有不同产品族和供应要求的公司来说,最大的问题就是有些公司企图对两种产品仅使用一条侧重点相同的供应链,他们应该特别小心,分开两种不同类型的产品和不同的供应要求,如果他们能这样做的话,一家工厂同时生产实用性产品和创新性产品也确实可以运作得很好。由于实用性产品拥有很长时间的生命周期和可以预测的需求,可以在销售之前就安全地生产和储存,这意味着销售创新性产品时,可以迅速地腾出足够的生产能力去生产,然后在创新性产品需求低迷时,又转向生产实用性产品,这样可以最有效地利用工厂的生产能力。

5.1.4 费歇尔模型中的两个匹配

前面处理完了"需求与供应矩阵"中的不匹配情况,现在要集中精力考虑在匹配的情况下,如何作出改进。首先,从实用性产品的高效供应开始。

1) 第一个匹配——实用性产品的高效反应

提高效率和降低成本,是企业的传统目标,也是大多数公司在"重组潮流"中想做到的,但是现在又出现了对这些老问题的新误解,由于这些年来一些公司急切地想降低成本,现在已经到了要减少利润的地步,现在提高绩效的最好机会在于改善供应商和分销商之间的协作时间,幸运的是现在恰好出现了电子网络,为他们的更进一步协作提供了一些便利条件。

(1)连续补充计划

在这点上,费歇尔教授仍以 Campbell 为例。在 1991 年,Campbell 与那些优秀的零售商们一起推出了一项名叫"连续补充"的计划,连续补充是一次零售店行业革新的核心部分,这次革新被称为"对消费者需求的高效反应"。连续补充是这样运作的:Campbell 与零售商们一起建立一套电子数据交换器。每天早上零售商们把关于 Campbell 商品的近期需求和当前的存货水平的数据传递给 Campbell 公司,Campbell 利用这些信息来预测需求,决定哪种产品需要补充,其依据是先前与零售商们一起确定的存货水平的上下限,第二天,满载着 Campbell 产品的卡车便离开工厂,前往零售商的配售中心。

最重要的一点就是,既然汤是一种实用性产品,需求具有价格敏感性,那么 Campbell 革新的目的就是实物上的高效。在零售商的配售中心,Campbell 产品的存货可供应率只提高了一个微小的幅度,从 98.5% 到 99.2%,然而更大的收益来自零售商的存货水平的下降,连续补充使参加此项计划的 4 个零售商的存货水平由大约 4 周下降到两周。之所以能够做到这一点,是因为 Campbell 大幅度削减了发货的供货期,也因为

Campbell 了解所有零售商的存货水平,能够把每种产品的存货分配到最需要的地方。

这种改进在公司财务指标上的体现是,杂货店零售商经常报告说,一年,即52周内他们持有某种特定产品存货的成本相当于他们为这种产品所付费用的25%,所以在存货上节约了两周的时间等于节约了相当于销售额的1%,即2除以52个星期再乘以25%。现在杂货店零售商的平均利润率大约为销售量的2%,所以成本下降1%将使现有利润由2%上升到3%,即利润增幅为50%,Campbell 使参加连续补充计划的零售商的存货周转率翻了一番。

对于 Campbell 公司来说,它本身得到的好处也有很多。它增加了销售额,因为零售商通过 Campbell 的产品可以赚到更多的钱,他们有动力去销售更多种类的 Campbell 产品,给予 Campbell 产品更多的货架空间。Campbell 发现,参与了"连续补充"计划的零售商的销售额增长速度是其他零售商的两倍。

(2)价格促销扰乱供应链

在为零售商考虑的同时,Campbell 也为自己的业务积累了一些重要的经验,意识到价格促销对实物效率有负面影响,那就是价格促销会扰乱供应链。

假设 Campbell 在1月进行价格促销,那么运输曲线就会出现很大的尖角,零售商会购进大量的存货,有的甚至购买了一年的供应存货,这种被叫作"期货交易"。在这桩交易中没有人获利,零售商要负责一年存货的运费,这使整个销售系统增加了成本。为了满足需求,必须从10月份以后就开始加班生产。认识这一点以后,Campbell 禁止参加连续补充计划的零售商以打折的价格进行远期购买,而零售商可以通过打折来促销 Campbell 的产品,可以为顾客提供一个"每日低价",这相当于促销产品在一年中的平均价格,也可以提供打折的价格,但仅限于卖给最终消费者的数量。

在整个例子后面隐藏着一个关于实用性产品的重要原则,实用性产品只有在质量好、价格合理的情况下需求才是可以预测的,所以要尽量避免那些可能会破坏这种环境的固有简单行为。许多公司因为沉迷于价格促销而违反了这条格言,他们为了达到季度收益目标,用价格促销推动需求,将需求在时间上向前移动。但这只能在第一次使用时有效,下一个季度为了弥补这一次价格促销引起的需求空洞,必须再次将需求向前拉动。最后的结果只能是对价格促销成"瘾",把本来简单的可预测的需求曲线变成一条乱七八糟到处是尖角的曲线,这样只会增加成本。

从 Campbell 的例子中发现,Campbell 公司与它的零售商一起找到了一种理想的合作关系,或者说是一个"双赢"的交易,但是这个方法也存在缺点。如果合作的零售商并不太精明,不能认识到你给他带来的好处,你将要承担不带来任何收益的额外成本,但是现在许多零售商在评价他们的供应商时都变得越来越精明了,Campbell 的例子很好地说明了各个成员之间在追求更高利润的过程中相互作用的另一条途径。像日用杂货等实用性商品都是对价格高度敏感的,供应链各成员之间的谈判会更激烈,如果一家公司能使其供应商将价格降低一点点,将顾客可以接受的价格再提高一点点的话,对公司的利润会有极大的影响。在具有竞争关系的供应链模型里面,供应渠道内的成本一般是不变的,所以利润就是不变的,制造商和零售商之间为了分得更多的利润而进行价格谈判。与此相比,Campbell 的"连续补充"计划体现了供应商与零售商之间的一种合作关系,他们一起来降低渠道内的成本,因此提高了可供分配的利润。

合作性模式具有很强的威力,但是也有缺点,一家公司往往会因为没有别的途径挣钱,所以就在合作的同时展开了竞争。这是很难处理的,因为这两种方式需要两种截然不同的行动,仅仅考虑信息共享这一件事,如果我是你的供应商,关于价格问题而谈判,你最不愿意做的事情就是与我完全分享你的成本信息;但是如果目标是大家合作,把每项任务分配给能以最小成本完成的合作方,从而降低渠道内的成本的话,成本信息的共享是必须要做的事情。

2)第二个匹配——创新性产品的快速反应

实用性产品和创新性产品的主要区别就是创新性产品需求的不确定性。第一步就是要承认不确定性是创新性产品所固有的。在缺乏竞争的寡头市场中成长起来的公司,他们的顾客都很顺从,零售商业势单力薄,因此很难接受今天产品不确定性的程度,他们说预测上的大错误是不可接受的,而要求员工努力思考、长时间思考去获得准确的预测,但是不确定性并不是命令就能消除的。

对创新性产品来说,不确定性应该被认为是一种好现象。如果产品的需求是可以预测的,那么这种产品可能就不够创新,从而无法实现很好的利润。事实就是风险与收益是相联系的,最高的利润往往与最高的需求风险联系在一起,如果一家公司承认了不确定性,就可以去驾驭这种不确定性。有 3 种不同的方法可以做到这一点:

一家公司首先应该尽可能地减少不确定性,例如通过发现新的指导信息的来源。其次可以通过缩短供应的供货期提高供应的灵活性来避免不确定性,其目标根据订单生产或者至少是可以在离需求实现或者可以准确地预测更短的一段时间内生产。最后,如果不确定性已经尽可能地被减少和避免,公司还可以通过额外的缓冲和额外的生产能力来防范剩余的不确定性。驾驭风险通常就是减少风险、避免风险和防范剩余风险三者的结合。

(1)避免不确定性

费歇尔教授以 Matsushita Electric 公司的一个部门 National bicycle 生产的自行车为例,说明避免不确定性达到快速供应。

多年来,National bicycle 一直兴旺发达,虽然小,但是运作得很成功,而到了 20 世纪

80年代中期,他们陷入了困境。在日本,自行车仅仅是一种便宜的作为交通工具的实用性产品,也就是一种在价格低的情况下才能卖得出的商品。日本的劳动力成本很高,这使得National bicycle竞争不过便宜的韩国车和中国台湾车。

1986年,为了改变这种状况,Matsushita任命了一位新总裁,他从挖掘National可以利用的潜力开始着手。他认为National的潜力在于有制造和计算机方面的专业技术人才、训练有素的员工、松下这一强有力的品牌、9 000家代理商组成的营销网络,他还看到了National bicycle有一条高盈利的产品线,也就是那些富有的顾客仅仅是为了娱乐而购买运动赛车。他认为National最好的希望是集中精力干这一部分细分市场,利用公司的力量去开发一条快速的供应链。他设计了一个系统,在这个系统里,顾客到代理商那儿,从由规格、颜色、零部件等形成的几百万种组合中选出一种自行车,然后把订单传真给工厂,在工厂里,由电脑控制的设备和熟练的工人生产出的自行车,在两周之内送达顾客。到1991年,National bicycle的定做业务开始盈利,在日本运动赛车市场的占有率由5%提高到了29%,并且绝大多数时间可以保证两周的供货期。

从National bicycle的供应链上看,提供的自行车有200万种。另外,National bicycle有1 500位零售商参加这项计划。自行车种类加上地点组合的数目,在零售商那边就有1 500×200万种(等于30亿种)自行车。这一过程看来很复杂,但是National bicycle的供应链在种类增多的点上反应很快。获得钢管和零件及加工都很快。他们可以存储一部分钢管和零件(一般只有10种样式),以便在供货期很长的情况下也能立即组织生产,而且因为他们在其他地方都很快,种类的多样性并不会给他们带来坏处。

总的原则就是在供应链的每一个点上,要么供货期很短,要么变化的种类不多。这个原则的美妙之处就在于它的简单,所需要做的就是画出供应链,标明每一节点上产品样式的供货期,然后找出那些样式多而且供货期长的步骤。如果想要提高供应链反应的敏捷性,这就是要下大力气的地方。

而在供货期长而且商品变化种类多时,最明显的办法就是要么缩短供货期,要么削减变化的种类。但是还有不那么显而易见的办法,例如在一个供货期短、变化种类多的步骤后面跟着一个供货期长而变化种类并没有增多的步骤时,可以通过改变反应次序来提高反应的敏捷性。

下面再来看一下National的全面定做观点,通过大量产品的定做来使公司有能力以接近批量生产的价格来提供定做产品。现在许多公司已采用了批量定做战略,这是为那些并不想花很多钱去定做并且想马上需要自行车的人生产的。但是这种战略也有危险,例如,试想National的定做工厂在冬天无人购买自行车时怎么办?在冬天需求低迷时,生产高厚座的运动赛车,然后储存起来解决了这个问题。此外,很难实现规模经济。批量定做并不一定便宜,National的定做生产需要比装配线生产多3倍的劳动力,劳动力成本的差额与20世纪初亨利福特遇到的情形是一样的,只不过它向相反的方向移动,从单个生产到批量生产,因而将劳动力成本降低了3倍。

那么现在发生了什么样的变化使得定做生产重新可行了呢?费歇尔教授认为,因为顾客变了,现在拥有更多的愿意为创新产品支付高价的富有顾客,创新性产品需要一个比实用性产品"T模型"更昂贵、反应更迅速的过程。驾驭不确定性产品的3种方式,National bicycle是一个很好的避免不确定性的例子。

(2)减少和防范不确定性

Sports Obermeyor是Corolado的Aspon的一家主要的流行滑雪衫制造商。Obermeyor通过800家分布在全美各个地方的专营零售商来分销它的流行滑雪衫。因为每年95%以上的产品都是新推出的,它总是面临着需求的不确定性和相应的成本。1991年,副总裁Wally Obermeyor推出一项计划来降低成本,在全美3月份的滑雪衫展示会前一个月邀请Obermeyor 25家最大的零售商到Aspon评估新的产品线,并且提前订货,Obermeyor发现这些零售商的提前订货可以使自己对这种产品在全球范围内的需求预测误差不超过10%。这就是Obermeyor减少不确定性的方法。

尽管Obermeyor在推出产品的几个月前就可以得到关于需求的信息,但是这并没有解决公司的问题。漫长的供货期迫使公司在2月份以前就必须投入生产,Wally Obermeyor说,如果能将供货期缩短一天将会节省25 000美元。因为公司要在九月份亚洲的零售季节开始之前把产品由工厂空运到亚洲的商店,这一数字就相当于公司每天要支付的运费。这个数字一经宣布,Obermeyor的员工找出各种各样的方法来缩短供货期。在2月份收到了25位零售商的订单以后就可以生产一半的产品了,因为接到这些订单后,需求的预测是相当准的,所以对于这一半产品来说,实际上是完全避免了不确定性。

但是注意到,尽管有了这个改变,生产的另一半还是必须在销售季节的早期进行,此时需求还不明确。在这一阶段,Wally Obermeyor需要一个负责预测的委员会的6位成员分别对产品进行预测,然后他将这6份预测的平均数作为公司的预测,这种方法经过一年的试验,发现当6个独立的预测相近时,它们就是准确的;如果相差得很远,就是不准确的。这种方法使公司可以选择一定的样式提前进行生产。利用这个信息,在考虑生产过度和生产不足的成本时,公司开发了一个用来防范生产过度和生产不足的模型。这个模型说明的是公司在销售季节的早期,每种样式应该生产多少存货,在2月份接到25位主要零售商的订单后又应该生产多少。

Obermeyor所用的方法被称为"精确反应",使公司生产过度和生产不足的成本降低了一半,这足以使公司的利润提高60%。零售商喜欢这个系统,因为它可以保证产品99%以上的供应率。在这个行业中,Obermeyor的服务是第一流的,计划实施的两年内,Obermeyor公司得到的回报是从零售商那里获得每年增长30%的销售额。

5.1.5　总结——如何选择最合适的方法

费歇尔教授的供应链匹配模型对提高供应链绩效是很有用的方法,通过以上的介绍,最后简要总结一下如何运用这个理论。

首先,要区分产品族是实用性的还是创新性的,供应链是高效的还是快速的。

第二,找出不匹配,然后更正。最常见的一种不匹配是创新性产品的盲目供应。在大多数情况下,想使供应链反应更迅速,而且要考虑是否能够通过生产这种产品得到足够多的利润来弥补为引入种类变化和提高新产品生产速度多带来的成本,如果不能的话,或许生产实用性产品更有道理。

第三,建立合适的绩效评估标准。例如,与高效供应链相关的成本、存货周转等与快速反应的供应链相关的滞销的数量和产品的报废率等,然后考察当前绩效。估计改善的潜力,在实施改进计划时,这会得到切实的收益。

最后,制订改善的革新措施。如果目标是高效率,可以考虑供应链各方相互合作,减少供应渠道内的存货。对零售商和那些处于供应链末端的成员来说,要收集一些销售数据,这会使对市场有更准确的理解;同时与上游供应商们共享信息,这会使做出的规划更好、更加高效。如果目标是反映的敏捷性,考虑驾驭不确定性的 3 种方法及其组合,找出适合的方法,通过搜寻对预测有帮助的新的数据来源来提高预测的准确性,从而减少不确定性。描绘一幅关于供应链变化种类缓冲时间图,就像在 National bicycle 的例子中提到的一样,来消除缓冲时间长、变化种类多的步骤,从而提高灵活性,避免不确定性。最后,还要防范不确定性、估计预测误差的范围、衡量供应过度和供应不足的成本,用这些来决定每一种产品和零部件合适的存储水平。运用这些措施需要有精力和耐心,但是其回报能够使销售额和利润大幅度增长,使企业具有巨大的竞争优势。

费歇尔利用服务业中医疗事业和银行贷款加以说明。如引用医疗事业的例子,可以将急诊室比作快速供应链,它应该能对各种未知的问题作出快速反应。但是与其他的医疗形式相比,这是一种非常昂贵和没有效率的形式。真正的急症就像一种创新性产品,他们需要急诊室能够快速做出反应。在需要的时候如果得不到治疗就相当于缺货一样,不能治疗可能造成死亡,这也跟创新性产品一样,缺货的成本是很高的。另一方面,治疗感冒等其他医疗程序,可以比作实用性产品。在反应迅速的急诊室里治疗感冒就像快速反应链和实用性产品不匹配一样。

关于这个矩阵对服务业是否适用,还需要做很多研究,例如在服务业领域里,除了产品创新以外,还有很多其他的方法来增加附加值,如提供服务的时间。此外,创新的服务经常是围绕实用性产品建立的,如在互联网外订购的日用商品的送货上门。所以对于服务业领域的人来说,还需要进一步考虑这个模型。

5.2 产品生命周期的供应链策略

对于一种产品来说,特别是实用性产品,从其产生投放市场直到过时淘汰,一般都要经历引入、成长、成熟、衰退4个典型的生命阶段。在产品生命周期(Product Life Cycle,PLC)的各个阶段,产品有其明显区别于其他阶段的特征,对供应链的要求也有所不同。因而对同一产品在生命周期的不同阶段,要注意控制内容和侧重点,采取相应的供应链策略。

5.2.1 产品生命周期及其风险分析

对于产品生命周期的理解,可以引入风险性概念。由于新产品刚刚上市,容易使得产品的生产销售与需求失衡,一旦失衡,可导致产品脱销或产品积压,给企业造成损失,此时企业的竞争战略具有高风险性,当然高价值产品比低价值产品的风险还要高;相反,老产品的风险性则较低。在图5.5中,风险性代表需求或企业竞争战略,供应链反应能力代表供应链战略。沿着纵轴向上移动,供应链的反应能力提高,赢利水平下降;沿着横轴向右移动则风险性增加。供应链反应能力的提高,可以消除需求不确定性以及产品类型导致的风险性的增加。因此,图中构成了一块"战略匹配带","战略匹配带"上每一点都代表了相匹配的竞争战略与供应链战略的组合。为了取得更佳的业绩,赢得竞争优势,企业应当尽可能地将竞争战略和供应链战略调整到战略匹配带上。

(1)引入阶段

在产品的引入阶段,产品的需求非常不稳定,边际收益比较高,由于需要及时占领市场,产品的供给能力非常重要,但也可能会面临产品滞销、库存积压的风险。在这一阶段,供应链应根据风险程度采取一种以反应为主的战略,也就是要对不稳定的需求作出快速反应,在一定的前提下考虑成本。

(2)成长阶段

在成长阶段,产品的销售迅速增长,与此同时,新的竞争者开始进入市场,企业所面临的一个主要问题是需要最大限度地占有市场份额。在这一阶段中,需求基本稳定,风险降低,供应链战略需要逐步从以反应型为主转变成为以赢利型为主,也就是需要开始降低成本,以较低的成本来满足需求。

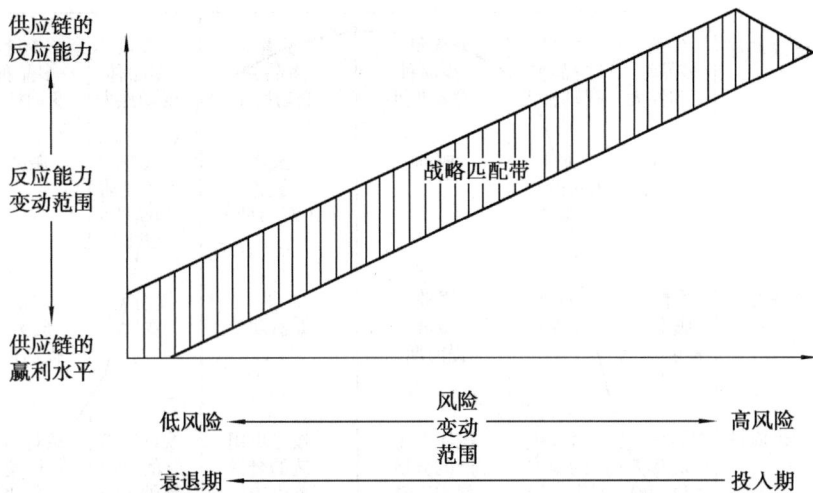

图 5.5　基于风险的战略匹配带

（3）成熟阶段

在成熟阶段,产品的销售增长放慢、需求变得更加确定、市场上竞争对手增多并且竞争日益激烈,价格成为左右顾客选择的一个重要因素。在此阶段,企业需要建立赢利型供应链战略,也就是在维持可接受服务水平的同时,使成本最小化。

（4）衰退阶段

大多数的产品和品牌销售最终会衰退,并可能退出市场。在衰退阶段,销售额下降,产品利润也会降低。在此阶段,企业需要评估形势并对供应链战略进行调整。企业需要对产品进行评估以确定是退出市场,还是继续经营。如果企业决定继续经营,就需要对供应链进行调整以适应市场变化,并需要调整或者重构供应链,对供应商、分销商和零售商进行评估并进行调整,终止与那些不能为供应链增加价值或者增加价值很少的供应商和零售商的合作,将合作伙伴的数量减少到合适的数量,通过调整或重构供应链,在保证一定服务水平的前提下,不断降低供应链总成本。

5.2.2　产品生命周期各阶段供应链策略

图 5.6 所示为产品生命周期的供应链匹配,表 5.2 所列为产品生命周期各阶段的供应链策略。

产品需求特征	少量 多品种 变动性大	大量 少品种 变动性大	大量 少品种 变动性小	大量 多品种 变动性小	大量 多品种 变动性大	少量 多品种 变动性大
订单赢得要素	服务	服务 (对变动) 成本	成本	成本 服务 (对品种)	服务 (对变动 和品种) 成本	服务
订单资格要素	质量 成本 提前期	质量 提前期	服务 质量 提前期	质量 提前期	提前期 质量	质量 成本 提前期
供应链	按订单生产的集中型供应链	按库存生产的集中型供应链	按库存生产的分散型供应链	按订单组装的分散型供应链	按订单组装的集中型供应链	按订单生产的集中型供应链

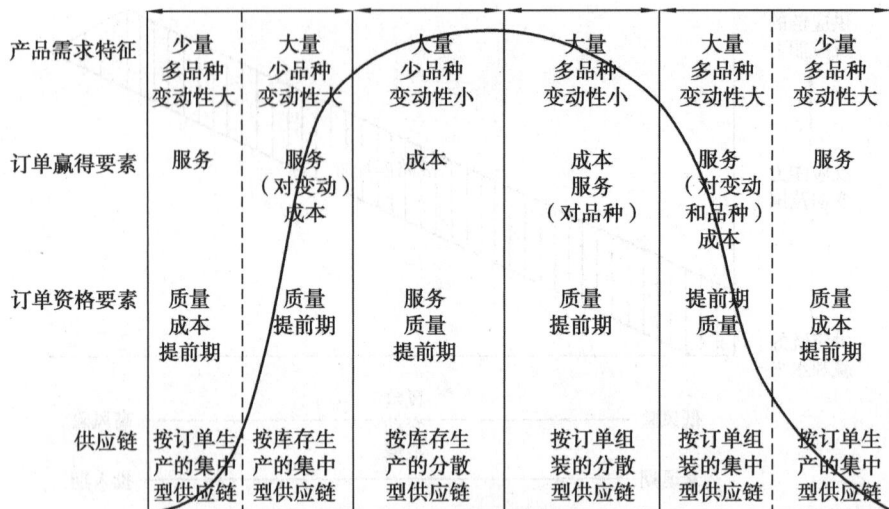

图 5.6 产品生命周期的供应链匹配

表 5.2 产品生命周期各阶段的供应链策略

产品生命周期	特 点	供应链策略
引入期	• 无法准确预测需求量 • 大量的促销活动 • 零售商可能在提供销售补贴的情况下才同意储备新产品 • 订货频率不稳定且批量小 • 缺货将大大抵消促销努力 • 产品未被市场认同而夭折的比例较高	• 供应商参与新产品的设计开发 • 在产品投放市场前制订完善的供应链支持计划 • 原材料、零部件的小批量采购 • 高频率小批量的发货 • 保证高度的产品可得性和物流灵活性 • 避免缺货发生 • 避免生产环节和供应链末端的大量储存 • 安全追踪系统,及时消除安全隐患或追回问题产品 • 供应链各环节信息共享
成长期	• 市场需求稳定增长 • 营销渠道简单明确 • 竞争性产品开始进入市场	• 批量生产,较大批量发货,较多存货,以降低供应链成本 • 作出战略性的顾客服务承诺以进一步吸引顾客 • 确定主要顾客并提供高水平服务 • 通过供应链各方的协作增强竞争力 • 服务与成本的合理化

产品生命周期	特　点	供应链策略
成熟期	● 竞争加剧 ● 销售增长放缓 ● 一旦缺货,将被竞争性产品所替代 ● 市场需求相对稳定,市场预测较为准确	● 建立配送中心 ● 建立网络式销售通路 ● 利用第三方物流公司降低供应链成本并为顾客增加价值 ● 通过延期制造、消费点制造来改善服务 ● 减少成品库存
衰退期	● 市场需求急剧下降 ● 价格下降	● 对是否提供配送支持及支持力度进行评价 ● 对供应链进行调整以适应市场的变化,如供应链、分销商、零售商等数量的调整及关系的调整等

1)引入阶段的供应链策略

在引入阶段,顾客对产品尚不太了解,此阶段的产品需求特征为产品需求量较小,产品品种多,需求变动性大。品种的多样性以及需求的高变动性使得服务水平,即产品的可获得性成为关键订单赢得要素,而成本、质量、交付提前期则为订单资格要素。当需求量小、品种多时,应采取按订单生产,以适应品种的多样性;当需求变动性大时,应采取集中库存方式,从而以较少的库存来适应需求的变化。因此,在此阶段,选择的是按订单生产的集中型供应链①,该供应链可以适应产品的多样性和需求的变化,在获得可接受的交付提前期、成本和质量的前提下最大化服务水平。在供应链策略选择上可以概括为以下7点:

(1)顾客参与新产品的设计和开发

在这里所说的让顾客参与是指企业在开发新产品的时候应以顾客的意见和建议为导向。每一种产品在它要进入市场的引入阶段,都要面临着被市场考验继而决定它生存命运的紧要关口,而市场的考验也就是顾客的接受程度和满意程度。企业只有充分考虑了顾客的需求和利益,顾客才能相应地给企业以回报。

---

① 该供应链的订单切入点为制造商的零部件仓库,制造和物流运作都是由顾客订单驱动,通过集中的分销系统进行分销。

（2）在产品投放市场前制订完善的供应链支持计划

产品在其引入阶段由于其自身特点的局限性,决定了必须要有完善的供应链支持计划作为保证。成长期无法预测的需求量、订货频率不稳定,缺货风险等都有赖于能够作出及时响应的供应链的支持。供应商、制造商、分销商、零售商应当形成战略伙伴关系,在库存、运输、设施、信息等多方面做到共享和互补。

（3）原材料、零部件的小批量采购

在产品引入阶段,市场对产品的反馈不及时,或者说企业无法准确预测市场的需求量,这就使企业无法准确预测市场的需求量,使企业对加大供货量产生了质疑。如果成品过多,而市场又不接受,那么企业肯定要遭受损失,而且囤积了大量市场销路不好的产品,对企业也是负担。因此对于原材料和零部件采取小批量采购,加工出的成品数量就不会很多。如果市场销售前景不乐观,企业可以马上终止对这些材料的采购,以最快的速度转入替代品的研发和加工制作。

（4）高频率小批量的发货

这一点的提出是相对于企业的销售阶段的,主张采取高频率小批量的发货策略。这样不但可以规避风险,而且较高的频率还会使企业更具主动性和多方应变的能力,这样就可以真正实现一条响应型供应链的要求。

（5）保证高度的产品可得性和物流灵活性

在对新产品的供应链管理中,产品可得性可以被当作一种行之有效的衡量标准,但企业必须更多地关注由此产生的可得性成本。有研究表明,服务水平越高,成本也就越高。而且随着产品可得性水平的增加,成本也相应地上升。当然,企业希望能够降低成本而又保证产品高度的可得性,这就涉及了物流的灵活性。

总体看来,大多数企业已经意识到了这一点,于是有些企业将他们的物流活动外包,让第三方物流企业来负责他们的一切物流活动。物流的灵活性还应体现在企业对物流时间、人员、设施、车辆、管理等多方面的设计和合理控制。

（6）避免缺货发生

对于这一点的执行,是有赖于企业对市场敏锐的洞察力以及长期的经验和大量的市场调查的。新产品进入市场之后,企业应时刻注意市场,对每一点市场走向做全面的分析,掌握第一手资料,以求通过这些来指导生产活动,既保证企业的利益不受损失,又要绝对避免缺货的发生。

（7）供应链各环节信息共享

供应链中的信息有着很大的作用,它能够很好地将供应链的驱动要素紧密结合起来,创造一个统一、协调的供应链。了解了整条供应链的情况,企业就能制订决策以改善供应链状况,因此信息是供应链最重要的驱动要素。

2) 成长阶段的供应链策略

随着产品逐渐被市场接受,产品的需求量增加。在成长期产品需求特征为产品需求量大,产品品种减少,需求变动性仍较大,此时竞争者也开始增加。需求的高变动性使得服务水平(需求变动性条件下的产品可得性)仍是该阶段的关键订单赢得要素,但与引入期相比,由于竞争者的增加以及需求量增大,品种的多样性减少,在成长期成本取代多品种条件下的产品可得性而成为此阶段的另一个关键订单赢得要素。因此,在成长期,成本、服务水平(需求变动性条件下的产品可得性)是关键订单赢得要素。与引入期相比,相同的需求特征为需求变动性较大,故仍采取集中库存方式,以较少的库存来适应需求的变化;不同的需求特征为需求量增大,品种的多样性减少,若此时仍采取按订单生产,此时的服务水平(对品种的反应)与采取按库存生产的服务水平差别不大(因品种多样性小),但采取按订单生产则不能利用生产的规模经济,导致成本很高,故此时需在服务水平(少品种条件下的产品可得性)和成本间进行权衡,以牺牲较小服务水平(少品种条件下的产品可得性)的代价来获得成本的较大降低,采取按库存生产。因此,在此阶段应选择按库存生产的集中型供应链。在供应链策略选择上可以概括为以下5点:

(1)批量生产、较大批量发货、较多存货,以降低供应链成本

该阶段已经渡过了新产品引入时的动荡局面,市场需求稳定增长,因此此时的重点就可以转向巩固产品的市场地位。此时应由小批量采购原材料生产转入批量生产,以产生规模效益,创造更大的销售增长点,而且可以将小批量发货转变为较大批量发货,以适应市场对产品的需求,并且充足的供货水平也能够使顾客进一步信赖企业的生产能力,在某种程度上降低了供应链的成本。

(2)进行全方位的顾客服务,特别是作出战略性的顾客服务承诺以进一步吸收顾客

顾客服务能够对需要产生重大影响。顾客服务的水平不仅决定现有顾客是否仍将是顾客,而且决定将有多少潜在顾客成为真正的顾客。企业的顾客服务水平对其市场份额、物流总成本以及最终的收益有着直接影响。

要更好地吸收顾客,就应当作出战略性的顾客服务承诺。这种承诺一定是顾客感兴趣的,但又决定着企业的核心竞争力。

(3)优化安全库存

安全库存是指在给定时期,为了满足顾客需求而保有的超过预测数量的库存量。采用安全库存有两个原因:一是需求量预测不确定;二是如果产品的实际需求量超过预测值,就会导致产品短缺。

1998年年初,电脑产品价格下跌,戴尔公司和康柏公司的经历强调了优化安全库存

的重要性。当时,戴尔公司仅有 10 天的库存量,康柏公司却有 100 天的库存量。由于库存过多,价格下跌使康柏公司遭受的经济损失比戴尔公司大得多。戴尔公司成功的关键在于其供应链能以极低的安全库存向顾客提供高水平的产品供给。因此可见优化安全库存的重要意义。

(4)构筑供应链各方的战略伙伴关系与信任机制

在供应链内建立战略伙伴关系与信任机制,能够更好地实现供应链协调。各方之间相互信任,共享准确信息,有助于降低成本,在供应链内实现供需平衡。良好的合作关系往往能够降低供应链各方之间的交易成本,从而增加整个供应链的整体竞争力。

(5)服务与成本的合理化

通常情况下,企业注重的是有形的产品,而不太注意无形的服务。其实这是一个误区,企业只有服务周到才能留住顾客,发掘更多的潜在顾客,使其变为真正的顾客。而为顾客服务也要与资金挂钩。在服务与资金成本之间如何抉择,有很多企业认为,花很多钱为更好地服务于顾客服务而购置设施是不值得的,但这个效益是远期的,是使企业长久发展的基础。

3)成熟阶段的供应链策略

产品的需求量继续增加,但需求变动性减小,即进入了成熟期。

在成熟期初期,产品需求特征为产品需求量较大,产品品种少,需求变动性小,此时的竞争者已较多,小的需求变动性以及众多的竞争者,使得成本完全代替服务水平而单独成为订单赢得要素。与成长期相比,相同的需求特征是需求量大、品种少,故仍采取按库存生产,以利用生产的规模经济;不同的需求特征是需求变动性小,若仍采取集中库存形式,则此时的服务水平与采取分散库存形式的服务水平差别不大(因需求变动性小),但两者的成本差别却很大,故此时需要在服务水平(小需求变动性条件下的产品可得性)和成本间进行权衡,以牺牲较小服务水平(小需求变动性条件下的产品可得性)的代价来获得成本的较大降低,采取分散库存形式。因此,在该阶段,应选择按库存生产的分散型供应链①,该供应链能在获得可接受的交付提前期、服务水平和质量的前提下最小化成本。

在成熟期后期,产品需求特征为产品需求量较大,产品品种较多,需求变动性小。竞争的激烈以及品种的多样化使得在保持以成本为订单赢得要素的同时,也迫使服务水平(多品种条件下的产品可得性)成为订单赢得要素。与成熟期初期相比,相同的需求特征是需求变动性小,因此仍采取分散库存形式,充分利用运输的规模经济以获得低

---

① 该供应链的订单切入点处于供应链最下游的地区仓库,按库存进行生产,产品储存接近于顾客,通过分散的分销系统进行分销。

成本;不同的需求特征使品种的多样性增加,若仍采取按库存生产,则此时的成本与采取按订单组装的成本差别不大(按订单组装能以较低的库存满足品种多样性的要求,但在利用规模经济方面,较按库存生产弱,因为按订单组装只是在生产组装件的过程中利用规模经济),但两者的服务水平差别却很大,故此时需要在成本与服务水平(多品种条件下的产品可得性)间进行权衡,以牺牲少量成本的代价来获得服务水平(多品种条件下的产品可得性)的较大提高,采取按订单组装。因此,在此阶段,应选择按订单组装的分散型供应链①,该供应链能在获得可接受的交付提前期和质量的前提下最大化服务水平(多品种条件下的产品可得性)和最小化成本。在供应链策略选择上可以概括为以下3点:

(1)建立方便、多方的配送中心

企业自主建立配送中心,是在产品成熟后为了更好地巩固市场而采取的一种新的尝试。配送中心的建立,能够让产品更好地到达经销商、分销商甚至零售商手上。通过建立配送中心,企业对物流活动有了更大的自主权,能够更加有效地降低物流费用。

很多企业都采取两级配送中心方式,即在企业所在周边省市建立一级配送中心和在本省市建立二级配送中心,二者互为补充,覆盖全国市场。一级配送中心的灵活性和自主性,更方便了企业的商品调度,并形成了更大的仓储空间,从而降低了物流费用。各个级别配送中心的建立使企业更容易形成规模的物流配送体系,使得物流网络资源得到有效整合。

(2)运用电子商务创建新的销售渠道

涵盖电子商务的供应链交易包括信息流、产品流和资金流,运用电子商务的公司能够通过互联网开展供应链交易的部分或全部活动,提供整条供应链信息,同客户及供应商协商价格、订立合同,实现顾客网上发送订单,实现顾客网上跟踪订单,实现顾客网上支付。过去所有的这些交易都是通过其他渠道进行的,如零售店、销售人员、货物清单。有了互联网这个重要的信息传递渠道,每个人都能在卖方的网络服务器中实现信息共享。这也就是创造了一个新的销售渠道。这样做不仅可以使企业摆脱以往渠道中的竞争对手,而且也能吸引一批新的顾客群。

(3)利用第三方物流公司降低供应链成本并为顾客增加价值

第三方物流是提供部分或全部企业物流功能的一个外部服务提供者。第三方是指物流服务提供者作为发货人和收货人以外的第三方来说的,其含义范围应该广泛,不仅包括仓储、运输、财务和信息交换等功能,还包括运转方式承运人选择、包装和贴标签、产品装配和报检通关等过程。第三方物流是物流发展的新趋势,将更好地为企业提供

---

① 该供应链最终的制造运作在供应链下游的分销仓库完成,且是在接到顾客订单后才进行的,产品或部件通过分散的分销系统进行分销和存储。

服务,帮助企业节省成本和为顾客服务。

4) 衰退阶段的供应链策略

当产品逐渐被淘汰时,进入衰退期。

在衰退期初期,需求变动性变大,此时的需求特征为产品需求量较大,产品品种较多,需求变动性变大,此时竞争仍很激烈。激烈的竞争以及大需求变动性使得在保持成本和服务水平(多品种条件下的产品可得性)为订单赢得要素的同时,也迫使服务水平(大需求变动性条件下的产品可得性)成为订单赢得要素,而质量、提前期则为订单资格要素。与成熟期后期相比,相同的需求特征是需求量大,品种较多,故仍采取按订单组装,以适应产品的多样性,并获得规模经济;不同的需求特征是需求变动性变大,若仍采取分散库存形式,则此时的成本与采取集中库存形式的成本差距不大(在大需求变动性情况下,采取集中库存能以较低的库存适应需求的变动,但却不能充分利用运输的规模经济),故此时需要在成本和服务水平(需求变动性条件下的产品可得性)间进行权衡,以牺牲较少成本的代价来获得服务水平(需求变动性条件下的产品可得性)的较大提高,采取集中库存形式。因此,在此阶段应选择按订单组装的集中型供应链①,该供应链能在获得可接受的交付提前期和质量的前提下最大化服务水平(多品种和大需求变动性条件下的产品可得性)和最小化成本。

在衰退期后期,产品逐渐退出市场,产品需求量减少,因此该阶段产品需求特征为产品需求量较低,产品品种较多,需求变动性较大,此时的需求特征与引入期相同,服务水平完全取代成本成为该阶段的唯一订单赢得要素,而成本、质量、交付提前期则为订单资格要素。因此,在此阶段适用的是按订单生产的集中型供应链②,该供应链可以适应产品的多样性和需求的变化,在获得可接受的交付提前期、成本和质量的前提下最大化服务水平。在供应链策略选择上可以概括为以下两点:

(1) 对是否提供配送支持及支持力度进行评价

由于衰退期的产品竞争对手已很强大,新的替代品相继出现,因此市场需求急剧下降,导致价格下降。此时应当全方位地做好市场调查,找寻老产品新的突破口,挖掘新的卖点。在此基础上,全面评价市场反馈信息以及市场需求状况,在第一时间对配送支持计划作出反应,包括是否提供、支持力度、如何操作、配送范围等。

(2) 对供应链进行调整以适应市场变化

---

① 该供应链的订单切入点为制造组装商的半成品仓库,半成品按预测进行生产,组装制造和物流运作由顾客订单驱动,通过集中的分销系统进行分销。
② 该供应链的订单切入点为制造商的零部件仓库,制造和物流运作都是由顾客订单驱动,通过集中的分销系统进行分销。

此时市场对产品的需求已经减少,如果还以产品成熟期的供应链计划来行事,企业会有一定的损失。因此这个阶段企业应当适当调整供应链,包括对供应商、分销商、零售商的数量调整以及他们之间的相互关系的调整,避免产品已经没有多大市场而企业却还用大量的供应商、分销商乃至零售商的局面出现。

5.3　品类供应链策略

5.3.1　品类管理与品类供应链

在 20 世纪末,品类管理(Category Management,CM)的思想进入中国,对此思想最为敏感的是连锁企业。1997 年初中国连锁经营协会致力于在连锁企业中推广品类管理,在各方的共同推动下,制造商、供应商和零售商逐渐认识到品类管理的重要性,并将其定为市场经营的重要策略之一。

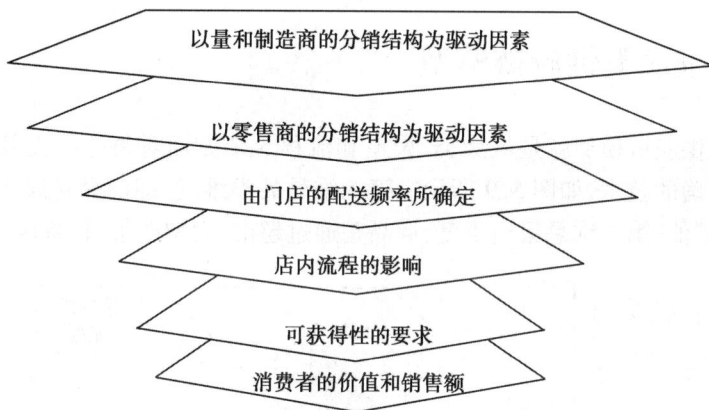

以量和制造商的分销结构为驱动因素

以零售商的分销结构为驱动因素

由门店的配送频率所确定

店内流程的影响

可获得性的要求

消费者的价值和销售额

图 5.7　传统的供应链

品类管理就是零售商和供应商把经营的商品分成不同类别,并把每类商品作为企业经营的"基本活动单位",对商品进行科学、规范、有效的管理。它强调向消费者提供超值的产品和服务,使零售商和供应商更有生命力。品类管理是一种过程管理,当它渗透到整个供应链中就形成了品类供应链。品类供应链是以消费者需求为导向的,与传统的供应链有着极大的区别,如图 5.7 和图 5.8 所示。

由此可见,在品类供应链中,消费者的需求是品类供应链的出发点,根据消费者的

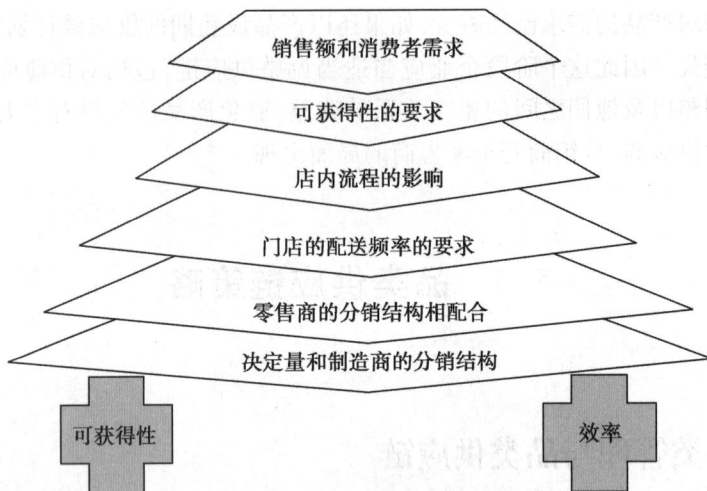

图 5.8　品类供应链

需求,零售商进行供货管理,进而设计店内流程,流程又决定了商店的交货频率,零售商再根据这个频率决定其分销结构,进而制造商和分销商确定分销结构。这样商品的可获得性和运营效率都将大大提高,也有利于实现库存最小化。

5.3.2　三维品类供应链模型

三维品类供应链模型就是从品类、渠道和流程 3 个方面对每一品类及相应的渠道和流程选择正确的技术,如图 5.9 所示。第一维是品类维度,即商品是属于生鲜、饮料、肉、玩具还是其他;第二维是渠道维度,商品是通过超市、大型超市、百货店、便利店还是

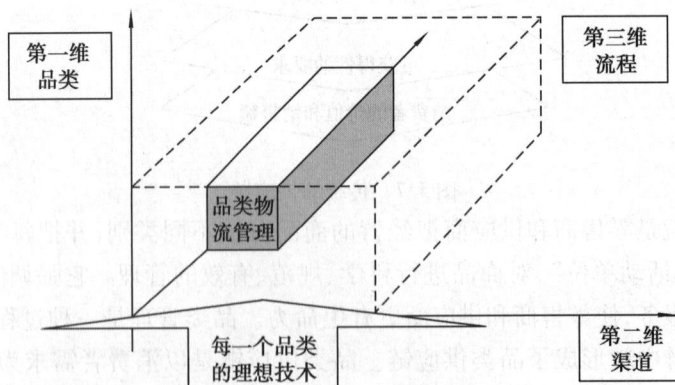

图 5.9　三维品类供应链模型

其他商店模式销售的;第三维是流程维度,即该品类的商品是处于订单处理流程、分拣、包装和配送流程、运输流程还是接收流程等其他流程。根据这 3 个维度,可以确定每个品类的理想技术,是对商品进行持续补货、是以销订货、是结成运输同盟、是集中仓储还是其他技术。例如对大型超市中鲜肉的供货应采取哪种技术,根据三维品类供应链模型,该品类是生鲜类,不能存放太久,所以要经常补货;该品类的渠道是大型超市,大型超市的需求量一般来说是比较大的;该品类所处的流程是补货,最理想的技术就是持续补货。

5.3.3 品类供应链设计的核心要素

在进行品类供应链设计时,最核心的要素包括了量、周转和预测的准确性 3 个要素,它们对品类供应链设计得是否合理具有很大的指导意义。

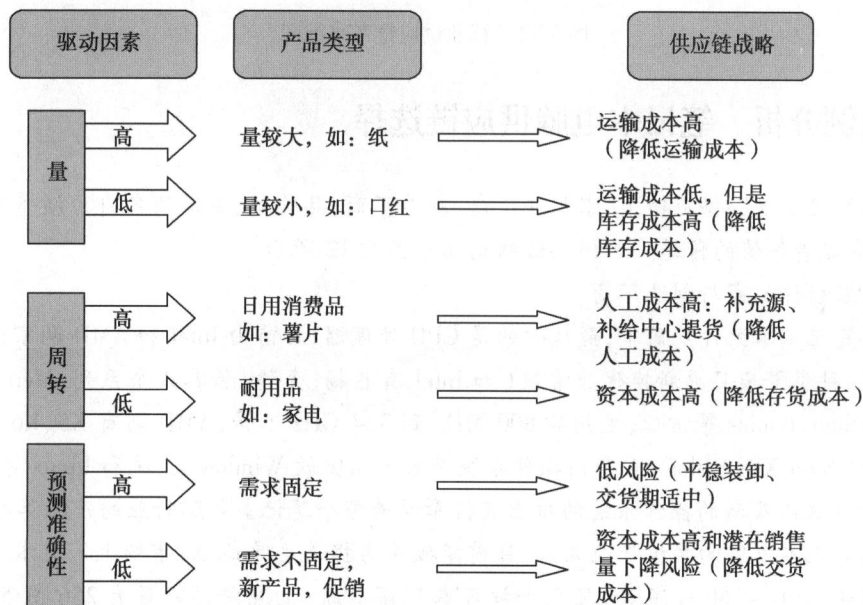

图 5.10 核心要素如何影响品类供应链的设计

如果量大就说明该品类所需的运输成本、人工成本高以及其他一些成本会提高,如果量小,说明其运输成本比较低,但并不意味着其他成本低;如果商品周转周期比较短,那它所需的人工成本就会高,如果商品周转周期比较长,显而易见它的存货成本必然高;如果对该品类的预测比较准确,就可以得到比较固定的需求、减少风险,如果某品类的预测准确性比较低,就要承受资本成本高和潜在销售下降的风险。图 5.10 所示为核心要素如何影响品类供应链的设计示意图。

另外,供应链管理研究与实践的一个最新趋势是根据供应链涉农还是非涉农的特性及其基础上的具体行业特性进行分类管理,即按供应链不尽相同甚至差别很大的行业特性进行供应链的个性化管理,如粮食供应链管理、汽车供应链管理,等等。而对一个行业供应链的考察,可以从其组成元素、结构特征、产品性质、流程协同等方面着手,如图5.11所示。

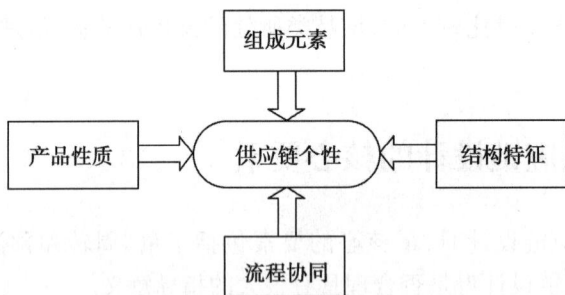

图 5.11   行业供应链考察维度

>>案例分析   笔记本电脑供应链选择

在笔记本电脑供应链上,零配件厂商、制造厂商、品牌商、渠道商各自扮演着不同的角色,实现着价值的传递。其供应链结构图如图5.12所示。

1. 零组件厂商与制造厂商

在笔记本零配件厂商中,最核心的是 CPU 处理器,目前由 Intel 和 AMD 两家公司主导,CPU 种类繁杂且更新换代非常快(如 Intel 有赛扬、奔腾、酷睿 3 个系列,Merom、Yonah、Dothan、Banias 等核心,主频从 800 MHz 到 3.4 GHz 不等;AMD 则有 K5、K6、K6-2、Duron、Athlon XP、Athlon 64 等);操作系统多数采用微软 Windows 系统和 Linux 系统,而 CPU 的升级以及新的操作系统的推出直接牵动着整个笔记本电脑行业的产品革新。

从笔记本电脑的主板产业来看,目前华硕等占据着主导地位;市场上笔记本电脑硬盘容量从 30 G~160 G 不等,且几乎被日本厂商垄断;主流内存容量有 256 M/512 M/1 024 M/2 048 M 等,且品牌数量多,市场集中度低,生产质量问题备受关注。Rambo 与 Combo 光驱,独立和集成 ATI、Intel GMA 显示芯片,WSXGA +/XGA/ SXGA +等显示屏,7~17 英寸的显示屏尺寸,这些组合使得笔记本电脑的种类、型号也各不相同,形成了错综复杂的笔记本电脑产品。此外,笔记本电脑的次产业——电源供应器、镁铝合金、电池模块、键盘等零组件生产也出现了集中化的趋势。

目前笔记本电脑产业的制造模式包括:自主设计、自主制造;部分自主设计、委托代工;自主设计、部分代工;设计和生产全部委托代工;部分设计委托专业设计公司、制造

CPU处理器　内存　主板　硬盘　光驱　显示屏　显示芯片　操作系统　电池模块　键盘　镁铝合金　枢纽　电源供应器

OEM厂商　ODM厂商　笔记本品牌商　渠道分销商　渠道分销商　终端消费者市场

一、二级代理商　零售商

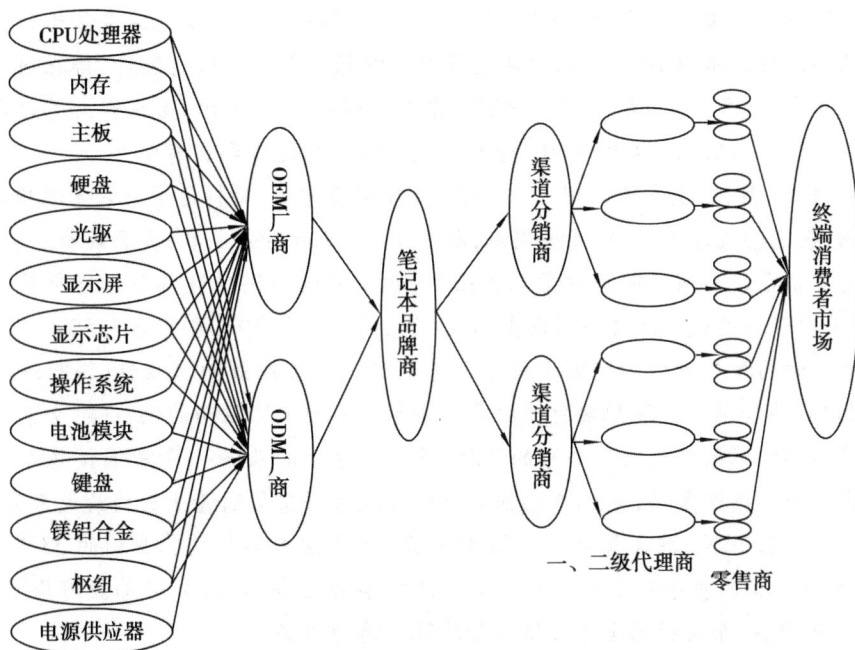

图 5.12　笔记本电脑供应链结构

委托代工厂商等几种形态。笔记本电脑组件生产厂商把组件提供给笔记本电脑原始设备制造商厂商(Original Equipment Manufacturer, OEM)和原始设计制造商厂商(Original Design Manufacturer, ODM),两者都被称为代工厂商。OEM厂商的主要业务就是按照客户的设计来生产笔记本电脑主板和外壳,然后组装成成品。ODM厂商则按照客户的要求设计主板和外观,并为之生产。目前一线笔记本大厂的OEM市场比重都已调整完毕,而ODM商品出货量已开始逐步提高。纬创将是戴尔与宏基代工订单比重的大赢家,仁宝则占东芝代工订单比重最多,而英业达在惠普笔记本电脑订单比重中可望居首,广达虽然在苹果订单方面有所斩获,但在其他OEM商品订单方面表现仍不佳[1],华硕在代工苹果、惠普、IBM笔记本之外仍主打自己的品牌。纬创、仁宝、英业达、广达、华硕从2004年至今一直都是五大重要笔记本电脑代工厂商,服务于一线大品牌即销售量在全球稳居前列的笔记本电脑品牌。

2. 品牌商

据IDC统计[2],从2005年以来,全球前十大品牌笔记本厂商分别为戴尔、惠普、东芝、宏基、联想、富士通西门子(Fujitsu-Siemens)、索尼、NEC、苹果和华硕,占据了超过

[1]　http://it.sohu.com/20070506/n249866834.shtml.

[2]　http://tech.sina.com.cn/n/2006-02-07/1441834920.shtml.

80%的市场份额。由此可见,在全球范围内,十大品牌一直都销量稳定且居于笔记本电脑品牌领导地位。根据 DDC 中国内地范围内品牌笔记本渠道出货统计,排在前列的十大品牌几乎占了 95%的市场份额,而联想、惠普、华硕、IBM、戴尔、宏基六大笔记本电脑品牌占到了总市场份额的 80%以上,保持了稳定的市场地位和占有率。

2001 年 11 月,联想宣布采用 i2 的全套 SCM 解决方案,目标是帮助联想准确地进行市场预测,提高物流速度,缩短业务周期,减少库存,降低运营成本,提高效率。在此前,戴尔和惠普都已经使用了该套方案。在业界,联想中国的供应链各个指标都是最优先的,联想中国供应链成本只占公司成本的 1.4%,而戴尔是 3%,惠普是 4.5%。此外,产品平均交付时间和质量指标都优于对手。基于这样一条高效的供应链,联想连续多年稳居亚太 PC 市场第一。联想要打造的是一个完全依靠市场驱动的供应链,全面优化自己的供应网络。根据联想最新公布的 2007 年第一季度的业绩[1],受中国销售增长及在亚洲推出消费产品所带动,笔记本电脑业务继续成为联想集团营业额的最大来源,销量较去年同期增长 26%,综合营业额为 21 亿美元,占集团本季度总营业额的 53%。2007 年 4 月份,联想集团董事会主席杨元庆亲自组建消费业务单元,公司总裁阿梅里奥说:"在 PC 行业中,一个关键的全球性增长领域就是消费市场。"

惠普设计出的供应网络(存货的储备地点以及服务、制造和分销点的定位、数量和结构)能提供两项能力:一是该网络能以符合成本效益原则的方式为执行产品差异化的分销点供应基本产品;二是该网络具有高度灵活性,并能对个人顾客的订单作出迅速的反应,快捷地提供个性化的成品。惠普采用了大规模定制的做法,在地区分销中心完成最终的个性化程序,将制造过程模块化,最后一个制造工序在接到顾客订单后才发生。这样公司能以最大的效率来运作,以最小的存货量迅速快捷地完成顾客的订单,只有不断提高效率才能找出一条成功的新路。2007 年 7 月,惠普发布了以"玩转个性世界"为主题的消费类市场战略及暑期产品,正式对外发布了涵盖创新产品、品牌推广和渠道覆盖等全方位的消费市场战略,可以看作是 2006 年"惠普电脑掌控个性世界"的进一步延伸。在未来的发展中,惠普电脑将继续深入发掘网络化消费需求,以创新产品、品牌推广、快速市场渗透为三大驱动力,意欲带给用户全面的应用体验。

戴尔以其直线订购模式(Build-to-order Model)闻名,了解每一位顾客的独特需求,细分产品。它能在收到顾客个性化需求的订单后,立即向不同的供应商采购材料,迅速转入生产,再交给快递公司分发送货。在整个过程中,戴尔能保证公司的实际材料库存量始终保持在最低水平,从而使产品的价格更具竞争力,其核心在于一系列包括采购、生产、配送等环节在内的快速反应。在中国,戴尔 75%的业务来自企业和行业市场,对

---

[1] http://www.lenovo.com.cn/about/news/legend4925.shtml.

消费者市场重视不足。2007年2月初,戴尔公司创始人迈克尔·戴尔复出,完善并清晰了"戴尔2.0"的核心:控制成本、提升服务和扩展消费产品线。戴尔正借渠道模式的拓展来弥补它在消费类市场的短板。目前,它已在全球设立了几百家体验中心(中国5家),并与沃尔玛等零售巨头达成合作。而在产品营销方面也开始推出彩色系列笔记本电脑,借助个性化产品在中国展开娱乐营销行动,通过拓展面向消费者的产品品种推进业绩增长。

从2007年上半年发布新品的数量(见图5.13)来看,发布数量较多的排在前列的品牌是华硕、惠普、联想;其次是三星、神舟、宏基;IBM Thinkpad、方正、戴尔和索尼都低于40款。

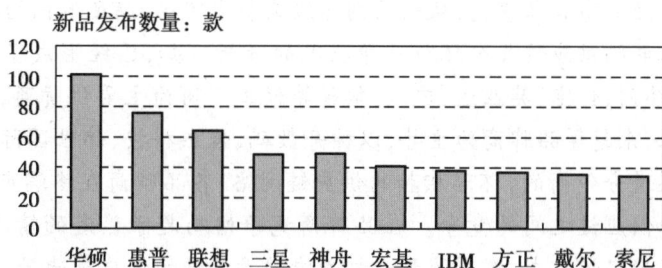

图 5.13　2007年上半年新品上市数量最多的十大笔记本品牌

从各主流厂商在主流价格区间的数量对比(见图5.14)来看,6 000元以下的笔记本神舟最多;华硕、惠普、联想也各推出了10款左右6 000元以下的机型,充分运用良好的品牌形象挤压二、三线笔记本电脑品牌的市场份额;6 000～8 000元的价位上以华硕居多,而联想、惠普、戴尔、宏基紧随其后;在8 000～10 000元的价位上,各品牌新品数量的排序和6 000～8 000元价位的排序相同。

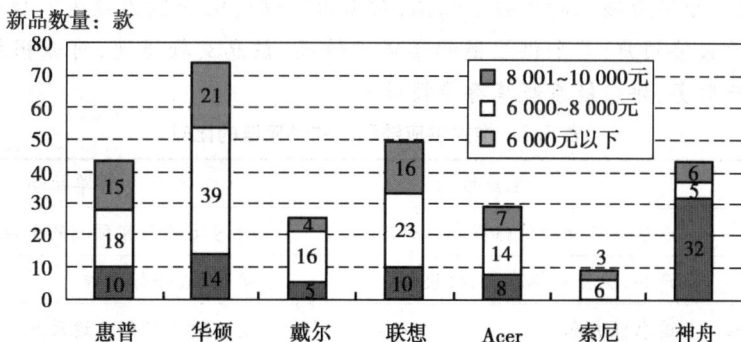

图 5.14　2007年上半年主流厂商在主流价格区间新品数量对比

大品牌的厂商新品推出的速度和数量都是大致相同的,推出的新品也大多在消费者购买较多的价位区间,即 10 000 元以下。结合 3 个笔记本电脑巨头 2007 年的策略可知,个人消费者市场已经是各大品牌厂商的必争之地,成为公司业务的主要来源,因此对个人消费者市场的关注以及对消费者需求的深入了解和把握将成为决胜的关键。各品牌稳定的市场份额说明了当前供应链的竞争处于均势,各厂商对于市场需求有着几乎一致的理解,需要深挖市场需求,开拓新的业务模式,打开新的利润源泉。

3. 渠道商

目前,笔记本电脑销售模式包括分销、直销和复合渠道。神舟数码、佳杰科技、伟仕国际、英迈国际、翰林汇成为比较大的五家笔记本电脑渠道分销商,占到了笔记本总体市场的 80%。他们代理不同品牌的不同产品,在一、二、三级市场甚至四、五级市场设代理商以及更多的经销商和零售商,从而面向各级消费者市场,满足他们的需求。

通过笔记本电脑供应链各个环节竞争状况的分析可知,已经形成了以 Intel、AMD、微软为驱动,以纬创、仁宝、英业达、广达、华硕等代工厂商为主要供货商,以联想、惠普、华硕、戴尔、宏基、东芝等品牌商为主导,以神舟数码、佳杰科技、伟仕国际、英迈国际、翰林汇等为重要渠道分销商的,环环相扣的供应链网络,各品牌商在终端市场的竞争已经演化为供应链与供应链之间的竞争。在品牌商竞争格局趋于稳定的情况下,更好地满足笔记本市场不确定性需求,赢得消费者订单依赖于最佳的供应链选择。

4. 可供选择的供应链

供应链的分类标准有很多,但以下 4 种是文献经常提到的,而且在企业实际运作中出现的次数也是最多的,它们支持着不同的顾客需求。

按照运作方式的不同可以分为推式(Push)和拉式(Pull)供应链(见表 5.3)。推式供应链以制造商为核心,产品生产出来后从分销商逐级推向用户,分销商和零售商处于被动接受的地位,各个企业之间的集成度较低,通常采取提高安全库存量的办法应付需求变动,因此整个供应链上的库存量较高,对需求变动的响应能力较差。拉式供应链的驱动力产生于最终用户,整个供应链的集成度较高,信息交换迅速,可以根据用户的需求实现定制化服务,供应链系统库存量较低。

表5.3　推式供应链和拉式供应链的比较

运作方式	生产推动	订单拉动
主要目的	以尽可能低的价格提高可预测需求	快速反应不可预测的个性化需求
实现手段	产品、流程的标准化、模块化	定制化、并行运作
追求的利益点	追求低成本	追求对市场的快速反应
供应商选择	成本和质量	速度、柔性、质量

运作方式	生产推动	订单拉动
优点	及时性好,应用面广	能满足用户的个性化需求
缺点	无法获得准确的顾客需求 需要大量的库存成本 难以满足用户的个性化需求	交货期长 无法快速满足顾客需要

根据支持的产品需求特征的不同,分为效率性供应链和响应性供应链(Fisher,1997)。效率性供应链主要体现在供应链的物料转换功能,即以最低的成本将原材料转化成零部件、半成品、产成品并在供应链中运输;响应性供应链主要体现了供应链对市场需求的响应功能,即把产品分配到满足用户需求的市场,对未知需求作出快速反应,最小化缺货、减少过期库存产品及减价损失等。两种类型的供应链比较如表5.4所示。

表5.4 效率性和响应性供应链的比较

比较项目	效率性供应链	响应性供应链
主要目标	以最低成本高效满足可预测需求	快速响应不可预测的需求
制造过程的重点	维持高平均利用率	消除多余的缓冲能力
库存战略	追求高回报、最小化供应链库存	消除大量零部件和产品缓冲库存
提前期	不增加成本且缩短提前期	通过各种方式减少提前期
供应商选择	成本和质量	速度、柔性和质量
产品设计战略	绩效最大、成本最小	模块化设计、延迟产品差异化

根据适用的市场环境不同分为精益供应链和敏捷供应链(见表5.5)。本·奈勒等(Naylor et al,1999)定义了供应链中的敏捷性和精益性。敏捷性是指在易变的市场中利用市场知识和虚拟企业获得利益的能力;精益性是指形成可以消除一切浪费的价值流(包括时间的浪费),从而可以保证计划按预定的时刻表进行。精益供应链主要适用于需求稳定的环境,用来以最小的成本提高供应链运作效率。而敏捷供应链适用于需求不断变化的环境,可以快速地对市场的需求变化作出反应,从而满足不同消费者的不同需求。

表5.5 精益供应链和敏捷供应链的比较

不同的属性	精益供应链	敏捷供应链
典型的产品	日用品	时尚商品

续表

不同的属性	精益供应链	敏捷供应链
市场需求	可预测的	多变的
产品多样性	低	高
产品生命周期	长	短
消费者驱动因素	价格	可得性
边际利润	低	高
主要成本	实物成本	可销售性
缺货损失	长期契约	立即的且短暂的
购买决策	购买产品	分配能力
信息丰富性	高度需求	必须的
预测机制	计算	咨询

本·奈勒等(1999)是研究精敏供应链(leagile supply chain)的先驱者,他们指出,在现实中这两个法则可通过成功设计和运作的供应链来加以整合,从而实现快速市场响应,同时成本较低、效率较高。价值流中向上的是精益的,而向下的则是敏捷的,被称为"精敏"(leagile)。"精敏"是指在供应链战略中变换推式与拉式供应链分离点的位置来合并精益与敏捷两种范式,使得分离点的下游企业能够迎合市场多变的需求,而上游企业能稳定、守时地供应产品。

根据不同分类对供应链的区分可见,效率性供应链、推式供应链与精益供应链都是以尽可能低的成本满足可预测的需求,响应性供应链、拉式供应链与敏捷供应链都是以最快的速度响应消费者不可预测的需求,因此它们只是说法不同,其实质是一样的。而精敏供应链则是两种运作模式的融合,根据需求变动的程度来进行精益和敏捷供应链的布局。

5.笔记本电脑产品需求特征

笔记本电脑构造极其复杂,CPU处理器、主板、硬盘、内存、显示屏等主要组件非常多,且由于笔记本电脑外形设计、颜色的不同,假设每个主要组件有10种可供选择的话,则笔记本电脑有1 000万个品种($10 \times 10 \times 10 \times 10 \times 10 \times 10 \times 10 = 10\ 000\ 000$),由此可见可供选择的种类非常多。从2007上半年笔记本电脑新品上市情况(见图5.15)来看,半年之内笔记本电脑市场上涌现出了673款新型笔记本,由此可见,笔记本产品出新的速度很快,且受季节促销、新的CPU和操作系统平台发布的影响,每款产品的生命周期比较短,一般在一年以内。

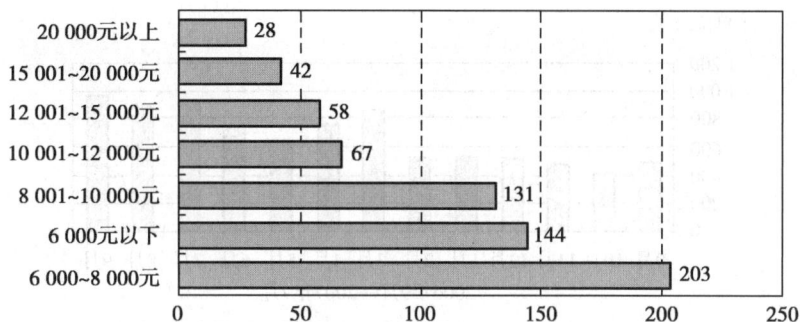

图 5.15　2007 年上半年不同价格区间笔记本新品数量分布

从中国笔记本电脑市场产品月均价格走势(见图 5.16)来看,2006 年全年笔记本电脑市场均价出现了 989 元的降幅,降幅达 10.1%(989/9 744)。其中 10 月份的市场均价最低,为 8 541 元,与 1 月份相比降幅达到 12.6%((9 744 − 8 514)/9 744)。而在 11 月份和 12 月份,新品的相继上市,导致整体市场的均价提升到 8 755 元。由此可见,笔记本电脑 2006 年全年的均价降幅达到了 10% 以上。

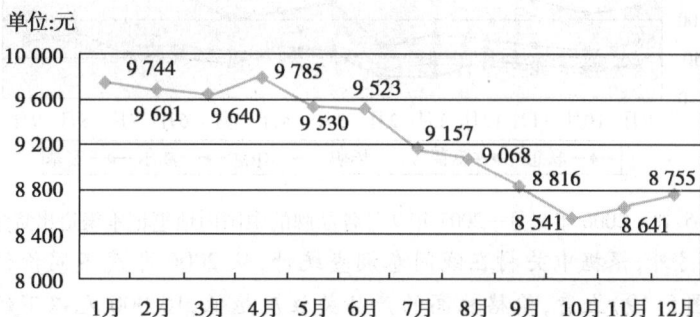

图 5.16　2006 年 1—12 月中国笔记本市场产品均价走势

通过对 DDC 有关中国内地笔记本电脑渠道出货量各月份的统计数据汇总(见图 5.17)可知,从 2006 年 9 月到 2007 年 9 月,笔记本电脑渠道出货总量并没有明显的规律可循。从各个品牌各月的出货量(见图 5.18)来看,每月的变动颇大,受市场需求的影响,销量出现了大涨大跌,形成了不规则的曲线,但是总体形成了中国内地范围联想出货量第一、惠普第二、华硕第三的局面,而 IBM、戴尔和宏基的排位出现交替现象。由此可见,笔记本电脑消费者需求具有较大的不确定性。

2007 年 4 月份到 9 月份半年间,海尔在增加工厂合作的前提下提升品牌,与英迈的紧密合作引进渠道、人才,一举跨入中国笔记本电脑十大品牌之列。华硕在学生及家用性价比领域效果显著,出货稳定。随着市场平均价格一直走低,华硕、宏基、联想在 3 999 元的价位推出多款可选项,斩获实际的购买市场,对小品牌的影响相当明显,纯以价格牌著称的神舟笔记本快速退出历史舞台。但 9 月份期间原料缺货问题限制了各大品牌

单位:千台

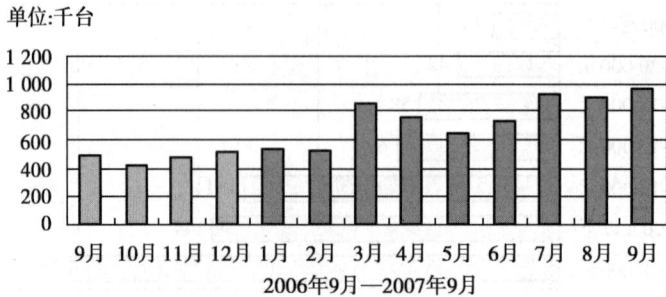

图 5.17 2006 年 9 月—2007 年 9 月中国内地笔记本渠道出货量

单位:千台

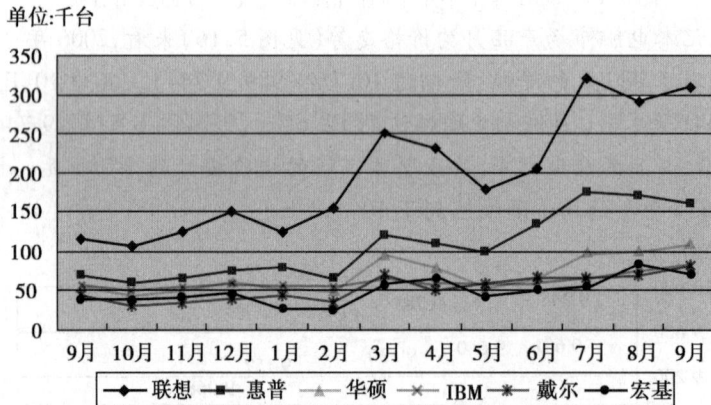

图 5.18 2006 年 9 月—2007 年 9 月各品牌的中国内地笔记本渠道出货量

的实际出货。另外,根据中关村在线问卷调查统计,从 2006 年度不同价位笔记本的关注度分布(见图 5.19)上看,价格越高的产品关注度越低,10 000 元以下的产品迎合了广大用户的消费能力,购买潜力最强,占据整体市场 73.9% 的关注比例。

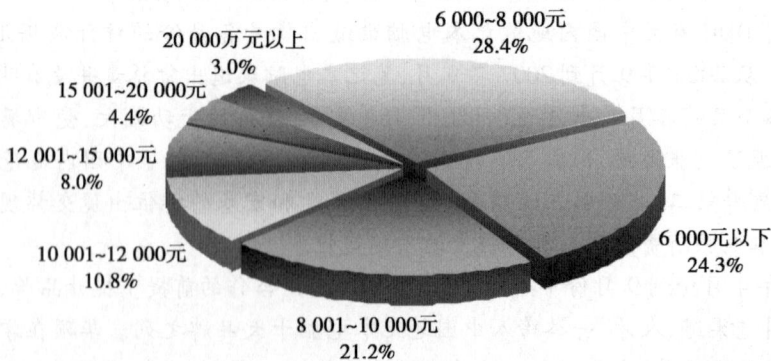

图 5.19 2006 年度不同价格区间笔记本关注比例分布

虽然利润率、缺货率、预测误差等数据并未能得到,但从市场反映出来的情况可以看出,笔记本电脑消费者需求具有一定的不确定性。实用性产品具有低潜在需求不确定性,随着创新程度的加大,需求不确定性增加,全新的产品具有高潜在需求不确定性,如图5.20所示。

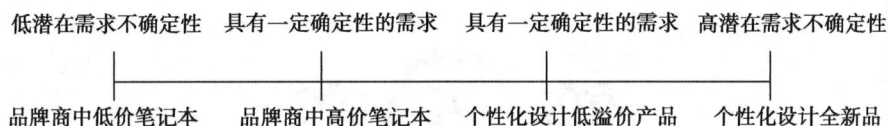

低潜在需求不确定性　　具有一定确定性的需求　　具有一定确定性的需求　　高潜在需求不确定性

品牌商中低价笔记本　　品牌商中高价笔记本　　个性化设计低溢价产品　　个性化设计全新品

图5.20　笔记本潜在需求不确定性图谱

≫ 案例分析与讨论题

供应链对企业品牌价值提升和顾客满意度的实现有着直接的影响。一方面,为了达到规模效应,降低运作成本,电子行业的合并和承购使得原材料供应商数目正在不断减少,与供应链合作伙伴的合作将变得更加重要。另一方面,商品化为顾客带来了更多的选择,在价格、速度、为顾客服务的能力以及使用什么样的销售方式方面,顾客要求更多价值。而零售商并不关心产品种类是什么,他们关心的是能否及时运输、能否顺利经营促销、是否有存货可见性。他们关心怎样运货到他们的物流中心,而不管产品是在哪里生产的。品牌商作为供应链的构建者,需要研究消费者需求,确定目标市场,根据成本费用进行多种平衡,从而找到合适的供应链最好地满足消费者需求。值得进一步讨论的题目为:

1. 笔记本电脑到底属于哪一种产品? 为什么?
2. 根据费歇尔供应链匹配理论,应当确定怎样的供应链匹配策略。
3. 基于笔记本电脑需求特征的供应链选择的步骤与关键点是什么?

≫ 复习思考题

1. 请结合实际说明费歇尔供应链匹配理论及其在中国的运用。
2. 产品生命周期各阶段的供应链策略是什么?
3. 以某超市为例,说说品类供应链策略的理论及应用情况。

第 6 章

供应链物流策略

本章导读：

- 物流贯穿整个供应链,是企业间相互合作的纽带。
- 在供应链管理环境下,由于企业组织与管理模式的变化,现行的物流策略与传统的相比出现了许多新的特点。
- 本章将在介绍供应链物流相关概念与内容的基础上,着重从传统的库存控制与供应链库存控制策略,以及 ECR、QR 与 CPFR 等方面进行阐述。

6.1 供应链物流概述

6.1.1 传统物流的特点

在传统的物流系统中,需求信息和反馈信息(供应信息)都是逐级传递的,如图6.1所示。其基本特点是:

①纵向一体化的物流系统,供应链从供应商到消费者有很多级别。

②同一个供应链上的不同企业缺乏合作,即以各自利益最大化为其决策依据。

③企业基本上只从其直接的下游企业获取需求信息,没有共享有关的需求信息,信息的利用率低。

④物流水平低下,时常出现供应缺货现象。为保证及时与足额交货,企业通常采取放大真实的需求,并提前进行批量订购的办法。

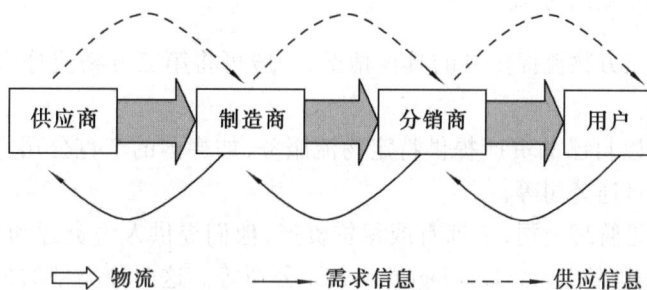

图6.1 传统物流系统的信息传递

传统物流管理的这些特点必然导致牛鞭效应的形成,并在很大程度上将牛鞭效应的影响扩大。在这种情况下,第三方物流就有了产生与发展的必要。

6.1.2 第三方物流

第三方物流是在企业物流管理水平提高和物流业充分发展的基础上产生和发展起来的,是物流专业化的重要形式,也是现代物流的重要标志。

1）第三方物流的概念

第三方物流（Third Party Logistics，3PL）概念起源于外包，最早是由美国物流管理委员会首先提出来的。其含义是：物流渠道中的专业化物流中间人（以下简称物流企业）以签订合同的方式，在一定期间内为其他企业提供所有或部分物流业务服务的物流专业化运作方式。作为一个新兴的领域，3PL 从 20 世纪 80 年代以来已得到了越来越多的关注。这一术语也经常被称为物流联盟（logistics Alliance）、合同物流（Contract Logistics）、物流外协（Logistics Outsourcing）或全方位物流服务公司（Full-service Distribution Company，FSDC）。

从供应链角度来看第三方物流，第三方物流是介于供应商和制造商企业之间的，或者是介于供应商和零售商之间的，即它是供应方和需求方之间的连接纽带，是实现供应链管理的好方法。第三方物流处于流通的中间环节，它提供了一体化的物流服务，是中间流通企业。第三方物流不只是负责个别的运输业务，还负责包括从调货到库存管理、卸货、配送在内的客户的全部物流业务，即针对企业采取最佳经营战略设计物流系统，利用自己公司或其他公司的物流设备，在实际活动中解决问题。

2）第三方物流的分类

根据当前第三方物流提供者的具体情况，一般可将第三方物流分为有资产与无资产两类：

有资产公司以自己的资产提供特定物流服务，如德国的辛克公司、美国的 UPS、日本的山九公司和日通公司等；

无资产公司是管理公司，不拥有或租赁资产，他们提供人力资源和系统，专业管理顾客的物流，如美国的 Ryder Geo logistics、AEI 公司等。这两种类型的公司均将物流专门技术和系统作为对客户运作的首选增值手段。

3）第三方物流的优势

传统企业组织中的采购、加工制造、销售等这种"大而全，小而全"的自我封闭式管理体制看似一个整体，实际上却是缺乏系统性和综合性的企业运作模式，已无法适应新的制造模式发展的需要，更无法适应网络化竞争的社会发展需要。因此，作为物流供应链组织者的第三方物流企业便应运而生，各供应链节点直接与第三方物流进行信息交换，从而完成商流与资金流的传递。所以，与传统企业组织的运作相比，将物流外包给专业的第三方物流供应商，可以带来如下优势：

(1)集中主业,构建核心竞争力

在科技日新月异的今天,产品生命周期不断缩短,基于产品等职能战略而形成的优势只能在短期内保持,而围绕物流领域成本与效率的竞争也将成为企业竞争的重要方面,但是企业的资源是有限的,仅仅依靠自身的力量是不经济的。为此,企业应把自己的主要资源集中于自己擅长的主业,而把物流等辅助功能留给物流公司。利用物流外包策略,本企业可以集中资源,铸就自己的核心能力,使其不断提升,从而确保企业能够长期获得较高的利润,并引导行业朝着有利于企业自身的方向发展。

(2)专业优势和成本优势,提高服务质量

第三方物流公司往往同时服务于多个企业,在实际运作中具有规模生产的专业优势和成本优势。它还拥有不断更新的信息技术和设备,实现了数据的快速、准确传递,满足不同企业不同的、不断变化的配送和信息技术需求,而这些服务通常都是单一一家企业难以做到的。例如:小天鹅公司较早引入了第三方物流"游戏规则",通过全球采购、联合招标,将旗下的冰箱、空调、冰柜和小家电四类产品的干线运输进行整合,都依托安泰达物流这一全国最大的家电物流平台完成,实现"零仓库"、"零车队"。如今这一选择已经开花结果,截至2005年,小天鹅公司融入全球性物流产业潮流后,年物流费用从原来的8 000多万元降低到5 000万元,物流成本降低了38%,而运输可靠率则达到99.2%。由此可见,第三方物流公司通过"量体裁衣"式的设计,制订出以顾客为导向,以低成本、高效率为目标的物流方案,可以帮助顾客改进服务,树立自己的品牌形象。

(3)操作灵活,提高了企业运作的柔性

通常,把物流业务外包给第三方物流公司,可以使公司的固定成本转化为可变成本。公司仅向"第三方"支付服务费用,而不需自己内部维护物流基础设施来满足这些需求。尤其对于那些业务量呈现季节性变化的公司来讲,外包物流对公司盈利的影响就更为明显。例如,对于一家季节性很强的大零售商来说,如果要年复一年地在旺季聘用更多的物流和运输管理员,到淡季再开除他们是很困难、低效的;如果和第三方物流结成伙伴关系,这家零售商就不必担心业务的季节性变化。

4)我国第三方物流的发展现状及前景

(1)发展现状

我国的第三方物流发展较晚,但是随着外资企业的进入和市场竞争的加剧,企业对物流重要性的认识逐渐深入,市场对专业化、多功能的第三方物流需求日渐增加,使得第三方物流在近期内得到了快速的发展。

我国第三方物流市场从2000年到2005年的年增长率达到25%,客户外包TPL原材料供应增加到35%,生产商产品销售增加到80%,分销商物流外包增加到60%;通讯、电子等新兴企业正成为 TPL 服务需求的重要来源;传统企业开始着手对传统物流管理模式进行改造,逐步剥离物流资产,实现物流外包;已有的 400 家在华投资的世界 500 强中,90% 左右选择了物流外包,占中国全部物流外包企业总数的 70%。近年来,我国的物流外包比例虽然有所提高,但根据中国现代物流发展报告 2004 年度和 2005 年度的调查结果显示,这一指标分别为 35% 和 37%,仍远低于发达国家。

目前来看,第三方物流市场具有潜力大、渐进性和高增长率的特征。这种状况使第三方物流行业拥有大量的服务提供者。大多数第三方物流服务公司是以传统的、准物流行业为起点而发展起来的,大多是仓储、运输、空运、海运、货代企业和企业物流部等。例如:集装箱产销量一直保持世界第一的"中集集团",以航运、物流为核心主业的全球性企业集团——中远集团,依托和发挥中国邮政"两网三流"的资源优势而发展起来的现代化综合性物流企业——中邮物流,从一个传统的仓储企业而转型成为中国最大型的综合物流企业之一的中海物流,将美的集团物流业务剥离而成立的第三方物流企业——安得物流,等等。

随着现代物流的快速发展,使得我国第三方物流业的市场格局发生了很大变化,传统运输和仓储企业的市场主导地位逐渐减弱,民营物流企业和外资、港资物流企业市场份额逐渐变大,一批新创办的国有或国有控股的新型物流企业涌现,一些大型工商企业内部物流部门也开始向第三方物流转变,开展社会物流服务。

(2)发展前景

我国正处在经济发展的关键时期,根据麦肯锡最新的预测报告,中国经济将在 2015 年之前保持年均 10% 左右的高速增长。与此同时,随着我国零售业、服务业的完全放开,中国物流行业将面临前所未有的市场机遇,无论是制造商、贸易商,还是零售商,都会随着我国经济的发展拉动对物流供应链管理的需求。展望未来,第三方物流的发展空间极其广阔,其业务扩张主要来自以下几方面的需求:

①在已有的合作基础上继续扩大外包业务,整合供应链作业。当第三方物流承担运输和仓储业务取得成功后,货主往往会考虑进一步扩大合作范围,如产品包装、标签印制甚至产品组装等。一体化供应链管理要求企业对整个供应链流程进行整合,而越来越多的企业存在着一种为了简化运作而削减物流供应商数量的趋势,即企业只想和一个信息系统体系打交道,只有一个外部联系者、一份合同和一份发票等,这就要求第三方物流公司能够提供强有力的运输能力,提供增值的信息系统和其他诸如产品包装之类的供应链服务,整合供应链作业。

②信息技术的战略角色。一般而言,信息技术对于供应链管理具有重要意义,尤其在供应链一体化后,货主需要能支持物流作业的信息技术,而企业信息部门忙于内部信息系统而无暇顾及其物流作业的信息系统,这就为 3PL 提供了扩展业务的机会。3PL

在物流优化方面优势明显,可帮助顾客采用供应链策略管理物流。Ryder System 公司 2001 年做的一项研究报告中指出,对于第三方所提供的信息技术的发展和应用,很多企业具有浓厚的兴趣,同时也对第三方物流目前可以提供的一系列信息技术服务和预计的未来需求进行了总结。目前提供的最充分的技术是:仓储/配送中心管理(70.3%)、运送跟踪/记录(68.5%)、运输管理(66.7%)、出口/进口/运费寄送(66.7%)和网络通信(48.1%)。由此可见,顾客在信息技术方面对第三方物流供应商有着巨大的需求,同时,他们也感觉第三方物流应该把这种需求放在优先位置。

总而言之,随着我国经济的快速发展,第三方物流市场规模还将不断扩大,资源和环境的制约使得绿色物流也成为第三方物流的又一趋势。在全球化和一体化思想的影响下,我国第三方物流企业还会不断采用新的科学技术,改造物流装备,提高自身管理水平,开拓海外市场,不断寻找新的机遇。

5)第四方物流的发展

综上可以看出,第三方物流的迅速发展使得企业可以低成本、高效率地利用社会资源调整其订货策略,实行小批量、多次订购的采购或供应模式。同时,也提高了物流配送的效率,加快了交货速度,大大压缩了提前期,从而大大地削弱了牛鞭效应。但由于第三方物流并没有触及解决牛鞭效应的本质因素——供应链上各企业各为其政的短期决策模式。另外,物流外包或借助于第三方物流行事,通常只能使企业的成本获得暂时的降低,且使许多本属内部协调的内部关系演变成了纷繁复杂的外部协调关系。因此,随着竞争的加剧,一种着眼于整个供应链系统视角,使企业能够更有效率并快速反应的第四方物流(The Fourth Party Logistics,4PL)越来越引起了人们的重视。

第四方物流,是一个供应链的集成商,它对公司内部和具有互补性服务供应商所拥有的不同资源、能力和技术整合和管理,提供一整套供应链解决方案。在供应链内部实现信息的实时更新、共享,促使供应链中各企业形成战略同盟,使供应链中各企业同担风险,同享收益;促使供应链各方从整个供应链的利益出发,并以其作为决策的依据整合各方面资源,以整个供应链价值最大为目的,最终实现整个供应链的帕累托最优。

第四方物流是有领导力量的物流服务商通过整个供应链的影响力,提供综合的供应链解决方案,也为其客户带来更大的价值。本质上,第四方物流提供商是一个供应链集成商,并不断促进供应链管理的发展。在最近一些对供应链概念解释和论证的书籍中,John Gattorna 在他的《战略供应链》中指出,随着企业从自营物流到 3PL 再到 4PL 逐步转变,供应链革命的时代已到来了。

在美国,Ryder Integrated Logistics 和信息技术巨头 IBM 与第四方物流的始创者埃森哲公司结为战略联盟,使得 Ryder 拥有了技术和供应链管理方面的特长。如果没有 4PL

的加盟,这些特长要花掉 Ryder 公司自身几十年的工夫才能够积聚起来。第四方物流的前景非常诱人,但是成为第四方物流的门槛也非常高。预测表明,作为能与客户的制造、市场及分销数据进行全面、在线连接的一个战略伙伴,第四方物流与第三方物流一样,它是可以在可预见的将来得到广泛应用的。

6.1.3 逆向物流

在资源和环境制约企业发展的今天,逆向物流(Reverse Logistics,RL)的经济价值已逐步得到显现。国外许多知名企业已把逆向物流战略作为强化其竞争优势,增加顾客价值,提高其供应链整体绩效的重要手段。近些年,柯达、雅诗兰黛、强生和通用等世界知名公司通过实施逆向物流战略,不仅为它们带来了直接的积极成果,与此同时,它们还获得了成本下降、客户满意度提高、环保等多方面的间接经济与社会效益。随着社会对环境的重视以及市场竞争的愈演愈烈,逆向物流的发展成为社会的必然选择。

1)逆向物流的内涵

人们一提到物流往往指的是产品如何从供应商手中送达到最终用户手中的正向物流。但一个完整的供应链不仅包括"正向物流",还应该包括与之方向相反的"逆向物流"。逆向物流最早是由 Stock 在 1992 年给美国物流管理协会的一份研究报告中提出的。从那时开始,物流界对逆向物流有着不同的理解。Stock 指出:"逆向物流是一种包含了产品退回、物料替代、物品再利用、废弃处理、再处理、维修与再制造等流程的物流活动。"Carter and Ellram 对逆向物流的广义定义是:"公司通过再循环、再使用以及减少原材料的使用,使公司可以有效率地达成环境保护的过程。"美国逆向物流委员会将逆向物流定义为:"计划、实施和控制原材料、半成品库存、产成品和相关信息,高效和成本经济地从消费点到起点的过程,从而达到回收价值和适当处理的目的。"

不论对逆向物流概念的具体理解有何差异,有一点是共同的,即逆向物流不仅包括原材料、产成品等从消费地到来源地的实物流动过程,还包括伴随这一过程的信息流动。因此,逆向物流可定义为:"为实现产品的回收价值或其得到正确处理而进行的原材料、中间库存、产成品以及相关信息从消费地到来源地的高效和低成本的有效流动,以及为实现这一流动而进行的计划、管理和控制过程。"

2)逆向物流的特征及其主要环节

逆向物流作为企业价值链中特殊的一环,与正向物流相比,它有着明显的不同。逆向物流的两大特点是其不确定性和费用的高昂。

①由于是从供应链的下游向上游传递实物和信息,所以很难预测何时何地、有多少什么状况的商品进入逆向流通的渠道。一些制造企业全部或部分使用逆向物流回收的零部件或者原材料来生产新产品,这要求对逆向物流供给的可得性作准确、及时的追踪和预测,这样才可以做出完整连续的生产计划。

②逆向流通的商品通常价值较低,而相对的运输、仓储和处理的费用高昂,这主要是因为这些商品通常缺少规范的包装,又具有不确定性,难以充分利用运输和仓储的规模效益;另一个重要原因在于许多商品需要人工的检测、判断和处理,极大地增加了人工费用,同时效率也低下。

逆向物流包括退货逆向物流和回收逆向物流两部分。退货逆向物流是指下游顾客将不符合订单要求的产品退回给上游供应商,其流程与常规产品流向正好相反。回收逆向物流是指将最终顾客所持有的废旧物品回收到供应链上各节点企业,它包括五种物资流:直接再售产品流(回收→检验→配送)、再加工产品流(回收→检验→再加工)、再加工零部件流(回收→检验→分拆→再加工)、报废产品流(回收→检验→处理)、报废零部件流(回收→检验→分拆→处理)。

回收逆向物流主要包括以下 5 个环节:

(1)回收

回收是将顾客所持有的产品通过有偿或无偿的方式返回销售方。这里的销售方可能是供应链上任何一个节点,如来自顾客的产品可能返回到上游的供应商、制造商,也可能是下游的配送商、零售商。

(2)检验与处理决策

该环节是对回收品的功能进行测试分析,并根据产品结构特点以及产品和各零部件的性能确定可行的处理方案,包括直接再销售、再加工后销售、分拆后零部件再利用和产品或零部件报废处理等。然后,对各方案进行成本效益分析,确定最优处理方案。

(3)分拆

按产品结构的特点将产品分拆成零部件。

(4)再加工

对回收产品或分拆后的零部件进行加工,恢复其价值。

(5)报废处理

对那些没有经济价值或严重危害环境的回收品或零部件,通过机械处理、地下掩埋或焚烧等方式进行销毁。西方国家对环保要求越来越高,而后两种方式会对环境带来一些不利影响,如占用土地、污染空气等。因此,目前西方国家主要采取机械处理方式。

图 6.2 所示为逆向物流网络示意图。

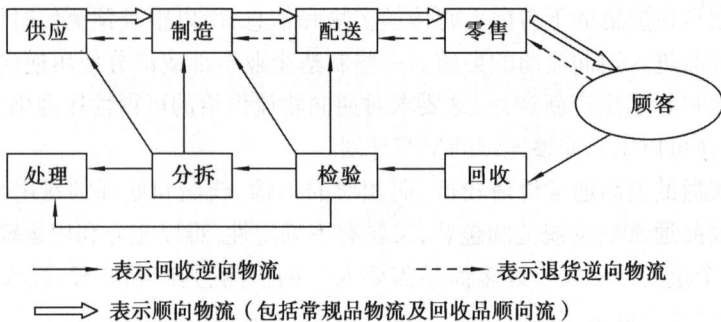

图 6.2　逆向物流网络示意图

3）实施逆向物流管理的意义

（1）提高顾客满意度和忠诚度，增强企业竞争能力

对顾客来说，逆向物流实施得好能确保不符合订单要求的产品及时退回。特别是在当今电子商务时代，逆向物流是电子商务发展的瓶颈，逆向物流实施的好坏直接影响电子商务的发展。人们担心在网上购物时出现的诚信问题和售后服务问题，就是我国电子商务发展得如此缓慢的主要原因。有效地实施逆向物流后，有利于消除顾客的后顾之忧，为电子商务的发展打开一条绿色通道，同时增加顾客对企业的信任感及回头率。

（2）保护环境，塑造良好的企业形象

随着经济的发展，人们生活水平的提高、环保意识不断增强，全球对资源、污染等问题的关注，一些法律法规约束了企业的环境行为，环境业绩已成为评价企业经营绩效的重要指标。而实施逆向物流战略有助于保护环境，为社会可持续发展作出贡献，提升企业在公众中的形象。

（3）降低企业成本，提高市场竞争力

回收的物资经过统一检验后，对于可重复使用的产品和可再加工的零件进行再加工、拆卸、翻新等逆向物流活动后可重新获得使用价值，可以作为生产原材料或直接进入销售渠道，大大地降低了企业的生产成本，提高了市场竞争能力。

4）我国逆向物流的发展中存在的问题和管理对策

近年来，我国每年因退货、过量生产、不合格品退回、报废和损坏等产生的损失正在以惊人的速度增长，开展逆向物流对遭遇巨大的资源和环境制约的我国而言，是十分必要的。

然而，由于多方面的原因，我国关于物流管理方面的研究和应用比较晚，对逆向物流方面的研究则更少,而对逆向物流进行系统的研究几乎没有。因此,我国的逆向物流整体上还处于初级阶段,和发达国家相比,无论是在观念认识上还是政策制定和技术发展上都有较大的差距。我国逆向物流,尤其是回收物流没有形成规范的体系和机构,主要由一些小的废品回收站进行,经营不够规范,专业化和现代化程度不高,回收效率极低,对环境的污染也特别大;尽管计算机网络逐渐发达,但是,关于逆向物流的信息还是很缺乏;我国在法律和政府政策方面给予逆向物流的支持很少,企业的积极性不高;虽然很多企业已经认识到逆向物流的重要性,但是较少有企业将逆向物流放在企业的战略地位,对逆向物流的实施也只是在很小的范围内进行,缺乏系统的逆向物流战略;国内目前大部分都是逆向物流概念的灌输和基本的定性分析,缺乏定量模型的研究,逆向物流的运作缺乏技术指导。

因此,面对日益激烈的全球市场竞争,我国要继续保持高速健康的经济增长就必须迅速发展物流产业。同时,由于我国正向物流还处于不完善阶段,逆向物流几乎处于起步阶段,因此我国发展逆向物流须提前做好规划,充分考虑我国的特有国情,从以下几方面着手大力发展逆向物流业:

(1)充分认识逆向物流的重要性

随着我国市场的不断开放,许多国外大型企业进军我国市场,市场的竞争不断加强,我国许多企业刚从思想上认识到正向物流对企业发展的重大作用,而逆向物流对他们来说又是一个崭新的名词。做好正向物流是不容易的,而要做好逆向物流就更不是一件容易的事。我国企业对逆向物流的认识不够,甚至是忽视,没有意识到逆向物流在企业经营和战略上的重要作用。因此,要让企业充分认识逆向物流的重要性,让他们清楚地认识到逆向物流中所含有的潜在价值和利润空间,采用全新的理念来经营企业,从而使我国企业像发达国家一样,从逆向物流中实现企业的价值,从而获得竞争优势。

(2)建立有效的逆向物流管理系统

正如前面所述,企业对逆向物流不够重视,所以很少在逆向物流服务这一领域投资开发,从而导致我国到现在还没有有效的逆向物流管理系统。必须加强宣传,让更多的企业认识到逆向物流的作用,在逆向物流服务上加大投资,开发出有效的逆向物流管理系统,从而使逆向物流更好地发展。

(3)完善相关的法律法规

我国是一个发展中国家,各项法律法规还处于不断完善的过程中,无法对企业的行为进行全面约束,许多企业因采用一些不符合要求的操作和设备,造成大量资源的浪费,还给环境带来了严重污染,给人们的生命安全造成危害。当前,只有加快步伐完善我国的各项法律法规,将资源回收利用纳入法制化管理轨道,才能为逆向物流的发展打下良好的基础。但立法必须立足于我国的国情,使法律具有可操作性,也可以向发达国家借鉴、学习,但绝不是照抄照搬。

(4)加大逆向物流科技投入

由于我国科学技术水平有限,无法对回收的废弃物进行充分的再利用,或者是再利用的成本比较高。对于这一点,需要增加对资源回收利用科技开发的投入,加强教育和培训。同时加强国际合作,引进国外的先进技术、设备、人才和资金,从而提高我国回收逆向物流的再利用水平。

(5)提高企业的综合素质

运作逆向物流对企业的生产能力、物流技术、人员素质、管理水平、组织结构等方面的要求非常高,并且需要投入大量的人力、物力、财力,所以企业对逆向物流的成本、经济效益以及成功率等持怀疑态度,同时逆向物流是由供应链上各个企业共同运作的,而我国企业缺乏合作精神和供应链整合能力。所以各企业间应该互相配合,实行规模化经济,提高我国企业的综合实力和供应链整合能力,这样才有利于逆向物流的发展。

6.1.4 供应链物流及其管理的特点

供应链物流(Supply Chain Logistics,SCL)可以理解为带有供应链特征或要求的物流。它相对于一般物流管理来讲,不仅包括采购物流、销售物流和生产物流,而且还包括回收物流、退货物流、废弃物流等反向物流;不仅包括供应链渠道内成员从原材料获取到最终客户产品消费整个过程的系列物流活动,而且还包括各物流成员间的分工、合作与集成;不仅具有一般意义上的第三方物流、逆向物流,而且还有在此基础上通过一定制度安排与现代信息管理技术手段的利用等不断得以开展的第四方物流与集成化物流等。当然,这是一个比较典型的供应链物流特征或是要经由一定的供应链管理而要达到的供应链物流要求。也就是说,必须经由供应链物流管理而使一般物流转变为供应链物流,使一般的供应链物流转变为不断处于优化的供应链物流。

供应链物流管理指的是按照供应链管理思想对供应链物流活动进行计划、组织与控制的过程的总称。作为一种共生型物流管理模式,它强调供应链成员间的协作(Cooperation)、协调(Coordination)与协同(Collaboration),注重总的物流成本与客户服务水平之间的关系,强调供应链成员间相关职能的结合或整体优势的发挥。

从图6.3可以看出,供应链管理环境下的物流信息流量大大增加,且呈现网络式传递特征。企业通过现代信息技术等可以很快掌握并交流供应链上不同环节的相关信息,从而避免需求信息的失真现象。它可以充分利用第三方物流系统、代理运输等多种形式的运输和交货手段,从而降低了库存的压力和安全库存水平;可以通过消除不增加价值的过程和时间,提高供应链的敏捷性与精细化运作水平;对信息跟踪能力的提高,

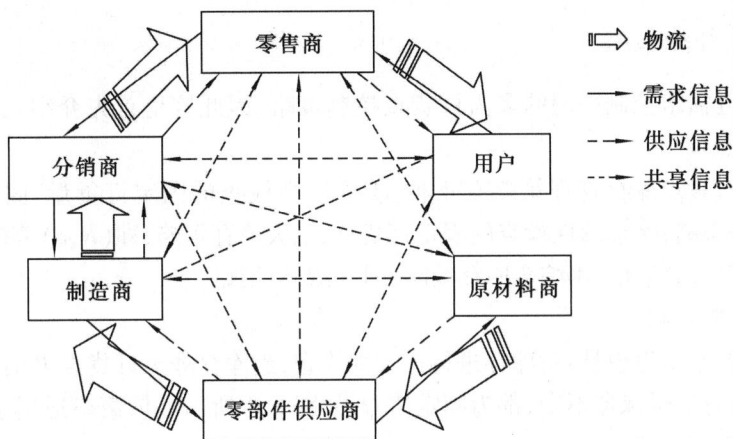

图 6.3　供应链管理环境下的物流系统信息传递

使供应链物流过程更加透明化,也为实时控制物流过程提供了条件。

马士华等人将供应链物流管理的特点高度概括为:信息—共享、过程—同步、合作—互利、交货—准时、响应—敏捷、服务—满意,便于理解、记忆。

6.2　供应链库存管理

库存是物流的中心环节。库存是克服物品生产与消费在时间上的差异,以提供物流的时间效用,储存控制是否合理、保管工作质量的好坏,直接影响到物流系统整体功能的发挥。因此,实行物品的合理储存,不断提高保管质量,对加快物流速度、降低物流费用、发挥物流系统整体功能都起着重要的作用。

6.2.1　基本库存控制模型

库存是企业的一项巨大投资,其目的是为了支持生产或销售连续不断地运转和满足客户的需求。有效的库存管理能够加快资金周转速度、增加投资收益,还可以提高物流系统效率、增强企业竞争力。所谓库存,是指处于储存状态的商品。物品包括物资和商品,因为物流中心的客户或所有者可能是处在供应链上游的原材料供应商,也有可能是处在供应链下游的商品销售者,物流中的作业对象比较广泛,但进入物流中心的物品在流通领域具有商品属性,统称为商品。所谓库存管理,就是对库存商品的管理。

1）库存补给策略

因为独立需求控制采用的多为订货点控制策略,因此这里首先介绍几种常见的库存补给策略。

基本的订货点库存管理策略有 4 种:①连续性检查的固定订货量、固定订货点策略,即 (Q,R) 策略;②连续性检查的固定订货点、最大库存策略,即 (R,S) 策略;③周期性检查策略,即 (t,S) 策略;④综合库存策略,即 (t,R,S) 策略。

(1) (Q,R) 策略

该策略的基本思想是:对库存进行连续性检查,当库存降至订货点 R 时即发出一次订货,每次的订货量保持不变,都为固定值 Q,如图 6.4 所示。该策略适用于需求量大、需求波动性很大的情形。

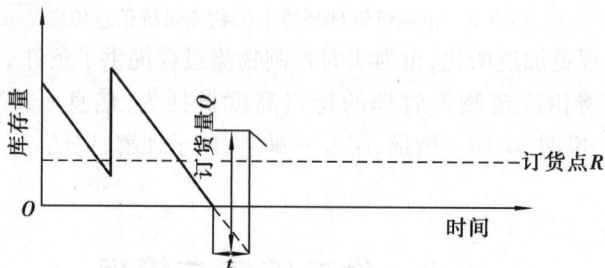

图 6.4　库存补给 (Q,R) 策略

(2) (R,S) 策略

该策略也是连续性检查库存控制策略,当库存水平降至订货点 R 时即发出一次订货,每次订货后使最大库存量保持不变,即为 S,该策略和 (Q,R) 策略的最大不同是订货量是按实际的库存而定的,因而订货量是不固定的。

(3) (t,S) 策略

该策略是每隔一定时期 t 检查一次库存,并发出一次订货,把现有库存补充到最大库存水平 S,如果检查时库存量为 IL,则订货量为 $S-IL$。

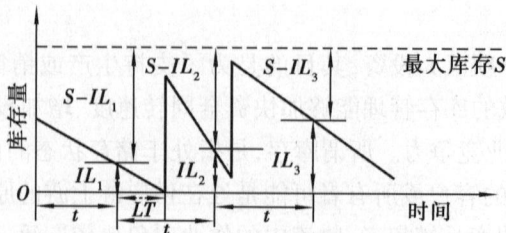

图 6.5　库存补给 (t,S) 策略

如图 6.5 所示,在第一个检查周期库存量为 IL_1,此时发出的订货量是 $(S-IL_1)$,经过一定的时间 LT,库存补充 $(S-IL_1)$。再经过一个固定的检查周期 t,又发出一次订货,此时的库存水平为 IL_2,则发出的订货量为 $(S-IL_2)$,经过一定的提前期,库存又回到一个新的高度。如此周期性检查,库存不断地补给。

(4) (t,R,S) 策略

该策略是 (R,S) 策略和 (t,S) 策略的综合,这种补给策略有一个固定的检查周期 t、最大库存量 S、固定订货点水平 R。经过固定的检查周期后,如果库存量低于订货点水平,则发出订货,否则,不订货。当发出订货时,订货量的多少和 (t,S) 策略订货量的求法是相同的。

2) 常见的库存控制模型

常见的独立需求库存控制模型根据其主要的参数,如需求量与提前期是否为确定,分为确定型库存模型和随机型库存模型。

(1) 确定型库存控制模型

所谓确定型库存控制模型,是指需求量、前置期都是确定的条件下的库存控制模型。其基本管理方法就是经济批量模型 (EOQ),用 (EOQ) 来制订库存控制策略,不但可以确定订货量,而且还可以确定订货周期,既解决了"什么时候订货"的问题,又解决了"订多少"的问题。

① 周期性检查模型。此类模型有 6 种,分不允许缺货、允许缺货、实行补货 3 种情况,每种情况又分瞬时到货、延时到货两种情形。

② 连续性检查模型。连续性检查模型需要确定订货点和订货量两个参数,也就是解决 (Q,R) 策略的两个参数的设定问题。连续性库存检查模型分 6 种:不允许缺货、瞬时到货型;不允许缺货、持时到货型;允许缺货、瞬时到货型;允许缺货、持时到货型;补货、持时到货型;补货、瞬时到货型。最为常见的是不允许缺货、瞬时到货型。

限于篇幅,以不允许缺货、瞬时到货的库存控制模型为例,求最优经济订货批量及订货周期。

假设条件:

* 缺货成本无限大(不允许缺货);

* 当货物的库存量降为零时,可以立即得到补充(即补货提前期很短,可以近似看作是零);

* 需求是连续的、均匀的;

* 每次订货量不变,订货成本不变;

* 单位储存费用不变。

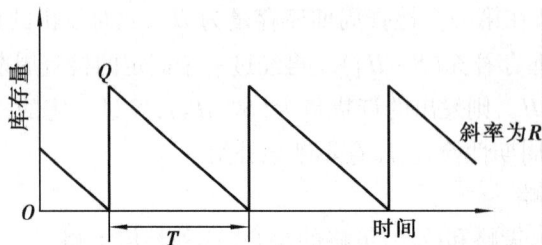

图 6.6　不允许缺货、瞬时到货库存控制模型

如图 6.6 所示,随着时间的推移,库存量以 R 的速度逐渐下降,经过时间 T 后,库存量用完,此时进货,由于是瞬间到货(提前期为零),仓库的库存量立即上升为 Q,然后开始下一个周期,周而复始,形成多周期库存控制模型。

对于这样的库存过程,为使存货总成本最小,订购批量必须适中,批量过大则增大了在库货物的储存成本;批量过小,增加了订货次数,也就增加了订货成本,必须设法找到一个经济定购批量(EOQ),使得总成本最小。

设:C_R——每次订货的费用,元;

$\quad\ h$——单位产品库存维持费,元/(件·年);

$\quad\ R$——需求率(年需求量),件/年。

假定每隔 t 时间补充一次库存,那么订货量必须满足 t 时间内的需求 Rt,记订货量为 Q,$Q = Rt$,货物单价为 k,则订货费用为 $C_R + kRt$。t 时间平均订货费为 $\dfrac{C_R}{t} + kR$,t 时间内平均储存量为 $\dfrac{1}{t}\displaystyle\int_0^t RtdT = \dfrac{1}{2}Rt$。$t$ 时间内所需平均储存费用为 $\dfrac{1}{2}hRt$。

t 时间总的平均费用

$$C(t) = \frac{C_R}{t} + kR + \frac{1}{2}Rt + \frac{1}{2}hRt \qquad (6.1)$$

t 取何值时 $C(t)$ 最小?对上式求关于 t 的导数并令其等于零,可得

$$\frac{dC(t)}{dt} = -\frac{C_R}{t^2} + \frac{1}{2}hR = 0$$

解得

$$t_0 = \sqrt{\frac{2C_R}{hR}}$$

即每隔 t_0 时间订货一次可使得 $C(t)$ 最小。此时订货批量为

$$Q_0 = Rt_0 = \sqrt{\frac{2C_R R}{h}} \qquad (6.2)$$

式(6.2)即为储存论中著名的经济订购批量(EOQ)公式。

(2)不确定条件下的经济订货批量模型

在确定性条件下,商品出库速率是均衡并固定的,(EOQ)的最后一个单位出售的同时,另一批订货准时到达,没有引起缺货成本。但对于大多数企业来说,这并不符合他们日常面临的情况。对于大多数企业来说,确定性条件在现实中得不到满足,其原因有以下几方面:

首先,客户购买产品从某种程度上说带有偶然性,许多产品的需求速率依赖于天气、社会需求、心理需求和其他许多因素。结果每天、每周、每季的产品销售量都会改变。其次,一些因素会引起提前期或补充时间的改变,例如,运输时间、运输路线和突发事件等。除了需求速率及提前期的改变,还面临着购买的产品被损坏或运输途中损失等问题,在这种情况下就需要重新订货。尽管承运人会对货物的丢失或损坏等问题负责,但会引起短期缺货,导致失销。

上面所提到的引起偏差的变量称为随机变量,管理者可以根据经验及相关的研究建立这些变量的概率分布,应用期望值分析来确定最优再订货点。解决这些问题的方法之一是保持安全库存来弥补偏差,但要仔细分析需求,安全库存量不能太多,以免库存持有成本增加,另一方面,安全库存不足,又可能会缺货,从而导致失销。

随机性库存模型的重要特点为需求是随机的或订货提前期是随机的,其概率或分布为已知。在这种情况下,前面介绍的模型已经不能适用了。随机性库存模型要解决的问题是:确定经济订货批量或经济订货周期;确定安全库存量;确定再订货点和订货后最大库存量。随机性库存模型也分连续性检查和周期性检查两种情形。

下面用一算例来说明需求是连续的随机变量时最优订货量的计算方法。设某商品单位成本为 w,售价为 p,单位储存费用为 h,需求是 r 连续的随机变量,密度函数为 $\phi(r)$,$\phi(r)\mathrm{d}r$ 表示随机变量在 r 与 $r+\mathrm{d}r$ 之间的概率,其分布函数 $F(a)=\int_0^a \phi(r)\mathrm{d}r\ (a>0)$,生产或订购的数量为 Q。问如何确定 Q 的数值,使赢利的期望值最大?

首先考虑当订货数量为 Q 时,实际销售量应该是 $\min(r,Q)$。也就是当需求为 r 而 r 小于 Q 时,实际销售量为 r;$r \geqslant Q$ 时,实际销售量只能是 Q。

需要支付的储存费用

$$h(Q)=\begin{cases} h(Q-r) & r \leqslant Q \\ 0 & r > Q \end{cases}$$

商品成本为 wQ,本阶段订货量为 Q,赢利为 $\prod(Q)$,赢利的期望记作 $E[\prod(Q)]$。

本阶段的赢利为

$$\prod(Q)=p\min(r,Q)-wQ-h(Q)$$

即

(赢利)＝(实际销售收入)－(商品的购买成本)－(支付的储存费用)

赢利的期望值为

$$E[\prod(Q)] = \int_0^Q pr\phi(r)\mathrm{d}r + \int_Q^\infty pQ\phi(r)\mathrm{d}r - wQ - \int_0^Q h(Q-r)\phi(r)\mathrm{d}r$$

$$= \int_0^\infty pr\phi(r)\mathrm{d}r - \int_Q^\infty pr\phi(r)\mathrm{d}r + \int_Q^\infty pQ\phi(r)\mathrm{d}r - wQ - \int_0^Q h(Q-r)\phi(r)\mathrm{d}r$$

$$= pE(r) - \left\{ p\int_Q^\infty (r-Q)\phi(r)\mathrm{d}r + \int_0^Q h(Q-r)\phi(r)\mathrm{d}r + wQ \right\}$$

记

$$E[C(Q)] = p\int_Q^\infty (r-Q)\phi(r)\mathrm{d}r + \int_0^Q h(Q-r)\phi(r)\mathrm{d}r + wQ$$

因为 $pE(r)$（称为平均赢利）为常量，为使赢利的期望值最大，只需使 $E[C(Q)]$ 最小即可。当 Q 可以连续取值时，$E[C(Q)]$ 是 Q 的连续函数，可以用微分法求其最小值：

$$\frac{\mathrm{d}E[C(Q)]}{\mathrm{d}Q} = \frac{\mathrm{d}}{\mathrm{d}Q}\left[p\int_Q^\infty (r-Q)\phi(r)\mathrm{d}r + \int_0^Q h(Q-r)\phi(r)\mathrm{d}r + wQ \right]$$

$$= h\int_0^Q \phi(r)\mathrm{d}r - p\int_Q^\infty \phi(r)\mathrm{d}r + w$$

令 $\dfrac{\mathrm{d}E[C(Q)]}{\mathrm{d}Q} = 0$，记 $F(Q) = \displaystyle\int_0^Q \phi(r)\mathrm{d}r$，可以得到 $hF(Q) + w - p[1 - F(Q)] = 0$，所以

$$F(Q) = \frac{p-w}{h+p}$$

从上式中即可解出 Q 的值，记为 Q^*，Q^* 为 $E[C(Q)]$ 的驻点。又因为

$$\frac{\mathrm{d}^2 E[C(Q)]}{\mathrm{d}Q^2} = h\phi(Q) + p\phi(Q) > 0$$

知 Q^* 为 $E[C(Q)]$ 的极小值点，在本模型中也是最小值点。

从上例中可以看到，随机库存模型在计算最优订货量和最小订货成本时和确定型库存模型有很大的差别，当需求和订货提前期都为随机变量时，情况会比较复杂。

6.2.2　关于供应链库存问题

在供应链模式下，库存不仅影响单一企业的综合成本，而且制约着供应链整体的性能。库存在供应链管理中扮演着重要的角色，它直接关系到供应链成本的高低和服务质量的好坏。供应链环境下库存问题的研究更多地集中在企业外部供应链的库存控制方面，也就是通过企业与企业之间的库存协调来实现局部或整体供应链的利益最大化。

供应链中的库存存在分为两种原因：一种是合理的生产运作需要而造成的；另一种是由于供应链的不确定性因素造成的。库存存在的客观原因是为了应付各种各样的不

确定性,保持供应链系统的正常运行和稳定性,但是另一方面也产生和掩盖了供应链管理中的库存不当问题。目前供应链管理环境下库存不当的主要原因可以综合成以下3种情况:

1)整体协调与合作

供应链各节点企业没有整体的供应链观念,供应链上各节点企业都是独立的市场主体,都有独立的目标和运作行为,有些目标与供应链整体目标是不相干的,甚至是相冲突的。这种各自为政的供应链库存策略必然导致供应链整体库存负担的增加和供应链效率的低下。供应链是一个整体,需要协调各方活动,才能取得最佳的运作效果。协调的目的是使供应链上各节点企业根据用户要求步调一致,形成更为合理的供需关系,适应复杂多变的市场环境。供应链上的各个节点企业为了应付不确定性,都设有一定的安全库存,从安全库存的定义及意义来讲,设置安全库存是企业采取的一种应急措施。问题在于多厂商特别是全球化的供应链中,组织的协调涉及更多的利益群体,相互之间的信息透明度不高,而且缺乏合理的协调机制,使企业不得不维持一个较高的安全库存来应付供应链的各种不确定性。这种情况也导致供应链企业之间的种种障碍,而企业间存在的障碍有可能使库存控制变得更为困难,因为各自都有不同的目标、绩效评价尺度,拥有各自的仓库,也不愿意去帮助其他部门或其他企业共享资源,在这种分布式的组织体系中,企业之间的障碍对库存集中控制的阻力更大。相互之间缺乏有效的监督和激励机制,缺乏供应链整体的协调与合作是库存难以控制的主要原因之一。

2)信息传递效率

在供应链中,各节点企业之间的需求预测、库存状态、生产计划等都是供应链管理的重要数据,这些数据分布在不同的供应链组织之间,要做到有效地快速响应用户需求,必须实时快速地传递。低效率的信息传递系统以及其信息提取和传输的延迟影响库存的精度。延迟时间越长,预测误差越大,对于库存控制的有效反应能力也就越小,从而导致企业库存状态的夸大或生产/销售机会的损失。例如企业为了制订一个生产计划,需要获得关于需求预测、当前库存状态、订货的运输能力、生产能力等信息,这些信息需要从供应链的不同节点企业数据库获得,数据的调用和整理的工作量很大。数据整理完后制订生产计划,然后运用相关管理软件制订物料需求计划,这需要很长时间,时间越长,数据误差越大,而不准确的交货状态数据引起错误的信息,直接导致不良库存状态。

3)结果设计与策略

供应链结构设计与库存控制策略对库存的影响也非常大。现代产品设计与先进制造技术的出现,使产品的生产效率大幅度提高,而且具有较高的成本利益,随之增加了供应链库存因素的复杂性。在供应链的实际运作中,往往供应链的设计和运行相互独立,供应链结构设计一般考虑固定成本和相关物流成本,而库存投资、订单的反应等往往被忽略,从而失去了库存控制的有效性,增加了库存成本。库存控制的目的是为了保证供应链运行的连续性和应付不确定性需求,并且使库存成本处于合理或优化状态。根据需求的特征和状态制订相应的库存控制策略,是库存管理的中心问题,控制策略的合理与否直接关系到库存的恰当与否。

6.2.3 供应商管理库存(VMI)

随着企业竞争的日益激烈,竞争日益表现为企业所在的供应链与供应链之间的竞争,在这种情况下就产生了基于战略联盟的伙伴关系的企业模型。战略联盟的合作伙伴关系体现了供应链上各节点企业之间的资源集成与优化,这种关系把库存管理提升到整个供应链的层次,库存管理不再单是供应商、生产商个人的管理活动,而是合作伙伴共同参与库存的管理活动。供应商管理库存(Vendor Managed Inventory, VMI)就是基于供应链的集成化管理思想产生的一种供应链库存管理方法,也是在近年来被研究和运用得比较多的一种库存管理策略。

1)VMI 的定义

《中华人民共和国国家标准物流术语》中对供应商管理库存(VMI)的定义为:供应商管理库存(VMI)是供应商等上游企业基于其下游客户的生产经营、库存信息,对下游客户的库存进行管理与控制。可以看出实施 VMI 的双方无论是供应商和制造商之间、供应商和零售商之间还是制造商和零售商之间,其实都是供应链上游企业和下游企业之间的关系。为研究表述方便,统称负责供应并进行库存管理的一方为上游企业,接受库存管理服务的一方为下游企业。

VMI 还有这样一种定义:是以供应商和客户等供应链上的合作伙伴获得最低成本为目的,在一个共同的协议下由供应商管理库存,并不断监督协议执行情况,修正协议内容,使库存管理得到持续改进的合作性策略。从本质上看,VMI 模式的管理理念源于产品的市场全过程管理思想,即只要有一个产品没有被最终消费者购买并得到满意的消费,那么这个产品就不能算是已销售,并构成供应商的一种潜在风险,供应商同样负有监控该产品流通状况的责任而不管该产品的产权归属是怎样的。

由此可见,VMI 是比较先进的库存管理办法,它打破了传统条块分割的库存管理模式,在一定信息结构下以系统集成的思想进行库存管理,使供应链系统获得以合作为基础的同步运作,上游企业拥有和管理库存,下游企业只需要帮助上游企业制订计划,使下游企业实现零库存,上游企业库存大幅度减小,从而可以有效避免牛鞭效应。

2）VMI 的优势

众所周知,库存与服务水平总是相互矛盾的。提高顾客服务水平就需要更多的缓冲库存以减少缺货,提高准时交货率;而降低库存水平又会增加缺货的可能性,影响服务水平。早在 20 世纪 80 年代末,沃尔玛和宝洁就开始实施 VMI,但当时并未引起学术界和企业界的重视。随着产品寿命周期缩短、需求不确定性的加大、顾客对服务水平要求的不断提高,库存与服务水平的矛盾更加突出。同时,随着信息技术的发展,信息共享能力增强,信息成本下降,VMI 的优越性也逐步显现。

VMI 的优越性首先体现在它可以很好地消除"牛鞭效应"。在传统的供应链运作模式中,供货方和购买方的关系基本上是一种以零和博弈为基础的交易关系,购买方是一个以低买高卖来赚取差价的经营者。在这种关系结构中,购买方自行掌握库存,确定订货批量和订货次数。在这种库存管理模式下,购买方和供货方都拥有各自的库存、库存目标和控制策略,而且相互之间缺乏信息沟通,彼此独占库存信息,因此就产生了"牛鞭效应"。在 VMI 策略下,供货方将购买方的库存决策权转移到自己手中,并且要求购买方向供货方提供足够透明的库存变化信息,以便供货方能及时、准确地作出补充库存的决定,由于购买方和供货方之间的库存可以进行一体化优化,所以 VMI 可以很好地消除"牛鞭效应"。

其次,VMI 的优越性还体现在它为有效地实施"零库存"提供了条件。日益激烈的市场经济环境下,许多大型企业都与合作伙伴建立了战略联盟,依托战略联盟关系在探索零库存管理方法和策略方面进行了不懈的努力。虽然零库存理论是一种挑战极限的库存管理模式,其实践运作十分困难,然而沃尔玛、雀巢、家乐福等公司的实践证明,VMI 是一种具有可操作性的、能有效挑战零库存的策略。

在实际的商业运作中,由于 VMI 系统的巨大优势,VMI 系统得到了广泛的应用。宝洁和 Wellcome 公司通过实行 VMI,获得了显著的效益,双方把这些效益归纳为两类,分别是营运效益和业务效益。营运效益表现在降低了库存水平;提高了库存周转;改善了发货绩效,提高了准时发货率;提升了流程效率;缩短了补货的整体前置时间。业务绩效表现在提升了客户服务水平;改善了物流中心商品在仓率;减少了缺货情况;增加了商品供应量;对市场变动更为敏感;营运成本下降;库存成本降低;发货成本降低;加强了交易伙伴间的联系,更加了解双方的营运情况,包括作业方式、营运方面的局限因素及企业文化,强化了双方的合作。

3）实施 VMI 的条件及原则

VMI 是由需求方主导的一种供应链集成化运作的决策代理模式,因为它把用户的库存决策权代理给供应商,由供应商代理分销商或批发商行使库存决策的权力,也可以说是将库存管理的风险推到了供应商身上。所以,VMI 系统的运作也是一个复杂的过程,要想成功实现 VMI,必须具备以下 4 个条件:

(1)上下游企业战略的高度一致

VMI 系统不是把单个企业间的库存内部化,而是扩大了供货方的企业边界,VMI 系统实际上是购买方和供货方组成的企业战略联盟。因此 VMI 系统的成功实施必须有赖于一个重要的条件,即供货方与购买方的战略能够保持一致。只有建立战略高度一致的合作伙伴关系,供货方才能相对直接地控制购买方的库存,很好地与购买方实现集成和合作。

(2)必要的信息技术支持

要实现 VMI,必须满足以下基本要求:一是购买方库存状态的透明化,即供货方对库存能随时跟踪调查;二是业务处理的标准化,主要指订单的标准化。因此 VMI 的实施需要一些支持性技术建设。VMI 的支持性技术主要包括:条码应用标识符、ID 代码、EDI/INTERNET、连续补给程序等。

(3)良好的第三方物流平台

在一般的 VMI 系统中,供货方要同时向分散的多个购买方仓库配送货物。低成本、高质量服务意味着 VMI 系统是比自由库存管理更精细但也更脆弱的库存管理方法,它要求供货方有更全面更细致的管理能力。因此,供货方通过合约把企业的非核心和非收益的配送活动外包给专业的第三方物流是 VMI 系统成功运作的必要条件之一。

(4)合理的风险防范机制

由于 VMI 一般应用于购买方主导的供应链中,因此供货方将面临一系列经营风险。在应用 VMI 的供应链中,购买方无论从短期还是长期总能够从中获利,而在大多数情况下,供货方在短期内往往会遭受损失,在长期内方能够获利。因此,在应用 VMI 的供应链中,购买方和供货方获得的收益和风险是不对等的,因此必须建立合理的风险防范机制对供货方所承担的风险进行管理,使购买方和供货方获得的收益和承担的风险能够对等。

在满足以上条件时,在供货方和购买方之间采用 VMI,还应该掌握好以下 4 个原则:

①合作性原则。VMI 在实施时,相互信任与信息透明是很重要的,信任是基础,合作是保证。

②互利性原则。VMI 不是考虑如何就双方成本负担进行分配的问题,而是如何合作降低成本的问题,通过该策略使双方的成本都获得减少。

③协议性原则。VMI 的实施,要求各节点企业在观念上达成一致的目标,双方都明白各自的责任,具体的合作事项如库存放在哪里,什么时候支付,是否要管理费,要花费多少等都通过框架协议明确规定,以提高操作的可行性。

④连续改进原则。此原则的目的是供需双方能共享利益和消除浪费。VMI 的主要思想是供应商在用户的允许下设立库存,确定库存水平和补给策略,拥有库存控制权。

事实上,VMI 只适合对供应商具有绝对掌控力的领袖型企业。领袖型企业因其采购量上的优势,可敦促上游供应商配合默契。而一般中小企业缺乏对供应商的影响力,并不适合 VMI 管理模式。

总之,VMI 是一个长期的管理策略,它的成功与否取决于很多因素,它面临的和将面临的问题也很多,这是一个从理论到实践的艰苦成长过程,只有在实践中不断地调整业务流程,优化 VMI,才可能发挥出它应有的作用。

6.2.4 联合库存管理(JMI)

长期以来,供应链中的库存是各自为政的。供应链中的每个环节都有自己的库存控制策略,都是各自管理自己的库存。由于各自的库存控制策略不同,因此不可避免地产生需求的扭曲现象,即所谓的需求放大现象,形成了供应链中的"牛鞭效应",加重了供应商的供应和库存风险。近年来出现了一种新的供应链库存管理方法——联合库存管理(Jointly Managed Inventory,JMI),这种库存管理策略打破了传统的各自为政的库存管理模式,有效地控制了供应链中的库存风险,体现了供应链的集成化管理思想,适应市场变化的要求,是一种新的有代表性的库存管理思想。

1)VMI 存在的问题

随着各种库存管理策略的不断改进,近年来,出现了一种被证明是比较先进的库存管理方法——供应商管理库存。VMI 是由上游企业拥有和管理库存,下游企业只需要帮助上游企业制订计划,从而使下游企业实现零库存,上游企业库存大幅度减小。这种方法以双方都获得最低成本为目标,突破了传统的"库存是由库存拥有者管理"的模式,在一个共同的框架协议下把用户的库存决策权代理给供应商,由供应商代理分销商或批发商行使库存决策的权力。

虽然,实施供应商管理库存(VMI)能够给整个供应链带来利益和效率,但 VMI 在实际运行中也出现了许多问题。具体来说,VMI 存在以下局限性:

①VMI 中供应商和零售商协作水平有限;

②VMI 对于企业间的信任要求较高;

③VMI 中的框架协议虽然是双方协定,但供应商处于主导地位,决策过程中缺乏足够的协商,难免造成失误;

④VMI 的实施减少了库存总费用,但在 VMI 系统中,库存费用、运输费用和意外损失(如物品毁坏)不是由用户承担,而是由供应商承担。

由此可见,VMI 实际上是对传统库存控制策略进行"责任倒置"后的一种库存管理方法,这无疑加大了供应商的风险。

2)联合库存管理的基本思想

为了克服 VMI 系统的局限性和规避传统库存控制中的牛鞭效应,联合库存管理(Jointly Managed Inventory,JMI)随之而出。简单地说,JMI 是一种在 VMI 的基础上发展起来的上游企业和下游企业权利责任平衡和风险共担的库存管理模式。JMI 体现了战略供应商联盟的新型企业合作关系,强调了供应链企业之间双方的互利合作关系。

联合库存管理是解决供应链系统中由于各节点企业的相互独立库存运作模式导致的需求放大现象,提高供应链的同步化程度的一种有效方法。联合库存管理强调供应链中各个节点同时参与,共同制订库存计划,使供应链过程中的每个库存管理者都从相互之间的协调性考虑,保持供应链各个节点之间的库存管理者对需求的预期保持一致,从而消除了需求变异放大现象。任何相邻节点需求的确定都是供需双方协调的结果,库存管理不再是各自为政的独立运作过程,而是供需连接的纽带和协调中心。

JMI 把供应链系统管理进一步集成为上游和下游两个协调管理中心,库存连接的供需双方以供应链整体的观念出发,同时参与,共同制订库存计划,实现供应链的同步化运作,从而部分消除了由于供应链环节之间的不确定性和需求信息扭曲现象导致的供应链的库存波动。JMI 在供应链中实施合理的风险、成本与效益平衡机制,建立合理的库存管理风险的预防和分担机制、合理的库存成本与运输成本分担机制和与风险成本相对应的利益分配机制,在进行有效激励的同时,避免供需双方的短视行为及供应链局部最优现象的出现。通过协调管理中心,供需双方共享需求信息,因而起到了提高供应链的运作稳定性的作用。

3)联合库存管理的实施策略

(1)建立供应链协调管理机制

为了发挥联合库存管理的作用,供应链各方应从合作的精神出发,建立供应链协调管理的机制,建立合作沟通的渠道,明确各自的目标和责任,为联合库存管理提供有效

的机制。没有一个协调的管理机制,就不可能进行有效的联合库存管理。建立供应链协调管理机制要从以下3方面着手:

①建立供应链共同愿景。要建立联合库存管理模式,首先供应链各方必须本着互惠互利的原则,建立共同的合作目标。为此,要理解供需双方在市场目标中的共同之处和冲突点,通过协商形成共赢的愿景。

②建立联合库存的协调控制方法。联合库存管理中心担负着协调供应链各方利益的角色,起协调整个供应链的作用。联合库存管理中心需要对库存优化的方法进行明确确定,包括库存如何在多个需求商之间调节与分配,库存的最大量和最低库存水平、安全库存的确定,需求的预测,等等。

③建立利益的分配、激励机制。要有效运行基于协调中心的库存管理,必须建立一种公平的利益分配制度,并对参与协调库存管理中心的各个企业、各级供应部门进行有效的激励,防止机会主义行为,增加协作性和协调性。

(2)建立信息沟通渠道

为了提高整个供应链需求信息的一致性和稳定性,减少由于多重预测导致的需求信息扭曲,应增加供应链各方对需求信息获得的及时性和透明性。整个供应链通过构建库存管理网络系统,使所有的供应链信息与供应处的管理信息同步,提高供应链各方的协作效率,降低成本,提高质量。为此应建立一种信息沟通的渠道或系统,以保证需求信息在供应链中的畅通和准确性。要将条码技术、扫描技术、POS 系统和 EDI 集成起来,并且要充分利用 Internet 的优势,在供应链中建立畅通的信息沟通桥梁和联系纽带。

(3)发挥第三方物流系统的作用

实现联合库存可借助第三方物流(Third Party Legistics,3PL)具体实施。3PL 也称为物流服务提供商,这是由供方和需方以外的物流企业提供物流服务的业务模式,把库存管理部分功能代理给第三方物流公司,使企业更加集中于自己的核心业务。第三方物流系统起到了供应商和用户之间联系的桥梁作用,为企业提供诸多好处。面向协调中心的第三方物流系统,使供应链各方都取消了各自独立的库存,增加了供应链的敏捷性和协调性,并且能够大大改善供应链的用户服务水平和运作效率。

(4)选择合适的联合库存管理模式

供应链联合库存管理有两种模式,企业应根据自身的特点和市场的变化选择适应自己的联合库存模式:

①各供应商的零部件都直接存入核心企业的原材料库中,就是变各个供应商的分散库存为核心企业的集中库存。集中库存要求供应商的运作方式是:按核心企业的订单或订货看板组织生产,产品完成时,立即实行小批量多频次的配送方式直接送到核心企业的仓库中补充库存。在这种模式下,库存管理的重点在于核心企业根据生产的需

要,保持合理的库存量,既能满足需要,又要使库存总成本最小。

②无库存模式,供应商和核心企业都不设立库存,核心企业实行无库存的生产方式。此时供应商直接向核心企业的生产线上连续小批量多频次地补充货物,并与之实行同步生产、同步供货,从而实现"在需要的时候把所需要品种和数量的原材料送到需要的地点"的操作模式。这种准时化供货模式由于完全取消了库存而效率最高、成本最低。但是对供应商和核心企业的运作标准化、配合程度、协作精神要求也高,操作过程要求也严格,而且二者的空间距离不能太远。

总之,联合库存管理是解决供应链系统中独立库存模式导致的需求放大现象,大大改善供应链的供应水平和运作效率,提高供应链同步化程度的一种有效方法。实行联合库存管理,建立适应新形势的物资供应运行机制,应是供应链库存管理今后几年的发展方向。当然,联合库存管理中企业间的系统集成目前还比较困难,亟须进一步地改进完善。

6.3 ECR、QR 与 CPFR

6.3.1 有效客户反应(ECR)

在 20 世纪 80 年代以前,美国百货业的竞争主要在生产厂商之间展开,竞争的中心是品牌、商品、销售渠道和大量的广告和促销,在零售商和生产厂家的关系中,生产厂家占据了主要地位。而在 80 年代以后,特别是进入 90 年代,在零售商和生产厂家的交易关系中,零售商开始占据主要地位,竞争中心转向流通中心、商家自有品牌(PB)、供应链效率和 POS 系统。同时在供应链内部,零售商和生产厂家之间为取得供应链主导权的控制,同时为商家品牌和厂家品牌占据零售商铺货架空间的份额展开激烈竞争。这种竞争使得在供应链各个环节的成本不断转移,导致供应链的整体成本上升,而且容易牺牲力量较弱一方的利益。

在这种情况下,从零售商的角度看,大量零售业者的出现使得商品价格很低,且愈演愈烈,许多传统超市业者开始寻找针对这种竞争的新型管理方法;从生产厂家角度来看,由于日杂百货技术含量不高,使得生产厂家竞争趋同化,所以经常采取直接或间接降价的方式作为促销手段,往往牺牲厂家自身的利益;从消费者角度看,过度竞争使得企业在竞争中忽视消费者需求而仅仅采用诱导性的促销方法。

在这样的背景之下,美国食品市场营销协会联合多家企业组成研究小组,对食品业供应链进行调查总结分析,于 1993 年提出了改进供应链的详细报告,提出了有效客户响应(Efficient Consumer Response,ECR)。

1)ECR 的概念和特征

ECR 的核心是通过向消费者传递价值来提高业绩,要求生产厂家、批发商和零售商等供应链组成各方相互协调和合作,更好、更快地以更低的成本满足消费者需要为目的的供应链管理系统。ECR 概念提出者认为 ECR 活动是一个过程,这个过程主要由贯穿供应链各方的 4 个核心过程组成。

(1)ECR 战略主要集中在以下 4 个领域

①效率的店铺空间安排(Efficient Store Assortment)。零售商通过有效利用店铺空间和店内布局,最大限度地提高商品的获利能力。零售商可以通过空间管理系统提高货架的利用率。有效的商品分类要求店铺储存消费者需要的商品,把商品范围局限在高销售率的商品,从而提高销售业绩。

②效率商品补充(Efficient Replenishment)。效率商品补充的目的在于通过降低系统的运行成本,从而降低商品的价格。其目标是以最有效的方式将适当数量的适当商品在适当时间、适当地点提供给消费者。

③效率的促销活动(Efficient Promotions)。主要内容在于简化贸易关系,将经营重点从采购转移到销售上来,使消费者从促销活动带来的低成本中获利。

④效率的新产品开发与市场投入(Efficient New Product Introduction)。新产品的导入为消费者带来新的兴趣和价值,为企业创造新的业务机会。

(2)ECR 的特征表现在以下 4 个方面

①管理意识的创新。传统的产销双方的交易关系是一种此消彼长的对立型关系,是一种输赢关系(Win-Lose)。ECR 要求产销双方的交易关系是一种合作型关系,即交易各方通过相互协调合作,实现以低成本向消费者提供更高价值服务的目标,在此基础上追求双方利益,是一种双赢关系(Win-Win)。

②供应链整体协调。传统的流通活动缺乏效率的主要原因在于厂家、批发商和零售商之间存在企业间联系的非效率性和企业内采购、生产、销售和物流等部门或职能之间存在部门间联系的非效率性。ECR 要求各部门、职能以及企业之间的隔阂进行跨部门、跨职能和跨企业的管理和协调,使商品流和信息流在企业内和供应链内顺畅地流动。

③涉及范围广。ECR 要求对供应链整体进行管理和协调,其所涉及的范围必然包括零售业、批发业和制造业等多个相关行业。为了最大限度地发挥 ECR 的优势,必须对

关联行业进行分析研究,对促成供应链的各类企业进行管理和协调。

④有效的成本降低。ECR 对成本的节约主要来自于两个方面:一方面是通过减少额外活动和费用直接降低的直接成本;另一方面是通过实现单位销售额的存货要求降低的间接成本。具体而言,节约的成本包括商品的成本、营销费用、销售和采购费用、后勤费用、管理费用和店铺经营费用,等等。

2) ECR 的原则

①ECR 的目的是以低成本向消费者提供高价值的服务,表现在更好的商品功能、更高的商品质量、品种齐全以及更好的便利性。

②ECR 要求供需双方关系必须从传统的输赢型关系向双赢型联盟伙伴关系转化。企业主管必须对其组织文化和经营习惯进行改革,使供需双方的关系转化为双赢型联盟伙伴关系成为可能。

③及时准确的信息在有效地进行市场营销、生产制造、物流运送等决策方面起到重要作用。ECR 要求利用行业 EDI 系统在组成供应链的企业间交换和分享信息。

④ECR 要求从生产线末端的包装作业开始到消费者获得商品为止的整个商品移动过程产生最大的附加价值,使消费者在需要的时候能及时获得所需要的商品。

⑤ECR 为了提高供应链整体的效果,要求建立共同的成果评价体系,在供应链的范围之内进行公平的利益分配。

总之,ECR 是供应链各方推进真诚合作来实现消费者满意和实现基于各方利益的整体效益最大化过程。

3) ECR 系统实施

ECR 概念是流通管理思想的革新,ECR 作为一个供应链管理系统,需要把市场营销、物流管理、信息技术和组织革新技术有机结合起来作为一个整体使用,以实现 ECR 目标。

构筑 ECR 系统的具体目标,是实现低成本的流通、基础关联设施建设、消除组织间的隔阂、协调合作满足消费者的需要。组成 ECR 系统的技术要素主要有信息技术、物流技术、营销技术和组织革新技术。

ECR 供应链管理是追求各方推进真诚合作来实现消费者满意和实现基于各方利益的整体效益最大化的过程。供应链全体协调合作所产生的利益需要在所有企业之间进行分配,所以必须把按部门和产品区分的成本计算方式改变为基于活动的成本计算方式(Activity Based Costing,ABC)。ABC 于 20 世纪 80 年代后期在美国开始使用,它把成本按活动进行分摊,确定每个活动在各个产品上的分配,以此为基础计算出产品的成本。同时进行基于活动的管理(ABM),即改进活动内容,排除不需要的无效率的活动,从而减少成本。

6.3.2　快速响应(QR)

1)快速响应的概念

作为供应链管理的方法之一,快速响应(Quick Response,QR)出现在20世纪70年代后期的美国。当时美国纺织服装的进口急剧增加,占到总销售量的40%。为了改变被动的局面,美国纺织服装企业一方面要求政府阻止纺织品的大量进口,一方面进行设备投资提高企业的生产率。但是这种局面在当时一直未得到改观。

在这种情况下,零售业咨询企业Kurt Salmon接受委托从事提高生产力的调查,结果显示,虽然纺织品产业供应链各个环节都十分重视提高各自的经营效率,但是整个供应链全体的效率并不高。为此,Kurt Salmon企业建议零售业者和纺织服装生产厂家通力合作,共享信息资源,建立一个快速供应系统来实现销售额的增长,实现投资回报率(Return On Investment,ROI)和顾客服务的最大化,以及库存量、商品缺货、商品风险和减价最小化的目标。

快速响应是一种全新的业务方式,它体现了技术支持的业务管理思想,即在供应链中,为了实现共同的目标,各环节之间进行紧密合作。快速响应业务成功的前提是零售商和制造商具有良好的关系,建立起贸易伙伴关系,提高向顾客供货的能力,同时降低整个供应链的库存和总成本。

2)快速响应成功的条件

快速响应原来是大型零售商获取市场份额并进行全球竞争的工具,现在已经成为所有制造商和中间商的标准战略行为。它意味着以更低的成本增加销售额,更好地对商品进行分类以及向顾客提供优质的服务。企业成功实施QR应具备以下条件:

(1)改变传统经营方式,革新企业的经营意识和组织

企业不能局限于依靠本企业独自的力量来提高经营效率的传统经营意识,要树立通过与供应链各方建立合作伙伴关系,努力利用各方资源提高经营效率的现代经营意识。

(2)开发和应用现代信息技术

这是QR活动的前提条件。信息技术包括商品条形码技术(Barcode)、物流条形码技术(SCM)、电子订货系统(EOS)、POS数据读取系统、EDI系统、预先发货清单技术

（ASN）、电子支付系统（EFT）、生产厂家管理的库存方式（VMI）、连续补充库存方式（CRP）等。

（3）与供应链各方建立战略伙伴关系

一方面积极寻找和发现战略合作伙伴；另一方面在合作伙伴之间建立分工和协作关系。合作的目标定为削减库存、避免缺货现象的发生，降低商品风险，避免大幅度降价现象发生，减少作业人员的简化事务性作业等。实现固定周期补货、供应商管理库存、零售空间管理以及制造商和零售商之间的联合产品开发。

（4）合作伙伴交流分享信息

必须改变传统的对企业商业信息保密的做法，将销售信息、库存信息、生产信息、成本信息等与合作伙伴交流分享，并在此基础上，要求各方一起发现问题、分析问题和解决问题。

（5）供应方必须缩短生产周期，降低商品库存

现在，QR方法已经成为零售商实现竞争优势的工具。同时随着零售商和供应商结成战略联盟，竞争方式也从企业与企业间的竞争转变为战略联盟与战略联盟之间的竞争。

3）快速响应的意义

快速响应对于制造商和零售商都具有重要的意义。

（1）对于制造商而言

对于制造商而言，快速响应改善了顾客服务，这种改善从根本上来源于同零售商的良好合作关系。

①长期的良好顾客服务会增加制造商的市场份额。

②快速响应能够降低流通费用。由于将对顾客需求的预测和生产规划集成在一起，可以缩短库存周转时间，减少存货，降低流通费用。

③管理费用从以下3个方面得以降低：无须手工输入订单，提高了采购订单的准确率；减少了额外的发票；货物发出之前，仓库扫描运输标签并向零售商发出提前运输通知。

④由于可对销售进行预测并得到准确的销售信息，制造商可以准确地安排生产计划。

（2）对于零售商而言

对于零售商而言，快速响应的意义表现在顾客服务水平和获利能力的显著提高。

①首先，快速响应利用先进的信息技术，使得零售商能够跟踪各种商品的销售和库存情况，准确跟踪存货情况，在库存真正降低时订货；

②其次,降低订货周期,实施自动补货系统,运用存货模型确定何时采购,最终提高销售额;

③快速响应使得采购流程大大简化,降低采购成本。例如,零售商通过扫描制造商运输标签,减少手工检查到货所发生的成本。

总之,采用快速响应的方法以后,虽然单位商品的采购成本会增加很多,但通过频繁的小批量采购商品,顾客服务水平就会提高,零售商就更能适应市场的变化,同时其他成本也会降低,如库存成本等,最终提高了利润。

6.3.3 合作计划、预测与补给(CPFR)

供应链管理通过对物流、信息流及资金流的统一协调,将供应商、制造商、配送商、分销商、零售商直至最终用户连成有机整体。之所以说是一个有机整体,是因为他们统一协调工作,共同管理库存,分担风险,达到以销定产。而要实现整条链的高效管理,就必须实现统一的、事前的计划。但现实的计划系统存在以下问题:

①大多数公司制订各自独立的需求预测计划,而没有考虑供求之间的匹配性。

②预测的准确性普遍较低,而且又难以测定。

③大多数计划基于高层次产品目录、市场、地区,难以达到计划的准确性。

④制造商把库存压力放在配送商而不是放在客户需求的拉动上,从而导致较高的库存水平而又满足不了客户的要求。

合作计划、预测与补给(Collaborative Planning,Forecasting and Replenishment,CPFR)就是针对上述问题而提出的新的理念并在实践中证明有效的计划方法。

1995 年,Wal-mart、Wamer-Lambert、SAP、Manugistics、Benchmarking Parters 等 5 家公司联合成立了零售供应与需求链工作组,进行 CPFR 研究和探索,其目的是开发一组业务过程,使供应链中的成员利用它能够实现从零售商到制造企业之间的功能合作,显著改善预测准确度,降低成本、库存总量和现货百分比,发挥出供应链的全部效率。工作组最初的工作是进行概念试验,在取得成功后,组成了由 30 个单位参加的 CPFR 理事会致力于CPFR的研究、标准制订、软件开发和推广应用工作。美国商业部资料表明,1997年美国零售商品供应链中的库存约为 1 万亿美元,CPFR 理事会估计,通过全面成功实施 CPFR 可以减少这些库存中的 15% ～25%,即 1 500 亿～2 500 亿美元。由于 CPFR 巨大的潜在效益和市场前景,一些著名的企业软件商如 SAP、Maulogistics、Peoplesoft、12Technology 等公司正在开发 CPFR 软件系统和从事相关的服务。

1)CPFR 的概念

目前,CPFR 在国外虽有一定程度的实践,但至今尚无统一的定义。综合 CPFR 有关文献并根据实践情况可归纳为:合作计划、预测和补给(CPFR)是一种哲理,它应用一系列的处理和技术模型,提供覆盖整个供应链的合作过程,通过共同管理业务过程和共享信息来改善零售商和供应商的伙伴关系、提高预测的准确度,最终达到提高供应链效率、减少库存和提高消费者满意程度的目的。CPFR 有 3 条指导性原则:

①贸易伙伴框架结构和运作过程以消费者为中心,并且面向价值链的成功运作;

②贸易伙伴共同负责开发单一、共享的消费者需求预测系统,这个系统驱动整个价值链计划;

③贸易伙伴均承诺共享预测,并在消除供应过程约束上共担风险。

2)CPFR 的实施策略

CPFR 的实际操作流程共有 9 步:①制造商、配送商、分销商共同达成前端合作协议;②建立合作业务计划;③建立销售预测;④确定销售计划例外;⑤合作解决销售计划例外项目;⑥创建订单预测;⑦确定订单预测的例外;⑧合作解决订单预测例外项目;⑨订单生成。

CPFR 的过程模型包括 3 个阶段,共 9 个步骤(见表 6.1)。其中,第一阶段为计划,包括 1 和 2 两个步骤;第二阶段为预测,包括 3—8 共 6 个步骤;第三阶段为补给,包括步骤 9。

表 6.1　CPFR 实施步骤

序号	步　骤	目　的	输出结果
1	达成前端合作协议	建立制造商、分销商或配送商合作关系的指导文件和游戏规则	制订出符合 CPFR 标准并约定合作关系的蓝本,蓝本约定合作方交换知识和分担风险的承诺
2	建立合作业务计划	合作方交换公司策略和业务计划信息,以建立合作业务计划,从而有效地降低例外	制订业务计划书并在业务计划书上明确规定策略、具体实施方法
3	确定销售预测	POS(Point of Sales)数据、临时信息和计划事件方面的信息采集并建立销售预测	共同建立销售预测
4	确定销售计划例外	由制造商和配送商共同确定销售计划约束的例外情况	例外项目列表
5	合作解决计划例外项目	通过共享的数据、E-mail、电话交谈、会议等共同解决例外项目	调整修改过的销售计划

序号	步　骤	目　　的	输出结果
6	创建订单预测	POS 数据、临时数据、库存策略结合起来制订出订单预测以支持共享的销售预测和合作业务计划,以及以时间数为基础的实际数量和库存目标	以时间数为基础的精细订单预测和安全库存
7	确定订单预测的例外	由供应商和配送商共同确定订单预测约束例外	例外项目列表
8	合作解决订单预测例外项目	通过共享的数据、E-mail、电话交谈、会议等解决例外	修改过的订单预测
9	订单生成	由订单预测转化为确定的订单	订单及订单确认回执

3) CPFR 实施的关键因素

在 CPFR 实施过程中,获得成功的关键因素有:

①以"双赢"的态度看待合作伙伴和供应链相互作用。企业必须了解整个供应链过程以发现自己的信息和能力在何处有助于供应链,进而有益于最终消费者和供应链合作伙伴。换句话说,基于 CPFR 供应链成功的一个关键是从"赢利/损失"的传统企业关系到双赢合作关系的转变。

②为供应链成功运作提供持续保证和共同承担责任。这是基于 CPFR 的供应链成功运作所必需的企业价值观。每个合作伙伴对供应链的保证、权限和能力不同,合作伙伴应能够调整其业务活动以适应这些不同。无论在哪个职责层,合作伙伴坚持其保证和责任将是供应链成功运作的关键。

③抵御转向机会。由于产品转向会较大地抑制合作伙伴协调需求和供应计划的能力,因此它不能与 CPFR 共存。抵御转向机会的一个关键是了解其短期效益和建立一个良好计划、低库存供应链的长期效益的差别。这也是对 CPFR 必要的信心和承诺的检验。

④实现跨企业、面向团队的供应链。团队不是一个新概念,建立跨企业的团队造成一个新问题:团队成员可能参与其他团队,并与他们合作伙伴的竞争对手合作。这些竞争对手互相有"赢利/损失"关系,团队联合的深度和交换信息的类型可能造成多个CPFR团队中人员的冲突。在这种情况下,必须有效地构建支持完整团队和个体关系的公司价值系统。

⑤制订和维护行业标准。公司价值系统的另一个重要组成部分是对行业标准的支

持。每个公司有一个单独开发的过程,这会影响公司与合作伙伴的联合。行业标准的制订必须既便于实行的一致性,又允许公司间的不同,这样才能被有效应用。开发和评价这些标准,有利于合作伙伴的信息共享和合作。

>>情景体验 啤酒游戏

1. 游戏角色分配

假设只经营一种产品:啤酒。啤酒由制造商生产出来,先卖给批发商,然后再由批发商卖给零售商,最后在零售商的店里卖给最终消费者。现实的情况当然要复杂得多,但这里只是游戏,就只有零售商、批发商、啤酒制造商和游戏记账员4个角色,这4个人组成游戏的一个小组。

2. 游戏规则参考

(1)每次游戏分轮进行,一轮就代表一个工作日,一次游戏共进行15轮。

(2)每轮都会有顾客到零售商那里去买啤酒。每轮老师会从扑克牌中抽一张牌,牌的点数在5～10之间,这就是最终消费者购买的啤酒罐数。这张牌老师只给零售商看,批发商和制造商是看不到的。当然零售商也要保守秘密,不能告诉其他人。如若违例,取消资格,并影响全组的成绩。零售商从自己的柜台里拿出啤酒来给顾客,然后再向批发商订货,每轮有一次向批发商订货的机会。零售商以每罐3元的价格卖给顾客,进货价是每罐2元。如果柜台里的啤酒不够的话,就是缺货,需要当作延迟订单处理。也就是说,如果零售商的库存不足以满足客户的需求,那么零售商可以延迟发货,不过对不足的部分要对客户作出赔偿,每罐一角钱。如果下一轮还是不够货,就继续顺延,等货到以后再发。零售商下的订单当天不会到货,要过两天才会收到。就是说零售商第一轮下的订单,要到第三轮才会进入零售商的柜台。零售商每次向批发商订货要交手续费、运输费,共折合2元一次。

(3)批发商的责任就是卖啤酒给零售商,2元一罐。批发商有一个仓库,每轮都可以从自己的库存中尽可能满足零售商的订单。同时,每轮有一次向制造商订货的机会,订货价是1.5元。不过,所订的货也要过两轮才会到达批发商的仓库。同时批发商也需要负担订货成本,每个订单的运输费以及手续费3元一次。缺货时需要对零售商作出每罐一角钱的赔偿。

(4)制造商或者说是啤酒厂,其他一切条件和规则都和上面一样,唯一不同的是,制造商不是向别人订货,而是自己生产啤酒。当然,由于生产啤酒需要很多车间和各道生产工序,所以,每个轮次下的生产订单也要等两轮才能完工,进入成品仓库。而且,每次启动生产线都有3元的启动成本,但是制造商的生产量没有限制,也就是说,不管下多大的生产订单,工厂都会如期生产出来。制造商以每罐1.5元的价格卖给批发商,而制造商自己的生产成本则是每罐1.1元。缺货时需要对批发商作出每罐一角钱的赔偿。

(5)仓库里储存啤酒也是有成本的,这个成本包括:资金占用成本、仓库租赁费、管理费、雇员的工资等所有的一切费用。零售商的仓储成本按每天每罐啤酒平均一角钱计算;批发商因为仓库比较大,有规模效益,所以每天每罐啤酒两分钱;制造商的厂房在乡下,面积最大,而且资金的机会成本相对较低,每天每罐啤酒一分钱。还有在途的货物,就是那些已经下了订单,但是还没有来得及送到的货物——有两天的反应时间,也作为订货者的存货计算存储成本。当然,其数量不一定就是订货量,可能因为供应商发生缺货,不能全部满足订单,只发了一部分啤酒。

(6)游戏开始时每个角色有30罐啤酒的库存,而游戏结束时每个角色也会有结余的库存,记账员要把结余的库存作价50%清算掉,然后把亏损记录到毛利中。游戏参与者必须记录每轮自己的销售和库存情况,记账员据此来计算每个角色各自的利润。

总之,所有角色都是独立的企业,目标是使自己的利润最大化,也就是收入和成本的差值最大化。

3.游戏的进程

(1)先选择一个小组上台演示整个游戏过程。

消费者的消费量由老师在一副扑克中把所有的5,6,7,8,9,10拿出来用于产生消费数据,即随机抽取其中1张,并仅给零售商看。

演示完成后,进行必要的讨论。重点是:总结出每个人自己的订货策略,如:定时订货、定量订货等。

(2)鼓励每个参与者自行决定自己的策略(但不要公开),全体人员玩一次游戏。游戏完成后复盘。复盘的重点在于订货策略的讨论、提示等概率事件的均值、安全库存的应用、EOQ模型等。

(3)改变消费者的订货随机数的产生(之前的是等概率事件)情况。是更加接近于实际生活中的正态分布? 还是5,6,7,8,9,10,但7,8出现的机会最大,6,9次之,5,10出现的可能性最小?

本次完成,在进行复盘时,重点在分析改进策略后为什么还不能有效改进绩效。方法为将最后这次的1~3个小组的数据输入计算机,整理出表格,绘制曲线图,分析出牛鞭效应。

引导提出改进方法:减小波动性。需求的扭曲减小的方法:减小提前期,即1天的提前期。

(4)用一天的在途再玩一次。讨论的重点在:不可能再减少提前期了,因为不可能前店后厂。数据可以用第一次全体都玩的数据(不让游戏者知道)。再引导讨论:重点在信息共享。

（5）信息共享后可再玩一次（如果时间有限，可以让一组上台演示）。

≫游戏报告要求

各小组根据游戏过程写出游戏报告，报告内容：游戏进程、净利润、游戏中的策略、游戏的收获和可能的改进。其中有关概念作如下界定：

1. 客户需求：一个个随机产生的介于 5～10 之间的数

2. 订单次数（成本）：总计下的订单的次数（由于下订单本身而产生的总成本）

3. 延迟销售：$\max[$ 客户需求 – 现有库存（上一轮）– 途一（上一轮）+ 延期销售（上一轮），$0]$

4. 库存（成本）：包括在途和在库的总库存（个×天）以及所消耗的成本

5. 现有库存：$\max[$ 现有库存 + 途一（上一轮）– 客户需求 – 延期销售（上一轮），$0]$

6. 清算成本：剩余库存×买入价

7. 清算收入：剩余库存×卖出价/2

8. 途一：途二（上一轮）

9. 销售总成本：销售总量×买入价

10. 途二：订货量 + 供应商延迟销售（上一轮）

11. 销售总量和销售额：总共售出的啤酒罐数以及总共的销售额

12. 销售额 = 销售总量×卖出价

13. 订货量：除客户外各角色自行决定。

14. 零售商的订货量是批发商的需求，批发商的订货量是制造商的需求

15. 毛利润：销售额 + 清算收入 – 销售总成本 – 清算成本

16. 延迟销售赔偿金：由于客户的订单没有及时满足而造成的延迟销售

17. 净利润：毛利润 – 库存成本 – 订单成本 – 延迟销售赔偿金总额

≫复习思考题

1. 简述供应链物流的概念与特点。

2. 简述供应商管理库存与联合库存的异同。

3. 简述 QR、ECR 与 CPFR 的概念与运用。

第 7 章

供应链流程管理

本章导读：

业务流程再造的思想对当前企业的重要意义，不亚于在过去200年间亚当·斯密的思想对企业家和经理们的重要意义。我们相信，运用企业再造的原则所产生的效果之重要，也将不亚于当年运用亚当·斯密的工业组织原则所产生的效果。

——流程再造的鼻祖迈克尔·哈默和詹姆斯·钱皮

7.1　供应链流程管理概述

7.1.1　供应链流程管理与供应链战略、策略实施

随着外界环境变化的加剧,现代企业逐渐意识到运用供应链战略和策略的重要性。而要把战略与策略化作富有成效的行动,就必须把其转化成可操作实施的流程,实行供应链战略、策略及其基础上的供应链流程管理(Process Management,PM)。甚至有人把供应链管理定义为对贯穿从最终用户到原始供应商的关键商业流程整合,因此流程管理也自然就成为供应链管理中的重要内容,如图7.1所示。

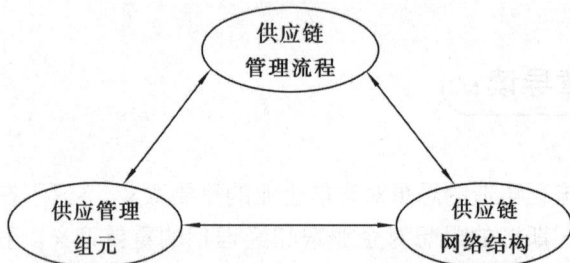

图 7.1　供应链管理三大基本内容

图中供应链网络结构由成员企业及它们之间的链接组成,主要辨别哪些是关键的供应链成员,这些成员与哪些进行流程链接;供应链商业流程,是为客户制造具体价值所输出的活动,主要解决哪些流程应该被链接到每一个关键的供应链成员的问题;供应管理组元是一种将商业流程在整个供应链上整合和管理的思想,涉及每个流程链接应该被整合及管理的程度是怎样的。由此可以看出,构成供应链管理的 3 个基本内容与流程是密不可分的,供应链管理的实质就是供应链流程的管理,供应链战略和策略的实施就是对供应链流程的管理。

目前被识别出来的关于供应链管理的流程主要包括:①客户关系管理流程,这一流程为企业如何建立并保持与客户之间的关系提供了框架;②客户服务管理流程,这是企业面向顾客的界面,监督产品与服务协议是否有效实施;③需求管理流程,用来平衡供应链能力和顾客的需求;④订单履约流程,使企业在满足客户需求的前提下,尽量使总体交货成本最小;⑤制造过程管理流程,它包括所有与产品移出工厂以及获得、实施并管理供应链上制造灵活性相关的一切活动;⑥供应商关系管理流程,这是一个定义企业

如何与供应商打交道的流程,努力实现企业与供应商之间的"共赢";⑦产品开发及商业化流程,这个流程为客户及供应商一道进行产品开发并将产品推向市场提供了架构,该流程要实施有效,还要注意与客户关系管理流程、供应商关系管理流程以及制造过程管理流程之间的协作;⑧退货管理流程,实施该项流程可以有效地管理逆向物流并且为持久竞争赢得一定的优势。具体如图7.2所示。

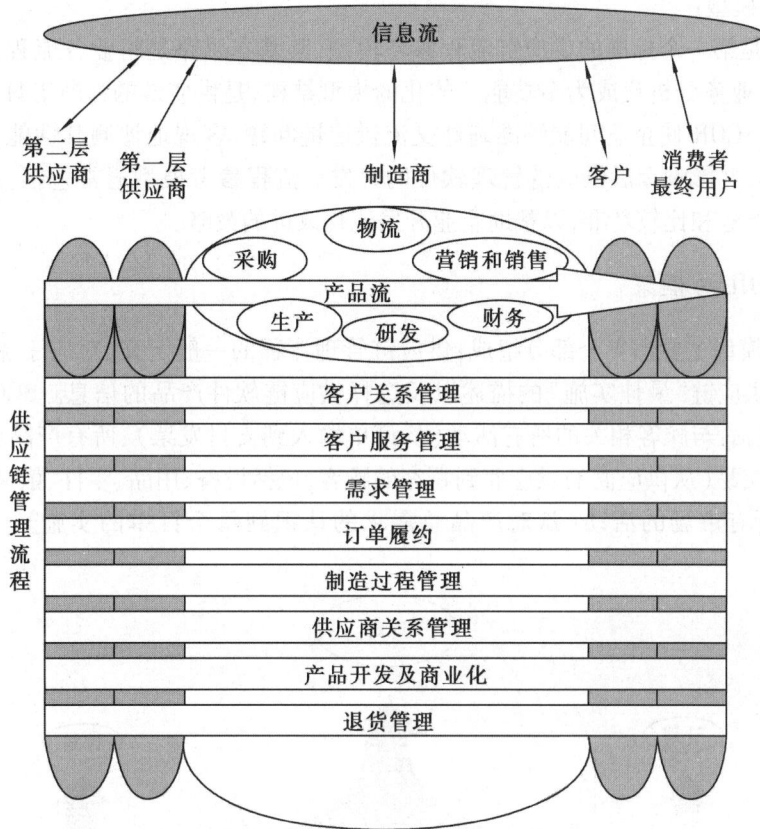

图 7.2　供应链管理:在供应链上整合和管理商业流程

7.1.2　供应链运作参考模型(SCOR)

1)SCOR 的产生与发展现状

供应链运作参考模型(Supply-Chain Operations Reference,SCOR)是由供应链协会(Supply-Chain Council,SCC)开发并授权的一个关于供应链管理的跨行业标准。1996 年春,美国波士顿两家咨询公司 PRTM 和 MAR 为了帮助企业更好地实施有效的供应链,实现从职能管理到流程管理的转变,牵头成立了供应链协会(SCC),并于1996 年底发布了供应链运作参考模型(SCOR),1999 年完成 SCOR3.1 版本和 4.0 版本,经过不断的修改完善,目前已经升级发展到了 9.0 版本。我国学者姜铁虎、减艳、卢海和黄培清等都对供应链运作参考模型(SCOR)进行了评析和阐述。下面结合各位学者的观点介绍供应链 SCOR 模型:

SCOR 是第一个标准的供应链流程参考模型,其基本思路是将业务流程重组、标杆管理及最佳业务分析集成为多功能一体化的模型结构,是供应链的诊断工具,它涵盖了所有行业。SCOR 使企业间能够准确地交流供应链问题,客观地评测其性能,确定性能改进的目标,并影响今后供应链管理软件的开发。流程参考模型通常包括一整套流程定义、测量指标和比较基准,以帮助企业开发流程改进的策略。

2)SCOR 的框架

SCOR 模型主要由 4 个部分组成:供应链管理流程的一般定义、对应于流程性能的指标基准、供应链"最佳实施"的描述以及选择供应链软件产品的信息。SCOR 模型涉及的范围包括:与顾客相关的所有活动(从订单输入到支付发票)、所有产品(物理材料和服务)的交易(从供应商的供应商到顾客的顾客,包括设备、用品、零件、散装的产品和软件等)、所有市场的活动(从对产品总需求的认识到每个订单的实施)。具体见图7.3。

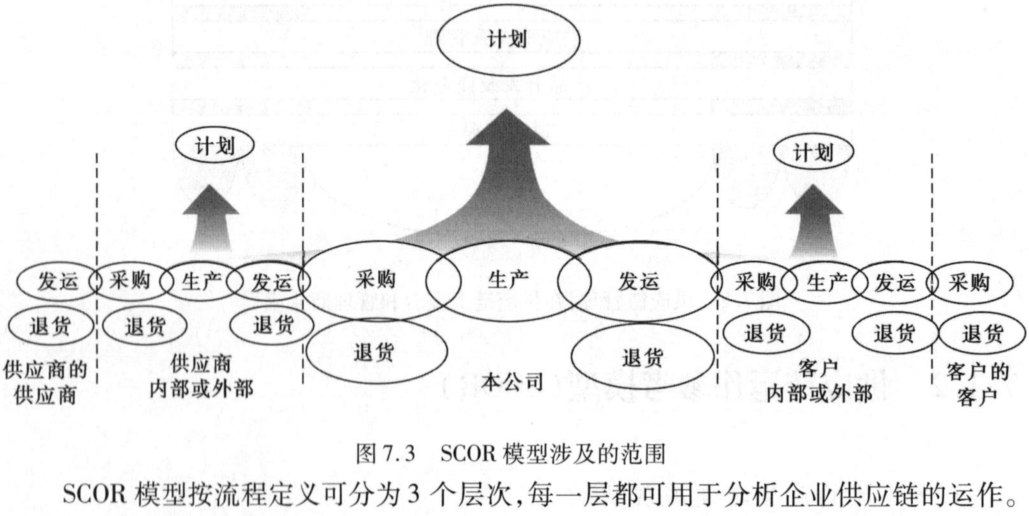

图 7.3　SCOR 模型涉及的范围

SCOR 模型按流程定义可分为 3 个层次,每一层都可用于分析企业供应链的运作。在第三层以下还可以有第四、五、六等更详细的属于各企业所特有的流程描述层次,这些层次中的流程定义不包括在 SCOR 模型中。SCOR 模型最初的版本包含 4 个流程,即计划、物料获取、制造和交付。经过多次修订，现将供应链分解为 5 个标准流程：计划（Plan）、采购（Source）、生产（Make）、发运（Deliver）和退货（Return）。这 5 个流程也构成了 SCOR 模型的第一层，如图 7.4 所示。第一流程定义了供应链运作参考模型的范围和内容，并确定了企业基本的竞争性能目标。各流程的定义见表 7.1。

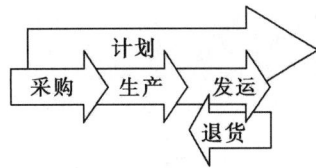

图 7.4　SCOR 模型的第一层流程

表 7.1　SCOR 模型第一层次中关于流程的定义

SCOR 流程	定　义
计划	平衡总需求和总供应，使其最符合采购、生产和发运要求的活动。
采购	购买货物和服务以满足计划或实际需求的流程。
生产	改造产品达到最终形态以满足计划或实际需求的流程。
发运	提供产成品和服务以满足计划或实际需求的流程，通常包括订单管理、运输管理和配送管理。
退货	因某些原因退还或接受退回产品的相关流程，这些流程延伸到客户后付支持系统。

　　SCOR 模型的第二层是配置层，这一层又可进一步分为 3 小层，第一层是计划层，包括计划供应链、计划采购、计划生产、计划发运和计划退货；第二层是实施层，一般涉及调度/测序、改造产品和移动产品到下一个流程，从流程角度看就是采购、生产、发运和退货；第三层是为上面两个层次提供准备、保留和管理信息，使其实施成为可能。企业可选用配置层中定义的标准流程单元构建他们的供应链。图 7.5 描述了 SCOR 模型中的第二层。

　　SCOR 模型的第三层是流程分解层，它给出第二层每个流程分类中流程元素的细节，为企业提供成功计划和设定其改进供应链的目标所需的信息。

　　以库存产品采购（S1）为例，从表 7.2 中可以看出，该流程可以细分为以下元素：S1.1 交货安排、S1.2 接收货物、S1.3 检验货物、S1.4 传送货物和 S1.5 付款 5 个子流程。具体流程如图 7.6 所示。

　　SCOR 模型的以上 3 个层次提供了供应链的分析、设计和实施的框架。SCOR 模型的设计和维护是用以支持各种复杂的跨行业的供应链的，集中在流程的 3 个层面上，而不企图去规定一个特定的组织如何操作它的业务、制作它的系统/信息流。第三层以下可能有第四层甚至更多层次，这些都是实施层，不属于 SCOR 模型的范畴。每个企业都是根据企业自身情况来具体定义第四层和以下各层的流程元素，以获取其竞争优势并适应商业流程的变化，它具有特殊性和灵活性。

计划

P1计划供应链

计划		
P2计划采购	P3计划生产	P4计划发运	P5计划退货

供应商

顾客

采购	生产	发运
S1采购库存产品	M1库存生产	D1发运库存产品
S2采购订单生产产品	M2订单生产	D2发运订单生产产品
S3采购订单定制产品	M3订单定制生产	D3发运订单定制产品
		D4发运散装产品

采购阶段退货
R1退回缺陷产品
R2退回维修产品
R3退回剩余产品

发运阶段退货
R1退回缺陷产品
R2退回维修产品
R3退回剩余产品

使能：计划、采购、生产、发运、退货

（1）规则的建立和管理
（2）绩效评估
（3）数据管理
（4）库存管理
（5）资产管理
（6）运输管理
（7）供应链配置管理
（8）规章服从管理
（9）供应链风险管理
（10）详细元素　　　瞄准供应链财务　　　供应商协议

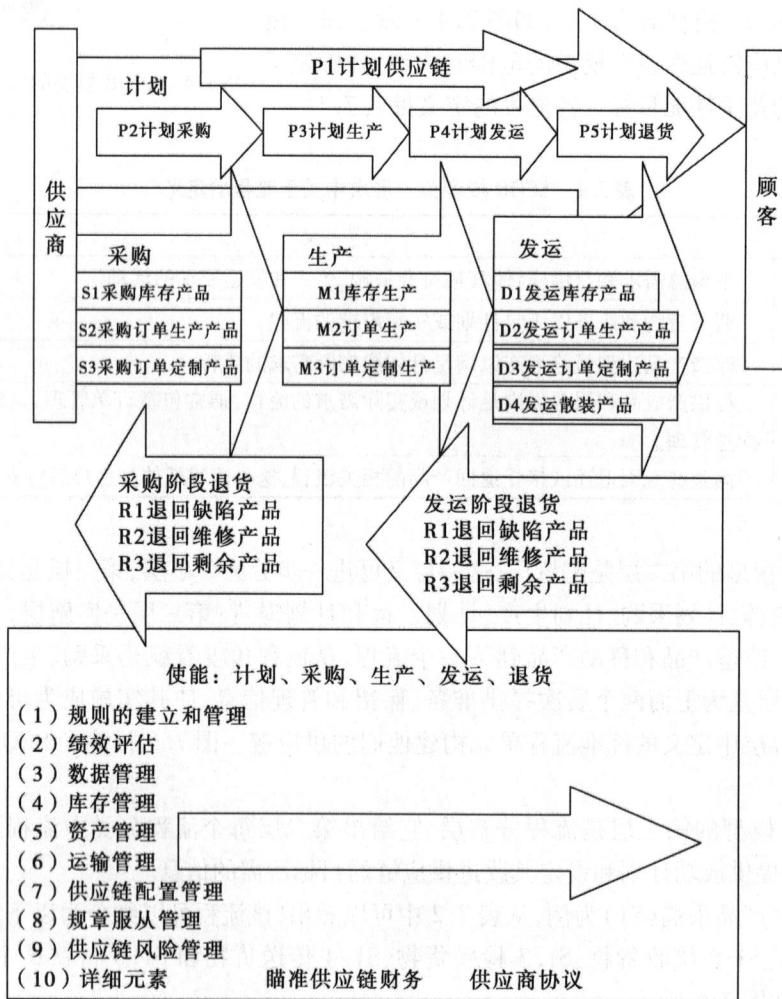

图7.5　SCOR 模型的第二层流程

表 7.2 采购流程元素

	采购（Source）	使能—采购（Enable-Source）
S1：采购 库存产品	S1.1：交货安排	ES.1：采购规则管理
	S1.2：接收货物	ES.2：评估供应商绩效
	S1.3：检验货物	ES.3：保留采购数据
	S1.4：传送货物	ES.4：产品库存管理
	S1.5：付款	ES.5：资本资产管理
S2：采购 订单生产产品	S2.1：交货安排	ES.6：引进产品管理
	S2.2：接收货物	ES.7：供应商网络管理
	S2.3：检验货物	ES.8：进口/出口需求管理
	S2.4：传送货物	ES.9：供应链采购风险管理
	S2.5：付款	ES.10：供应商协议管理
S3：采购 订单定制产品	S3.1：确定供应源	
	S3.2：选择最终供应商和谈判	
	S3.3：交货安排	
	S3.4：接收货物	
	S3.5：检验货物	
	S3.6：传送货物	
	S3.7：付款	

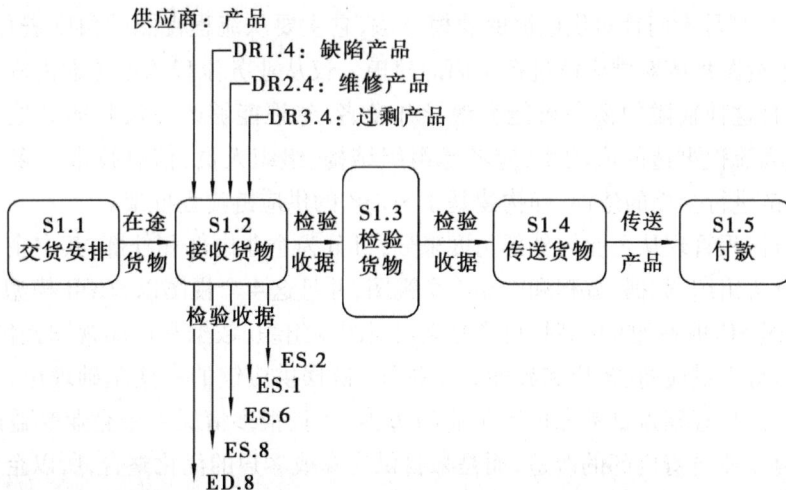

图 7.6　SCOR 模型的第三层流程（以库存产品采购为例）

国外许多公司很重视 SCOR 模型这个基于流程管理的工具,并且花大量的人力、财力研究和应用 SCOR。值得注意的是,SCOR 模型描述的是供应链的业务流程,而不是功能。换言之,SCOR 模型把注意力集中在有关的供应链业务活动上,而不是从事这些活动的人或组织机构。

3)SCOR 的评价

SCOR 不是第一个也不是唯一的流程参考模型,但却是第一个标准的供应链参考模型,是一个跨行业的供应链的诊断工具,它使企业间能够准确交流供应链问题、客观评测其性能、确定性能改进的目标,并影响今后供应链管理软件的开发。

应用 SCOR 的优势主要体现在其"标准化":SCOR 作为一个工业标准,可以帮助建立交叉企业之间的供应链,用标准的语言来定义和解释供应链的流程和要素,使供应链伙伴之间能更高效地进行沟通。SCOR 建立的一套完善的供应链配置、衡量和评价体系,可以帮助企业合理构建供应链,并通过标准的评价指标体系衡量供应链,并支持供应链的持续改善和战略计划。

这些年来,国外企业应用 SCOR 模型极大地改善了供应链的效率,它帮助企业配置了现有供应链,发现了低效率的流程环节,并通过基准衡量使其供应链达到最佳实践(Best Practice)。

7.1.3　基于 SCOR 的供应链流程框架

SCOR 模型是专门针对供应链的建模方法,它主要从流程视图的角度进行建模,但没有从多个视图角度对供应链进行全面的建模。仅从业务流程角度考虑流程再造是不全面的,而且这种狭隘的视角可能会误导开发者,忽视能够改进流程的其他机会。因此,为了提高流程再造的成功率,应考虑组织结构、组织人员、信息技术等多方面的因素,对供应链进行全面的建模,即构建基于 SCOR 的供应链流程框架。

供应链流程管理从企业内外部角度来分,可分为企业内部和外部,其中企业的内部流程可以分为组织、数据、流程和产品 4 个视图,并且这 4 个视图以 SCOR 模型为核心组织起来,通过 SCOR 模型的计划、制造等流程视图为组织、数据和产品视图提供接口;企业的外部可分为供应商、客户和界面 3 个视图,根据供应链的一些基础理论,很多时候对企业进行流程管理需要考虑扩展企业的边界,而且很多情况下令企业受益的重大突破不是来自企业自身内部的改造,而是来自供应商或客户的优化整合,所以企业的外部流程可分为供应商和客户,而界面视图主要用于管理企业自身与供应商和客户三者的交互关系,界面视图的引入将企业自身与供应商和客户纳入到一个公共的虚拟平台中,

并通过 SCOR 模型中的采购、配送等流程为供应商和客户视图提供接口。企业内外部
的七大视图如图7.7所示：

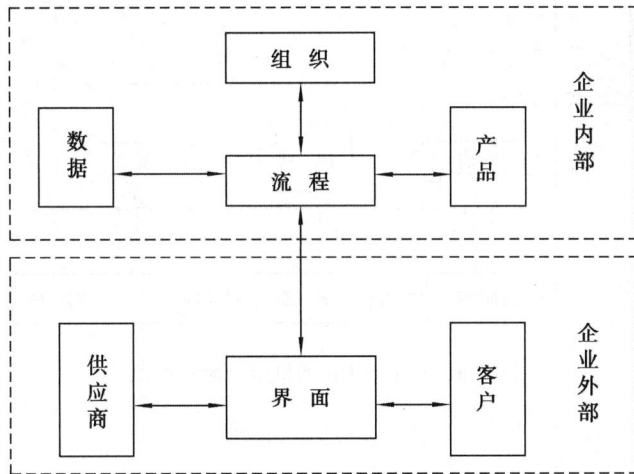

图 7.7　供应链流程管理架构

组织视图：描述组织结构并反映企业的各组织单元及其相互关系；

数据视图：描述企业流程中消耗和产生的各种数据；

流程视图：描述企业的任务、功能以及它们被执行的顺序；

产品视图：描述企业产生的产品或服务；

供应商视图：描述企业与其上游企业之间的关系；

客户视图：描述企业与其下游企业之间的关系；

界面视图：描述企业与外部的交互行为。

在企业内部的 4 个视图中，流程视图最重要，它联系了其他 3 个视图，而且是企业
内部与外部联系的接口，企业通过特定的流程可以与上下游的企业进行交互。在企业
外部的 3 个视图中，界面视图最重要，它连接了供应链上各个节点企业，帮助他们实现
相互之间信息与流程的交换和共享。将这七大视图与 SCOR 模型结合起来，就构成了
基于 SCOR 的供应链流程框架，如图 7.8 所示，图中的实箭头表示各视图间的关系，虚箭
头表示 SCOR 模型与各视图之间的联系，但是没有箭头并不表示某些视图之间或与
SCOR 模型之间没有关系，而是两者之间是一种比较弱的关系，在图中都表示出来可能
导致混乱，但是在实际操作中还是要指出来，以作为对强联系的补充。

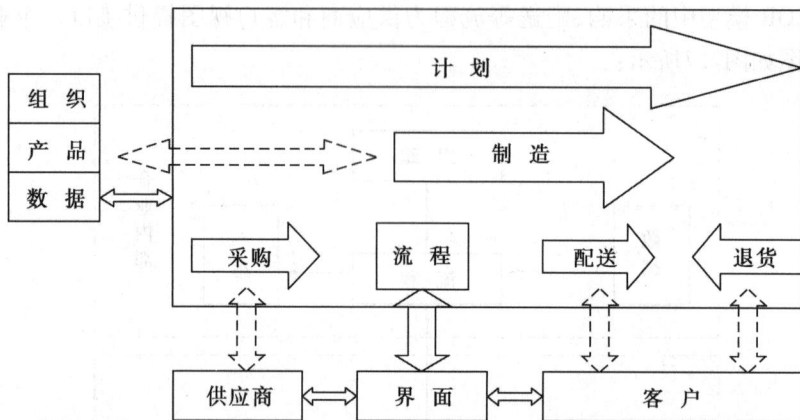

图7.8　基于 SCOR 的供应链流程框架

7.2　企业业务流程再造及其组织要求

　　1990 年麻省理工学院教授迈克尔·哈默博士在《哈佛商业评论》上发表了一篇题为《再造工作:不要自动化,而是彻底铲除》,正式而系统地提出了"业务流程再造"这一概念。1993 年哈默与钱皮发表了《公司重组:企业革命的宣言》,业务流程再造作为一种新的管理思想掀起了一场管理变革的热潮。他们认为:"业务流程再造就是从根本上考虑和彻底地再设计企业的流程,使其在成本、质量、服务和速度等关键指标上取得显著的改善。"迄今为止,不同的学者对业务流程再造由于理解的角度不同、理解的深度和范围的不同,给出了不同的定义,如表7.3 所示。不管学者对业务流程再造是怎样具体定义的,但是定义中一定有 4 个关键:根本上重新思考、彻底的变革、显著的进步、从重新设计业务流程着手,即业务流程再造理论包括 4 个含义:根本性、彻底性、显著性、业务流程。

　　①根本性:对长期以来在企业经营中所遵循的基本信念,如分工思想、等级制度、规模经营、标准化生产和官僚体制等进行重新思考,打破原有的思维定势进行创造性思维。

　　②彻底性:业务流程再造不是对企业的肤浅的调整修补,而是进行彻底的改造,抛弃现有的业务流程和组织结构。

　　③显著性:业务流程再造追求"飞跃"式的进步,如大幅度降低成本、缩减时间、提高质量等。

④业务流程：业务流程再造从重新设计业务流程开始，因为业务流程决定着组织的运行效率，是企业的生命。

表7.3 关于业务流程再造的定义

学 者	定 义
T. H. Davenport & J. E. Short	业务流程再造是组织内和组织之间工作流和各种流程的分析与设计。
M. Morrow & M. Hazed	业务流程再造是检查关键流程中的活动和信息流，以便达到简化、降低成本以及提高质量和柔性的目的。
R. P. Kaplan & I. Murdock	业务流程再造是对企业如何运作进行根本性的再思考，同时对其工作流程、决策、组织和信息系统以集成的方式进行再设计。
J. N. Loewenthal	业务流程再造是以组织核心竞争力为重点，对企业流程和组织结构进行根本性的再思考和再设计，以达到组织业绩的巨大提高。

在实践方面，自流程再造（Business Process Reengineering，BPR）理论提出以后，首先在美国掀起了学习和应用的热潮。一些大公司纷纷报道实施BPR给企业带来的巨大收益，如科达公司的新产品开发过程经过再造后，开发周期由原来的70周缩短到38周；福特公司的采购业务流程再造后，雇员由原来的500人精简到125人；IBM公司的信贷业务流程再造后，受理业务的时间由原来的一周缩短为4小时，且业务量增加了100倍。这些成功案例使BPR的影响迅速扩大到其他国家和地区，在全球范围内受到极大关注。但是，如同所有的管理理论一样，BPR的实践不是一帆风顺的，在众多成功案例的背后，也有不少失败的案例。这表明当前BPR的研究和实践中还存在着很多问题。例如：没有实施BPR的明确步骤，目前尚无人对BPR的展开程序进行深入、系统的研究，以表明BPR的展开步骤，引导各步骤间的联系和过渡，确定各步骤需要的时间和达到的标准等；缺乏操作性强的技术方法，多数研究仅限于对BPR思想和概念的一般性介绍，即使少数文章涉及BPR所需的技术方法，也不系统，特别是未能与展开步骤建立相互关系，因而缺乏针对性和有效性。BPR在实践中也存在许多问题，例如：忽略了人的作用，没有得到上级领导的大力支持；对BPR没有全面正确的认识之前就实施再造方案；未经过试点而直接实施再造方案；等等。

BPR理论自1994年左右进入中国，CIMS专家、清华大学的陈禹六教授在1994年全国工业工程年会上首先介绍了业务流程再造的概念和方法。自该理论引进以来，立刻受到我国管理理论界和企业界的高度重视。在学术界，1996年在上海成立了一个"企业再造研究中心"，同年，复旦大学管理学院徐渊教授出版了《公司再造》，从背景知识、学说主旨、实践例证等多方面对再造进行了系统而详尽的论述。1997年，复旦大学管理学院芮明杰教授与钱平凡博士合著了《再造流程》一书，全面地总结和分析了"再造流程"的实质,重点研究了流程问题,并做出了再造理论的流程图。其他学者也从不同角度对业务流程再造进行了研究。王建仁、王锦从知识管理角度分析了流程知识的特征,对基于业务流程的生命周期进行了分类,并对不同的流程生命周期的流程再造提出了相应的知识管理;彭志伟、陈荣秋等提出了全面质量管理和业务流程的整合问题;何燎原、吴清华提出了重新审视现行的内部控制理论框架,指引其与业务流程高度契合,纠正和改进内部控制的理论和实务。

在企业界,我国一些企业开始与管理咨询机构或高校合作,尝试使用 BPR 改进企业管理模式。其中不乏成效显著的案例,比如海尔集团通过 BPR 实行整个集团内部的市场链管理,以订单为纽带进行企业业务活动,把过去的直线职能式管理转变为流程式管理,上下岗位、上下工序之间,通过"索酬、索赔、跳闸(简称 SST)"形成市场链,把市场关系、服务关系、每个工序、每个人的收入与自己的市场挂钩。这样,既适应了新经济带来的用户消费个性化,又能激发员工的创新精神;既能减员增效,降低管理费用,又能提高生产率和资金利用率。海尔通过 BPR 建立的市场链这一管理模式,已在国际企业管理界引起重视,并获得"崛起的全球竞争者案例奖"。另一方面,BPR 面向流程,以满足用户需求为目标的理念迎合了目前我国各行各业提高工作效率、提高服务水平的改革期望。BPR 技术方法在教育、医疗、商业服务、公众服务等业务流程的改革中也有所应用。例如大连开发区以"网上纳税"为龙头,加强现代信息技术与税收管理全过程的有机结合,把税收征、管、查各项管理职能纳入决策支持系统,利用涉税信息流程变化实现税收管理流程的再造,推动了税收工作效率的提高和机构的人员结构调整。

虽然国内对企业流程再造的理论及应用都进行了相关研究,但大多数研究还是在国外引进的理论基础上进行的,与我国国情有一定程度的脱节。因此,建立符合我国国情的业务流程再造理论十分必要,并且要能将该理论尽快运用于企业的实践当中,提高我国企业的管理水平和竞争力。

7.2.1 基于企业业务流程再造的原则

企业业务流程再造(BPR)应遵循如下原则:

(1)企业发展的非连续性思考原则

非连续性思考是业务流程再造的基本原则,也是其区别于传统管理改进方法的关键。所谓非连续性,关键在于要求企业不受传统的连续性思维模式的束缚,而是随着外界环境的变化来考虑最适于企业发展的经营模式。

(2)以流程为中心的原则

业务流程再造不仅是机构的调整,不仅是减员增效,甚至也不是单纯的业务流程再设计,而是将企业过去的职能导向型转为流程导向型,企业的运行围绕着流程,以提高流程的效率和效果为目的。

（3）以顾客为中心的原则

强调从客户的需要出发来设计整个流程,着眼点是整个流程的顺畅、快捷、优质,而不是单个部门的效率,从而使业务流程无论在时间、质量、价格等方面都能输出客户满意的产品或服务。以顾客为中心的原则必须是企业的各级人员都明确,企业存在的理由是为顾客创造价值,而价值是由业务流程创造的。只有改进为顾客创造价值的业务流程,企业的变革才有意义。

（4）整体最优的原则

业务流程再造理论强调在分解基础上的综合,从整体上把握企业全貌,而不是单个环节或作业任务的最优,这是系统论的思想在业务流程再造中的集中体现。

7.2.2 企业业务流程再造的阶段——任务框架模型

业务流程再造是一项浩大的工程,它涉及企业内部的方方面面,如人力资源、信息技术、组织结构等,因此业务流程再造必须按照一定的方法、步骤,并经历一段时间,才能完成再造。虽然各个企业视自身状况制订了业务流程再造的程序和方法,但是他们在本质上还是相似的,大致可以分为 6 阶段:战略决策阶段、再造计划、流程诊断、重新设计、重新构建、评估成效。

1）战略决策阶段

这个阶段主要是为企业的流程再造项目立项作准备。企业流程再造首先要得到企业高层领导的支持。基于高层领导和员工对企业流程的理解,以及企业的发展战略和信息技术/信息系统支持流程再造的潜力,确定需要进行再造的企业流程。

（1）设计企业愿景

企业愿景是企业发展的宏伟目标和远大理想,它决定了企业是什么、为什么存在。企业的愿景只有通过战略才能实现。而且愿景不仅仅要让管理层知道,还要让每一位员工知道,并且要根植于他们心中,这样他们才会将战略目标视为自己的奋斗目标。

（2）发现再造机会

在决定流程再造对象之前,高层管理者要从战略角度,运用一些方法对企业整体经营状况进行分析,寻找业务流程再造的机会。

（3）识别 IT 结构

信息技术是实施业务流程再造的关键因素,它是业务流程再造的催化剂,具有强化再造的能力。支持业务流程再造的典型的信息技术有局域网（LAN）、面向对象的系统（Object-Oriented Systems）、电子数据交换（EDI）、专家系统（Expert System）、服务器—客户机结构（Client-Server Architecture）、工作组技术（Workgroup Technique）以及决策支持系统（DSS）。

（4）选择再造流程

对企业的愿景、核心流程以及信息技术有了充分的了解后，对提出的备选再造流程进行评估，按照企业的战略目标、信息技术的可行性等指标对备选流程进行排序，从而选择流程再造的对象。

2）再造计划阶段

这个阶段的工作是要精心筹备再造工程，包括建立再造团队、制订项目实施计划和预算，通过设立标准、外部顾客的需求分析以及成本效益分析，确定流程再造的目标效果。

（1）成立再造团队

项目启动阶段的一项重要任务就是要成立一个业务流程再造团队，这个团队的职责就是分析现有的流程，并负责设计和执行新的流程。一般来说，团队成员包括企业内部实际从事现有流程的工作人员以及来自企业外部的咨询人员，人数为5~10人。

（2）制订再造计划

流程再造团队的第一项任务就是制订再造计划，包括日程安排、大致需要的资源、预算等。

（3）确定再造目标

流程再造团队一定要确定再造的目标，这样不仅可以使企业和员工有一个清晰的认识，而且为日后的评估也确定了标准和依据。

3）流程诊断阶段

这个阶段的主要任务包括对现有流程及其子流程建立模型，分析各个流程的属性，通过确定流程的需求和顾客价值的实现情况，分析现有流程存在的问题及其产生原因，确定非增值的活动。

（1）描述现有流程

对现有流程进行描述，首先要勾勒出流程的大体轮廓，把一个大流程分解为几个子流程，甚至还可以分解为子流程的子流程。描述的内容主要包括活动、控制、资源、业务规则和信息流，也涉及活动、信息及其他相关流程特性之间的相互关系。

（2）分析现有流程

主要是确认流程中不需要的活动、流程中的瓶颈。这些问题一旦被识别出来，在随后的新流程设计中就要避免，这样才能改善整体流程。

4）重新设计阶段

这个阶段的主要任务是完成新流程的设计，通过头脑风暴法等新技术，提出满足企业战略目标的新流程的各种可能方案。同时要设计与新流程运营相适应的人力资源和信息系统的体系结构。产生新流程的模型及其相应的说明、新流程的原型系统以及支持新流程运营的信息系统的详细设计方案。

（1）新流程设计

进行新流程设计时应该以客户为中心，删除不必要、不增值的工作流程，利用信息技术减少手工工作量，保持职责完整性，减少交接次数。

（2）设计人力资源结构

流程再造将会引起组织结构的重大变化，所以人力资源结构也必须重新设计。在设计人力资源结构时应坚持满足新流程的需要、促进系统内信息的交换、有利于提高个人与工作小组的决策和工作效率的原则。

（3）设计分析信息系统

企业原有的信息系统也许不能满足新流程的需要，所以就需要设计分析信息系统，以使它能够适应新的流程需求。

5）重新构建阶段

这个阶段主要根据人员、技术改造设计结果，运用革新管理技术进行流程再造，应用变化管理技术来确保向新流程的平稳过渡。

（1）重组组织结构

通过以上各阶段的分析，重组组织结构以适应新流程、组织战略目标以及企业愿景的实现。

（2）推出新流程

为了成功地推出新流程，需要对员工进行培训，提高他们遇到变革时的适应力，并且要检查与新流程推出相关的各种活动，比如新的信息系统。

（3）切换新旧流程

在各方面都准备好了的情况下，在不影响正常业务或将影响降低到最低的情况下，实现新旧流程的切换，实现平滑过渡。

6）评估成效

这个阶段需要检测和评估新流程的绩效，看其是否能达到预定的目标，并通过反馈的信息对流程进行改进。

（1）评估流程绩效

对流程的评估主要包括以下几个方面：首先是流程的绩效，即流程的时间、成本、客户满意度、资源消耗等；其次是信息技术的绩效评估，即系统的稳定性，故障率等。评估是为了与预定目标相比较，找出问题，改进现有的流程。

（2）持续改进流程

持续改进流程貌似业务流程再造的最后一项任务，但是流程再造不是一次性的工作，企业面临的环境不断变化，流程也需要根据实际情况不断改进，所以业务流程再造是一项持续的工作，通过持续的改进，使流程不断得到完善。

图7.9所示为BPR阶段任务框架图。

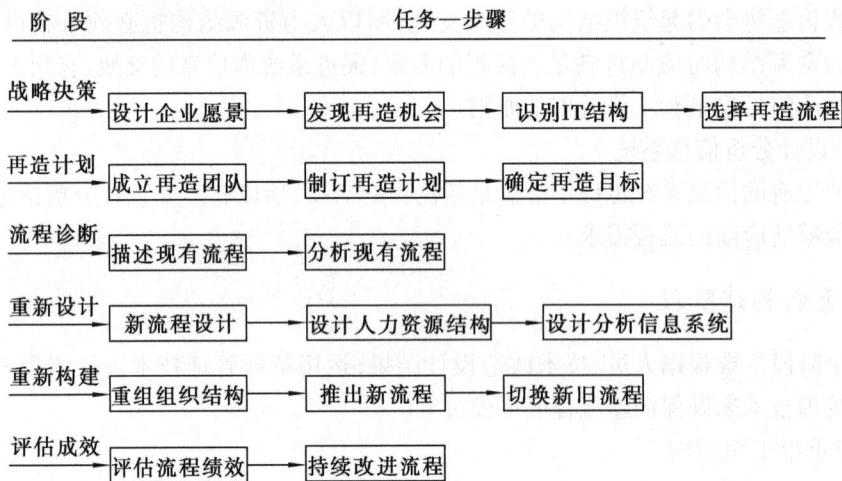

阶段	任务—步骤			
战略决策	设计企业愿景 →	发现再造机会 →	识别IT结构 →	选择再造流程
再造计划	成立再造团队 →	制订再造计划 →	确定再造目标	
流程诊断	描述现有流程 →	分析现有流程		
重新设计	新流程设计 →	设计人力资源结构 →	设计分析信息系统	
重新构建	重组组织结构 →	推出新流程 →	切换新旧流程	
评估成效	评估流程绩效 →	持续改进流程		

图7.9 BPR阶段任务框架图

7.2.3 企业业务流程再造的技术方法

（1）绩效表现—重要性矩阵

绩效表现—重要性矩阵是一个虽然简单但非常有用的工具，可以帮助发现什么是最需要改进的领域。流程或流程的结果在矩阵上的位置代表其重要程度及运行绩效的好坏程度。重要程度与运行绩效程度分别从低到高评价，就可将项目分成4个类型，其中重要程度高、绩效程度低的就是最需要改进的领域，即解决BPR从何处入手的问题。

（2）学习五角星

学习五角星方法是另一种寻找入手点的工具，可以从不同的来源学习了解：顾客、供应商、员工、咨询顾问以及标杆瞄准最佳实践的过程。顾客是企业获得需求信息的重要来源。最重要的顾客需求往往是改进业务的最好入手之处。有时候，那些特别挑剔的顾客提出的观点可能正是全新设计法应该考虑的目标。供应商也能为组织提供类似的帮助，而且这种帮助并不只局限于流程的下端。优秀的供应商的兴趣会延伸到整个供应流程。企业的员工对流程有深入的了解，也是流程改进思路的重要来源。咨询顾问能够提出有用的外部观察者看法，起到推动 BPR 项目的作用。

（3）流程优先矩阵

这种技术方法可用于选择需要再造的流程及其优先次序。当确定了企业的关键成功因子（CSF）以及实现这些关键成功因子的基本业务流程（EssentialProcess，矩阵中标以 E）和值得做的流程（DesirableProcess，矩阵中标以 D），就可以用流程优先矩阵来表示各项业务流程和关键成功因子之间的关系。矩阵的"行"表示流程，"列"表示关键成功因子。创新流程的选择准则可能因企业的不同而不同，有一种方法是令 E 为 2，D 为 1，每一行的总量反映了该流程相对于关键成功因子的战略重要性的程度。总量最大的流程可以在流程选择中置于最高优先级，同时综合考虑成本风险等因素，最终能够得到应该进行创新的流程以及其优先次序。

（4）品质功能部署

品质功能部署简称 QFD，是一种把顾客需求有效地转化为产品/流程需求的技术方法。QFD 本来是用于新产品开发流程中，通过质量屋（House of Quality）把顾客的需求转化为可量化的、可操作的以及有改进潜力的相应的产品特征。在企业业务流程创新中，可以用优秀企业的流程作为标杆设置一系列顾客需求，并把它们和流程的特征联系起来。QFD 在应用中首先要获取并分析顾客的需求，其次是调查、分析流程运营要求，再次是分析产品工程特性与顾客需求的相关性（正相关、负相关或相关性不大），最终确定业务流程优化目标和优化机会。

（5）流程图形建模技术

流程图形建模技术支持建立已有流程的模型图，如流程图、作用活动图、数据流图等，用于分析诊断期间对现有流程及其子流程建模，描述各个流程的属性（活动、资源、沟通关系、管理职责、信息技术和成本费用等），目前应用最为广泛的是整合性定义方法系列。整合性定义方法（IDEF）最早源自美国空军的整合式电脑辅助制造计划（ICAM），借助图形清楚而严谨地描绘业务流程及各种活动，主要用于改善制造作业流程。其主要技术取自结构化分析与设计方法（SADT），IDEF 方法由一系列的方法组成，已经被列入美国联邦咨询处理标准。在进行业务流程再造项目时采用 IDEF 方法，可以对系统庞大的组织进行快速有效的描述、分析、改进。

（6）鱼骨分析法

在企业设计新流程之前,应该对现有流程存在的问题及其原因进行分析研究。有几种技术可以帮助人们分析流程产生问题的原因,鱼骨分析法就是其中的一种。应用鱼骨分析图可以清楚地表达某一种结果与其可能的原因之间的关系,并找出非增值的活动。

（7）价值链分析法

价值链分析法是辨别某种"价值活动"能否给本企业带来竞争力的方法,这一理论最早发表在哈佛大学波特教授的一篇关于如何将价值链分析与信息技术结合起来的论文中,后来发展成为企业战略分析的重要手段,对企业信息化建设也有很重要的应用价值。波特认为:在一个企业中,可以将企业的活动分为主要活动与辅助活动两种。主要活动包括采购物流、生产制造、发货物流、市场营销、售后服务等;辅助活动包括高层管理、人事劳务、技术开发、后勤供应等方面的活动。以上各项活动因企业或行业不同而具体形式各异,但所有的企业都是从这些活动的链接和价值的积累中产生了面向顾客的最终价值。因此,将一个企业的活动分解开来,并分析每一个链条上活动的价值,就可以发现究竟哪些活动是需要改造的。例如,可以按照某项业务将有关的活动细分为几个范围(如将产品销售分解成市场管理＋广告＋销售人员管理＋…),从中发现可以实现差别化和产生成本优势的活动。

（8）ABC 成本法

ABC 成本法又称作业成本分析法,主要用于对现有业务流程的描述和成本分析。作业成本分析法和上述价值链分析法有某种程度的类似,都是将现有的业务进行分解,找出基本活动。但作业成本分析法着重分析各个活动的成本,特别是活动中所消耗的人工、资源等。

（9）创造性技术

在分析并酝酿一个新流程时,需要利用一些创造性技术,如头脑风暴法、德尔菲法等,以提出新流程的各种可能方案。新流程的方案应该满足企业的战略目标要求。在运用头脑风暴法进行讨论时,应鼓励与会者提出尽可能大胆的设想,并且不允许对别人提出的观点进行批评。运用头脑风暴法有助于发现现有业务流程中的弊病,提出根本性的改造设想。一些软件工具也可以用来支持这种讨论,与会者可以同时、匿名地对讨论议题提出建议和意见,并根据关键字进行存储、检索、注释、分类和评价。德尔菲法则经常用来论证业务流程再造方案的可行性。可以将初步的业务流程再造方案发给若干事先选定的相关行业专家与流程再造专家,征求他们的意见。然后将各位专家的反馈意见经过整理和分析后,再次发给专家,让他们考虑其他专家的看法,对有分歧的地方进行更深入的思考。这样,经过几轮征集,最终可获得比较一致的意见。这对于减少BPR 风险、制定正确的 BPR 战略十分有用。

(10)流程模拟技术

一旦新的流程方案确定以后,模拟技术可以用来建立流程的动态模型并评价流程方案。通过模拟,可以计算新流程运行的周期时间、排队时间、输入输出、资源的利用率等变量数据,并可以对这些变量进行数量分析。

(11)作用因子分析

这种技术方法可以支持项目小组分析新流程实施中可能遇到的阻力。许多基于沟通、说服的技术方法在支持新流程运行方面是非常有效的,但是缺乏严格有效的人力资源管理技术来支持在报酬制度、晋升、工作角色等方面的变化,这可能是实施新流程最大的阻力。

7.3　供应链环境下业务流程再造

从本质上来说,供应链可以被看作是各企业之间的一种业务流程,供应链管理就是一种对业务流程的管理,是业务流程再造活动在价值链上的横向扩展,只不过通常所提出的流程管理都是针对组织内部的流程而言的,而供应链管理则是将流程再造的范围扩大到公司与公司之间。

供应链管理和业务流程再造有很多相似之处,如两者的最终目标都是使自己的顾客满意,都需要对企业的战略进行重新的思考,都是面向业务流程,都在提高企业业务流程的敏捷性和经济性方面取得很好的效果。对供应链系统进行再造,目的就是使现代企业克服环境的不确定性,消除浪费,达到资源在整条链上的有效利用;利用供应链整合赢得客户满意,提升核心竞争力,使企业持续成功发展。供应链管理和业务流程再造都是一项复杂的系统工程,这一系统工程的实施涉及系统内企业本身各部门或企业间的人力资源、业务流程、技术、组织结构和企业文化等各个方面。可见,在实施供应链管理的过程中,由于市场的变化和竞争形势的异动,或者新需求的产生,供应链需要在新的意义上进行再造,或旧的供应链上的动态联盟解体,新的供应链应运而生,也就是实施供应链管理反作用于业务流程再造,反作用的结果使得企业在新的竞争格局中生存和发展。

7.3.1 供应链环境下业务流程再造的层次分析

(1)部门内层次再造

这是对生产制造、市场销售等各部门自身的业务流程进行的再设计,业务流程再设计的中心课题是"如何应对部门内的程序",如图 7.10 中的 a 活动。

(2)部门间层次再造

部门间层次的企业重组是对生产部门和销售部门等各部门间的业务流程进行再设计,所形成的组织,能将各职能部门的人员组织在一起,具有灵活机动、适应性强、平行处理许多工作的特点。它的中心课题是"如何应对部门和部门间的程序"。如图7.10中的 b 活动。

(3)企业间层次再造

业务流程再造是指发生在供应链企业之间的业务重组。该层次再造要求企业重新审视与其他企业的业务方式、关系,它的问题是"如何与其他企业合作",与其他企业的战略性合作成为中心课题。如图 7.10 中的 c 活动。

(4)支持保障层次再造

支持保障层次再造主要包括观念再造、例外模块构造、信息技术模块构造。如图7.10中的 d 活动。

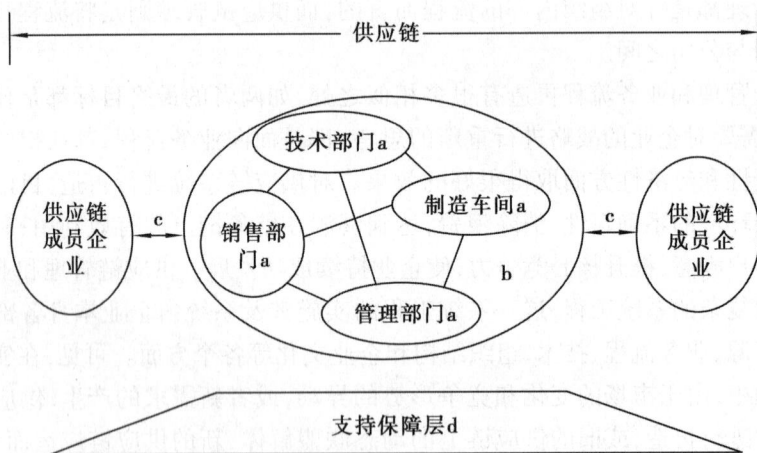

图 7.10 供应链环境下的业务流程再造层次模型

7.3.2 供应链环境下业务流程再造的关键因素

在实施供应链环境下业务流程再造的时候,有些因素对流程再造是否成功起着非常重要的作用,在实施供应链流程再造的时候应当对这些因素特别重视。

(1)取得高层管理者的支持

供应链环境下业务流程再造是从根本上对现有业务的再造,涵盖的部门十分广泛,因此,为了能使再造计划顺利进行,必须取得高层管理者的支持。有了高层管理者的支持,可以解决流程再造过程中出现的一系列阻力,比如:由于岗位调整带来的部门精简、人员下岗,由绩效考核指标带来的工作压力和收入减少,以及新业务流程在磨合过程中出现的部门冲突和不适应,等等。只有通过高层管理者的支持,顶住来自各方面的压力,才能冲破阻力将改革继续实施下去。

(2)加强对员工的宣传、培训,使员工能积极参与

供应链业务流程再造需要员工的理解和支持才能有效地执行,所以企业管理人员必须与员工进行足够的沟通,加强对员工的宣传,使他们能正确认识流程再造,消除偏见。同时人力资源管理部门要对员工进行培训,使员工不但要转变观念,而且要提高自身的技能,从被动地接受变革转为积极地参与到变革当中来。当企业所有的员工为同一目标奋斗时,企业的流程再造就会更加容易实现。

(3)获取客户和供应商以及供应链上相关成员的支持

因为是对整个供应链流程进行再造,所以企业除了要关注内部,还要关注整个供应链上其他相关成员,比如顾客和供应商。如果在供应链业务流程再造过程中能得到供应链上相关成员的支持,可以改善和提升企业的运营效率和绩效水平。比如企业的采购流程与供应商的订单流程是差不多的,造成很多信息和工作的重复,如果企业能得到供应商的支持,相互采用电子数据交换技术,就可以大大提高工作效率。

(4)制订严密的实施计划和选择合适的时机

在企业实施供应链流程再造之前一定要有严密的实施计划,因为再造对企业来说是一次重大的变革,所以没有一个严密的计划是绝对不可以的,一步走错,接下来的步骤都会出现问题。同时时机的选择也是非常重要的,只有天时地利人和,改革才有可能顺利实施,供应链业务流程再造才有可能成功。

(5)持续的改进

对供应链业务流程实施再造是一个持续的过程,必须经过一段时间的改进与调整才能达到和谐统一。通过对供应链业务流程再造实施监控,对其进行实时评估,根据反映出来的问题进行修正,并完善下一步的实施计划,这样,供应链流程再造才能充分实

现其价值。

7.3.3 供应链环境下业务流程再造的步骤

供应链管理的过程是整合链上各个环节最优资源的过程,强调把主要精力放在企业的关键业务上,充分发挥其优势。同时与全球范围内的企业建立战略合作关系,企业的非核心业务外包给具有优势的合作企业,从而获得比利用内部资源更多的竞争优势,能够更好地满足消费者的需求。供应链环境下的企业必须不断地适应环境,依企业内外环境的变化调整内外政策,也需要相应地改变业务流程。供应链流程再造根据各个企业的具体情况,有着不同的具体实施步骤,但是一般来说都要经历如图 7.11 所示的步骤。

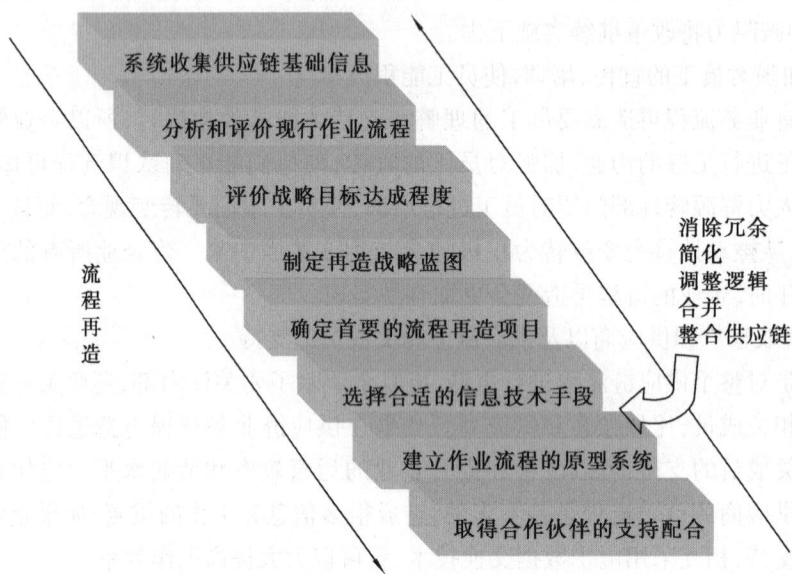

图 7.11　供应链环境下业务流程再造的步骤

(1)系统收集供应链基础信息

识别出与企业供应链环节相关的各种部门,也就是选取那些能够为供应链提供相关资源的部门或群体,然后明确他们所提供的信息类型,注意信息要以恰当的方式来获取,这样才能保证信息的可靠性。

(2)分析和评价现行作业流程

这主要是为了找出存在的问题,以免在将来的流程中重复出现。评价现行作业流程是为将来的改进找到一个"比较"的基准。分析弊端的重点应放在确认不需要的活动、活动中的瓶颈,不必要的官僚步骤以及问题是出现在流程内部还是出现在流程之间的衔接上。

（3）评价战略目标达成程度

首先需要一份战略目标的列表，并由战略目标要求推演出达成该战略目标所对应的评价参数。以安得为例，该企业要评价战略目标达成程度，就是要评价现有的物流业绩相对于先前的目标达到得如何，相对于整个市场进行横向比较（竞争对手之间、相对于市场提供的机会、自身可以挖掘的潜力），单纯的某个环节与整个公司的业绩相对于企业发展要求情况如何。

（4）制定再造战略蓝图

要从整体上把握工作流程的重新设计，在人们头脑中树立起对整体流程重新设计的概念。供应链管理理念的核心是将资源配置从一个企业扩展到多个企业，因此，在这种环境下的工作流程设计不仅要考虑企业内部的部门重组，而且要把流程的工作特征扩展到相关企业中去。这一步的目的是整合企业的各战略目标，并为他们的具体实现制定一个战略蓝图，也就是确定各战略目标执行的先后顺序以及实现目标所需要的时间。

（5）确定首要的流程再造项目

企业中有各种各样的作业流程，结构十分复杂，全面铺开势必分散力量，难以取得成功。应首先选择一些关键性的作业流程作为实施流程再造的项目，以关键流程带动一般流程的再造。根据安得的主要业务和当前存在的主要问题，方案可以选择其物流关键环节——仓储、运输配送、信息系统等进行再造。

（6）选择合适的信息技术手段

现行的作业流程都是在传统管理模式下设计出来的，因而企业在工作流程上并没有与供应链管理及其信息支持体系有多大关系。流程再造是集成、整合的手段，以现代技术和信息手段的使用为基础。进行再造的具体方法有：消除冗余流程；简化流程使其自动化；调整改变流程间的逻辑关系，如串行工序变成并行工程；零碎的流程集成为整体；整合供应链上的企业，改变各行其是的格局。

（7）设立和建立作业流程的原型系统

在对作业流程进行分析的基础上，用辅助软件工具建立原型系统，包括支持新作业流程而开发的软件系统，也包括尾市新作业流程正常运作而重新组织起来的人员和岗位。经过一段时间的运作，会发现新流程中存在的问题，会获得对新流程应有的认识和技术，企业便可以此为基础，建立更好、更完善的作业流程，为实施供应链管理模式打下基础。

（8）取得合作伙伴的支持和配合

供应链管理下的流程再造不同于单个企业内部的流程再造，企业除了要对内部流程进行改造外,还必须改造与合作伙伴共同进行的业务。企业要是能取得供应链上相关企业的支持与配合,并且与其结成合作伙伴,会大大增加供应链流程再造的成功性。

通过以上 8 个步骤的反复进行,最终将确定流程再造的方案以及各个子流程再造的目标和次序,并在实施的过程中取得合作伙伴的支持,按照市场的发展要求和客户的需求不断地做出流程上的调整,最后达到流程再造的目标,且能够很好地在供应链上开展合作。

>>案例分析　安得公司基于 SC 的 3PL 信息流程再造①

随着经济全球化、信息化进程的加快,近几年我国现代物流业有了较快的发展。但与物流发达国家相比,我国现代物流业还处于起步阶段。目前有些地区物流业发展比较快,如长三角地区、珠三角地区以及环渤海湾地区,许多第三方物流公司应运而生,安得公司便是其中的一员。安得公司创建于 2000 年 1 月,是国内最早由企业物流部门转变成第三方物流企业之一。安得公司隶属于美的集团,负责美的集团仓储运输以及配送等物流业务,同时也对外提供集成化物流管理服务。自成立之初,安得公司就走上一条不断改革的道路。2000 年底,安得公司接管美的集团原家庭电器事业部、原美的空调事业部的仓储业务,开始组建全国性网点并尝试区域管理,但此时区域管理仍处于雏形阶段。之后,公司组织架构经过了为四部六区域(财务部、管理部、IT 部、业务运营部,华南、华东、华中、西北、西南、东北区域)架构、四部一组(管理部、营销部、营运部、财务部、巡察组)架构,以及现在的全国市场统一开发的管理架构。6 年的快速发展,安得公司以专业化、规模化的第三方物流公司形象跻身于行业前列。公司现有员工 1 000 余人、配套队伍 3 000 多人,仓储面积逾 64 万 m²,长期可调用车辆上万辆,动力叉车等设备500 多辆。总之,安得公司唯一不变的就是变。为了让公司的发展与外部变化的环境相吻合,为了实现公司不断提升的战略目标,安得公司不断地对自己的运作流程、管理方法、信息系统等作出改变。

1. 安得公司信息困扰

安得公司成立之初,主要依托美的集团进行业务拓展,提供的第三方物流服务主要在仓储管理和公路运输。随着企业的不断发展,与它合作的企业日渐增多,由业务迅猛增长引起的问题也就出现在安得公司面前,而且问题也集中在物流信息或与信息相关的方面:①信息传递太慢。转型过程中安得公司物流信息建设滞后,信息处理能力不能满足业务发展需求,导致不能按客户要求进行送货。②监管失控。转型过程中业务量

---

① 根据吴志华教授指导的余建伟硕士毕业论文"基于供应链的第三方物流信息流程再造研究"(2007,南京财经大学)改编。

的大量增加,以及没有好的监控手段,管理部分失控,无力为客户提供实时物流信息帮助其决策。③信息失真严重。由于缺乏相应的设备与保障制度,安得公司的一部分物流信息仍然靠手工录入,造成信息与实际脱节,工作效率低下。另外,安得公司的信息流程存在层级过多的情况,因此信息传递容易失真,造成大量操作错误,成本控制难度加大。④错单率高。信息手段的缺乏以及信息流程过多造成的监管困难,使得公司无法对资产状况实时管理,造成大量的错单。

为解决上述问题,安得公司曾委托开发并上线物流信息管理系统,但很快发现财务管理、经营分析、数据加工等方面的功能与实际不断变化的业务需求差异越来越大,信息系统远远满足不了业务和管理的要求。为此,2002年底安得公司决定升级信息系统,在委托开发失败后开始自己组建开发团队,开发自己需要的系统,走上了自主研发之路。

2. 安得公司原有物流信息流程

现以安得公司A分公司和仓储客户C之间基于供应链的物流信息流程再造为例进行分析。仓储客户C是A分公司的主要客户,客户C在上海有较成熟的销售网络与售后服务网点,市场占有率达33%。L公司是客户C在上海最大的销售代理商,其销售模式是把所有的产品直接进入自己的仓库,接到客户订单后,再从自己的仓库出货,它的信息流程如图7.12所示。这种模式成本较高,直接导致客户C产品的市场占有率一直不高。这种出货模式的信息由销售代理商L公司发出订单给客户C的订单系统,客户C发货并将出货信息传递给安得公司物流信息系统,然后再传输到A分公司的信息终端,并由它传递给L公司的信息系统,经过"接力"后最终传递给一级经销商信息系统。物流信息流程的层级多达5级,如果整个供应链信息系统进行信息反馈,则整个信息流

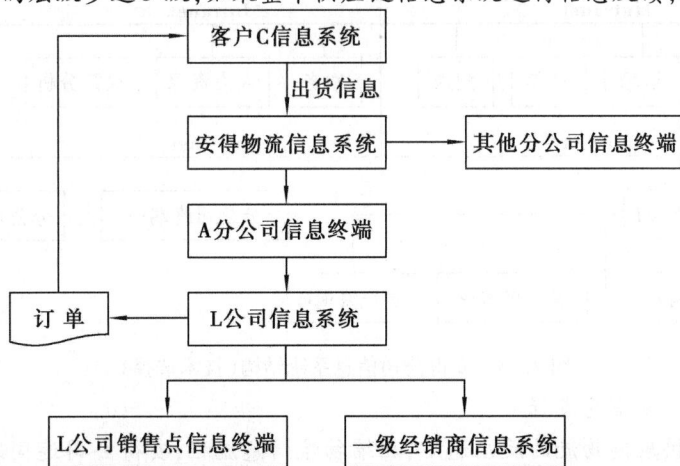

图7.12　安得公司原供应链物流信息流程

程更为复杂。

安得公司所处供应链的物流信息流程过于复杂,带来以下几个弊端:①从物流信息结构模式来看,安得公司同客户之间属于直链式供应链物流信息流程模式,信息流程过长,加重了物流信息延迟情况,减慢了供应链对市场需求响应速度,不利于客户 C 了解一级经销商处的信息;②从物流信息流程再造对象来看,安得公司同客户之间的物流信息流程存在交叉之处,物流信息流程交叉增加了供应链节点企业对货物信息监控难度和监控对象,客户 C 若对货物全程监控则最少需要掌握 4 个层级的信息;③物流信息流程过长,浪费供应链信息系统硬件、人力等资源,不利于物流信息化建设的开展,整个供应链有 4 个层级需要建立相应的物流信息系统。

3.选择相关物流信息技术

安得公司采用 Internet/Intranet 的技术架构,建立起总部与分公司、公司与客户之间以 Internet 为骨干网,分公司与部门内部以 Intranet 连接的物流信息网络,具有良好的信息能力拓展性。另外,安得公司拥有自主研发、具有自主知识产权的安得公司供应链管理信息系统(ALIS2.0),包括安得物流、客户和供应商三大平台,主要有仓储系统、订单系统、运输系统、配送系统、财务系统、人力资源系统、合同管理、保险管理、接口系统、决策分析、计划管理等 11 个模块。同时,基于 ALIS 的安得网络办公功能成为内部管理的有效手段,通过集成短信、文件审批、知识管理、资源管理等功能,为公司信息的快捷传递起到了十分重要的作用,成为网络化运营不可或缺的工具。图 7.13 所示为安得公司信息系统结构图。

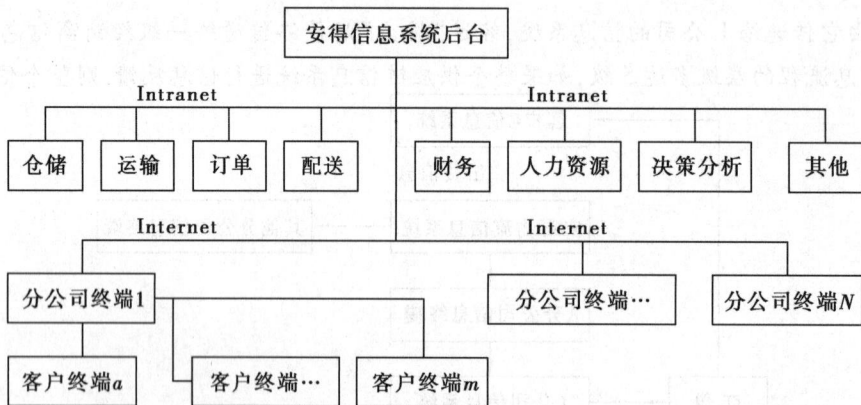

图 7.13　安得公司信息系统结构(技术选择)

4.设计新物流信息流程

为了加快供应链物流的反应速度,压缩物流信息流程,安得公司连同客户 C 和经销代理商 L 公司进行了基于供应链的物流信息流程再造,其物流信息流程如图 7.14 所示。原先一级经销商的物流信息由 L 公司传递,现在改由安得 A 分公司信息终端负责。A 分公司信息终端的职责由原来只同 L 公司信息系统对接,转变为客户 C 在上海地区的"信息中心",职责扩展为同 L 公司信息终端和一级经销商,甚至将来的二级经销商信息互动。

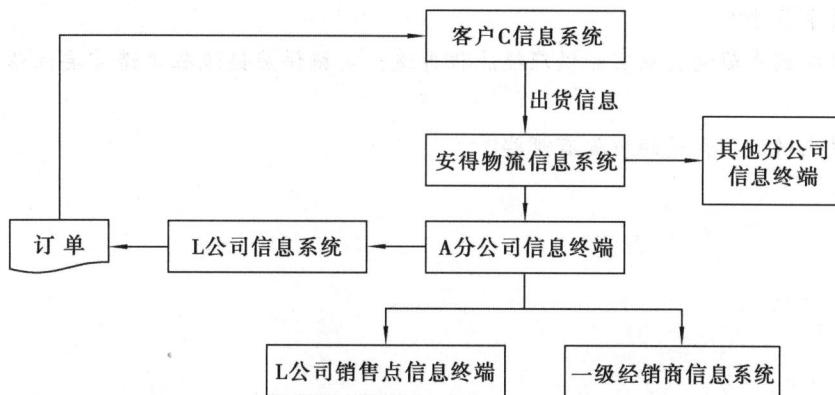

图 7.14　安得公司新供应链物流信息流程

通过基于供应链的物流信息流程再造,安得公司与客户的物流信息传递层级减少,降低信息的冗余,提高工作效率,充分发挥了信息技术的能力,减少企业对信息技术投资的需要。客户对市场需求的响应速度大幅提高,更利于客户了解经销商处的信息,降低了供应链企业(包括多级经销商)对货物信息的监控难度,也为客户节约了信息技术方面的投资。以 L 公司为例,新的物流信息流程减轻了经销代理商 L 公司的信息处理压力,同时增强了客户 C 的信息获取能力和对市场的把握能力,提高了产品的竞争力。通过这一整合之后,客户 C 在上海市场销售占有率提高了 10%,为以后二级、三级经销商信息流程调整打下了良好的基础。

≫案例分析与讨论题

1. 基于供应链的第三方物流信息流程再造是在两个或多个供应链节点组织共同协作下完成的,为什么说合作伙伴的某些特质往往决定着再造的成败?

2. 基于供应链的第三方物流信息流程再造需要怎样的信息技术体系支撑?

3. 本案例有什么借鉴与启发?

≫复习思考题

1. 简述 SCOR 模型的框架以及每一层流程中所涉及的因素。

2. 基于 SCOR 的供应链流程框架以及涉及的 7 个视图分别是哪些?

3. 试述业务流程再造产生的背景,以及现在国内外发展概况。

4. 业务流程再造的定义以及实施业务流程再造时要注意哪些原则?

5. 业务流程再造的阶段——任务框架模型有哪几个阶段? 企业进行业务流程再造有哪些技术方法?

6. 哪些因素驱动企业实施供应链流程再造? 实施供应链流程再造需要注意哪些关键因素?

7. 供应链流程再造的步骤有哪些?

第 8 章

供应链控制管理

本章导读：

- 著名气象学家洛伦兹在 1963 年提出：一只南美洲亚马孙河流域热带雨林中的蝴蝶，偶尔扇动几下翅膀，可能在两周后引起美国得克萨斯的一场龙卷风。其原因是：蝴蝶翅膀的运动会导致四周空气或其他系统发生连锁反应。
- 大自然的生态，犹如一条条生物链，节节相连，环环相扣，只要其中一个链条断裂，将会破坏自然界的生态平衡，造成不可预料的严重后果。
- 供应链管理依赖于有效的供应链绩效评价、激励与风险防范。

记得小时候,邻居曾是养蜂人。在庭院中养了10来箱蜜蜂。奇怪的是,那养蜂人并不怕被蜜蜂螫,他从蜂箱里小心翼翼地拎出一扇蜂巢,只见无数的蜂儿嗡嗡叫着,飞进飞出。那邻居告诉我,蜜蜂这小精灵,一般不螫人,除非为了自卫。因为它螫了你,它就牺牲了自己——那尾刺就附在被螫的对象上,它也活不久了。从小就知道蜜蜂采花粉酿蜜,怪不得庭院中那株芒果树,年年结果累累,把树权儿都压垂了。于是对小不点的蜜蜂,心中充满了一股说不清道不明的情愫。

前些时,看到一则有关蜜蜂的信息,说世界许多地区,因为蜜蜂突然大量死亡,造成农作物与果树的收成损失惨重。每当春暖花开的季节,正是蜜蜂传播花粉的黄金时节,而促进农作物结出果实的辛勤使者正是蜜蜂。基于蜜蜂大量死亡的严重灾情,急告专家们进行研究。根据某些科学家的解释,是由"蜜蜂生态失序"的现象所造成。专家还指出,大自然的生态,犹如一条条生物链,节节相连,环环相扣,只要其中一个链条断裂,将会破坏自然界的生态平衡,造成不可预料的严重后果。造成蜜蜂突然死亡的原因,除了气候及其他因素外,据说罪魁祸首是手机的电波干扰了蜜蜂的定位系统,造成这些小精灵返巢路线的迷失。

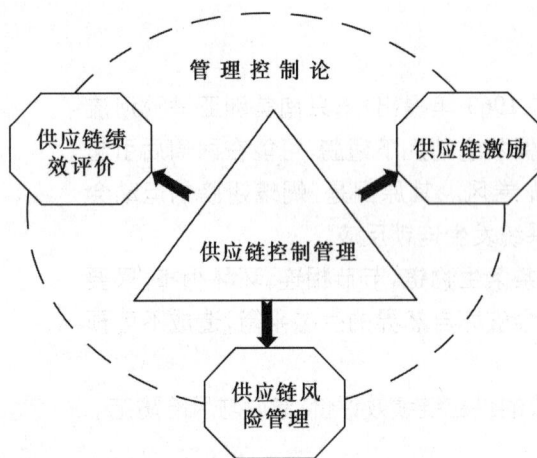

图 8.1 供应链控制管理研究框架

小小蜜蜂,只是生物链中的一环①,它离不开养蜂人的精心呵护。与此相类似,企业是供应链中的一员,它必须融入一个健康的供应链环境。而要做到这一点,就必须进行供应链控制。

控制是包含监督实际绩效、把实际绩效与标准作对比,以及在需要的时候采取行动几个方面的管理功能。对于供应链控制的定义,目前尚无明确界定。笔者认为,供应链控制是围绕供应链的稳定和效益最大化而进行有关绩效评价、激励与风险防范管理活动的总称(见图8.1)。

对于供应链激励,现有研究主要集中在委托代理理论、信息共享激励和转移价格激励等方面,可以说并未形成较为成熟和公认化的知识体系,且供应链管理的个性化程度

---

① 摘自美国《星岛日报》,王性初。

较差,故本书将不作展开,本章着重从供应链绩效评价和供应链风险管理两部分进行论述。

8.1　供应链绩效评价

8.1.1　供应链绩效及其评价

1)供应链绩效的概念

根据 Longman 词典的解释,绩效即正在进行的某种活动或者已经完成的某种活动,因而绩效既可以看作是一个过程,也可以看作是该过程产生的结果。将这个解释拓展应用到供应链,就可以得到供应链绩效(Supply Chain Performance)是指供应链运作过程和运作结果。从某种意义上讲,供应链的运作过程就是通过有效协调供应链成员企业的活动,增加、创造供应链包括所有成员的价值。从物流的角度看,制造商从供应商处获得原材料,加工成产成品,然后包装,由分销商将产品送达顾客手中,每个过程都是一个价值增加的过程。从信息流的角度看,各成员企业通过信息协调和共享,可以大大降低供应链的运营成本,增加供应链价值的同时,通过及时把握顾客需求的变化和发展动向,适时开发出能够满足市场需求的产品,提供令顾客满意的服务。

基于上述讨论,供应链的绩效可从两方面进行定义:一方面是供应链各成员通过信息协调和共享,在供应链基础设施、人力资源和技术开发等内外资源的支持下,通过物流管理、生产操作、市场营销、顾客服务、信息开发等活动增加和创造的价值总和,即结果绩效;另一方面是供应链成员为达到上述目标而采取的各种活动,即运作绩效。

2)供应链绩效的作用

为了能评价供应链的实施给企业群体带来的效益,方法之一就是对供应链的运行情况进行必要的度量,并根据度量结果对供应链的运行绩效进行评价。因此,供应链绩效评价主要有以下 4 个方面的作用:

第一,用于对整个供应链的运行效果作出评价。主要考虑供应链与供应链之间的竞争,为供应链在市场中的生存、组建、运行和撤销的决策提供必要的客观根据。目的是通过绩效评价而获得对整个供应链的运行状况的了解,找出供应链运作方面的不足,及时采取措施予以纠正。

第二,用于对供应链上各个成员企业作出评价。主要考虑供应链对其成员企业的激励,吸引企业加盟,剔除不良企业。

第三,用于对供应链内企业与企业之间的合作关系作出评价。主要考察供应链的上游企业对下游企业提供的产品和服务的质量,从用户满意的角度评价上、下游企业之间的合作伙伴关系的好坏。

第四,除了对供应链企业运作绩效的评价外,这些指标还可起到对企业的激励作用,包括核心企业对非核心企业的激励,也包括供应商、制造商和销售商之间的相互激励。

3)供应链绩效评价的框架

本书给出的供应链绩效评价的框架主要基于外部和内部两个维度,也就是顾客价值和供应链价值来设定,具体的框架如图 8.2 所示。

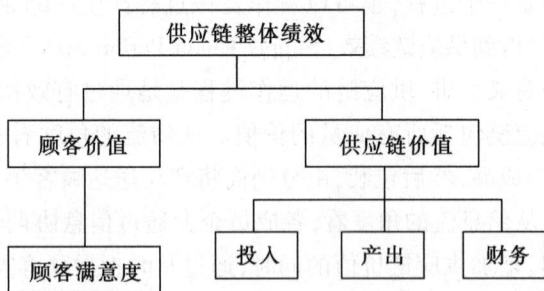

图 8.2　供应链绩效评价框架图

4)供应链指标选取原则

为了建立能有效地评价供应链绩效的指标体系,除了应遵循 Globerson 所提出的设计任何评价指标体系的 8 条原则外,还应遵循下述原则:①应采用能反映供应链业务流程的绩效指标体系;②评价体系要能反映供应链整体和运营情况;③应采用实时性、动态性指标;④应采用反映各节点企业关系的指标体系;⑤定量指标与定性指标相结合的原则;⑥绝对指标和相对指标相结合的原则。

8.1.2 供应链评价的内容

1)供应链内部绩效评价

(1)内部绩效评价概述

内部绩效评价主要是对供应链上的企业内部绩效进行评价。主要考虑供应链对企业的激励。这与现行企业绩效评价不同,虽然企业自身绩效的评价仍然是供应链企业考核的重要内容,但是此处关注的是供应链带来的企业业绩的提升以及企业对供应链整体运营绩效的贡献,而非单纯以货币计算的净损益。因此,进行供应链企业绩效评价需要立足于供应链整体,而不同于一般意义上的企业立足于自身对内部绩效的评价。内部绩效评价的主要内容包括成本、质量、顾客服务、生产率、资产5个大的方面。

(2)成本管理评价

完成特定的运作目标而发生的实际成本是最能直接反映供应链内部绩效的指标。

(3)基础客户服务评价

基础客户服务包括服务的可得性、运作绩效和服务可靠性。一个有效的基础服务平台需要特定的评估标准来评估每一方面的绩效。在一般情况下,服务的可得性可以通过一个组织的操作完成比率得到反映,通常运用的完成比率有货物完成比率、产品线完成比率、价值完成比率和订单完成比率。运作绩效解决与时间有关的问题,在一般情况下可通过平均订货周期时间、订货周期一致性和准时交货来进行衡量。

(4)质量评价

通过组织对供应链中的物流质量进行评估,可以反映与服务可靠性相关的绩效。有许多质量评估指标只负责监控某一项供应链活动的有效性,而其他一些质量评估指标则关注供应链的整体绩效,其间会对某些活动运作绩效的准确性进行特别的跟踪。另外,还有一些重要的质量绩效指标与信息有关,许多公司特别重视评估自身提供信息的能力,即当公司出现没有客户需要的信息时,公司自身是否具有提供有关信息的能力。

(5)生产率评价

生产率是一种关系,通常会用一个比率或指数来表示。如果一个系统有明确的可衡量的产量以及与可以确定和可以衡量的产量相匹配的投入,那对于生产率的衡量将只是日常事务而已。然而,现实中往往存在以下困难阻碍着生产率的准确衡量,这几个方面也正是需要努力改善的方面:①在所规定的时间段内,产量难以衡量,同时投入与产量难以匹配;②投入与产出混淆或者类型不断变化;③数据难以得到或根本没有。

（6）资产管理评价

资产管理的重点是投资在设施和设备上的资本利用情况，同时还有投资在库存上的营运资本的利用情况。设施和设备的利用情况经常以容量的利用以及时间的利用作为衡量标准，对于前者，如果一个仓库每天有运输 10 000 个纸箱的能力，但仅仅运输了 8 000 个，那容量利用率仅为 80%；对于后者，可以以设备的停工期来进行衡量。

2）供应链外部绩效评价

（1）外部绩效评价概述

外部绩效评价主要是对供应链上的企业之间运行状况的评价，包括从用户满意度的角度评价上下游企业之间的合作伙伴关系、核心企业对其他节点企业的激励以及供应商、制造商、零售商之间的相互激励等。

因为供应链是一个相互关联的战略联盟体，各节点企业只有充分合作，实现利益共享，互惠互利，才能保证所有成员发挥最大能动性，从而促进供应链绩效的实现与提高，因而供应链外部绩效的评价是供应链绩效评价的一个重要方面。其度量的主要指标有客户适应状况评价、基准评价。

（2）外部绩效的基准评价

基准是供应链外部绩效评价系统的一种重要工具，它使管理者了解到一流的经营运作，既包括竞争对手也包括非竞争对手，既包括与本行业相关的行业也包括不相关的行业。在一项对最佳运营供应链公司的研究中发现，那些具有高水平供应链运营能力的公司与那些供应链表现平平的公司相比，更加愿意从事基准评价活动。

基准评价的选取对象主要涉及两大类：一是本行业顶尖公司及平均水平；二是其他行业顶尖公司及平均水平（前提是本行业绩效信息搜集困难，其他行业相对简单）。

（3）客户适应状况评价

可以通过相关的评价指标进行反映，如完美订单、客户满意度等。完美订单可以作为公司"零缺陷"承诺的指标，一个完美订单衡量的是公司全部整合绩效的有效性，它衡量一张订单是否准确无误地通过了订单管理程序的每一操作步骤，快速且准确，包括订单进入、信用清算、库存可用性、精确分拣、准时装货、正确开出发票以及足额付款。

客户满意度的量化来自对客户信息的监控、评价和收集。典型的客户满意度评价方法要求企业对客户的期望、需求和客户对企业各方面运作绩效的印象和理解等进行仔细的调查。客户的期望和绩效印象包括可用性、订单周转时间、信息有效性、订单准确性、问题处理情况和物流运作质量等，而这一切都是基于对客户对供应链整体的满意度信息进行收集的基础上进行的。

3)供应链综合绩效评价

供应链综合绩效评价主要是从整体角度考虑不同供应链之间的竞争,为供应链在市场中的生存、组建、运行、撤销的决策提供依据。目的是通过绩效评价获得对整个供应链运行状况的了解,找出供应链运营中的问题,及时予以纠正。它要求评价能够综合反映各职能部门和供应链组织间的观点,因此是一种综合、整合的评价方法,主要包括成本、时间、顾客满意度、资产等几个方面。

8.1.3 供应链绩效评价方法

1)基于 SCOR 模型的绩效评价

完整的 SCOR 模型建立在 5 个基本的管理流程基础上,即计划、资源、生产、交付和退货,在这 5 个流程的基础上来对供应链及节点上的企业进行绩效考核,将绩效指标分为 5 个特征方面。我国学者庄晖、黄培清(2005)建立了相应的绩效指标体系,具体可以概括为以下 5 个方面:

(1)供应链的可靠度

衡量供应链整体配送的性能特征,能否在正确的时间、正确的地点,将正确的产品合适包装,在正确的条件下将产品送到正确的客户手中。衡量指标包括:

①配送性能。反映了发货时间和数量的准确程度,计算公式为

准时足额发货的订单数量/全部订单数量

②完成率。反映了收到客户订单当天发货的履行程度,计算公式为

收到订单当天发货的订单数量/当天收到订单的总数

③完好的订单履行。反映了无差错订单的准确程度,计算公式为

(准时足额订单数量－文档资料有错误的订单－有运送损坏的订单)/全部订单数量

(2)供应链的反应能力

这用于测评企业将产品送达客户的速度。具体的衡量指标为订单完成提前期,它是指企业在接受客户订单到将产品生产出来送达客户手中所需要的时间。

(3)供应链的柔性

这用于衡量供应链面对市场变化获得和维持竞争优势的灵活性。在市场经济条件下,顾客需求瞬息万变,技术发展迅速,要求企业能够跟上顾客的需求变化速度,加快对顾客需求的响应,不断提高生产的柔性。具体的衡量指标有:

①供应链的需求响应时间。反映了供应链整体对客户需求响应的敏捷程度,计算公式为

客户需求及预测时间 + 预测需求信息传递到内部制造部门时间 + 采购、制造时间 + 制造终结点运输到最终客户的平均提前期

②生产的柔性——产品的柔性、时间的柔性、数量的柔性。反映了在无生产计划及订单提前交货的情况下生产的适应程度,分为向上的柔性和向下的柔性。向上的柔性是指在考虑采购、生产、配送、退货的情况下,完成计划的 20% 的生产所需要的时间;向下的柔性是指在没有存货和损失的情况下能够承受 30 天的提前运送订单减少的百分比。

(4)供应链的总成本

这用于测评供应链运营的效率。供应链在运营中所损耗的成本越低,就扩大了获利空间,赢利的可能性就越大。具体的指标有产品销售成本、运输成本、存货成本、供应链管理总成本、增值生产力。

(5)供应链的资产管理

这用于衡量供应链内各企业利用资本的有效性,加大资本的利用率,可以提高企业的总体盈利水平,降低不良资产率,增强供应链整体资产运营的灵活性。具体的衡量指标为现金周转时间、存货的供应天数、资金周转。

另外,SCOR 绩效衡量指标还可分为面向内部流程与面向客户两类,如图 8.3 所示。

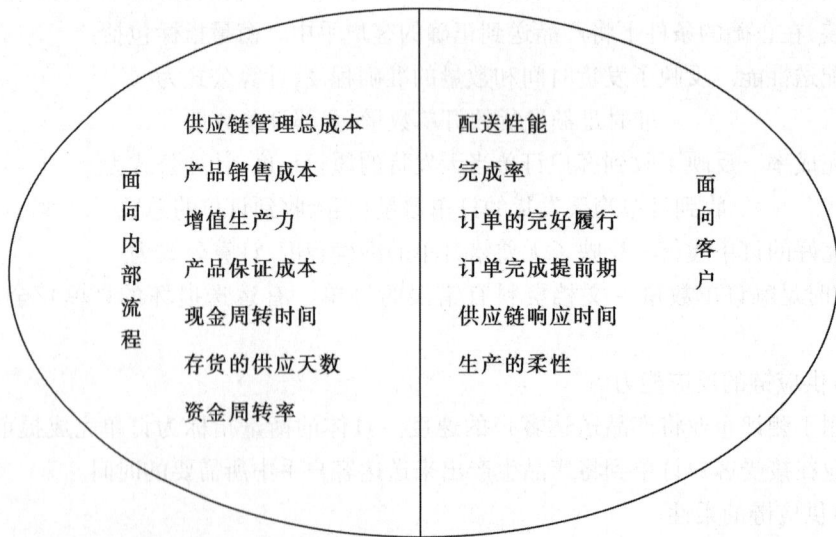

图 8.3 SCOR 绩效衡量指标

SCOR 模型从五大方面评估供应链管理的绩效,对于提升企业整体价值竞争力、改

进供应链管理的绩效有着重要的理念和实际意义。但 SCOR 也具有缺少定性指标的评价，无法对供应链进行综合评价以及没有从供应链未来的发展角度对供应链的可持续发展能力进行评价等缺陷。如果在进行供应链绩效评价时能把 SCOR 模型和其他的评价方法结合起来，取长补短，那么评价的过程和结果会更加符合供应链的实际情况。

2）基于平衡记分卡法的绩效评价

（1）平衡记分卡模型介绍

1992 年，Robert S. Kaplan 和 David P. Norton 在《平衡记分卡——良好绩效的测评》一文中，首次提出了平衡记分卡。该体系提出了一套系统评价和激励企业绩效的方法，共由 4 组指标组成：财务角度、客户角度、内部运营过程和学习与成长。其中客户满意度是推动其他指标顺利完成的原动力；高效的运营过程保证了高水平的客户满意度；而持续的改进则提高了组织的运作绩效。平衡记分卡强调明确企业的使命并找出实现战略的动因，将战略实现动因转变为具体的目标和衡量指标，其中包括外部衡量方法和内部衡量方法，并同时兼顾了客观因素和主观因素。平衡记分卡将整个组织的目标分解成组织的每一层次的目标，将组织和所有员工的工作融合在一起，战略目标指导员工的行为，同时组织成员的工作直接指向战略的实现。组织的所有成员平沿着创新与学习、内部经营过程、客户、财务目标这条因果关系线不断修正自己的行动，使成员的日常工作与组织的战略保持一致，从而保证了组织战略的实现，如图 8.4 所示。

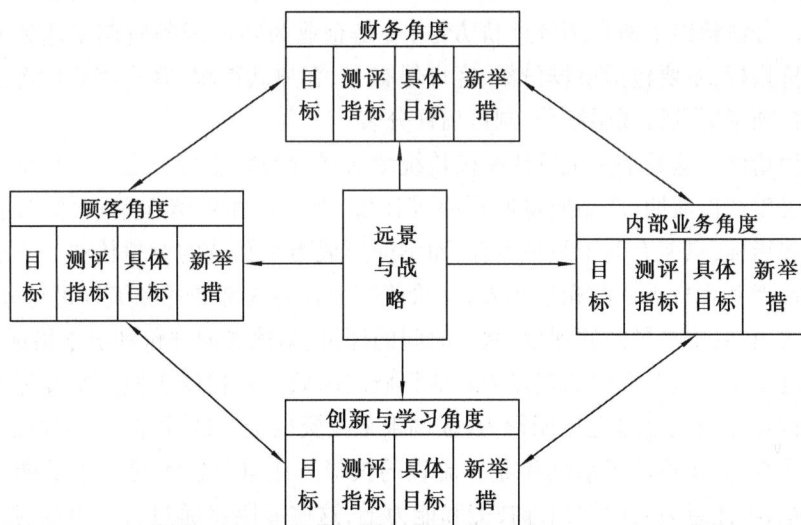

图 8.4 平衡记分卡指标体系

（2）平衡记分卡绩效评价特点

平衡记分卡原来仅用于单个企业的绩效评价，用来阐明企业战略和传播企业战略，同时帮助衔接个人、组织及部门间的计划，以实现共同的目标。而该卡也适用于供应链绩效的评价。这是因为围绕供应链目标建立的平衡记分卡，能够更好地反映供应链绩效评价的特点：

①供应链平衡记分卡摒弃了仅仅从每个企业内部角度评价供应链绩效的模式，而是从供应链财务、客户、运营过程、学习与成长4个方面兼顾财务与非财务、内部与外部等因素综合评价供应链绩效。

②供应链平衡记分卡把财务、客户、运营过程、学习与成长4个方面视为影响供应链绩效的重要方面，不仅能够反映供应链业务流程集成的绩效，而且能够反映整个供应链的运营状况和供应商、制造商及顾客之间的关系。

③供应链平衡记分卡不仅考虑滞后指标对供应链绩效的影响，而且充分考虑过程指标对供应链绩效的影响，从而对供应链绩效进行实时分析与评价。

④供应链平衡记分卡不仅注重现有绩效的控制与改进，而且通过设计学习与成长基础方面的指标注重远期优良绩效的取得。

（3）平衡记分卡绩效评价内容

Kaplan和Norton提出的平衡记分法分为4个方面，代表了3个利害相关的群体：股东、客户、员工，确保企业组织从系统观的角度进行战略的实施。

①客户角度。企业为了获得长远的财务业绩，就必须创造出客户满意的产品和服务。平衡记分法给出了两套绩效评价方法，一是企业为客户服务所期望达到的绩效而采用的评价指标，主要包括市场份额、客户保有率、客户获得率、客户满意度等。二是针对第一套各项指标进行逐层细分，制订出评分表。

②流程角度。这是平衡记分法突破传统绩效评价的显著特征之一。传统绩效评价虽然加入了生产提前期、产品质量回报率等评价，但是往往停留在单一部门绩效上，仅靠改造这些指标，只能有助于组织生存，而不能形成组织独特的竞争优势。平衡记分法从满足投资者和客户需要的角度出发，从价值链上针对内部的业务流程进行分析，提出了4种绩效属性：质量导向的评价、基于时间的评价、柔性导向评价和成本指标评价。

③改进角度。这个方面的观点为其他领域的绩效突破提供手段。平衡记分法实施的目的和特点之一就是避免短期行为，强调未来投资的重要性，同时并不局限于传统的设备改造升级，更注重员工系统和业务流程的投资。注重分析满足需求的能力和现有能力的差距，将注意力集中在内部技能和能力上，这些差距将通过员工培训、技术改造、产品服务得以弥补。相关指标包括新产品开发循环期、新产品销售比率、流程改进效率等。

④财务角度。企业各个方面的改善只是实现目标的手段,而不是目标本身。企业所有的改善都应通向财务目标。平衡记分法将财务方面作为所有目标评价的焦点。如果说每项评价方法是综合绩效评价制度这条纽带的一部分,那么因果链上的结果还是归于"提高财务绩效"。

我国学者马士华(2002)基于平衡记分法提出了新的评价角度,同样也分为4个维度:客户导向、财务价值、内部流程、未来发展性,分别代表了供应链、客户、供应链企业的利益,从整体上把握供应链战略和供应链运作的内在关系,变单纯的绩效评价为绩效管理,这也使得4个角度的目标和任务都具有新的特点,具体如表8.1所示。

表8.1 马士华的绩效管理维度表

4 个维度	任 务	关键问题	关键成功因素
客户导向角度	在正确的时间、正确的地点,将正确的产品/服务以合理的价格和方式交付给特定的客户,以满足和超过客户的期望	供应链经营所提供的产品或服务是否增加客户的价值,达到客户满意?	①建立和保持与客户的密切关系; ②快速响应并满足客户的特定需求; ③提高供应链客户群的价值
财务价值角度	突出供应链的竞争价值,达到供应链合作伙伴的赢利最大化	供应链合作伙伴对供应链的贡献率是否是从供应链整体的角度考虑?	①供应链资本收益最大; ②保证各伙伴在供应链中发挥各自的贡献率; ③控制成本以及良好的现金流
内部流程角度	能够在合理的成本下,以高效率的方式进行生产	供应链内部流程的增值活动的效率有多高?能否更好地实现核心竞争力?	①实现较低的流程运作成本; ②较高的运作柔性——响应性; ③提高经营中值活动的比例,缩短生产提前期
未来发展角度	集成供应链内部的资源,注重改进创新,抓住发展机遇	供应链管理系统是否具备这种机制?	①集成合作伙伴,稳定战略联盟; ②加强信息共享,减少信息不对称,提高信息及时效果,降低信息放大效应; ③研究可能的生产、组织、管理各方面的技术

资料来源:基于平衡记分法的绩效管理. 马士华.

应用供应链平衡记分卡对该供应链及其核心企业进行绩效评价时,就应该根据响应型供应链及其核心企业的特征设计基于供应链平衡记分卡的绩效评价指标体系,分别从财务、客户、运营过程、学习与成长4个方面设计评价指标,在平衡记分卡的引导下,供应链节点企业可以确定最佳的绩效评价指标体系,从而确定供应链运营的绩效。

3)基于 AHP 方法的绩效评价

层次分析法(Analytic Hierarchy Process,AHP)是一种应用广泛,适用于解决多层次、多准则决策评价的综合性方法,由美国运筹学家,匹兹堡大学的 T. L. Saaty 教授于 20 世纪 70 年代提出,它能够有效地处理难于用定量分析方法解决的复杂问题。AHP 的基本原理,是将被评价对象的各种错综复杂的因素按照相互作用、影响及隶属关系划分成有序的递阶层次结构,根据一定客观现实的主观判断,对相对于上一层次的下一层次中的因素进行两两比较,然后经过数学计算及检验,获得最底层相对于最高层的相对重要性权值,并进行排序,再进行总体层次的分析或决策。它体现了决策思维的基本特征分解、判断、综合,具有系统性、综合性与简便性的特点,其运用的关键环节是建立判断矩阵,判断矩阵是否科学、合理,直接影响到分析的效果。

(1)评价指标的无量纲处理

在供应链绩效评价指标体系中,有的属于正指标,有的属于适度指标,还有的属于逆指标,它们对供应链绩效的作用趋向不同,正指标对供应链绩效的贡献率随着评价结果的增大而增大,适度指标要求数值以适中为最好,逆指标对供应链绩效的贡献率随着评价结果的增大而减小。因此,各个指标之间不具有可比性,如果不进行无量纲处理,就无法进行综合评价。

(2)构造集成化供应链绩效评价体系的递阶层次

层次分析法需要根据具体情况建立评价系统的递阶层次结构图,具体如图 8.5 所示。

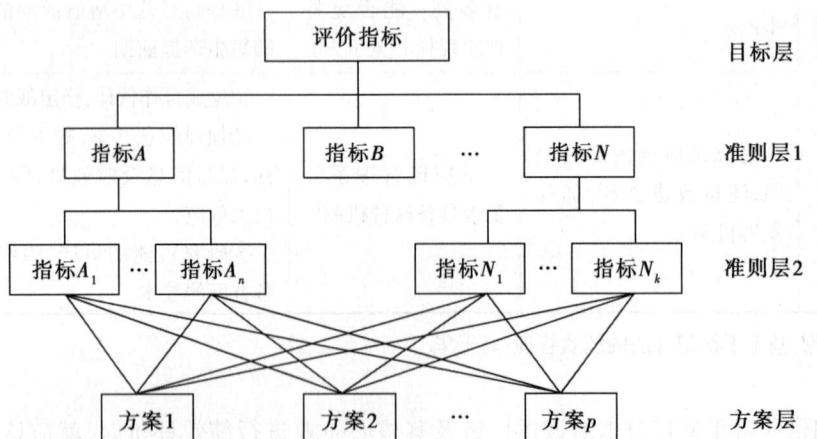

图 8.5　层次分析法递阶层次结构图

（3）构造比较判断矩阵

在得到供应链绩效评价指标体系的递阶层次结构以后,运用专家(一般由内部的供应链管理专家和外部的市场专家构成)咨询法,对指标体系中由同一上层准则指标支配的同层指标进行两两比较,构造判断矩阵。

（4）层次单排序和一致性检验

对应的特征向量经过归一化处理后即得到同一层次相应因素对于上一层次某因素相对重要性的排序权值,这一过程称为层次单排序。对层次单排序进行一致性检验,首先计算一致性指标,再通过查表得出对应不同 n(判断矩阵的阶数)值的平均随机一致性指标值。

（5）层次总排序和一致性检验

计算同一层次所有因素对于最高层(总目标)相对重要性的排序权值,称为层次总排序。这一过程是最高层次到最低层次逐层进行的,然后对层次总排序结果进行一致性检验,直到检验值具有满意的一致性,否则就要重新调整判断矩阵元素的取值,直到满意为止。

（6）计算综合评价结果

层次分析法得到方案层各指标的层次总排序权值,设为 $W_1, W_2, \cdots, W_n$,各指标经无量纲处理后的评分值为 $P_1, P_2, \cdots, P_n$,则供应链绩效评价的最终得分为

$$V = P \times W^{\mathrm{T}}$$

4）基于流程的供应链绩效评价体系法

这是一个近年来较新的研究领域,由我国学者霍佳震于 2005 年提出。他认为,基于流程进行评价,不仅具有灵活性和指导性,同时还有利于进一步分析供应链成员之间的相互影响,并进一步构建一个基于流程的供应链绩效评价体系。具体如表 8.2 所示。

表 8.2　基于流程的供应链绩效评价体系

	主　体	一级指标	二级及三级指标
结果层	最终客户	顾客服务水平	可靠性(失去销售百分比、准时交货比率、顾客抱怨比率)、柔性(产品柔性、时间柔性、数量柔性)
	经营者	财务状况	经营者角度(资产运营状况、财务收益状况、发挥能力状况)
	所有者		所有者角度(净资产收益率、资本保值增值率)
运作层	经营者	价值角度	生产附加值率
		时间角度	流转时间效率
		产能角度	产能利用率

续表

主 体		一级指标	二级及三级指标
战略层	经营者	信息共享程度	共享信息的质量、时效、深度
	所有者	组织创新与学习	R & D 投入回报率、新产品销售收入百分比
		稳定与活力	成员稳定性、激励机制有效性

资料来源:基于流程的供应链绩效评价. 霍佳震.

①结果层。每个主体所关注的问题并不相同,最终顾客作为产品和服务的接收者,关注顾客服务水平;所有者和经营者则比较关注财务状况。考虑不同主体的关心事项,将结果层的绩效分为顾客服务水平、财务状况两个方面。

②运作层。传统的运作评价大多从投入和产出入手,利用财务指标对结果进行评价。这里则是基于流程,具有很强的分析能力和灵活性,既可停留在供应链比较宏观的流程层次上,也可深入到企业内部分析更具体的流程,从价值角度、时间角度、产能角度展开运作层体系构建。

③战略层。供应链的发展能力和潜力是所有者和经营者共同关心的问题。这一层次的评价可以分 3 个方面进行,即信息共享程度、组织创新与学习,以及稳定和活力(供应链的合作性质要求组成上具有稳定性,但同时需要有效的激励机制,以保证供应链的活力)。

5)基于协调的供应链绩效评价体系法

这同样是近几年来在供应链绩效评价领域的新研究成果,我国学者周淑华于 2005 年对其进行了详细的论证。他指出,供应链管理的主要内容是供应链范围内的部门之间和节点企业之间的相互合作与协调,协调管理是供应链管理的核心内容。从供应链的定义可知,信息流、物流、资金流是供应链成员之间联系的纽带。供应链管理就是在信息共享的前提下,对物流和资金流进行经营协调,使资源在供应链上合理流动,实现高柔性的供需关系。因此,可以从信息流、物流、资金流和柔性 4 个方面来反映供应链的协调水平,如表 8.3 所示。

表8.3 基于协调的供应链绩效评价体系

评价层面	评价指标
物流协调	供应链运输成本、库存周转率、平均缺货成本、储存成本
资金流协调	现金周转率
信息流协调	信息交流频率、信息传递及时率、信息传递准确率、单位信息交流成本
供应链柔性	数量柔性、时间柔性、产品柔性

资料来源:基于协调的供应链绩效评价指标体系. 周淑华.

8.2 供应链风险管理

8.2.1 供应链风险及其评述

1）供应链风险的概念

供应链风险（Supply Chain Risk）是一个较新的概念，国内外学者从各种角度进行了定义。

国外学者 Zsidisin 曾在 2000 年定义供应风险为：货物的供应或服务显著地消失或令人失望地失败。2002 年的一份名为《Supply Chain Vulnerability》的报告中给出了供应链风险的概念：通过供应链协调的方法，识别和管理供应链内生风险和外生风险，以减少供应链中的脆弱性。Hallikas（2002）、Cranfield（2002）对其定义可归纳如下：①供应链风险的来源是各种不确定性因素；②牛鞭效应（Bull Effect）使供应链风险被放大；③供应链网络上的企业相互依赖，任何一个企业出现问题都有可能波及和影响其他企业，影响整个供应链的正常运作，甚至导致供应链的破裂和失败，因此又可将供应链风险定义为供应链的脆弱性。

我国学者丁伟东（2003）认为：供应链风险是一种潜在威胁，它会利用供应链系统的脆弱性，对供应链系统造成破坏。从目标控制的角度出发，可以说供应链风险是供应链偏离预定目标的可能性。张存禄（2004）认为：供应链的多参与主体、跨地域、多环节的特征，使供应链容易受到来自外部环境和链上各实体内部不利因素的影响，形成供应链风险。朱怀意（2006）认为：由供应链的各种不确定性而导致的供应链整体机能失调甚至中断的现象即为供应链风险现象，产生这种现象的可能性及其危害即是供应链风险。

在供应链风险的研究过程中，还出现了一些相关概念，如供应链脆弱性、供应链不确定性。对于供应链脆弱性，瑞典学者 Svensson（2000）定义为：存在着随机干扰，能导致零部件和原材料供应链与正常的、期望的或计划的时间安排或活动之间产生偏差。对于供应链不确定性，马士华（2002）则把风险直接视为活动本身存在的不确定性，认为在供应链企业之间的协调与合作过程中，存在着各种产生内生不确定性和外生不确定性的因素。

综合以上文献回顾，结合不确定性、脆弱性以及 Kaplan 和 Garrick 的三元理论给出的定义如下：供应链在其运作过程中受到系统内、外部不确定性因素的影响,导致有害事件的发生,并由此导致供应链的正常运作偏离预定目标,从而受损和导致供应链脆弱的可能性。

2)供应链风险的特性

(1)客观性

供应链风险的存在独立于人的主观意志之外,具有客观存在性。无论是自然界的物质运动还是社会的发展规律,都是由事物的内部因素所决定的,不以人们的主观意志为转移,如自然界中的地震、洪水、海啸、战争、瘟疫、意外事故等。同样,供应链存在于自然和整个社会环境当中,受到事物客观发展规律的影响,因此是客观存在的,不可能彻底消除,只能尽力提高其可预知性,并采取措施使其弱化。

(2)传递性

传递性是供应链风险最显著的特征,也是由其自身组织结构所决定的。由于供应链从产品开发、原料供应、生产制造到流通过程,由多个节点企业共同参与,根据流程的时间顺序,各节点的工作形成了串行或并行的混合网络结构,其中某一项工作既可能由一个企业完成,也可能由多个企业共同完成。因此各环节环环相扣,彼此依赖和相互影响,任何一个环节出现问题,都可能波及其他环节,影响整个供应链的正常运作。这种传递性指的是供应链风险在供应链节点企业之间的传递,利用供应链系统的连动性,对其造成破坏,给上下游企业以及整个供应链带来危害和损失。如最具代表性的"牛鞭效应"就是由于需求信息风险在供应链上传递引发的。又如当上游原材料供应商供货不及时或缺货,则直接影响下游制造商的生产,也间接影响了末端的销售,风险从上游一直传递到下游各节点企业。

(3)多样性和复杂性

供应链从构建起就面对许多风险,它不仅要面对单个成员企业所要面对的风险,如财务风险、人力资源风险、赊销风险等,还要面对由于供应链的特有组织结构而决定的企业之间的合作风险、道德信用风险、企业文化风险、信息传递风险及利润分配风险等。因此,供应链风险相比一般企业的风险,类型多、范围广,也更为复杂。

(4)此消彼涨性

供应链中的很多风险是此消彼长的,一种风险的减少会引起另一种风险的增加,可以从两方面来解释:

一是从整体来讲。把供应链看作一个大企业群,企业内一种风险的减少会导致另一种风险的增加,如营运风险和中断风险,减少库存营运风险,但中断风险随之而增加。例如,在"非典"的影响下,台湾许多厂商均在月下旬疫情开始加温后,启动紧急应变措施,要求上游供应厂商提高库存,以确保供应链不会中断,减少了中断风险,但应变措施的启动,也相对提升了跌价损失的风险。由于全球市场需求仍相当疲弱,国际大厂如戴尔电脑、惠普为刺激需求,不断以降价、快速推出新机种的方式提振买气。在此情形下,台湾工厂的库存却相反升高,无异增加了营运风险。又如,为了加强与供应商的长期战略合作,减少交易成本,可能会选择比较少的供应商,而这无疑增加了供应中断风险。

二是供应链系统内各节点企业之间风险的此消彼长性,即一个企业风险的减少可能会导致相关的企业风险的增加。如制造厂商为了减少自身的库存风险,要求上游供应商采用 JIT 方式送货,而这必然导致上游供应商送货成本、库存的增加,即制造商库存风险减少,某种程度上是以供应商库存风险的增加为代价的。

因此,在研究供应链风险、加强对供应链风险的控制时就要充分考虑风险的相互影响性,对此消彼长的风险进行权衡,以确保供应链整体风险最小。

3) 供应链风险的分类

国外的学者主要基于实证来分类,普遍性不高,往往限制在某种特定的研究对象上;而国内学者进行的分类明显缺乏依据,不全面,缺乏对供应链风险构成全貌的描述。表8.4整理了国内外将供应链风险管理作为独立命题研究的学者的研究成果,并对其供应链的分类情况进行了汇总。

表8.4　国内外供应链风险分类研究

研究学者及发表年份	供应链风险的相关分类
Johnson M E（2001）	需求风险、供应风险(以玩具行业为研究对象)
Svensson G（2002）	物流系统扰动风险、供应风险、需求风险(以汽车行业为研究对象)
Zsidisin G A（2002）	按照风险来源划分:单个供应商失误导致的风险、市场特征导致的风险; 按风险后果划分:满足客户需求方面的风险、对客户生命和安全构成威胁的风险(以采购风险为研究对象,按风险源的特征实证分类)
Cranfield（2002）	结合"9·11"进行供应链脆弱性研究,将供应链风险分为需求、供应、经营、环境、制度、信息技术六大因素
Zsidisin G A（2003）	与项目特征相关的风险、与采购市场特征相关的风险、与供应商特征相关的风险(以采购风险为研究对象,按风险源的特征实证分类)

续表

研究学者及发表年份	供应链风险的相关分类
张炳轩、李龙洙、都忠诚（2001）	市场风险、合作风险、利润风险、利润波动风险、技术与信息资源风险、道德风险
贾燕、王润孝、杨波（2001）	信息不对称引起的风险和违约风险（与订单相关的风险）
张喜征（2002）	技术风险、竞争风险、法规风险、组织风险
丁伟东、刘凯、贺国先（2003）	独家供应商的风险、信息传递的风险、物流配送的风险、财务状况的风险、市场波动的风险、合作伙伴的风险、利润分配的风险
李晓英、陈维政（2003）	与供应链系统特性相关的系统风险、与虚拟企业管理相关的管理风险、与系统内信息不对称和信息阻滞相关的风险、与最终产品价值能否实现相关的市场风险

资料来源：根据阅读文献整理而得。

　　供应链本身是一个多参与主体、多环节的复杂系统，在选择供应链风险分类依据问题上完全可以参照系统论的思想，分成供应链系统内部风险和供应链系统外部风险，其中，系统内部风险是内在因素引起的，可以通过内部协调和控制来减少风险的发生；系统外部风险多是由于不可控制的外部环境因素造成的，因此可视为不可控制的风险，只能提前采取一些防范措施去适应，尽量减少损失。可作如表8.5所示的分类。

表8.5　供应链风险分类表

供应链系统内部风险	供应链系统外部风险
网络结构风险、文化冲突风险、合作伙伴能力风险、利益分配风险、信息风险	自然环境风险、社会环境风险、经济环境风险、政策法律风险、市场环境风险

4）供应链风险管理基本框架

　　根据Core risk咨询公司的Richard Brenchley于2003年9月提出的供应链风险循环管理的框架，本书提出自己的架构，分别如图8.6和图8.7所示。

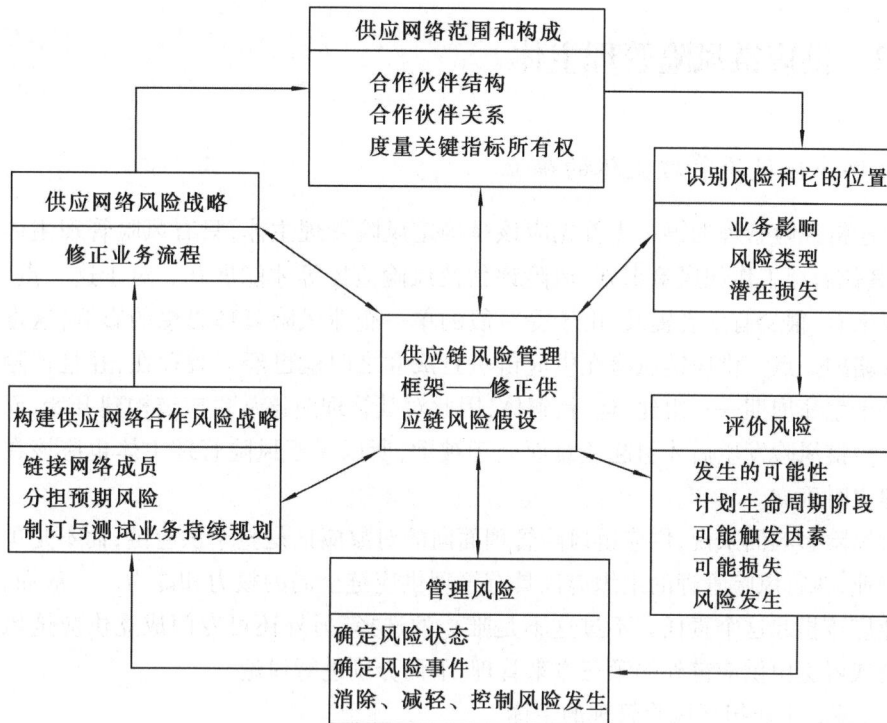

图 8.6　供应链风险循环管理的框架

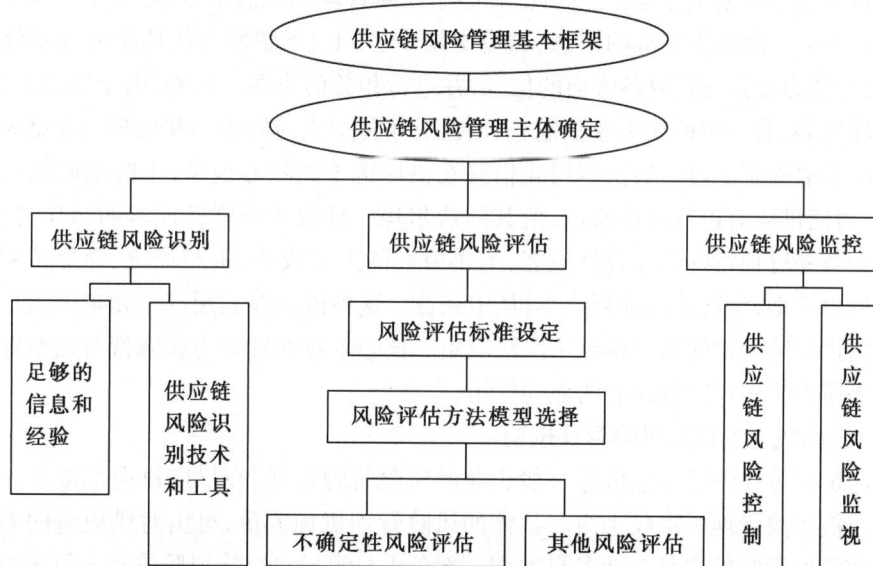

图 8.7　供应链风险管理框架图

8.2.2　供应链风险管理主体

1)供应链风险管理主体的确立

供应链风险管理的第一步首先应该是确定风险管理主体,只有风险管理主体确定以后,其他后续工作如风险识别、风险评估及风险监控等才能展开。对于这一点,从检索资料来看,很少有学者提及,由于受一般的单一企业风险管理思想的影响,这也是最容易忽略的一点。供应链风险在供应链一旦成立之时就已经客观存在,并且伴随供应链的整个生命周期——组建、运行、解体,因此对其管理应该从供应链构建开始,而不是等到供应链风险发生后才引起注意而处于被动,所以对于风险管理主体也应该在供应链构建之时确立。

就风险影响面来说,供应链风险管理面向的对象应该是整个供应链,而不是单独的某个企业,执行风险管理的组织应该具有管理供应链全局的权力和能力。一般而言,核心企业应该担起这个责任。不过这不是唯一的选择,另外还可专门成立供应链风险管理小组或者交由供应链外的第三方来管理,下面分别进行讨论。

(1)核心企业担任风险管理的主体

供应链是围绕核心企业建立而成的,一般拥有人才、资金、技术、管理等诸多优势,在整个供应链中占据主导地位。因此,在整个风险管理和控制中,应充分发挥其领导作用。核心企业一般是供应链的信息、物流交换中心,上、下游所有伙伴企业都围绕其运作,因此有能力也方便获取各方面的信息,并进行相关的协调。另外,由于其核心地位,拥有比较优势,有一定的决策和控制权,因此有条件对供应链中一些成员企业诸如不合作的情况采取强制手段。如沃尔玛凭借其在供应链中的核心地位,不断地向供应商施加压力,迫使供应商进行流程改造,使其同沃尔玛一样致力于降低成本的运作,同时沃尔玛依靠其先进独特的营运管理技能,为供应商的人工成本、生产场所、存货控制及管理工作提供咨询,帮助他们降低成本,从中获益。这种做法在通用汽车和丰田汽车等世界著名的供应链管理体系中得到了广泛应用。核心企业的影响力在降低节点企业运作低效率等所带来的风险方面有明显的作用。

(2)链内成立专门的风险管理机构

供应链整体风险管理也可像一般企业的风险管理那样,在供应链内部成立一个专门的供应链风险管理机构或小组。具体的风险管理机构人员,可由对供应链的整体运作有比较重要影响的成员企业各自抽调一部分人员组成,这样,风险管理人员来自不同的成员企业,对每一个企业的详细运作情况比较了解,也容易管理。

（3）链外第三方风险管理机构

除了上述两种形式外，还可以把整个供应链的风险管理交由链外的第三方机构来管理，比如一些专门的供应链管理咨询公司或风险管理组织，如保险公司等，这样链中的成员企业都不参与风险管理，也避免了强权控制的出现。

以上3种风险管理方式都有其各自的优点和缺点：

第一种，由核心企业来行使风险管理权，可能会造成其他成员企业的不信任。由于核心企业本身处于比较优势的地位，有可能基于自身利益而制订一些强制性的标准或措施，要求其他企业必须服从或者在行驶管理权的过程中处理不公，偏袒一方，造成另一方的不利等。

第二种，在供应链内部成立专门的风险管理机构进行风险管理，这种方式相对前一种而言弥补了它的不足，是一种比较好的供应链风险管理方式。

第三种，由链外的第三方来管理，虽然可以让链中的各企业集中精力搞好自己的业务，但存在很大的商业信息泄露风险，因为第三方要对供应链进行风险管理，必然要清楚掌握链中每一个企业的运行情况，对供应链存在哪些风险或哪些薄弱环节都很了解，这样可能造成对供应链信息的泄露，并且各企业也不一定全愿意与第三方合作，也许会隐瞒一些真实情况。

至于究竟采用哪一种方式，要视各个供应链的情况而定，并且要综合考虑链中各成员企业的反应，可以让各企业参与讨论，共同选定一种方式来管理。

2）供应链风险管理主体的责任

不论是哪一种风险管理主体，在供应链的风险管理方面都需要承担以下职责：风险评估、信息传递、流程分析及监控措施的采取。

（1）风险评估

供应链风险评估的目的是对风险产生的原因及其影响进行周期性预计，以便能及时采取措施进行预防。它主要包括两方面内容：一是对影响供应链运营的主要因素及其后果进行预测，如对经济波动和产业政策波动评估，供应商评估鉴定，自然灾害、战争和突发事件发生概率进行预测等；二是对供应链本身抵御风险的能力进行评估，如供应商的供应能力、物流企业的运输能力、生产和销售企业的库存能力等。应该指出的是，风险评估是一个需要不断进行的过程，当出现薄弱环节时，应该及时进行协调改进。这点也是需要独立管理机构进行风险管理的原因。

（2）风险信息传递

风险评估后，风险管理主体应及时地将发生预期和影响大小等信息传递给供应链各成员，以使它们能做好风险防范准备。各成员也要及时地将有关准备情况反馈给风险管理主体,使供应链能够协调一致地行动。

（3）流程分析与风险监控

供应链流程分析和防范措施,对于不同原因产生的,影响范围、环节和后果都不尽相同的风险,采取的措施也相应地不同。风险管理机构必须对供应链流程进行分析,识别出最容易遭到中断的环节,并及时通知相应的主体采取措施。当某成员企业由于能力限制或其他原因不能顺利执行应急措施时,管理机构必须协调其他主体给予帮助。例如,美国的 Continental Teves 公司拥有一个由采购和物流经理组成的"危机小组","9·11"发生的当天下午,危机小组就把所有顾客、零部件供应商的代表召集在一起,讨论零部件的供应流程,在分析出北美的海运是易发生延迟的环节后,他们立即决定将部分部件改为陆运。

3）供应链风险管理主体的管理模式

（1）集中管理模式

集中管理是指风险管理小组成员共同对整个供应链中的每一个成员企业及整个供应链进行风险识别与评估,然后汇总,对于成员企业凭自身难以解决的问题,可以共同研究。

（2）分工管理模式

①按供应链运作环节的分工模式。可以分为供应商风险管理小组、制造商风险管理小组、分销商风险管理小组及物流服务商风险管理小组,分别负责供应链运行中的供应环节、生产环节、分销环节及物流运输环节。

②按供应链内外部风险的分工模式。可分为供应链外部风险管理小组和供应链内部风险管理小组,前者主要负责监控和预测供应链系统外部因素,如自然灾害、意外事故、经济政策、市场环境、竞争环境等导致的风险;后者主要协调供应链内部运作中出现的风险,如信息传递风险、采购风险、价格风险、道德风险、违约风险、安全风险、合作风险、质量风险及库存风险等。

③按供应链风险层级性质的分工模式。按照风险层级的高低可分为经营决策层风险小组、管理控制层风险小组和执行操作层风险管理小组 3 个层级。决策层负责供应链最高层次所产生的风险,如市场预测风险、经营及产品生产决策风险等;管理控制层负责供应链的中间层次风险,如采购过程中供应商的选择风险、分销过程中分销商的选择和零售商的选择风险、组织及文化差异风险等;执行操作层主要负责供应链中诸如运输、配送等具体活动所产生的风险。

8.2.3 供应链风险识别

1)供应链风险识别评述

供应链风险识别的概念目前国内外并没有给出确切定义,但供应链风险识别无疑是进行供应链风险管理的核心基础性工作。

按照国内学者张存禄的描述,供应链风险识别可以总结为:在分析供应链的各个过程环节、每一个参与主体及其所处的环境基础上,找出可能影响供应链的风险因素,掌握每个风险事件的特征,确定风险来源及其相互关联。供应链风险识别要考虑供应链管理的计划目标,需要足够的信息和相关经验来源,因此,本章接下来将介绍相关信息源的问题。

供应链风险识别需要的资料信息包括:一般环境信息、市场和供应链伙伴信息、物流环境信息、企业供应链管理历史资料信息、企业供应链管理计划与战略文件信息。

2)供应链风险识别技术和工具

(1)风险核对表

企业风险核对表分为两类:一类是风险核对总表,一类是风险核对明细表。风险核对总表反映企业某一阶段总的风险状况,风险核对明细表则反映某一种风险的具体信息。风险核对表的提交时间是每一个风险监控阶段的期末,以反映当前阶段的风险状况。而风险监控阶段的长短则根据企业的生命周期或决策者对风险监控的要求来确定,可以是一个工作日,也可以是一周或一个月。

另外,企业风险核对表还包括两类辅助表,即风险识别表和风险调查表。风险识别表是风险核对表的基础表,其主要作用在于对企业所面临风险的识别和分类,并给出针对各种风险的风险大小评价方法,从而使风险评价和风险监控有理有据可循。风险调查表则用于收集企业各伙伴(或任务团队)的具体风险信息。从风险核对表各部分所反映的内容上来看,风险识别表是一种静态表,而风险核对总表、风险核对明细表以及风险调查表都是一种动态表。这4张表的基本功能及关系可以用表8.6表述,表8.7则直观地给出了风险核对总表。

(2)故障树法

故障树法又叫做事故树法,是分析问题时广泛使用的一种方法。它是利用图解的形式将大的故障分解成若干小的故障,或对各种引起故障的原因进行分解。由于某种原因分解后的图形呈树枝状,因而称为故障树法。在对供应链风险识别时,故障树法可以将整个供应链所面临的主要风险分解成若干细小的风险,也可以将产生风险的原因层层分解,排除无关因素,准确找到真正的风险及原因。如运用故障树法对供应链的销售风险进行识别分析,具体可参照图8.8。

表8.6 风险核对表综述

	表格类型	提交时间	功 能
风险核对总表	动态表	每一个风险监控阶段的期末	反映企业本阶段各种风险的总的风险状况
风险核对明细表	动态表	每一个风险监控阶段的期末	反映各种风险本阶段的详细信息
风险识别表	静态表	企业运行前的风险监控	企业的风险识别、分类及风险评价方法确定
风险调查表	动态表	每一个风险监控阶段的期末	收集各个伙伴本阶段的风险信息

资料来源:供应链风险管理. 张存禄.

表8.7 风险核对总表

种类 伙伴	工期风险	成本风险	质量风险	技术风险	投资风险	协作风险	人员风险	…
伙伴1								
伙伴2								
⋮								
风险总体评价								
风险总体变化情况								
风险预警提示								
风险控制措施								

资料来源:供应链风险管理. 张存禄.

(3)供应链运作参考模型

有关供应链运作参考SCOR模型的分析在本书第7章已有详细描述,在此主要探讨如何基于SCOR模型对供应链风险进行识别。

结合SCOR模型,企业的供应链风险管理人员可以仔细分析识别供应链可能面对的环境风险、结构风险、行为主体风险,可以深入到每一层细分流程中识别供应链过程中如风险核对表中所列的相关风险:成本风险、协作风险、人员风险等。

利用SCOR模型识别供应链风险的种类和方法可以归纳如下:

①环境风险识别。SCOR模型的第二层次标准配置了基本流程的所有活动,可以将

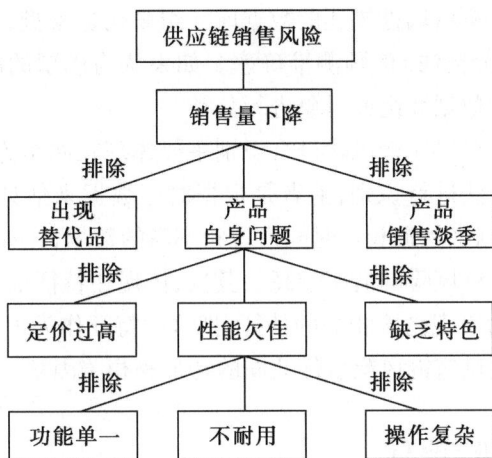

图 8.8 供应链销售风险分类

这些活动画在以地理分布图为背景的图上,这样便于分析供应链所在各地区的地理气候环境、政治法律形势、经济社会状况、自然灾害因素和物流环境等,这种方法尤其适合那些规模较大的跨国性供应链风险识别。

②供应链参与主体与协作风险识别。根据 SCOR 模型的第三层次规定的标准流程元素定义和细化的流程图,可以针对不同供应链参与主体之间不能很好地协调作业的风险因素来画出相关图形,明确相关协作关系,分析认识其中风险,以发现供应链上的薄弱环节。

③供应链结构风险识别。通过 SCOR 模型的一系列规范化的图形,可以仔细分析 SCOR 模型描述的供应链分布与结构,其中包括的问题可能会有:配送中心、制造厂等节点的选址是否合适,仓库系统是过分集中还是过分分散,供应商的数量和分布是否合适,配送渠道的分布是否和目标市场一致,并在确定供应链关键路径的基础上,重点关注在关键路径上的相关主要风险。

④供应链流程风险识别。借助于层层分解的 SCOR 模型,供应链风险分析人员可以深入发掘运作流程的不合理之处,确定风险所在。在这方面已经有学者进行了尝试,如我国的马林按照 SCOR 模型第一配置层中的计划、采购、制造、配送和退货 5 个流程进行了供应链风险的识别研究。

(4)数据挖掘方法

数据挖掘(Data Mining)是从大型数据源中提取人们感兴趣的知识的一种分析方法,这些知识是隐含的、事先未知的和潜在有用的重要信息。数据挖掘汇集了来自机器学习、模式识别、数据库、统计学、人工智能及管理决策系统等各学科的成果,至今仍处于快速变化与发展中。数据挖掘的分类是一个两步过程:第一步,建立一个模型,描述预定的数据集。通过分析由属性描述的数据库元组来构造模型;第二步,使用模型进行分类。首先评估模型(分类法)的预测准确率。如果认为模型的准确率可以接受,就可以用它对类标号未知的数据元组或对象进行分类。

利用数据挖掘方法对供应链风险进行识别主要体现在两个方面:首先,可以用趋势分析法和序列模式挖掘法进行识别,前者是根据时序数据来估计未来的供应链风险形势,后者是根据序列数据来挖掘相对时间出现频率高的数据,比如"引入新的供应链,合作开始一年内发生供应链风险的概率较高";其次,体现在特征描述上,可以用来提取供应链参与主体与其行为表现高度相关的特征,把这些特征作为识别供应链风险的参考,也可以用来展现同类型供应链风险事件共同的特征和相关因素。

8.2.4 供应链风险评估

1)供应链风险评估的概念

(1)供应链风险评估

对于供应链风险评估的实证研究在国内外几乎是空白,仅检索到一篇关于供应链风险概率评估的文献,那就是丁伟东(2003)研究提出的供应链可靠性评估矩阵,其有4个步骤,具体是:

①选定评估因素,构成评估因素集;

②根据评估的要求划分等级,确定评估标准;

③对各风险要素进行独立评估,得出评估矩阵和权重矩阵;

④进行数学运算,计算出评估结果。

供应链风险评估是在风险识别及影响因素分析的基础上构建评价指标体系,选择一定的方法建立模型,计算出供应链总体风险水平及各类风险的大小,为下一步风险处理及防范奠定基础。它是供应链风险管理的核心步骤。

(2)供应链风险评估标准

根据我国学者张存禄的说法,供应链的评估标准也即是供应链风险控制的预期目标,是根据供应链的计划目标和供应链的绩效指标确定的。而相应地,供应链绩效评价体系作为实务界和理论界关注的重要问题还没有形成合适的、达成共识的评估标准。在这种供应链目标不清楚、绩效指标不完善的情况下,如何科学地选择系统化的、方便实用的供应链风险评估标准就成了一个很值得研究的问题。

在确定供应链风险的评估标准时应当遵循如下基本原则:

①结合企业的运营目标、供应链的计划目标;

②标准水平要同期望的目标客户服务水平相一致;

③标准水平要同企业目前的管理水平、设备水平相一致;

④符合企业自身供应链活动流程,便于计算。

供应链风险评估标准与供应链绩效评价标准相关,但不完全相同。风险评估标准关心的是把运行结果与管理目标的偏差控制在一定范围内,而绩效评价标准关心的是以最佳表现实现管理目标。供应链风险评估标准可以从质量风险、时间风险和成本风险三大方面进行设置,这同时也符合供应链管理的基本目标。表8.8清楚地就这3方面同相关的绩效评价指标进行了描述。

表8.8　供应链风险评估标准与相关绩效评价指标描述

供应链风险评估标准	相关绩效评价指标
质量风险评估标准	订单完成率、破损率
时间风险评估标准	订单完成率、准时发货率、前置期、响应时间等
成本风险评估标准	供应链总成本、作业时间成本、单位生产率、资产利用率等

(3)供应链风险评估分类

根据供应链风险评估人员掌握的知识和信息的不同以及供应链风险事件本身的特征,供应链风险评估可以分为确定型、不确定型、随机型和主客观评价型评估。

①随机型评估。对于随机型评估,供应链管理人员不仅知道有哪些状态出现,根据历史资料还知道它们出现的概率,其评估的主要内容包括选定风险的计量标度、确定事件发生的概率、计算概率事件各种后果的数值、确定评估数值的变化范围和限定条件。

②确定型评估。确定型评估假定各种状态出现的概率为1,只计算和比较各种方案在不同状态下的后果,依此挑选出不利后果最小的方案。在供应链管理中,可以选择不同的供应商、不同的运输方式、不同的配送路线、不同的库存水平,管理人员可以根据产品价格、运输费率、道路里程、保管费用等计算供应链的成本,选择总成本最小的方案。另外,敏感性分析也被用于确定型评估当中。确定型评估不是供应链风险评估要讨论的重点。

③不确定型评估。不确定型评估主要是估计不知道发生概率,或不知道发生后果、不知道强度和形成机理的风险,重点是减少不确定性和不可预知性。

④客观评估。客观评估主要是依据客观概率进行评估。客观概率是根据供应链管理的统计数据计算出来的,比如一个连续经营的企业,供应链的运行有明显的重复性特征,利用积累的统计资料,尤其是管理信息系统存储的大量资源进行供应链的风险评估是非常可行的,计算结果的依据是客观的,不依管理人员的意志为转移。当然,客观概率也有其不足之处,那就是它不能反映新出现的风险因素,不能反映供应链发生的新变

化可能面临的风险。

⑤主观评估。主观评估相应地就是依据主观概率进行评估,它是有经验的供应链管理人员(或专家)利用自身的知识、经验和技能,利用较少量信息创造性地分析判断的过程。根据风险事件是否发生的个人判断,用一个 0 ~ 1 的数来表示事件发生的概率,便是主观概率的表现形式。主观概率的缺陷是评估结果容易受到管理人员个人偏好、能力水平等的影响,从而出现相应的偏差。

2)基于不确定性的供应链风险评估

不确定型风险在供应链管理中是普遍存在的,也是供应链风险管理的难点。因此,对待不确定型风险,应当采取适当的方法进行处理和分析,主要包括信息分析、逻辑推理、主观估计、部分估计以及模糊评估。在这里主要介绍两种常用的不确定型风险评估的方法。

(1)不确定型风险的模糊评估方法

L. A. Aadeh(1965)首次提出模糊集合的概念,并在此基础上发展成模糊数学。模糊集理论经过 40 多年的发展,目前已在综合评估与决策、模糊规划、模糊可靠性分析、模糊控制等领域得到了广泛的应用。模糊综合评估法是能较好地用于涉及多个模糊因素的对象的综合评估方法。风险就其本身特征来说就是一种模糊的概念,风险因素和风险后果指标具有一定的模糊性,很难对其进行精确的现实数字描述。

针对不确定型供应链风险,把专家的主观估计与模糊变换相结合,这需要实现两次模糊变换:第一次变换是通过风险因素模糊隶属度矩阵实现从模糊因素评判集到风险因素可能发生水平的变换;第二次变换是通过风险因素与目标风险之间的模糊关系矩阵实现从风险因素到风险水平估计的变换。下面结合一个虚拟的实例来说明风险模糊评估方法。

A 公司拟对遍布全国的冰激凌产品供应链网络进行重新设计,在某中心城市新设配送仓库,负责向周围地区供货。面对即将到来的销售旺季,需要估计可能的产品供应短缺风险。假定 A 公司缺少历史性统计数据,故用模糊评估方法来计算其风险水平。

第一步,建立风险因素集 $U = \{u_1, u_2, \cdots, u_n\}$。对于缺货风险,筛选可能导致缺货的主要风险因素,令:

$$u_1 = 原材料生产供应事故;$$
$$u_2 = 配送运输延误;$$
$$u_3 = 需求预测与发货调度失误;$$
$$u_4 = 配送中心冷藏设备故障;$$
$$u_5 = 自然灾害等自然环境因素影响。$$

第二步,建立风险因素的评判集 $V = \{v_1, v_2, \cdots, v_n\}$。根据风险因素对供应链的影响大小,把风险因素模糊化为5个等级,即 $V = \{$很小,较小,小,较大,很大$\}$,为了便于定量计算,参照以往其他配送中心的风险水平情况,给这5个等级赋值为 $V = \{0.01, 0.02, 0.03, 0.04, 0.05\}$。

第三步,评估风险因素发生的可能性。请精通和熟悉企业供应链运行情况的专业人员评估各等级风险因素发生的可能性,得到各等级风险因素的隶属度矩阵:

$$X = \begin{bmatrix} x_{11} & x_{12} & x_{13} & x_{14} & x_{15} \\ x_{21} & x_{22} & x_{23} & x_{24} & x_{25} \\ x_{31} & x_{32} & x_{33} & x_{34} & x_{35} \\ x_{41} & x_{42} & x_{43} & x_{44} & x_{45} \\ x_{51} & x_{52} & x_{53} & x_{54} & x_{55} \end{bmatrix}$$

有两种方法得到的值。一种方法是请专业人士在表 8.9 相应的格中画圈,每一行只能画一个圈。将表格收集起来,计第 i 行第 j 列的圈数为 K_{ij},则

$$X_{ij} = \frac{K_{ij}}{N}$$

其中,N 为参与评价的专业人员总数。

表 8.9 供应链风险因素发生可能性评估表

	v_1	v_2	v_3	v_4	v_5
u_1					
u_2					
u_3					
u_4					
u_5					

资料来源:供应链风险管理. 张存禄.

另一种方法是请专业人员直接给出各种风险因素各等级可能的离散概率 P_{ij},P_{ij} 满足约束条件

$$\sum_{j=1}^{5} P_{ij} = 1$$

则 X_{ij} 为 N 个专业人员给出的 P_{ij} 的均值。采用第二种方法得到的供应链风险因素等级概率矩阵为

$$X = \begin{bmatrix} 0.1 & 0.6 & 0.2 & 0.1 & 0.0 \\ 0.0 & 0.2 & 0.2 & 0.5 & 0.1 \\ 0.0 & 0.2 & 0.6 & 0.1 & 0.1 \\ 0.2 & 0.3 & 0.4 & 0.1 & 0.0 \\ 0.3 & 0.4 & 0.2 & 0.1 & 0.0 \end{bmatrix}$$

第四步,计算风险因素的可能发生水平:

$$U^T = XV^T$$

第五步,确定风险因素与目标风险之间的模糊关系矩阵:

$$F = \begin{bmatrix} f_1 & f_2 & f_3 & f_4 & f_5 \end{bmatrix}$$

这里依然综合专业人员的意见确定上式中各参数的值,其中 $0 \leqslant f_i \leqslant 1$,表示风险因素与目标风险之间的关联程度。本案例中确定的数值为 $F = \begin{bmatrix} 1.0 & 0.7 & 0.8 & 0.9 & 0.4 \end{bmatrix}$。

第六步,计算供应链风险水平:

$$R = FU^T$$

$$U^T = XV^T = \begin{bmatrix} 0.1 & 0.6 & 0.2 & 0.1 & 0.0 \\ 0.0 & 0.2 & 0.2 & 0.5 & 0.1 \\ 0.0 & 0.2 & 0.6 & 0.1 & 0.1 \\ 0.2 & 0.3 & 0.4 & 0.1 & 0.0 \\ 0.3 & 0.4 & 0.2 & 0.1 & 0.0 \end{bmatrix} \begin{bmatrix} 0.01 & 0.02 & 0.03 & 0.04 & 0.05 \end{bmatrix}$$

$$= \begin{bmatrix} 0.023 \\ 0.035 \\ 0.031 \\ 0.025 \\ 0.021 \end{bmatrix}$$

$$R = FU^T = \begin{bmatrix} 1.0 & 0.7 & 0.8 & 0.9 & 0.4 \end{bmatrix} \begin{bmatrix} 0.023 \\ 0.035 \\ 0.031 \\ 0.025 \\ 0.021 \end{bmatrix} = 0.103$$

上面的计算是基于各种风险因素共同作用下相互叠加的结果,在现实中各种风险因素并不一定同时具备。假定风险因素不同时发生,采用查德算子计算如下:

$$R = FU^T = \max(f_1 u_1, \quad f_2 u_2, \quad f_3 u_3, \quad f_4 u_4, \quad f_5 u_5) = 0.025$$

在前面计算出风险因素的水平的基础上得出了最终的目标风险水平数值,这样也就构成了一个多级模糊评估模型算法。

（2）基于案例推理的风险评估方法

CBR 方法作为 AI 中新崛起的一项重要的推理方法于 1982 年起源于美国耶鲁大学。Roger Schank 教授在《Dynamic Memory》一书中创建了它的基本理论,1987 年以来,国际研究界每年举行 CBR 研讨会,先后在通用问题求解、法律案例、医疗、诊断、医药、故障诊断、辅助 CAD 设计等领域证明了 CBR 方法的有效性及实用性。CBR 方法基于人类的认知过程,其核心思想是:当求解问题时,在以前类似的求解问题的成功范例基础之上进行推理,而不必一切从头做起。一个典型的事例推理过程可以归纳如图 8.9 所示。

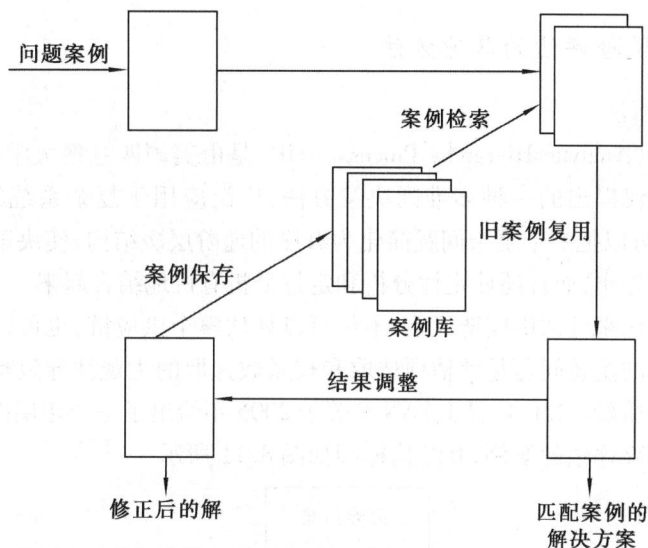

图 8.9　事例推理过程图

基于案例推理的风险评估方法大致经历以下步骤:

①对发生的新供应链风险问题进行规范化描述;

②以新风险问题的若干特征为检索查询条件,从案例库中查找以前类似问题的案例;

③将所选择的最接近的案例作为样本形成新风险问题的解;

④分析新旧案例的差异,识别新风险问题的新情况,修正得到的解;

⑤对新案例进行推理,添加到案例库中。

供应链风险问题的案例推理工作流程如图 8.10 所示。

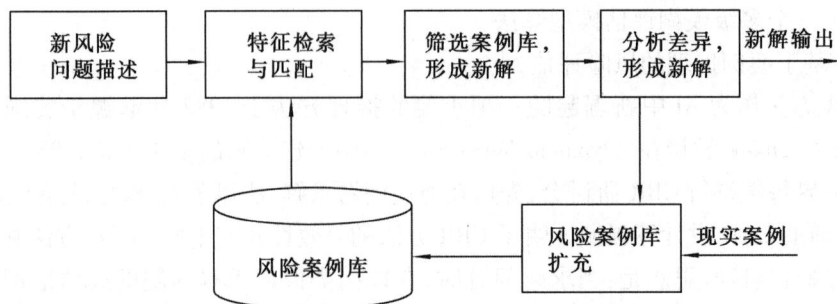

图 8.10　供应链风险的案例推理工作流程

3）供应链风险评估的其他方法

（1）层次分析法

层次分析法（Analytic Hierarchy Process，AHP）是由美国匹兹堡大学教授 T. L. Saaty 于 20 世纪 70 年代提出的一种多准则决策方法，广泛应用于复杂系统的分析与决策。利用 AHP，不但可以把一个复杂问题简化为有序的递阶层次结构，使决策问题通过简单的两两比较形式导出，而且还使定性分析和定量分析有机地结合起来。

用层次分析法来评估供应链风险，不仅可以评估整个供应链，也可以评估某一个阶段。层次分析法的主要问题是评估项选取和权系数选取的主观性导致整体评估结果的客观科学性受到质疑。LIU L、JI J、FAN T 等于 2006 年给出了一个用层次分析法进行化工企业供应链风险评估的案例，其结构模型如图 8.11 所示。

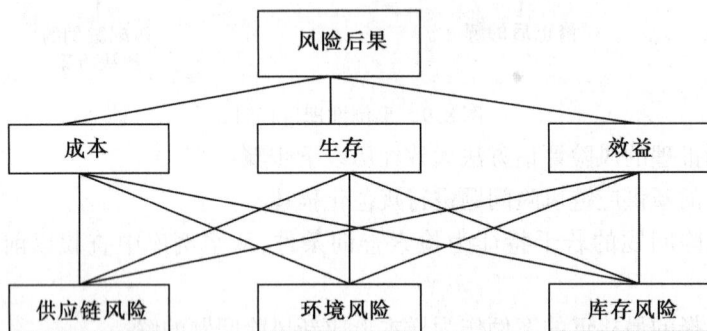

图 8.11　层次分析法的供应链风险评估结构模型

（2）决策树法

决策树法（Decision Trees Method，DTM）是风险型决策问题的一种基本决策方法。由于这种决策方法的思路如同树枝形状，因此被称为决策树法。决策树用树的形式列举所有可能的选择方案，每种方案可能的后果及后果可能发生的概率，用决策树法对不同方案的风险进行评估十分直观,便于企业管理人员理解。

(3)风险评审技术

风险评审技术(the Venture Evaluation and Review Technique,VERT)是专门为那些高度不确定性和风险性的决策问题开发的一种随机网络仿真系统。VERT 起初运用于美国许多国防系统研制的计划管理和风险决策分析,由于它的科学性与准确性,现在其应用已扩展到风险投资和供应链管理等许多领域。

VERT 作为一门计算机模拟的随机网络仿真技术,首先建立与实际过程相对应的随机网络模型,将时间、费用、运行效果联系起来加以分析。而供应链风险管理在这三方面是密切相关的,正好可以应用 VERT 进行分析。这种高度防真的计算机模拟技术解决了风险投资项目评估的多因素、多目标与模糊性等问题,可以为供应链风险管理提供强有力的支持。

(4)数字仿真

供应链是一个复杂的、由多个环节构成的随机系统,平时在对供应链风险问题进行解析时,往往是在严格假定与约束条件下进行,这给结果的实用性和通用性带来损失,因此有必要在仿真设备上试验系统,包括建立、修改、复现系统的模型,通常把这种试验过程称为仿真(Simulation)。近年来,由于计算机,尤其是数字计算机的迅速发展,十分复杂的系统的运动状态也能在计算机上复现,因此也有人将仿真定义为"使模型在计算机上运转,并加以试验的过程"。总之,仿真是进行系统分析、研究、设计和训练操作人员的一种不可缺少的手段和方法。关于供应链的仿真研究有比较多的文献报道,供应链风险分析方面的仿真研究还比较有限,上海交通大学 2002 年运用仿真方法研究分析了火力发电厂燃煤库存风险。在供应链风险管理领域,仿真方法的应用还有很长的路要走。

8.2.5 供应链风险监控

1)供应链风险控制

供应链风险控制这个阶段主要是对供应链的运行进行控制,并实施相应的风险处置策略。根据控制措施的施行相对于风险事件发生的时间先后,把供应链风险控制分为事先控制、事中控制和事后控制。

事先控制也叫主动控制、前馈控制,指的是根据供应链风险识别的结果,事先采取措施防止风险事件的发生,并制定风险应对策略。比如很多组织采用的风险预警方法等即属于事先控制的范畴,优秀的供应链风险管理班子应尽量化风险于无形,而不是坐视风险因素酿成重大的风险后果再去采取措施应对。

事中控制也叫被动控制、保护性控制,指的是密切监督供应链系统的运行,风险事件发生以后及时通知可能受到影响的各个方面,立即采取措施努力减小风险造成的不良影响。如应急管理就属于事中控制的范畴,如果发生事先未曾预料到的风险,供应链风险管理人员需要紧急识别风险的特征,估计和评价风险的进一步发展和可能的后果,确定风险应对措施并投入实施,如果风险的后果非常严重,可能要修改供应链的计划目标。

事后控制指的是供应链过后的善后工作,采取的措施称为改进措施。它主要包括4个方面的内容:第一,根据合同约定或法规制度来追究相关责任人的责任,比如若是供应链合作伙伴违约造成的风险,则追究合作伙伴的责任;若发生由于自然灾害造成的供应链风险,则按照保险合同要求保险公司赔偿损失。第二,通过风险事件造成的后果发掘供应链配置的问题,亡羊补牢,有针对性地改进供应链。第三,总结分析供应链风险管理的得失和改进方向。第四,整理、总结风险处理过程中积累的资料,作为以后管理的预案。

2)供应链风险监视

供应链风险监视属于事中控制的范畴,其目的有两个:一是监视供应链的运行,及时发现风险因素和风险事件,预测其对供应链的影响,并通知可能受到影响的各方启动风险防范措施;二是监视评价风险应对措施的执行效果是否达到预期的目的,获得反馈信息,为未来的供应链风险管理积累经验。

供应链风险监视涉及的内容非常多,大致可以分为两个大的方面:一是对环境的监视,包括一般环境信息中的政治法律信息、经济社会信息、技术信息、自然灾害等,以及具体环境信息中的物流环境信息、采购市场与销售市场行情信息等;二是对质量、时间、成本目标的监视和工作状态异常的监视。明智的做法是有重点地选择进行监视,主要依据风险对供应链的影响程度确定风险监视的等级,对不同等级的信息进行重点监视或一般监视或不监视。

下面列出了重点监视的一些标准和范畴:供应链风险事件发生概率大、造成损失严重的内容;控制风险需要花费的成本同取得的效益比较,效益明显的内容;与新产品、新工艺、新设备、新的合作伙伴、新市场等"新"相关的内容;包含未知风险的内容等。

3)一种供应链风险的事前控制方法——预警体系方法

供应链风险预警机制是供应链风险管理的一个重要组成部分,属于事前监测和控制供应链风险的一种监管办法。

国内学者刘永胜于 2006 年提出了供应链风险预警的理论方法,指出通过建立预警指标体系来建立供应链风险预警机制的思想,并在此基础上建立了自己的供应链风险预警指标体系(见表 8.10),为评价供应链风险提供了标准和尺度。

表 8.10　一个供应链风险预警指标体系

目标层	准则层	要素层	指标层	计算公式及来源
供应链风险预警	外部风险预警	自然风险预警、社会风险预警	自然灾害综合影响指数、社会公共安全指数	利用历史数据,结束风险评估模型评估后得到
	内部风险预警	道德风险预警	供应链道德风险混合熵	通过道德风险熵度量模型分析得到
		技术风险预警	技术符合指数	技术领先度、技术成熟度、技术难度、技术实用性和技术可得性的加权平均
		市场风险预警	市场适应指数	产品价格变动率、市场占有率、市场竞争密集度和销售效率的加权平均
		资金风险预警	资金可利用指数	资金成本提高率与资金保障率的加权平均
		违约风险预警	合作关系指数	利益一致性、信任度、准时交货率、订货满足率的加权平均

资料来源:供应链风险预警指标体系.刘永胜.

≫案例分析　基于供应链的爱立信上游供应商风险应急管理

1. 阿尔伯克基事件背景

　　爱立信是世界最大的移动通信设备提供商之一。作为跨国性大企业,爱立信向合同制造商和供应商外包了大量的装配和生产任务,促使爱立信重视供应链风险管理的是 2000 年 3 月 18 日发生的"阿尔伯克基事件"。位于美国新墨西哥州阿尔伯克基的飞利浦电子公司晶片厂——爱立信手机产品核心部件的唯一供应商,因闪电引发 10 分钟的火灾,但恢复正常生产却需要数周的时间。当时手机市场销售火爆,这使得爱立信在随后的几个月时间几乎中断了主流机型手机的生产和销售,终于在 2001 年无奈地在损失 4 亿美元的情况下从无线通信终端业务中退出。

　　"阿尔伯克基事件"使爱立信认识到供应链风险管理的重要性。针对供应链上游供应商出现的灾难性断裂而造成的巨大损失,爱立信决定努力改进整个供应链的风险流程,包括风险识别、风险评估和风险处理和事后评价,并在此基础上进行应急计划的制订,对危机灾难性事件能够作出迅速的反应。

2.爱立信的上游供应商应急计划管理流程

1)组织架构和应急管理流程分析

基于供应链风险,爱立信成立了自己的组织架构,整个组织体系涉及集团公司的供应链风险管理部门、供应核心单元(包括采购、生产、销售等核心职能)、风险管理委员会和基于产品的不同事业部门(SBA)。风险管理委员会是由各产品事业部选出的代表构成的,并受集团公司的风险管理部领导,不同的职能部门按照矩阵的形式协同工作,具体的矩阵式组织结构如图 8.12 所示。

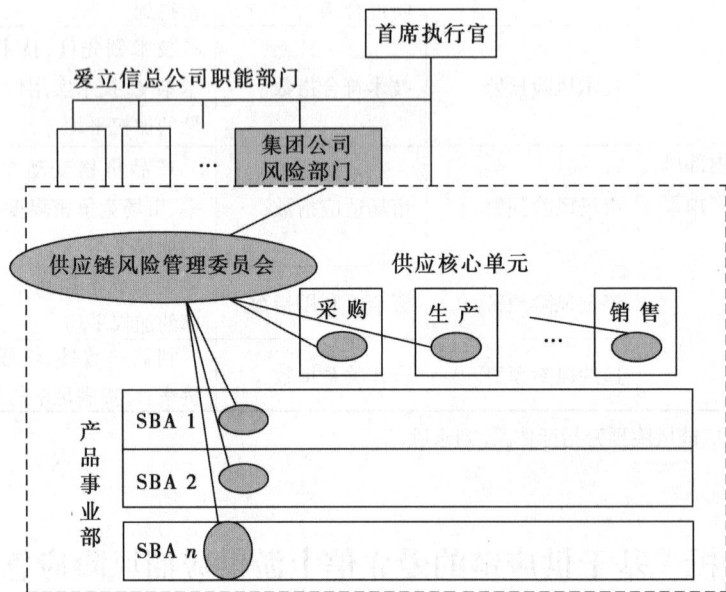

图 8.12 爱立信供应链风险矩阵式组织结构

爱立信的基于上游供应商的应急管理方法是一个由供应链风险管理系统化的子过程组成的闭环过程,包括供应链风险识别、风险评估、风险处理和事后评价,而应急计划正是处于中心部位,代表被贯穿于整个供应链风险管理全过程中。结合供应链风险管理的思想,爱立信公司的应急管理就能够同存在或潜在的风险相联系,目的性和可操作性也就更强。下面给出两个非常直观的图进行说明,其中图 8.13 表示的是爱立信基于供应链风险的应急管理基本方法,图 8.14 显示的是爱立信上游供应商应急管理的一个细化流程,后面的案例分析也将结合这一流程展开。

2)上游供应商风险识别

爱立信对上游供应商风险识别的基本方法是画出上游供应链的图形,如图 8.15 所

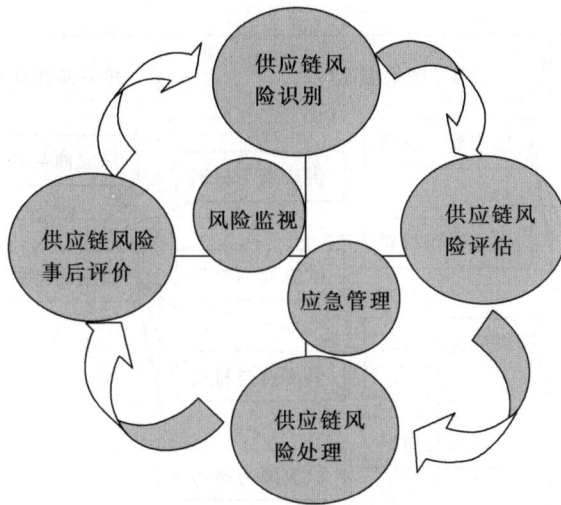

图 8.13　爱立信基于供应链风险的应急管理基本方法

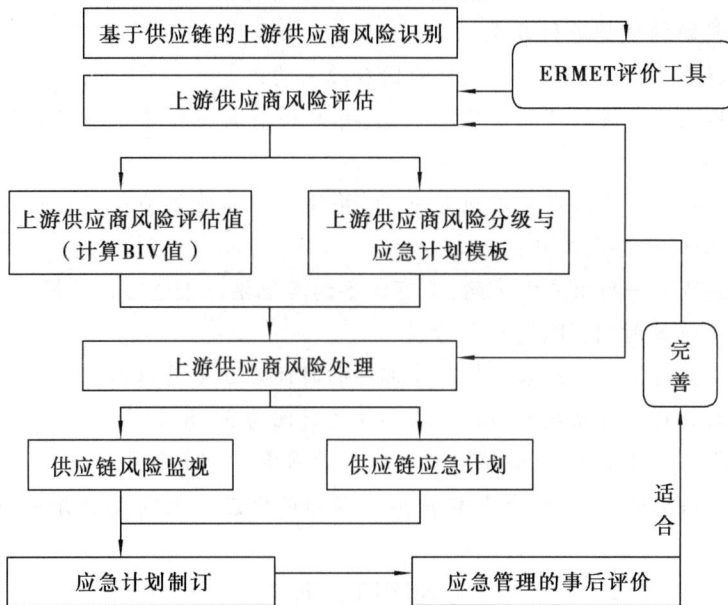

图 8.14　爱立信上游供应商应急管理的一个细化流程

示,用来清楚地显示所有的供应商、产品与服务,这样做的目的是检验和识别爱立信每种产品同上游供应商相关的业务流,并在此基础上确定关键零部件相关的风险源。这里主要有两个标准来对关键零部件进行分类:

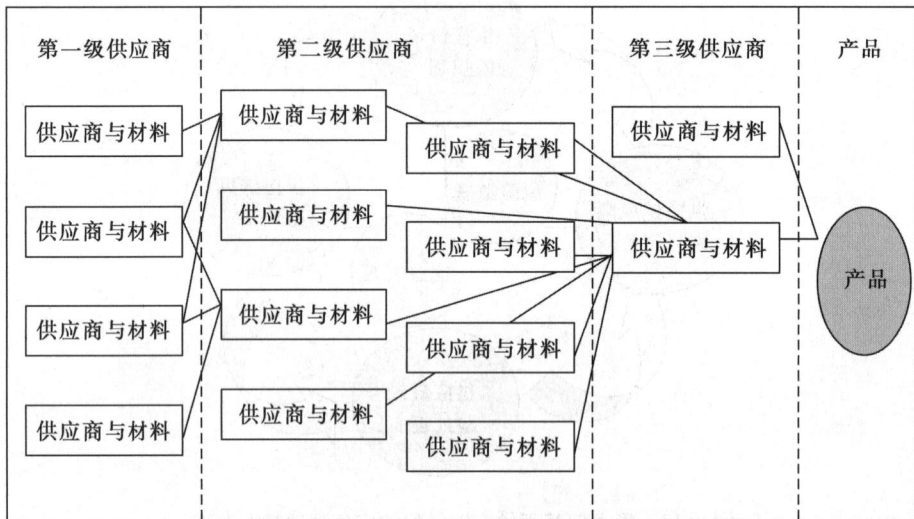

图 8.15　爱立信上游供应商风险识别结构

(1)按供应源的数量进行分类

第一,目前产品从多于一个被认可的供应源采购;

第二,产品从一个被认可的供应源采购,并且还有其他供应渠道可以选择,但并未选择使用别的渠道;

第三,产品从一个被认可的供应源采购,并且还有其他供应渠道可以选择,但生产车间不具备配套的设备或工具;

第四,产品从单一的供应源采购,没有储备的其他供应渠道可以选择。

(2)按业务恢复时间(BRT)进行分类

第一,从储备的供应源处采购相关零部件的时间在 3 个月以内;

第二,从储备的供应源处采购相关零部件的时间为 3~8 个月;

第三,储备供应源单一,重新确定新的供应源需要 9~12 个月;

第四,一旦供应链断裂,整个上游的其他零部件供应链也需要一并重新设计,需要 12 个月以上。

3)上游供应商风险评估——基于 ERMET 分析工具

爱立信通过初步的对上游供应商的直观风险识别和零部件分类后,下一步工作便是对关键产品上游的各级供应商进行深入细化分析——风险评估。在这里用到一个爱立信自己开发的评估工具——ERMET(Ericsson Risk Management Evaluation Tool),同样也是爱立信对上游供应商应急管理的基础,如表 8.11 所示。

表 8.11　ERMET 概况

爱立信供应链风险评估工具——ERMET			
业务控制： 　管理系统 　环境、质量与信息 　风险管理政策 　采购组织 　审计与检查 **财务问题：** 　投资 　现金流 　可靠性 　现金供给 　负债 　资金周转 　所有权结构	**自然客观的环境风险：** 　雪崩或暴风雪 　地震、海啸 　洪水、泥石流 　森林火灾 　飓风 　雷电火灾 　火山爆发 **人为主观的环境风险：** 　生产安全不到位 　严重的环境污染 　建筑物严重倒塌 　火灾或爆炸 　交通事故 　员工罢工	**采购安全：** 　物料 **财产安全：** 　建筑物 　防火 　化学品 　安全保卫 **生产安全：** 　关键设备与工具 　服务与维修 　备件 　瓶颈 　柔性和容量 **信息安全：** 　信息平台 　机房 　信息资料 **人员风险：** 　员工培训 　关键员工	**中断应急处置：** 　业务中断分析 **业务应急计划：** 　特别工作队 　应急计划与规避措施 　应急和事后评价

　　爱立信的每一个业务领域(SBA)都需要利用 ERMET 进行全面的评估,由于需要熟悉相关的业务知识,进行评估的是爱立信的供应链风险委员会成员——集团公司的风险管理经理和各业务领域的供应链风险管理经理,他们协同工作,将各风险量化处理。爱立信的风险量化方法有别于日常用到的风险后果(一般是专家打分)与风险概率(往往也是人为主观得出)的乘积,相对地,爱立信在对风险量化排序,并考虑决定优先对哪个零部件供应商采取行动时,主要参照的是财务指标的影响。爱立信引入了一个叫做业务中断值(BIV)的指标,这在 ERMET 中也有所体现,这个指标被定义为单位时间总利润与业务恢复时间(BRT)的乘积,加上一些额外成本(包括闲置设备与劳动力成本、库存持有成本)以及商誉损失:

$$BIV = 单位时间总利润 \times BRT + 额外成本 + 商誉损失$$
$$额外成本 = 闲置设备与劳动力成本 + 库存持有成本 + \cdots$$

　　根据 BIV 的数值对风险进行分类:

①严重风险(很高):BIV 大于 1 亿美元;

②重大风险(高):BIV 为 5 000 万~1 亿美元;

③次要风险(中等):BIV 为 1 000 万~5 000 万美元;

④可忽略风险(低):BIV 小于 1 000 万美元。

在对供应商的风险进行量化评估后,爱立信将风险分成上述 4 种等级,并给出了一个风险管理和应急计划模块,为应急管理提供了前期可量化参考的工具,如表 8.12 所示。

表8.12　风险管理和应急计划模块

风险等级	风险标记	行动措施
严重风险(很高)	红	减轻风险,制订应急计划
重大风险(高)	橙	减轻风险,制订应急计划
次要风险(中等)	黄	减轻风险,监视
可忽略风险(低)	绿	不需要采取措施

4)上游供应商风险处理——应急计划管理

由上面分析的上游供应商风险评估知,在确定风险值属于重大风险以上的范围内时,爱立信就会选择采取应急管理措施。

(1)应急计划的制订

爱立信上游供应商应急计划的制订是基于整个供应链进行的,其目的是整个供应链的恢复。爱立信对从上游供应商处传导下来的风险事件会按照以下 3 个步骤进行应急计划的制订:

①响应计划。这是对重大危机事件的应急反应,对采取的防止事态扩大的措施进行评估,采取行动控制事态的进一步发展。

②恢复计划。这一阶段的计划制订着重解决关键、必要的业务活动、功能和流程的恢复工作。

③复原计划。通过这一阶段计划的制订与实施,恢复全部的业务活动,并使公司重新达到正常的服务水平。

(2)应急管理的实施

爱立信对上游供应商应急管理的实施工作主要由公司成立的"特别工作队"完成,这一组织存在于各个部门之中,这主要是在前期应急计划制订的基础上,对于确实发生了的风险事件进行信息的传递、报告,并由受风险事件影响的部门在"特别工作队"的领导下按照 3 个步骤的应急计划分阶段、分步骤地实施。其中,"特别工作队"每年至少要依照不同的事件情景训练一次,比如上游的第三级供应商由于火灾导致供应链的中断,各部门的"特别工作队"需要训练如何协同配合完成工作。

这里涉及风险危机事件的信息传递和报告的过程,如图8.16所示,爱立信是这样做的:它要求出现事故的上游供应商及时主动地报告,否则将面临被爱立信淘汰的结局。一旦事件发生,应根据情况及时向采购部门的"特别工作队"报告,然后采购部的"特别工作队"会负责及时向供应链风险管理委员会、生产部门的"特别工作队"进行报告,并由风险管理委员会负责通知各地的产品SBA及营销代表,各地在"特别工作队"的领导下有序地进行应急计划的实施。

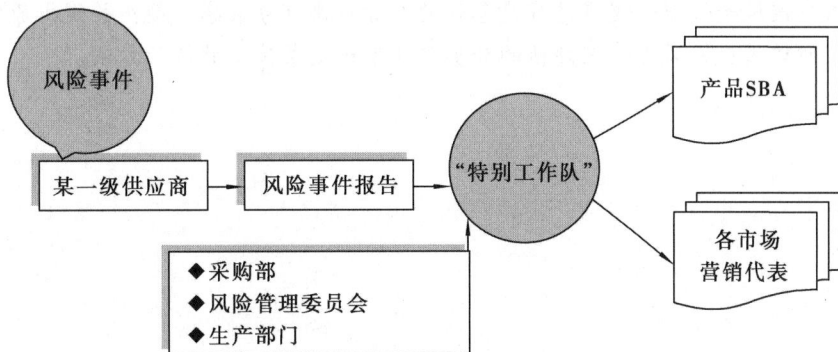

图8.16 风险危机事件的信息传递和报告流程

3. 应急管理的事后评价

在风险危机事件发生后,爱立信通过严格流程的应急管理进行处理,在这之后需要对应急管理所达到的实际效果同预先设定的指标进行比较,是否符合设定值并且在此基础上根据三阶段应急计划的要求达到了恢复供应链的要求。如在阿尔伯克基事件发生后,有一供应商处由于不大的火灾引起电镀生产停产,为爱立信提供了用实际案例检验应急管理的机会。在风险识别阶段预先设定的业务恢复时间标准为3个月,在按照应急计划实施之后,事实证明识别是正确的,爱立信按照应急计划事先准备充足的资源,及时足额调配了零部件,没有造成供应链的中断。

≫案例分析与讨论题

1. 爱立信的供应商应急管理在整个供应链风险管理中处于怎样的地位?在实施过程中是否很好地体现了供应链风险管理的思想?请予以简要说明。

2. 你能从爱立信的上游供应商风险识别管理中受到何种启发?

3. 试举出爱立信公司的风险评估工具ERMET在应用过程中的优缺点,并予以简要说明。

4.结合实际,谈谈你能从爱立信公司的上游供应商的供应链应急管理中得到何种启发。

≫复习思考题

1.供应链常用的几种绩效评价方法是什么? 你能否举一个典型企业供应链绩效评价的例子?

2.供应链风险管理的逻辑过程是怎样的? 你对哪部分最感兴趣? 并说出原因。

3.试列举供应链风险管理评估的分类以及不确定条件下的评估方法。

第 9 章

供应链信息管理

本章导读：

"在供应链领域,顶尖高手与平庸之辈的差距往往就在于供应链信息技术的能力。"

——戴勒·S·罗杰斯(Dale. S. Rogers)、理查德·L·戴维、帕德里克·古埃拉(Patrick Guerra)

9.1 供应链信息及其特点

供应链作为一种"外延式"的企业,是一个多层次多系统的结构,信息是各系统和成员间密切配合、协同工作的润滑剂,其信息流动和获取方式有不同于单个企业下的独特性。在这个由网络信息系统组成的信息社会里,供应链是社会信息系统中的一条链。企业通过网络从内外两个信息源中搜集和传播信息,捕捉最能创造价值的经营方式、技术和方法,创建网络化的企业运作模式。

1)供应链信息的概念

供应链信息包含的内容和对应的功能可从狭义、广义两方面来考察。

从狭义来看,供应链信息是指与供应链活动有关的信息。在供应链活动的管理和决策中,如运输工具的选择、运输路线的确定、每次运送批量的确定、仓库的有效利用、最佳库存数量的确定、库存时间的确定等,都需要详细和准确的物流信息,因为供应链信息对运输管理、库存管理、订单管理等活动具有支持保证的功能。

从广义来看,供应链信息不仅指与供应链活动有关的信息,还包括与其他相关活动有关的信息,如商品交易信息和市场信息等。商品交易信息是指与买卖双方的交易过程有关的信息,如销售和购买信息、订货和接受订货信息、发出货款和收到货款信息等。市场信息包括与市场活动有关的信息,如消费者的需求信息、竞争者或竞争性产品的信息、交通信息等。在现代经营管理中,供应链信息和商品交易信息、市场信息相互交叉、整合,有着密切的联系。广义的供应链信息不仅能起到连接整合从生产厂家,经过批发商和零售商到最后消费者的整个供应链的作用,而且在应用现代信息技术(如 EDI、POS等)的基础上能实现整个供应链活动的效率化,具体说就是利用供应链信息对供应链中各企业的计划、协调、顾客服务和控制活动进行更有效的管理。

总之,供应链信息不仅对物流活动具有支持保证功能,而且具有连接整合整个供应链和使整个供应链活动效率化的功能。从以上的叙述可以看出,供应链信息是经过加工后的数据信息,它对接收者的行为产生影响,对决策具有加速或减速的作用。

2)信息对供应链管理的重要性

信息作为供应链上各环节的沟通载体,起着连接、整合和提高整个供应链效率的功能。

（1）信息是供应链集成的"粘合剂"

在信息社会中，信息是供应链中各企业的生命。供应链是一个多层次多组织的结构，信息是供应链各组织成员间密切配合、协同工作的"粘合剂"。企业在战略明确、目标正确、信息系统健全的情况下，才能实现有效的供应链管理。信息管理对于任何供应链都是必需的。

（2）信息共享是实现供应链管理的基础

供应链的协调运行建立在各个节点企业的高质量的信息传递与共享基础上。如果没有信息的传递与共享，整个供应链将无法正常运作。因此，有效的供应链管理离不开信息的支撑。

（3）信息集成是加强供应链竞争力的重要因素

随着 21 世纪的到来，未来的竞争模式将发生改变，不再是独立的企业与企业之间的竞争，而是企业所在的供应链与供应链之间的竞争。供应链各个环节将借助 IT 技术有效地集成在一起。信息作为供应链中的重要一环，与供应链的集成化程度、基于 IT 平台的供应链战略联盟、供应链的快速反应等众多的核心竞争因素密切相关，它将在供应链管理的竞争中发挥着不可替代的作用。

虽然信息对于供应链管理起着相当重要的作用，但是由于信息延滞和信号失真等问题，会对企业的经营决策带来误导而给企业造成重大损失，影响供应链的稳定性。

3）供应链信息的特点

（1）信息量大

供应链信息随着供应链活动以及商品交易活动展开而大量发生。多品种生产和多频度小数量配送使库存、运输等物流活动的信息大量增加。零售商广泛应用 POS 系统读取销售时点的商品品种、价格、数量等即时信息，并对这些销售信息加工整理，通过 EDI 向相关企业传送。同时为了使库存补充作业合理化，许多企业采用 EOS 系统。随着企业间合作的增强和信息技术的发展，供应链信息的信息量今后将会越来越大。

（2）更新快，时效性强

供应链信息的更新速度快。多品种少量生产、多频度小数量配送、利用 POS 系统的即时销售使得各种作业活动频繁发生，从而要求物流信息不断更新，而且更新的速度加快。绝大多数供应链信息动态性强，信息的价值衰减速度快，这对信息管理的及时性要求比较高。

（3）来源多样化

供应链信息不仅包括企业内部的信息（如生产信息、库存信息），而且还包括企业间的合作信息，以及与供应链活动有关的基础设施的信息。企业竞争优势的获得需要供应链各参与企业之间相互协调合作。协调使用的手段之一便是信息的即时交换和共享。许多企业把信息标准化和格式化,利用 EDI 在相关企业间传送,实现信息共享。

(4)供应链信息分布广

信息的产生、加工、应用在时间、地点上不一致,在方式上也不相同。这就需要有性能较高的信息处理机构和功能强大的信息搜集、传输和存储能力。

9.2 供应链管理信息技术

支撑供应链管理的信息技术十分广泛,它是一个内容十分广泛的技术群,包括通信技术、网络技术、感测技术、控制技术、显示技术等很多方面。这里主要就与供应链管理关系比较密切的技术进行介绍。

9.2.1 自动识别与数据采集技术

1)条形码技术

条形码技术最早产生于 20 世纪 20 年代,诞生于 Westinghouse 的实验室里。一位名叫 John Kermode 的性格古怪的发明家"异想天开"地想对邮政单据实现自动分拣,那时对电子技术应用方面的每一个设想都使人感到非常新奇。他的想法是在信封上做条形码标记,条形码中的信息是收信人的地址,就如同今天的邮政编码。为此,Kermode 发明了最早的条形码标识,设计方案非常简单,即一个"条"表示数字"1",两个"条"表示数字"2",依此类推。然后,他又发明了由基本元件组成的条形码识读设备:一个扫描器(能够发射光并接收反射光)、一个测定反射信号条和空的方法(即边缘定位线圈)以及使用测定结果的方法(即译码器)。

直到 1949 年的专利文献中才第一次有了 Norm Woodland 和 Bernard Silver 发明的全方位条形码符号的记载,在这之前的专利文献中始终没有条形码技术的记录,也没有投入实际应用的先例。Norm Woodland 和 Bemard Silver 的想法是利用 Kermode 的垂直的"条"和"空",并使之弯曲成环状,如同射箭的靶子。这样扫描器通过扫描图形的中心,能够对条形码符号解码,而不管条形码符号方向的朝向。

条形码是由一组按一定编码规则排列的条、空符号,用以表示一定的字符、数字及符号组成的信息(详见条形码国家标准 GB/T 4122.1—1996 中 4.17 部分)。条形码是一组粗细不同,按一定的规则安排间距的平行线图形。常见的条形码是由反射率相差很大的黑条(简称条)和白条(简称空)组成的。条形码系统是由条形码符号设计、制作及扫描阅读组成的自动识别系统。图9.1是条形码符号的组成结构图,图9.2是条形码的工作原理图。

图9.1　条形码符号构成

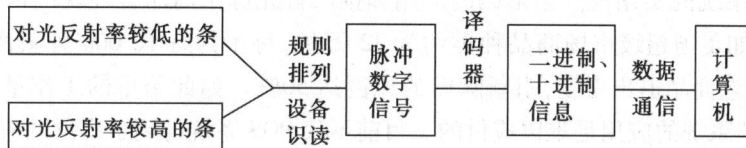

图9.2　条形码系统的工作原理

资料来源:物流信息系统.彭扬.

条形码种类多达40余种。目前世界上常用的码制有EAN条形码、UPC条形码、25条形码、库德巴条形码、39条形码和128条形码等,而商品上最常使用的就是EAN商品条形码。

1977年,欧洲经济共同体各国按照UPC码的标准制订了欧洲物品编码EAN码,与UPC码兼容,而且两者具有相同的符号体系。EAN码的字符编号结构与UPC码相同,也是长度固定的、连续型的数字式码制,其字符集是数字0~9。它采用4种元素宽度,每个条或空是1,2,3或4倍单位元素宽度。EAN码有两种类型,即EAN-13码和EAN-8码。

前缀码俗称"国家或地区代码",我国的前缀码是690—693,台湾地区和香港地区的前缀码分别是471和489。前缀码只代表该商品条形码的注册地,并不代表商品的产地。世界上任何两个厂商不可能拥有相同的厂商识别代码。商品项目代码由厂商按照产品的品种、商标、内装商品规格与数量及包装类型的不同分配不同的号码,一般按照顺序号编制,没有特定含义。

条形码作为一种及时、准确、可靠、经济的数据输入手段已被供应链信息系统所采用。在工业发达的国家已经普及应用,已成为商品独有的世界通用的"身份证"。

欧美、日本等国家已经普遍使用条形码技术,而且正在世界各地迅速推广普及,其应用领域还在不断扩大。由于采用了条形码,消费者从心理上对商品质量产生了安全感,条形码在识别伪劣产品、防假打假中也可起到重要作用。因为条形码技术具有先进、适用、容易掌握和见效快等特点,在信息(数据)采集中发挥优势。而无论在商品的入库、出库、上架还是和顾客结算的过程,都要面对如何将数据量巨大的商品(不论是整包包装还是拆封后单个零售)信息输入计算机中的问题。如果在单个商品的包装上印制条形码符号,利用条形码阅读器就可以高速、准确、及时地掌握商品的品种(货号)、数量、单价、生产厂家、出厂日期等信息。这样不仅提高了效率,同时也吸引了更多的顾客,减少或消除顾客购货后结算和付款时出现拥挤排队现象。条形码技术在中国将作为主要的自动识别技术,广泛应用于工业自动化控制和各类管理信息系统中,并将渗透到多技术领域和高新技术的产品中。

条形码技术用于供应链信息系统中,完成计算机的信息采集与输入,这将大大提高计算机管理系统的实用性。条形码的应用和推广首先源于商品管理现代化,即 POS 系统的应用。如美国超级市场商品种类约为 22 万种,每年约有 10 000 种新商品进入市场,10 000种老商品退出市场,引新除旧的比例达 50%。如此繁重的工作量,没有条形码,没有 POS 系统的应用是难以应付的。目前不仅 POS 系统得到了广泛的应用,很多国家还建立了市场数据交换中心,沟通产、供、销之间的信息,建立贸易数据交换机构,及时搜集汇总各商店、各种商品的销售信息并及时反馈给制造厂家。这样,生产厂家可及时、准确地了解商品销售、购买情况和价格等,可分析消费者的心理,预测市场并及时组织货源。零售商可根据情况及时调整销售计划、进货情况等。

供应链管理是条形码技术一个很重要的应用领域。在物资入库、分类、出库、盘点和运输等方面,可以全面实现条形码管理。通用商品流通销售方面除了抓好出口商品条形码自动化管理外,还应着手研制适合中国情况的专用收款机和商场综合管理系统,并经商场试用逐步进行推广。POS 系统由若干个子系统组成,其中现金收款机(又叫收银机)集个人电脑和译码器为一身,既能自动识别条形符号,又能进行数据处理,而且还能打印出购物清单,内容包括商品名称、价格、数量、总金额及日期等,顾客可把它作为购物收据。系统中的计算机是用来对数据进行综合处理的,为此应事先建立数据库和应用软件。这样有利于根据各终端的当日报告情况进行商品销售综合分析,及时提供市场动态,并据此确定订货计划,以保证经营活动的正常进行。由于使用了条形码技术,既方便迅速,又保证了信息准确。

2)射频识别技术

(1)射频识别技术概述

射频识别技术(Radio Frequency Identification,RFID)是自动识别技术的一种,即通

过无线射频方式进行非接触双向数据通信对目标加以识别。一个典型的 RFID 系统一般由 RFID 标签、读写器以及计算机系统等部分组成。其中 RFID 标签中一般保存有约定格式的编码数据,用以唯一标识标签所附着的物体。与传统的识别方式相比,RFID 技术无须直接接触、无须光学可视、无须人工干预即可完成信息输入和处理,且操作方便快捷。它能够广泛应用于生产、物流、交通、运输、医疗、防伪、跟踪、设备和资产管理等需要搜集和处理数据的应用领域,并被认为是条形码标签的未来替代品。

  RFID 技术的发展最早可以追溯至第二次世界大战时期,那时它被用来在空中作战行动中进行敌我识别。从历史上看,RFID 技术的发展基本可按 10 年期划分为几个阶段(见表 9.1),因此 RFID 并不是一个崭新的技术。

表 9.1　RFID 技术的发展历程

时　　间	RFID 技术发展
1941—1950 年	雷达的改进和应用催生了 RFID 技术,1948 年奠定了 RFID 技术的理论基础。
1951—1960 年	早期 RFID 技术的探索阶段,主要是实验室实验研究。
1961—1970 年	RFID 技术的理论得到了发展,开始了一些应用尝试。
1971—1980 年	RFID 技术与产品研发处于一个大发展时期,各种 RFID 技术测试得到加速,出现了一些最早的 RFID 应用。
1981—1990 年	RFID 技术及产品进入商业应用阶段,各种封闭系统应用开始出现。
1991—2000 年	RFID 技术标准化问题日趋得到重视,RFID 产品得到广泛采用。
2001 至今	标准化问题日趋为人们所重视,RFID 产品种类更加丰富,有源电子标签、无源电子标签及半无源电子标签均得到发展,电子标签成本不断降低。

资料来源:RFID 技术应用领域分析及展望. 信息产业部电信研究院通信信息研究所. 赵庆.

（2）射频识别系统的组成及工作原理

最基本的 RFID 系统由 3 部分组成:

①电子标签(IC Tag)和应答器(Transponder)。由天线、芯片、电池以及封装材料组成,根据是否搭载电池分为主动(有源)式和被动(无源)式两种。天线、芯片、电池组成的单元是电子标签的核心部分,可以称为应答器。根据不同需要将应答器封装后成为的卡片状、圆状、条状虽可以统称为电子标签,但根据实际需要就会被冠以其他更实用的名称。例如,我国的第二代居民身份证虽然是一种电子标签,但一般不称其为电子标签。与条形码的印刷纸质标签相比,人们称之为电子标签也不足为过。但是如果不把它用作标签,称之为标签则不太贴切,所以不如统称为应答器。它的核心作用正是应答下文所解释的"读写器"的要求,把它内藏的 ID 等信息发送出去。

②读写器。其作用是向应答器索取或向应答器传送 ID 等信号。读写器可以简化

为射频接口和控制单元两个基本模块。射频接口包含发送器和接收器,其功能包括:产生一定功率的射频信号以启动被动式应答器工作;发射调制过的信号,对接收信号进行解调等。可以在读写器内部搭载天线,也可以在读写器外单独设置天线。读写器可以和计算机连接并且向计算机传送 ID 信号或得到根据 ID 检索到的信息。有的读写器还可以用显示器来表示解读后的 ID 等信息。有些读写器只有读取/解读功能,不能向应答器写入数据,此时可以称之为阅读器,但是为统一和方便起见,即使没有写入功能,有时也称其为读写器。

③天线。作为读写器的外置天线是连接在读写器上的。外置的原因在于有时天线的体积很大。另外,天线的外置还可以适合各种实际应用的需要。例如,为了尽量靠近应答器所标示的物体,只需天线去靠近而不必让读写器与天线一同去靠近被标示的物体。

RFID 系统的工作原理如下:

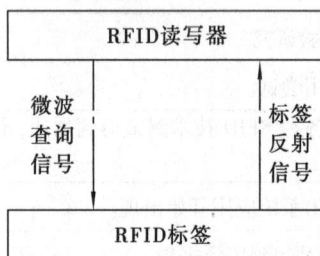

图 9.3 RFID 系统的工作原理

读写器通过天线发送出一定频率的射频信号;当 RFID 标签进入读写器工作范围时,其天线产生感应电流,从而 RFID 标签获得能量被激活并向读写器发送出自身编码等信息;读写器接收到来自标签的载波信号,对接收的信号进行解调和解码后送至计算机主机进行处理;计算机系统根据逻辑运算判断该标签的合法性,针对不同的设定作出相应的处理和控制,发出指令信号;RFID 标签的数据解调部分从接收到的射频脉冲中解调出数据并送到控制逻辑,控制逻辑接收指令完成存储、发送数据或其他操作。RFID 系统的工作原理如图 9.3 所示。

(3)射频识别技术的应用

①在防伪领域的应用

a.证件防伪。目前国际上在护照防伪、电子钱包等方面已可以在标准护照封面或证件内嵌入 RFID 标签,其芯片同时提供安全功能并支持硬件加密,符合 ISO 14443 的国际标准。国内在此领域也已经形成了相当规模的应用,第二代身份证的推广应用就是此方面的典型代表。相信这一技术很快将在重要证件发放管理中得到广泛应用。

b.商品防伪。在商品流通领域,RFID 技术使得合理的产品库存控制和智能物流技术成为可能。它在物流行业的应用流程是:每个产品出厂时都被附上电子标签,然后通过读写器写入唯一的识别代码,并将物品的信息录入到数据库中。此后装箱销售、出口验证、到港分发、零售上架等各个环节都可以通过读写器反复读写标签。标签就是物品的"身份证",借助电子标签,可以实现商品对原料、半成品、成品、运输、仓储、配送、上架、最终销售,甚至退货处理等环节进行实时监控。RFID技术提高了物品分拣的自动化程度,降低了差错率,使整个供应链管理显得透明而高效。

c.票务防伪。目前,在交通运输及旅游景点,假票据事件屡有发生。在这些领域,应用RFID技术防伪较为迫切,同时也十分方便。例如,在火车站、地铁以及旅游景点等人流多的地方,采用RFID电子门票代替传统的手工门票既提高效率,又起到防伪作用,一举多得。再如,在比赛和演出等票务量比较大的场合,用RFID技术对门票进行防伪,不仅不再需要人工识别,实现人员的快速通过,还可以鉴别门票使用的次数,以防止门票被偷递出来再次使用,做到"次数防伪"。北京奥运会的门票即采用了RFID技术,2010年上海世博会也将采用应用了RFID技术的门票

②在生产线自动化方面的应用:

用RFID技术在生产流水线上实现自动控制、监视,提高了生产率,改进了生产方式,节约了成本。举个例子以说明在生产线上应用RFID技术的情况。

德国宝马汽车公司在装配流水线上应用射频卡以尽可能大量地生产用户定制的汽车。宝马汽车的生产是基于用户提出的要求式样的,用户可以从上万种内部和外部选项中选定自己所需车的颜色、引擎型号以及轮胎式样等,这样一来,汽车装配流水线上就得装配上百种式样的宝马汽车,如果没有一个高度组织的、复杂的控制系统是很难完成这样复杂的任务的。宝马公司就在其装配流水线上配有RFID系统,他们使用可重复使用的射频卡,该射频卡上可带有所需汽车的详细信息,在每个工作点处都有读写器,这样可以保证汽车在各个流水线位置能毫不出错地完成装配任务。

③在不停车收费系统(ETC)中的应用

射频自动识别不停车收费系统(ETC)是目前世界上最先进的路桥收费方式。通过安装在车辆挡风玻璃上的电子标签与收费站ETC车道上的微波天线之间的专用短程通讯,利用计算机联网技术与银行进行后台结算处理,从而达到车辆通过路桥收费站不需停车就能交纳费用的目的。

ETC特别适于在高速公路或交通繁忙的桥隧环境下采用。实施不停车收费,一方面,可以允许车辆高速通过(时速几十公里以至100多公里),与传统的人工收费8秒出票相比较,不停车收费大大加快了高速公路收费道口的通行能力。据测算,与人工收费车道相比,ETC车道通行能力将提高4~6倍,可减少车辆在收费口因交费、找零等动作而引起的排队等候。另一方面,也使公路收费走向电子化,可降低收费管理的成本,有利于提高车辆的营运效益,同时也大幅降低收费口的噪声水平和废气排放,并可以杜绝少数不法的收费员贪污路费,减少国家损失。与原来的人工收费和人工电脑收费方式相比,实行不停车收费后具有明显优势,不仅极大地改善了路上密集车辆所造成的环境污染,减少了车辆阻塞现象,行车更加安全,更为主要的是将大大提高过桥收费效率。

除了以上所举的应用实例外,由于 RFID 标签具有非接触识别、可识别高速运动物体、抗恶劣环境、保密性强、可同时识别多个识别对象等突出特点,因此它可在更广泛的场合中应用。在国外,射频标签已被广泛应用于工业、商业、交通运输、物流等众多领域。其特有的高准确率和快捷性大大降低了企业的物流成本、提高了企业的市场竞争力和服务效率。例如,在商品流通领域,RFID 采集的物品数据只有放到包含生产、运输、销售等企业在内的大网络环境下才能真正实现物品的自动化管理,这就需要一个开放互联的网络支撑。在这个网络上可以进行数据的传输、共享、调配,配合无线技术手段实现货物追踪、定位等功能。而在交通领域,由于其流动性大、全国交通一张网的特点,高速公路收费不停车系统对开放、统一的网络支撑需求尤为迫切。而通信运营商多年的网络建设、运营经验使其在基础服务平台提供方面具有得天独厚的优势。

9.2.2 地理信息系统(GIS)

(1)概述

物质世界中的任何物体都被牢牢地打上了时空的烙印。人们的生产和生活中 80% 以上的信息和地理空间位置有关。地理信息系统(Geographic Information System,GIS)作为获取、处理、管理和分析地理空间数据的重要工具、技术和学科,近年来得到了广泛关注和迅猛发展。

GIS 至今尚没有统一的定义,不同学科和不同领域对 GIS 的理解不尽相同,美国联邦数字地图协调委员会(FICCDS)对 GIS 的定义是:GIS 是由计算机硬件、软件和不同方法组成的系统,该系统具有支持空间数据的获取、管理、处理、分析、建模和显示的功能,并可解决复杂的规划管理问题。

从技术和应用的角度,GIS 是解决空间问题的工具、方法和技术;从学科的角度,GIS 是在地理学、地图学、测量学和计算机科学等学科基础上发展起来的一门学科,具有独立的学科体系;从功能上,GIS 具有空间数据的获取、存储、显示、编辑、处理、分析、输出和应用等功能;从系统学的角度,GIS 具有一定结构和功能,是一个完整的系统。

地理信息系统是一种基于计算机的工具,它可以对在地球上存在的东西和发生的事件进行成图和分析。GIS 技术把地图这种独特的视觉化效果和地理分析功能与一般的数据库操作(如查询和统计分析等)集成在一起。这种能力使 GIS 与其他信息系统相区别,从而使其在广泛的公众和个人企事业单位中解释事件、预测结果、规划战略等具有实用价值。

(2)分类与应用

地理信息系统,根据应用领域的不同又有各种不同的应用系统,如城市信息系统、仓库规划系统、环境信息系统等,它们的共同点是用计算机处理与空间相关的信息。

地理信息系统的主要应用领域有以下几个方面:

①电子地图。借助于计算机和数据库应用,电子地图可以比一般地图多出几百倍,甚至上千倍的信息容量,通过电子地图可以提供一种新的按地理位置进行检索的方法,以获取相关的社会、经济、文化等各方面的信息。

②交通管理。通过与全球定位系统相结合,可以及时反映车辆运行情况、交通路段状况,从而有力支持有效的交通管理。

③辅助规划。地理信息系统可以辅助仓库、站场等基础设施的规划。它可以用地理坐标、图标等方式直观地反映这些基础设施的基本情况和布局情况,以进一步分析布局是否合理,从而对规划起到支持作用。

9.2.3 全球卫星定位系统(GPS)和"北斗"卫星定位系统

1) 全球卫星定位系统(GPS)

(1) GPS 概述

GPS 即全球定位系统(Global Positioning System,GPS)。简单地说,这是一个由覆盖全球的 24 颗卫星组成的卫星系统。这个系统可以保证在任意时刻,地球上任意一点都可以同时观测到 4 颗卫星,以保证卫星可以采集到该观测点的经纬度和高度,以便实现导航、定位、授时等功能。这项技术可以用来引导飞机、船舶、车辆及个人安全、准确地沿着选定的路线,准时到达目的地。

全球定位系统(GPS)是 20 世纪 70 年代由美国陆海空三军联合研制的新一代空间卫星导航定位系统。其主要目的是为陆、海、空三大领域提供实时、全天候和全球性的导航服务,并用于情报搜集、核爆监测和应急通信等一些军事目的。经过 20 余年的研究实验,耗资 300 亿美元,到 1994 年 3 月,全球覆盖率高达 98% 的 24 颗 GPS 卫星星座已布设完成。

GPS 全球卫星定位系统由 3 部分组成:空间部分——GPS 星座、地面控制部分——地面监控系统、用户设备部分——GPS 信号接收机。

(2) GPS 应用

由于 GPS 技术所具有的全天候、高精度和自动测量的特点,作为先进的测量手段和新的生产力,已经融入了国民经济建设、国防建设和社会发展的各个应用领域。

随着冷战结束和全球经济的蓬勃发展,美国政府宣布 2000—2006 年期间,在保证美国国家安全不受威胁的前提下,取消 SA 政策,GPS 民用信号精度在全球范围内得到改善,利用 C/A 码进行单点定位的精度由 100 m 提高到 20 m,这将进一步推动 GPS 技术的应用,提高生产力、作业效率、科学水平以及人们的生活质量,刺激 GPS 市场的增长。据 Canalys 咨询公司统计,2007 年第四季度,全球移动 GPS 导航设备出货量比 2006 年同期上涨了 148%,创下 2006 年第一季度以来的新高。2007 年,全球移动 GPS 导航设备出货量达到 3 900 万台,同比 2006 年增长了 132%。中国导航设备市场的增长速度也十分惊人。根据赛迪顾问公司最近发布的统计数据表明,2007 年中国 PND(便携式自动导航系统)市场总销售量达到 96 万台。

GPS 系统的主要用途:①陆地应用,主要包括车辆导航、应急反应、大气物理观测、地球物理资源勘探、工程测量、变形监测、地壳运动监测、市政规划控制等;②海洋应用,包括远洋船最佳航程航线测定、船只实时调度与导航、海洋救援、海洋探宝、水文地质测量以及海洋平台定位、海平面升降监测等;③航空航天应用,包括飞机导航、航空遥感姿态控制、低轨卫星定轨、导弹制导、航空救援和载人航天器防护探测等。

2)"北斗"卫星定位系统[1]

(1)"北斗"定位系统概述

北斗卫星定位系统是由中国建立的区域导航定位系统。该系统由三颗(两颗工作卫星、一颗备用卫星)北斗定位卫星(北斗一号)、地面控制中心为主的地面部分、北斗用户终端三部分组成。北斗定位系统可向用户提供全天候 24 小时的即时定位服务,定位精度可达数十纳秒(ns)的同步精度,其精度与 GPS 相当。北斗一号导航定位卫星由中国空间技术研究院研究制造。三颗导航定位卫星的发射时间分别为:2000 年 10 月 31 日、2000 年 12 月 21 日、2003 年 5 月 25 日,第三颗是备用卫星。它在交通、场馆安全的定位监控方面将和已有的 GPS 卫星定位系统一起发挥"双保险"作用。

(2)系统工作原理

"北斗一号"卫星定位测出用户到第一颗卫星的距离,以及用户到两颗卫星距离之和,从而知道用户处于一个以第一颗卫星为球心的球面和以两颗卫星为焦点的椭球面之间的交线上。另外,中心控制系统从存储在计算机内的数字化地形图查寻到用户高程值,又可知道用户处于某一与地球基准椭球面平行的椭球面上,从而中心控制系统可最终计算出用户所在点的三维坐标,这个坐标经加密后由出站信号发送给用户。

"北斗一号"的覆盖范围是北纬 5°~55°,东经 70°~140° 的心脏地区,上大下小,最宽处在北纬 35° 左右。其定位精度为水平精度 100 m(1 σ),设立标校站之后为 20 m(类似差分状态)。工作频率为 2 491.75 MHz。系统能容纳的用户数为每小时 540 000 户。

---

[1] 北斗卫星定位系统:http://baike.baidu.com/view/931868.htm.

（3）"北斗"定位系统与 GPS 的比较

①覆盖范围。北斗导航系统是覆盖我国本土的区域导航系统。覆盖范围为东经70°～140°,北纬5°～55°。GPS 是覆盖全球的全天候导航系统。

②实时性。"北斗一号"用户的定位申请要送回中心控制系统,中心控制系统解算出用户的三维位置数据之后再发回用户,其间要经过地球静止卫星走一个来回,再加上卫星转发、中心控制系统的处理,时间延迟就更长了,因此对于高速运动体,就加大了定位的误差。此外,"北斗一号"卫星导航系统也有一些自身的特点,其具备的短信通讯功能就是 GPS 所不具备的。

（4）"北斗"定位系统的功能与优势

①北斗系统的三大功能

a.快速定位。北斗系统可为服务区域内的用户提供全天候、高精度、快速实时定位服务,定位精度达 20～100 m。

b.短报文通信。北斗系统用户终端具有双向报文通信功能,用户可以一次传送40～60 个汉字的短报文信息。

c.精密授时。北斗系统具有精密授时功能,可向用户提供 20～100 ns 时间同步精度。

②北斗系统的五大优势

a.同时具备定位与通信功能,无须其他通信系统支持;

b.覆盖中国及周边国家和地区,24 小时全天候服务,无通信区;

c.特别适合集团用户大范围监控与管理,以及无依托地区数据采集用户数据传输应用;

d.独特的中心节点式定位处理和指挥型用户机设计,可同时解决"我在哪儿"和"你在哪儿"的问题;

e.自主系统,高强度加密设计,安全、可靠、稳定,适合关键部门应用。

（5）"北斗"定位系统的应用

北斗系统开始最大规模的使用是在北京奥运会期间,它在交通、场馆安全的定位监控方面和已有的 GPS 卫星定位系统一起发挥"双保险"作用。北斗定位导航系统有一些 GPS 系统所没有的长处,如在静态地图的基础上,可以把道路拥堵的实时情况在导航仪上反映出来,方便驾驶者及时了解道路交通信息。系统拥有的短信功能可以实现车辆与调控中心间信息的实时沟通,满足实际的需要。北斗卫星导航系统服务区域为中国及周边国家和地区,可以为船舶运输、公路交通、铁路运输、野外作业、水文测报、森林防火、渔业生产、勘察设计、环境监测等众多行业以及军队、公安、海关等其他有特殊调度指挥要求的单位提供定位、通信和授时等综合服务。

9.3 电子化供应链管理

供应链管理是当代世界商业管理的一大热点,也是最前沿的生产营销管理模式。随着电子商务的快速发展,传统交易方式发生巨大变革,市场竞争加剧,全球经济一体化的进程加快,同时也对供应链管理提出了更高的要求。在此环境下,利用电子商务的技术平台实现供应链管理已成为企业实施供应链管理优化的一条重要途径,新的供应链模式——电子供应链(E-Supply Chain)应运而生。

9.3.1 电子化供应链管理概述

就当前而言,国外在电子供应链这一领域的研究相对国内来说要超前一些,也更具体一些。国外学术界在该领域从 1999 年开始进行了许多研究和探讨,这些研究大致可分为两类:一类是利用电子商务手段将供应链上的各种异构系统集成为一个整体,以提高业务流程效率,降低供应链的总成本,如企业资源计划(Enterprise Resource Planning,ERP)与客户关系管理(Customer Relationship Management,CRM)的集成,接口与标准的战略应用及其对伙伴商务关系、权力平衡等的影响、电子商务技术采纳模型的研究等,侧重于信息技术的应用与管理。另一类是研究电子商务环境下供应链管理的特征和管理方法,如重新设计分销流程,减少流通中间层,避免价格差异,供应链的重组,供应链的 E 化战略研究等,侧重管理模式的创新。

作为电子商务与供应链的结合,电子供应链的发展势在必行。有学者认为,电子供应链的本质就是传统供应链的电子商务化。本教材认为,电子供应链应该是:围绕供应链中的核心企业,以通信网络为平台,以电子商务为手段,通过对物流、信息流与资金流的整合和控制,从采购原材料开始,制成中间产品以及最终产品,最后由销售网络把产品传递到消费者手中的将供应商、生产商、分销商、零售商,直到最终用户连成一个整体的网链结构和运作模式。

电子供应链应该具有以下特征:

①集成性。电子供应链整合了供应链的整个业务流程,包括流程的每一个部分。因而,在实施和管理跨越不同系统的公司间交易和实时业务流程方面,它的功能远比信息传递应用系统强大,使得不同业务流程内部任务的执行成为可能。在这种意义上,它进一步强调了不同的信息系统应协同工作,使得整个供应链为了共同的利益而进行流

程协作。这种集成性增加了供应链管理的动态化、智能化与客户化,提高了供应链的整体效能。

②简洁性。电子供应链具有灵敏的信息收集与传导系统,因而具有灵活快速地响应市场的能力。供应链的每个环节都是简洁的、具有灵活性的,能够实现业务流程的快速组合,可以使企业拥有更少的资产和人员。

③信息共享的实时性。在传统的供应链中,信息是以线性的方式在供应商、制造商、分销商及消费者间进行传输。然而电子供应链的建立改变了传统信息的传递方式,建立了更为高效的网状传递方式。任一节点任一时刻的信息更新在其他节点都能同步接收,大大减小了"牛鞭效应"。

9.3.2 电子化供应链管理技术的发展

1) 电子数据交换(EDI)与产品数据管理(PDM)

支持供应链电子化的最早技术当数电子数据交换技术(EDI),它产生于20世纪70年代。EDI的主要目的是减少重复资料输入、提高信息流的速度与正确性、降低成本和改善客服。在实务应用中,EDI是经由专用的主机在专用网路上按照约定的通信标准,以点对点的方式传输资料。至今常用EDI标准的有由UN所主导的EDIFACT(北美之外地区)和ANSI所主导的ANSIX12(北美地区)。

因特网提供了宽广的开放机会,而不像专用网路受到限制。相对于传统的EDI,以因特网为基础的通信有许多优点,如可以用广播的方式通信而不受限于点对点通信,而且使用者可以通过Web浏览器工作而不必要有专用主机(Host)。因此,基于因特网上的EDI(EDI over Internet)成为供应链电子化与电子商务发展的重点。发展基于因特网的EDI技术的增值服务的基础为Web资料与EDI格式的转译,以及资料传输双方的协议。基于因特网的EDI有关的标准与协议(Protocols)如下:

①TCP/IP,HTTP,HTML/XML;

②SET(交易安全协定)and OTP(Open Trading Protocol);

③ICE(Information Content and Exchange) Protocol;

④OBI(Open Buying on the Internet) Protocol。

产品数据管理(Product Data Management, PDM)是供应链管理及CALS(全生命周期采办技术)的关键性元件,如STEP和QDES等产品数据管理标准是指一种能用来完整表达产品生命周期资料的中立结构(Neutral Mechanism)。其中,完整性应包含档案交换、数据交换、数据结构、产品数据库分离与存取的标准格式和方法。中立性则说明了除了数据结构独立于所有软件系统外,不论在中间体系之间或供应商与客户之间传输都能保持其原始数据的完整性与功能。

2)XML

XML(eXtensible Markup Language)是一项可以用来定义文件(信息)及其元件数据标准的标记语言,更确切地说,它是一套可以无限延伸以设计各式标记语言的准则。在没有 XML 以前,国外的企业为了推动商业自动化发展而推出 EDI 系统。不过,由于 WWW 的兴起与因特网的快速发展与普及化,使得传统的基于专用网的 EDI 逐渐有被 XML 取代的可能。

从商业角度来看, XML 可以带来许多商业机会。不仅是企业与企业之间,就连在一个企业内部的多个部门之中也可能存在多种不同的系统,系统与系统之间所使用的平台往往不相同,数据库就更是如此。因此,在部门与部门之间会存在着信息无法彼此互通的问题。因为不兼容,只要其中一个系统运作失灵,整个庞大的企业机器便可能面临停工的窘境。为了解决这些因为企业庞大而彼此无法相容的数据,往往会依靠特殊的软件来使数据流通。

不同的系统可以通过 XML 标准规格来与其他系统交换信息,使用者不必担心系统不同而彼此无法交换所拥有的数据。XML 有利于交换、传递数据的特性为电子商务带来了很大的好处,尤其是在 BtoB 方面。例如,某行业的某大厂可以制订一套属于这个行业的 XML 标准,让上下游产业链或合作伙伴之间可以通过 XML 来下订单,或传递设计图和产品资料等。

XML 可能成为新一代的 EDI 标准而取代/提升以前在增值网(Value Added Net, VAN)上运作的 EDIFACT。而且令人兴奋的是,XML 可以自定标签的功能,让异构系统之间可以达成彼此格式的共通。如大家都采用 XML 作中介格式,则不用知道对方是用何种储存格式以及在何种系统上运作,因为 XML 是一个相当理想的缓冲层,所以一个系统的内部变动并不会对其他系统有太大的影响。

3)企业资源计划(ERP)系统

数据交换(EDI)、因特网(Internet)、产品数据管理(PDM)和可扩展标记语言(XML)等是供应链电子化的信息技术基础,而企业资源计划(ERP)则是供应链电子化的应用技术。ERP 是从 MRP II(Manufacturing Resources Planning,制造资源计划)发展而来的新一代集成化管理信息系统,它扩展了 MRP II 功能,其核心思想是供应链管理。ERP 这种对 MRP II 的扩展,正在朝着 3 个方向延伸:横向的拓展——功能范围的增加,从供应链上游的供应商管理到下游的客户关系管理;纵向的拓展——从底层的数据处理(手工自动化)到高层决策支持(职能化管理);行业的拓展——从传统的制造业为主到面向所有的行业。

4)供应商与客户资源管理系统

正如有些学者指出的那样,ERP 由于它本身对供应链管理的支持存在一定局限性,因此供应链电子化技术必须有一些弥补 ERP 不足的工具。从 ERP 本身的功能来看,其不足之处表现在对外部资源——供应商与客户资源的管理能力有限。为了弥补供应商与客户关系管理上的不足,出现了供应商关系管理(SRM)与客户关系管理(CRM)系统,为了协调供应商与客户在需求与供应方面的管理,出现了供应商管理库存(VMI)和联合计划、预测与补给系统(CPFR)。这些有关供应商与客户资源的管理系统的出现,对企业资源计划的功能起到了补充作用。国外已经有一些专门生产这类专业化工具的软件公司,有些大型的 ERP 软件公司也开始把这类单项技术集成到 ERP 当中,但也有不少企业是独立使用这些工具的。

9.3.3　电子化供应链管理的特点

1)速度快

那些能对市场条件的变化作出迅速反应的公司在现在的竞争环境下拥有比较优势。由于互联网可以允许供应链各环节之间做到几乎瞬间的信息交换,所以企业可以与供应链其他成员保持信息同步。许多企业都非常注重与供应链其他成员的订单或生产的实时信息保持同步,美国联邦快递就是一个例子。美国联邦快递公司允许客户方便快捷地实时追踪他们的包裹。这使得联邦快递在其他企业的供应链中成为非常关键的一员。比如,美国联邦快递公司与惠普公司建立了合作关系。当一名顾客在惠普的网站上直接订购一台打印机时,这个订单实际上通过互联网传到了联邦快递。联邦快递公司的仓库里储存了所有惠普公司在网上销售的产品。当联邦快递运送这一订单时,它会发一封电子邮件给顾客通知他货物已经发出,同时通知惠普公司库存的变化情况以保证库存补充。美国联邦快递公司利用互联网的速度和互动性强化自己的优势,从而使自己成为惠普公司电子化供应链中不可或缺的一环。

2)成本低

基于互联网的电子采购可以通过减少纸张利用、缩减人员、降低错误、提供订单追踪、缩减提前期来降低成本。有研究表明,基于互联网的电子采购系统使采购订单处理成本由手工情况下的 100 美元降为 33 美元,处理时间由 10 天降为 2 天半。另一项研究表明,基于互联网的电子采购可以约节省 5% 的高成本的战略库存,采购人员缩减 10%。西门子采用电子采购后,在购买低成本低优先级的原材料时每笔交易大约节省 50 美元,对于高价值的战略物资,可以节省 46% 的成本。

3)柔性高

互联网技术允许一个企业与他的不同客户同时建立联系,并有助于以低成本实现大规模定制。一个制造商可以很容易地创建一个网站或模板来把各种产品的价格按照谈判的结果显示出来,使再订货只是点几下鼠标那么简单。这笔交易的相关信息通过网络会发送到销售方的生产部门和会计部门,以及购买方的采购部门和会计部门。这种信息传递的准确性和可靠性远远高于传统的纸笔方式,人工时间及成本都减少了。这些优势可以使与这笔交易相关的所有公司都受益。另外,通过互联网,小企业可以以相对较低的成本接触到全世界的客户,而这是传统的商业渠道几乎无法实现的。

4)缩短供应链

互联网和电子商务的应用可以减少供应链的一些中间环节,从而拉近最终顾客与生产商之间的距离。非常经典的例子是戴尔电脑公司创造了一个完全基于互联网的供应链,通过网上直销引发了个人电脑行业的革命。在 1996 年,戴尔公司允许顾客在网上配置并购买电脑。到 1998 年,戴尔公司单是网上的销售就已经达到 10 亿美元。通过降低销售成本以及吸引顾客在每笔采购上花费更多,戴尔估计网上直销比电话直销带来 30% 的额外利润。

9.4 基于网络中介的电子供应链协同运作模式

9.4.1 C/S 模式

C/S(Client/Serve)应用系统基本运行关系体现为"请求/响应"的应答模式。每当用户需要访问服务器时就由客户机发出"请求",服务器接受"请求"并"响应",然后执行相应的服务,把执行结果送回给客户机,由它进一步处理后再提交给用户。随着网络技术的发展,C/S 已无法完全满足人们的需要,而且静态网页也无法提供充分的交互功能,动态信息发布相对较困难,这就需要将数据库与 Web 服务器连接起来,供用户查询或更新;发布动态信息还可以简单到只需改动一下数据库的若干记录或字段就可以实现。

传统的 C/S 体系结构虽然采用的是开放模式,但这只是系统开发一级的开放性,在特定的应用中无论是 Client 端还是 Server 端都还需要特定的软件支持。由于没能提供用户真正期望的开放环境,C/S 结构的软件需要针对不同的操作系统开发不同版本的软件,加之产品的更新换代十分快,已经很难适应百台电脑以上局域网用户同时使用。而且代价高, 效率低。

1)C/S 架构软件的优势

(1)应用服务器运行数据负荷较轻

最简单的 C/S 体系结构的数据库应用由两部分组成,即客户应用程序和数据库服务器程序。二者可分别称为前台程序与后台程序,运行数据库服务器程序的机器也称为应用服务器。一旦服务器程序被启动,就随时等待响应客户程序发来的请求;客户应用程序运行在用户自己的电脑上,对应于数据库服务器,可称为客户电脑,当需要对数据库中的数据进行任何操作时,客户程序就自动地寻找服务器程序,并向其发出请求,服务器程序根据预定的规则作出应答,送回结果,应用服务器运行数据负荷较轻。

(2)数据的储存管理功能较为透明

在数据库应用中,数据的储存管理功能是由服务器程序和客户应用程序分别独立进行的。前台应用可以违反的规则,并且通常把那些不同的运行数据在服务器程序中不集中实现,例如访问者的权限,编号可以重复、必须有客户才能建立订单这样的规则。所有这些,对于工作在前台程序上的最终用户是“透明”的,他们无须过问背后的过程,就可以完成自己的一切工作。在客户服务器架构的应用中,前台程序不是非常“瘦小”,麻烦的事情都交给了服务器和网络。在 C/S 体系下,数据库不能真正成为公共、专业化的仓库,它受到独立的专门管理。

2)C/S 架构软件的劣势

C/S 架构的劣势是高昂的维护成本,且投资大。

首先,采用 C/S 架构,要选择适当的数据库平台来实现数据库数据的真正“统一”,使分布于两地的数据同步完全交由数据库系统去管理,但逻辑上两地的操作者要直接访问同一个数据库才能有效实现。存在这样的问题:如果需要建立“实时”的数据同步,就必须在两地间建立实时的通讯连接,保持两地的数据库服务器在线运行,网络管理工作人员既要对服务器维护管理,又要对客户端维护和管理,这需要高昂的投资和复杂的技术支持,维护成本很高,维护任务量大。

其次,传统的 C/S 结构的软件需要针对不同的操作系统开发不同版本的软件,由于产品的更新换代十分快,代价高和低效率已经不适应工作需要。在 JAVA 这样的跨平台语言出现之后,B/S 架构更是猛烈冲击 C/S,并对其形成威胁和挑战。

9.4.2 B/S 模式

B/S(Browser/Server)即浏览器和服务器结构,B/S 结构体系多了 Web 服务器,用户使用 Web 浏览器访问 Web 页,通过 Web 页上显示的表格与数据库进行交互操作。从数据库获取的信息能以文本、图像、表格或多媒体对象的形式在 Web 页上展现。

以目前的技术看,局域网建立 B/S 结构的网络应用,并通过 Internet/Intranet 模式下数据库应用,相对易于把握,成本也较低。它是一次性到位的开发,能实现不同的人员从不同的地点,以不同的接入方式(比如 LAN、WAN、Internet/Intranet 等)访问和操作共同的数据库;它能有效地保护数据平台和管理访问权限,服务器数据库也很安全。特别是在JAVA这样的跨平台语言出现之后,B/S 架构管理软件更是方便、快捷、高效。

1)B/S 架构软件的优势

(1)维护和升级方式简单

目前,软件系统的改进和升级越来越频繁,B/S 架构的产品明显体现着更为方便的特性。对一个稍微大一点的单位来说,系统管理人员如果需要在几百甚至上千部电脑之间来回奔跑,效率和工作量是可想而知的,但 B/S 架构的软件只需要管理服务器就行了,所有的客户端只是浏览器,根本不需要做任何的维护。无论用户的规模有多大,有多少分支机构,都不会增加任何维护升级的工作量,所有的操作只需要针对服务器进行;如果是异地,只需要把服务器连接专网即可,实现远程维护、升级和共享。所以客户机越来越"瘦",而服务器越来越"胖"是将来信息化发展的主流方向。今后,软件升级和维护会越来越容易,而使用起来会越来越简单,这对用户人力、物力、时间、费用的节省是显而易见且惊人的。因此,维护和升级革命的方式是"瘦"客户机,"胖"服务器。

(2)成本降低,选择更多

大家都知道,Windows 在桌面电脑上几乎一统天下,浏览器成为标准配置,但在服务器操作系统上 Windows 并不是处于绝对的统治地位。现在的趋势是凡使用 B/S 架构的应用管理软件,只需安装在 Linux 服务器上即可,而且安全性高。所以服务器操作系统的选择是很多的,不管选用哪种操作系统都可以让大部分人使用 Windows 作为桌面操作系统而电脑不受影响,这就使得最流行的免费的 Linux 操作系统快速发展起来。Linux 除了操作系统是免费的以外,连数据库也是免费的,这种选择非常盛行。

2)B/S 架构软件的劣势

B/S 架构软件的劣势主要表现为应用服务器运行数据负荷较重。由于 B/S 架构管理软件只安装在服务器(Server)端,网络管理人员只需要管理服务器就行了,用户界面主要事务逻辑在服务器端完全通过 WWW 浏览器实现,极少部分事务逻辑在前端(Browser)实现,所有的客户端只有浏览器,网络管理人员只需要做硬件维护。但是,应用服务器运行数据负荷较重,一旦发生服务器"崩溃"等问题,后果不堪设想。因此,许多单位都备有数据库存储服务器,以防万一。

9.4.3 Web-Service 模式

实现企业间信息交流是电子供应链的基础,信息交流可以通过组件对象模型(COM)、公共对象请求、代理体系结构等技术实现。但是,这些技术受制于异构系统企业间代码和模块障碍,相互间无法通用,必须采用 Web-Service 公用解决方案。Web-Service 即 Web 服务是封装成一个单一实体并通过网络发布给其他程序使用的一系列功能集,其思想类似于远程方法调用。当服务提供者完成 Web-Service 开发并通过UDDI(通用说明、查找和综合)进行注册后,用户即可使用搜索工具发现所需要的 Web 服务,并按照其提供的 WSDL(Web-Service 描述语言)文件所描述的方法对 Web-Service 进行调用,得到所需要的数据并加以显示或储存到自己的数据库中。例如,分销商可以创建一个库存查询的 Web-Service,供应商输入用户名、密码即可查询由他们提供的货物的库存情况,然后把该 Web 服务进行注册,供应商即可在自己的系统中调用这个 Web-Service,查询产品的当前库存情况,然后根据双方的预先约定确定是否需要补货。

1)Web-Service 的应用

一般在以下 3 种情况下需要使用到 Web-Service 应用,在这 3 种情况下应用 Web-Service 模式将得到极大的好处。

(1)跨越防火墙的通信

如果企业的应用程序有成千上万的用户,而且都分布在世界各地,那么客户端和服务器之间的通信将是一个棘手的问题。那是因为客户端和服务器之间通常都会有防火墙或者代理服务器。在这种情况下,想使用 DCOM 就不是那么简单了,而且,通常管理者也不愿意把客户端程序发布到数量如此庞大的每一个用户手中。于是,管理者可能最终选择用浏览器作为客户端,写下一堆 ASP 页面,把应用程序的中间层暴露给最终用户。结果呢? 运气好的话,只是开发难度大了一些,运气不好的话,就会得到一个根本无法维护的应用程序。

如果想在应用程序里面加入一个新的页面,一般情况下要经过以下步骤:首先建立好用户界面(Web 页面),以及在这个页面后面包含相应商业逻辑的中间层组件。其次要再建立至少一个 ASP 页面,用来接受用户输入的信息,调用中间层组件,把结果格式化为 HTML 形式。最后还要把"结果页"送回浏览器。要是客户端代码不再如此依赖于 HTML 表单,客户端的编程就简单多了。

当然,如果中间层组件是 Web-Service 的话,完全可以从用户界面直接调用中间层组件,从而省掉建立 ASP 页面的步骤。要调用 Web-Service,可以直接使用 Microsoft SOAP(Simple Object Access Protocol) Toolkit 或.NET 这样的 SOAP 客户端,也可以使用自己开发的 SOAP 客户端,然后把它和应用程序连接起来。这样做,不仅可以缩短开发周期,还可以减少代码的复杂度,并增强整个应用程序的可维护性。同时,应用程序也不再需要在每次调用中间层组件时都跳转到相应的"结果页"了。

在一个用户界面和中间层有较多交互的应用程序中,使用 Web-Service 这种结构,可以轻松地节省花在用户界面编程上的 20% 的开发时间。这样做还有另一个好处,就是将得到一个由 Web-Service 组成的中间层,这一层是完全可以在应用程序集成或其他场合下被重用的。最后,通过 Web-Service 把应用程序的逻辑和数据暴露出来,还可以让其他平台上的客户重用应用程序。

(2)应用程序集成

企业级的应用程序开发者都知道,企业里经常都要把用不同语言写成的在不同平台上运行的各种程序集成起来,而这种集成将花费很大的开发力量。应用程序经常需要从运行在古老的 IBM 主机上的程序中获取数据,或者再把数据发送到主机或 UNIX 应用程序中去。即使是在同一个平台上,不同的软件厂商生产的各种软件也常常需要集成起来。通过 Web-Service,应用程序可以用标准的方法把功能和数据暴露出来,供其他应用程序使用。

例如,有一个订单登录程序,用于登录从客户来的新订单,包括客户信息、发货地址、数量、价格和付款方式等信息。同时,还有一个订单执行程序,用于实际货物发送的管理。这两个程序来自不同的软件厂商。一份新订单进来之后,订单登录程序需要通知订单执行程序发送货物。这样,每当有新订单到来时,订单登录程序就可以调用函数来发送货物了。

(3)BtoB 的集成

用 Web-Service 集成应用程序,可以使公司内部的商务处理更加自动化。但当交易跨越了供应商和客户,突破了公司的界线时又会怎样呢? 跨公司的商务交易集成通常叫做 BtoB 集成。

Web-Service 是 BtoB 集成成功的关键。通过 Web-Service,你的公司可以把关键的商务应用暴露给指定的供应商和客户。例如,把你的电子下单系统和电子发票系统暴露出来,你的客户就可以以电子的方式向你发送购货订单,而你的供应商则可以以电子的方式把原料采购的发票发送给你。当然,这并不是一个新的概念,电子文档交换(EDI)早就是这样了。

Web-Service 和 EDI 之间的主要区别在于,Web-Service 的实现要比 EDI 简单得多,而且 Web-Service 是运行在 Internet 上的,在世界任何地方都可轻易实现,这样其运行成本就相对较低。不过,Web-Service 并不像 EDI 那样,是文档交换或 BtoB 集成的一套完整的解决方案。Web-Service 只是 BtoB 集成的一个关键部分,还需要许多其他的部分才能完成这个集成。

用 Web-Service 来实现 BtoB 集成的最大好处在于可以轻易实现互操作性。只要把商务逻辑暴露出来,成为 Web-Service,就可以让任何指定的合作伙伴轻松地调用商务逻辑,而不管他们的系统在什么平台上运行,使用的是什么开发语言。这样就大大减少了花在 BtoB 集成上的时间和成本。这样的低成本让许多原本无法承受 EDI 的投资成本的中小企业也能实现 BtoB 集成。

2) Web-Service 的优点

①完好的封装性。从使用者的角度看,Web-Service 是部署在 Web 上的一种对象/组件,具有对象的良好封装性。

②松散耦合。当 Web-Service 的调用界面保持一致时,Web-Service 的实现变更对调用者是完全透明的。Web-Service 通过 XML/SOAP 作为消息交换协议保持其松散耦合。

③使用标准协议规范。作为 Web-Service,其所有公共的协约完全需要使用开放的标准协议进行描述、传输和交换。这些标准协议具有完全免费的规范,并将最终由 W3C 或 OASIS 作为最终版本的发布方和维护方。

④高度可集成性。Web-Service 采取简单的、易理解的标准 Web 协议作为组件界面描述和协同描述规范,完全屏蔽了不同软件平台的差异。

3) Web-Service 的缺点

如同任何一项技术一样,总存在着不断改进的基础。Web-Service 没有提供可信任与授权的完整的安全构架,以确保基于 Web-Service 技术的政务系统和电子商务的安全运作。

与 Web-Service 相关的现有的标准和规范中,不包括对消息的保护的部分,即不能保证不被第三方截取或篡改。标准的协议进行互操作,实现了在当前环境下最高的可集成性。

>>案例分析　海尔物流信息系统建设案例分析[①]

为了与国际接轨,建立起高效、迅速的现代物流系统,海尔采用了SAP公司的ERP系统和BBP系统(原材料网上采购系统),对企业进行流程改造。经过近两年的实施,海尔的现代物流管理系统不仅很好地提高了物流效率,而且将海尔的电子商务平台扩展到了包含客户和供应商在内的整个供应链管理,极大地推动了海尔电子商务的发展。

1. 需求分析

海尔集团认为,现代企业运作的驱动力只有一个:订单。没有订单,现代企业就不可能运作。围绕订单而进行的采购、设计、制造、销售等一系列工作,最重要的一个流程就是物流。离开物流的支持,企业的采购与制造、销售等行为就会带有一定的盲目性和不可预知性。

建立高效、迅速的现代物流系统,才能建立企业最核心的竞争力。海尔需要这样一套信息系统,使其能够在物流方面一只手抓住用户的需求,另一只手抓住可以满足用户需求的全球供应链。海尔实施信息化管理的目的主要有以下两个方面:

(1)现代物流区别于传统物流的主要特征是速度,而海尔物流信息化建设需要以订单信息流为中心,使供应链上的信息同步传递,能够实现以速度取胜。

(2)海尔物流需要以信息技术为基础,能够向客户提供竞争对手所不能给予的增值服务,使海尔顺利从企业物流向物流企业转变。

2. 解决方案

海尔采用了SAP公司提供的ERP和BBP系统,组建自己的物流管理系统。

3. 系统构成

1) ERP系统

海尔物流的ERP系统共包括五大模块:MM(物料管理)、PP(制造与计划)、SD(销售与订单管理)、FI/CO(财务管理与成本管理)。

ERP实施后,打破了原有的"信息孤岛",使信息同步而集成,提高了信息的实时性与准确性,加快了对供应链的响应速度。如原来订单由客户下达传递到供应商需要10天以上的时间,而且准确率低,实施ERP后订单不但1天内完成了"客户—商流—工厂计划—仓库—采购—供应商"的过程,而且准确率极高。

另外,对于每笔收货,扫描系统能够自动检验采购订单,防止暗箱收货,而财务在收

---

① 畅享网:http://www.amteam.org/print.aspx? id = 486628.

货的同时自动生成入库凭证,使财务人员从繁重的记账工作中解放出来,发挥出真正的财务管理与财务监督职能,而且效率与准确性大大提高。

2)BBP 系统

BBP 系统(原材料网上采购系统)主要是建立了与供应商之间基于因特网的业务和信息协同平台。该平台的主要功能有:

(1)通过平台的业务协同功能,既可以通过因特网进行招投标,又可以通过因特网将所有与供应商相关的物流管理业务信息,如采购计划、采购订单、库存信息、供应商供货清单、配额以及采购价格和计划交货时间等发布给供应商,使供应商可以足不出户就全面了解与自己相关的物流管理信息(根据采购计划备货,根据采购订单送货,等等)。

(2)对于非业务信息的协同,SAP 使用构架于 BBP 采购平台上的信息中心为海尔与供应商之间进行沟通交互和反馈提供集成环境。信息中心利用浏览器和互联网作为中介整合了海尔过去通过纸张、传真、电话和电子邮件等手段才能完成的信息交互方式,实现了非业务数据的集中存储和网上发布。

4.“一流三网”

实施和完善后的海尔物流管理系统可以用“一流三网”来概括。这充分体现了现代物流的特征:“一流”是指以订单信息流为中心;“三网”分别是全球供应链资源网络、全球用户资源网络和计算机信息网络。

整个系统围绕订单信息流这一中心,将海尔遍布全球的分支机构整合之后,物流平台使供应商和客户、企业内部信息网络这“三网”同时开始执行,同步运作,为订单信息流的增值提供支持。

5.经验总结

(1)海尔选择了 SAP/R3 成熟的 ERP 系统,而不是请软件公司根据海尔物流的现状进行开发,主要目的是借助于成熟的先进流程提升自己的管理水平。

(2)实施“一把手”工程与全员参与,有效推进信息系统的执行。

海尔物流所有信息化的建设均是基于流程的优化、提高对客户的响应速度来进行的,所以应用面涉及海尔物流内部与外部很多部门,有时打破旧的管理办法,推行新流程的阻力非常巨大。海尔物流的信息化建设一直是部门一把手亲自抓的工作,亲自抓,亲自在现场发现问题,亲自推动,保证了信息化实施的效果。如在 ERP 上线初期,BOM 与数据不准确是困扰系统正常运转的瓶颈,它牵涉到企业的基础管理工作与长期工作习惯的改变,物流推进本部部长发现问题后,亲自推动,制订出有效的管理模式,不但提高了系统的执行率,而且规范并提升了企业的基础管理(BOM 的准确率、现场管理),保证了信息系统作用的发挥。

(3)培训工作同步进行,保证信息系统的实施效果。

由于信息化工作的不断推进,原有的手工管理变为计算机操作,这对物流的基层工作者如保管员、司机、年纪较大的采购员均是挑战。在实施 ERP 信息系统时,海尔物流开展了全员培训,并对相关操作人员进行了严格的技能考试,考试通过后才能获得上岗证书。物流信息中心也开通了内部培训网站,详细介绍系统的基础知识、业务操作指导与对操作的问题进行答疑,这些均保证了信息化使用的效果。

该系统"通过业务流程的再造,建立现代物流"以及利用 MYSAP.COM 协同化电子商务解决方案,成功地将海尔的电子商务平台扩展到包括客户和供货商在内的整个供应链管理,有效地提高了采购效率,大大降低了供应链的成本。

该系统是为订单采购设计的,其结果使采购成本降低,库存资金周转从 30 天降低到 12 天,呆滞物资降低 73.8%,库存面积减少 50%,节约资金 7 亿元,同比减少 67%。整合了 2 336 家供货商,优化为 840 家,提高了国际化大集团组成的供货商的比例,达到71.3%。

(4)对于非业务信息的协同,SAP 使用构架于 BBP 采购平台上的信息中心为海尔与供应商之间进行沟通交互和反馈提供集成环境。信息中心利用浏览器和互联网作为中介整合了海尔过去通过纸张、传真、电话和电子邮件等手段才能完成的信息交互方式,实现了非业务数据的集中存储和网上发布。

系统是在 SAP 系统基础上开发而成的,所开发的 ERP 和 BBP(基于协同电子商务解决方案)具有典型的企业标准化的特征,开发的系统覆盖了集团原材料的集中采购、库存和立体仓库的管理、19 个事业部的生产计划、事业部原料配送、成品下线的原料消耗倒冲以及物流本部零部件采购公司的财务等业务,建立了海尔集团的内部标准供应链。

目前海尔已实现了即时采购、即时配送和即时分拨物流的同步流程。100% 的采购订单由网上下达,提高了劳动效率,以信息代替库存商品。

海尔的物流系统不仅实现了"零库存"、"零距离"和"零营运资本",而且整合了内部,协同了供货商,提高了企业效益和生产力,方便了使用者。

不足之处是,该案例介绍的流程分析和改造比较少。建议进一步将业务流程标准化,并在此基础上形成标准的供应链物流系统。

≫案例分析与讨论题

1. 海尔的信息系统建设经过了哪些步骤?

2. 海尔在实施信息系统的同时采取了哪些行动来配合系统上马?

3. 海尔实施信息系统还有哪些值得借鉴的重要内容?

4. 你怎样认识信息管理与企业的关系？请结合实际情况进行分析、评价。

≫复习思考题

1. 为什么说供应链信息是供应链管理的润滑剂？
2. 有哪些自动识别技术？它们的工作原理是什么？
3. 电子订货系统有什么特点？请尝试将其工作流程绘制出来。
4. 常见的电子化供应链运作模式有哪些？

第 ⑩ 章

供应链中的知识管理

本章导读:

　　企业对知识的获取、共享、应用、创造的能力已成为决定供应链竞争能力的关键要素。供应链管理和知识管理的有机结合有助于提高供应链的整体知识水平和素质,提升供应链的应变能力和创新能力,实现供应链的整体效益最优。

10.1　知识及知识管理理论

10.1.1　知识的分类

国内外的不同学者从不同的角度对知识作出了不同的定义。Woolf 将知识理解为用于解决问题的结构化信息；Turban 认为知识是用于解决问题或者决策的经过整理的易于理解和结构化的信息；Wiig 则认为知识包含真理和信念、观点和概念、判断和展望、方法和诀窍；Vander Spek 将知识看作能够指导思考、行为和交流的正确和真实的洞察、经验和过程的总集合。此外，Brooking 等人对组织知识作出了定义，他们认为组织知识是以人为中心的资产、知识产权资产、基础结构资产以及市场资产，它是内嵌在流转和过程中用于行动的流程知识。但无论哪种观点，都强调知识是一种有组织的经验、价值观、相关信息及洞察力的动态组合，它所构成的框架可以不断地评价和吸收新的经验和信息。在组织结构中，它不但存在于文件和档案之中，还存在于组织结构的程序、过程、实践及惯例之中。概而言之，知识是一种有序化的信息。

1）按知识的可描述性划分

根据知识的可传递性，即传递的维度、可用来传递的方式等，知识分为显性知识和隐性知识。

显性知识是可以用正式的语言，包括程序、数字表达、计划书、手册等将它们记录下来得以传递和分享的知识。由于显性知识极容易被模仿，因此企业一般会运用法律和其他手段来保护这些知识，如以专利、版权、商业秘密等来实现对显性知识的保护。

隐性知识则是指一种不能用系统的、编码的语言清晰地表述出来的知识。这种知识由于未编码，因而极难模仿，也难以传递。隐性知识来自于个体与客体长期相互作用中的主观感受。在这种隐性知识逐渐能够脱离个体经验与感知而相对独立存在的时候，它们逐渐被编码，成为能够为社会其他成员享用的精神财富，而且也能够通过与其他成员的对话、交流而更加清晰、更加丰富起来。

2）经济合作与发展组织的知识划分

经济合作与发展组织（OECD）将知识分为 4 类：

①知道是什么的知识(Know-what):是关于事实方面的知识;

②知道为什么的知识(Know-why):是原理和规律方面的知识;

③知道怎么做的知识(Know-how):是操作能力方面的知识,包括技术、技能、技巧和诀窍等;

④知道是谁的知识(Know-who):是关于管理的知识和能力。

其中,第一、二类知识是可以表达的、有物质载体的、可确知的知识,属于显性知识;第三、四类知识是不易被认识到的、难于用语言表述的、不易衡量其价值的、不易被其他人所理解和掌握的知识,属于隐性知识。隐性知识与显性知识是相互作用、补充和转化的。相对而言,隐性知识的管理难度更大,但比显性知识更完善、更能创造价值。此外还有 Know-when,是对于时间节奏方面的知识。特别是关于何时最适合做某事的知识。譬如为什么现在对企业来说是实施知识管理比较有利的时机。Kow-where,空间感,是对于做事的最佳场合的知识。譬如对于一个企业来说,从哪一个部门开始实施信息化项目可能会取得成功。

3) 按知识的所有者不同划分

根据知识的所有者不同,知识可划分为个人知识、供应链企业知识、供应链整体知识和供应链外部知识。

个人知识是企业员工经积累和创造后所拥有的大量的、极其复杂的知识,这些知识不仅包括专业知识、工作技能、诀窍、个人专利和发明以及个人的生活常识和体验,还包括更高层次的思想和价值观;供应链企业知识是指供应链中某企业所拥有的各种知识,包括品牌、商标、专利、发明、报告、商业秘诀,在此企业范围内知识可自由共享、交流和利用,而供应链内知识共享则受控;供应链整体知识是为供应链内所有或部分成员企业所共享,在供应链内循环流动的知识;供应链外部知识是指供应链以外的有利于供应链发展并能为供应链中企业所获取的各类知识。

4) 按知识的重要程度不同划分

按知识的重要程度、发展的潜力和发展的不同阶段,供应链中知识可分为发展中知识、核心知识、基本知识和过期知识 4 种类型。

发展中知识是指那些仍处于萌芽阶段,但其重要性不断凸现的知识;核心知识是指能为顾客带来特别利益的独有技术,该技术可迅速、高效地转化为高质量的产品和服务;基本知识是指完成各项活动所必需的知识;而那些几乎不再被应用于经营过程的知识就是所谓的过期知识。这几种知识是动态变化的,在适当的条件下,发展中知识可转化为核心知识,核心知识通过扩散和传播逐渐被广泛应用而成为基本知识,最后,知识就因过时而不再应用到经营过程中。

10.1.2　企业知识管理理论

1)知识管理定义

美国当代著名经济学家和管理学家彼得·德鲁克,在1988年首次提出知识社会和知识管理(Knowledge Management, KM)的概念。他认为,在新的经济社会里,知识不仅是与传统的生产要素(劳动力、资本和土地)相并列的另一种资源,而且是当今唯一有意义的资源。知识变为特殊资源,成为新社会特有的根本特征。随后,野中郁次郎在《知识创新公司》一书中提出了显性知识和隐性知识相互转化的SECI模型。他们认为,知识管理不是对客观信息进行简单的"加工处理",而是发掘员工头脑中潜在的想法、直觉和灵感,通过知识转化创新,获得持续的竞争优势。自此,知识管理这一思想在国内外引起了强烈反响,学术界纷纷开展知识管理的研究,企业界也在积极地进行知识管理的实践。全球财富500强中大部分企业都已经把知识管理的理念和方法应用于企业的经营管理。

不同的企业和企业家对于企业知识管理有着不同的理解。美国德尔集团创始人之一卡尔·弗拉保罗认为,知识管理就是运用集体的智慧提高应变和创新能力,为企业实现显性知识和隐性知识共享提供的新途径。IBM公司的知识管理研究院将企业知识管理主要定位于如下9个方面:团队和团队、知识战略、专业网络管理、客户知识、技术目标、知识经济、创新、灵活性和响应、社会成本。奎达斯等则把知识管理看作"是一个管理各种知识的连续过程,以满足现在和将来出现的各种需要,确定和探索现有的和获得的知识资产,开发新的机会。"法拉普罗说:"知识管理就是运用集体的智慧提高应变和创新能力。"他还认为知识管理应有外部化、内部化、中介化和认知化4种功能。外部化是指从外部获取知识并按一定分类进行组织;内部化是指知识的转移,即从外部知识库中筛选、提取人们想得到的与特定用户有关的知识;中介化是指为知识寻找者找到知识的最佳来源;认知化则是将以上3种功能获得的知识加以应用的过程。美国生产力和质量中心(APQC)认为知识管理应该是组织一种有意识采取的战略,它保证能够在最需要的时间将最需要的知识传送给最需要的人。这样可以帮助人们共享信息,并进而将之通过不同的方式付诸实践,最终达到提高组织业绩的目的。

综上所述,企业知识管理的出发点就是把知识视为最重要的资源,把知识和知识活动作为企业的核心,运用现代管理理论和技术,对企业内部和外部的知识资源进行发现、挖掘、整合、共享、存储和利用,实施科学的管理和维护,在最恰当的时间,把最恰当的知识传送给最需要的人,保持企业的竞争能力、创新能力和可持续发展能力。

2)知识管理的过程

企业知识管理的过程可以分为个人、团队、企业、企业间4个层次。企业知识是由企业内部的单个个人知识以及在此基础上形成的不同层次上的知识有机结合而成的。个人层次上的知识管理是企业知识管理的基础,为更高层次的知识管理提供了能量和动力。同时,更高层次的知识管理为个人知识管理提供了有利的环境和氛围。同一层次不同单位间的知识共享和交流,知识从低层次向高级层次的提升,更高层次的知识为较低层次的知识管理活动提供交流平台、共享的场所。

从企业内部来看,知识管理的主要目标是解决企业内部知识活动中出现的一系列矛盾,获得和保持企业竞争优势。首先要解决的就是组织内部知识资源的广度和深度间的矛盾。这一矛盾的解决方法涉及下面这些问题:本组织中需要的知识是什么;现有的知识在哪里;可以从哪里获取知识;如何传播知识;如何生成新的知识;如何有效利用知识;如何储存、更新、保护知识;等等。因此,企业知识管理的内容主要包括知识获取、知识共享与交流、知识应用和知识创新。

(1)知识获取

知识获取是企业通过学习和吸收企业内外部的各种显性知识和隐性知识来获得知识资源的过程。企业的知识获取要求个人、部门和企业都具有获取知识的能力。这种能力不仅要求在企业各知识管理层次,以及组织结构与制度等方面具有获取和接受知识的基本素质,而且这种能力的要求是随着生产发展和科技进步而不断提高的。

(2)知识共享和传播

共享是实现知识价值最大化的有效途径。企业内部知识共享是指将企业内部的信息和知识尽可能公开,使知识在员工、团体和企业不同层次间循环流动、相互转化,从而产生协同价值。知识共享和传播是企业内部知识管理的重要手段和核心内容。没有知识共享的企业将无法凝聚每一个人的创新力量。知识管理要求每个企业成员在最大限度贡献其知识的同时,也能享用他人的知识,促进知识在企业内部广泛地传播,在组织运营中发挥作用。其目标也是要提高组织中所有知识的共享水平和知识创新能力。

(3)知识应用

知识是为了应用而存在的,成功的知识管理在于能够高效率地利用企业的知识资源解决实际问题,提高企业管理和运作的效率,从而增强企业竞争力。知识只有运用在实践中,才能显示其价值;同时知识在使用的过程中也会不断创造出新的知识。这是知识资源与其他资源的根本区别所在,也是知识管理的关键所在。因此,如何有效地运用企业知识,使有限的知识资源在企业运营中发挥最大作用,就成了企业知识管理的主要内容。

（4）知识创新

知识创新是知识的产生、创造和应用的整个过程。它通过追求新发现、探索新规律、积累新知识，达到创造知识附加值，谋取企业竞争优势的目的。知识创新是企业知识管理的关键所在，企业内部的各项知识管理活动实际上都是在为知识创新服务。

企业内部的知识创新过程主要发生在组织中的各种显性知识和隐性知识的相互转化过程中，如图 10.1 所示。正如野中郁次郎提到的那样，员工层面的知识通过社会化的过程来达到经验分享的效果，这是一个成员间隐性知识到隐性知识的转化。在团队和部门层面，这些经验类的隐性知识又可以通过对话讨论的方式外在化，这是一个隐性知识到显性知识的转化过程。而在组织层面，组织通过对各种显性知识的组合化过程，将各种零散的显性知识组合成显性知识系统传达给员工，而员工通过对系统的显性知识的吸收接纳又可将其内在化为个人的隐性知识。知识创新过程便在组织内知识的动态转化之中循环发生，推动知识创新过程的不断进行。

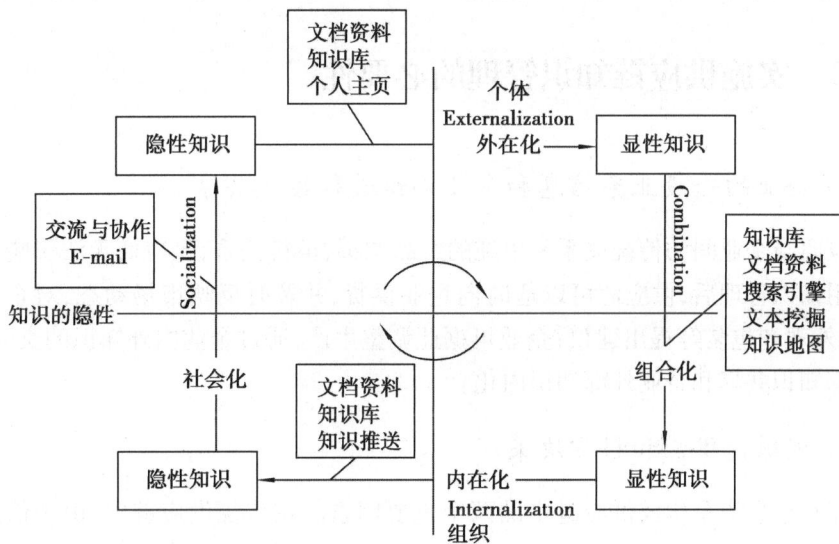

图 10.1　知识创新流程

10.2　供应链知识管理内容

从供应链的角度来看，供应链知识管理是对供应链中知识资源的管理，是运用供应链全体参与企业的智慧,通过对供应链中的显性知识和隐性知识系统开发和利用,来改善和提高整个供应链的创新能力、反应能力、工作效率和技能素质,以加强供应链的核心竞争力。

10.2.1　供应链知识管理的目标

供应链知识管理的主要出发点是当代企业所面对的生存环境发生的革命性变化,其直接目标是提高知识创新和运用的效率,在供应链结构中推动知识转移和共享,使供应链成员之间的知识水平达到协调优化。而知识创新所具有的高风险性要求企业在进行知识创新时充分考虑风险规避问题,同时知识在使用上所具有的不同于其他资源的特性使得知识的合作开发与利用成为可能。因此,供应链中知识管理的首要目标是利用供应链成员在业务流程和知识资源上的互补性提高知识创新和利用的效率,避免知识重复创新行为在供应链联盟中发生,同时降低知识创新的风险和不确定性。

10.2.2　实施供应链知识管理的必要性

1)对企业的一般业务信息和企业知识进行集成共享

供应商与企业间的传统关系是单纯的产品购买、销售关系,供应商无法影响企业决策。应用知识管理后,供应商可以适时向企业供货,并及时反映市场动态,对企业产品的款式、外观和包装等提出建议;企业可据此调整生产,通过企业内外知识的交流,实现企业内部知识共享和企业外部知识内化。

2)实现敏捷供应和科学决策

物流和信息流是构成供应链中的两个重要因素。在传统供应链中,由于信息交流速度的限制,完成一个物流活动需要的时间较长,同时,传统的物资供应过程由多个业务流程组成,人为因素影响较大。随着知识的运用,客户的任何一个需要,供应、配送的信息都可通过企业知识网络选择捷径,企业可以实现敏捷供应和科学决策。

3)减少供应链管理中的不确定性,提高供应链的灵活性

由于供应链上各组成部分的需求可能随时间变化,提高供应链效率要素之一就是变通,并进行创新,供应商要能够适应不断变化的商业环境,提高应变能力,不使系统中断。基于知识管理的企业强调员工知识的更新,定期培训,鼓励员工学习,不断深化企

业的知识,有利于企业人力资源开发。由于不断吸收新信息、新知识,企业供应链管理就能走在时代前端,随时调整发展方向,有利于企业增强外部环境适应能力。

4) 降低采购供应和交易成本,优化物流资源配置

传统的物流企业大多需要置备大规模的仓库设施,往往出现组织松散、机构庞大、难以提高物流服务水平的问题。为保证及时准确、安全经济地将商品送达需者,需对现有物流企业进行合理的规划和技术改造。应用知识网络,物流企业可根据商流的需求特点与供应特点散置在各地、分属不同系统的物流设施和资源可以通过虚拟企业连接,经过科学规划重组,发挥物流设施和服务优势,扩大服务半径和货物集散空间,优化供应链,完善服务水平。

10.2.3　供应链知识管理的特点

供应链是现代经济发展过程中出现的一种战略联盟形式,相对于其他企业合作形式如虚拟企业、产学研合作等,供应链中企业之间的关系更加紧密,因此,供应链知识管理具有以下特征:

1) 知识来源更广

供应链是由供应商、制造商、分销商、零售商以及承运商为抓住某一市场机遇、实现特定的商务目标而在专门的技术支持中心的支持下组成的动态供应链。供应链的知识来源从一个企业内部各个部门,扩展到供应链上所有相关企业的所有部门,还包括技术支持中心的相关机构和技术咨询机构。知识的拥有者从一个企业内所有员工及其客户,延伸到供应链上所有企业的所有员工及其客户,还包括技术支持中心的相关人员。这些知识经过重新组合,知识量将随知识结构层次的增加成几何级数增加。

2) 知识管理更复杂

供应链各成员企业及其员工具有不同的企业文化和社会文化背景,企业间的联盟可能是临时动态的,企业间的关系比较微妙。供应链的知识管理如何在不危害各成员企业自身利益的前提下实现供应链知识的无缝连接;如何让各成员企业的员工具有主人翁意识和奉献精神,为供应链联盟的成功贡献自己的知识;如何在不动摇各个企业内部文化的条件下,建立供应链联盟文化等都是将要面临的问题。显然,供应链的知识管理不但涉及各企业内部,还涉及各企业之间。其管理复杂程度更高,实现手段的要求也更高。

3）知识创新的激励更难

知识创新是一个需要投入时间、人力和财力的复杂活动，对单个企业来讲，建立一个积极向上的知识创新机制已是一件不太容易的事，对于供应链这样的多企业联盟，就更不容易了。各成员企业可能会站在自己的角度，考虑自己的知识创新投入是否有回报、到底有多少回报，知识创新是否值得等问题。

4）知识共享机制的建立更难

供应链要实现自己的目标，就需要成员企业积极配合和密切交流，也就是说要实现知识共享。众所周知，没有一个行之有效的激励机制，单个企业内部要实现知识共享也是不可能的。对于供应链这样的动态联盟，怎样让成员企业及其员工心甘情愿地共享知识，又不损伤各自企业的利益，是一个难题，同时又是不得不解决的问题。

5）知识安全要求更高

供应链的各成员企业都拥有自己相对保密的知识体系，供应链联盟也有自己相对保密的知识体系，这都需要高可靠性的信息安全技术对知识进行保护。只有在知识得到有效保护的条件下，企业、员工和客户才能在各自特定的利益前提下通过知识管理平台有原则、有限制地进行知识交流和共享。

10.2.4 供应链中知识管理的内容

1）供应链企业知识存在形式

供应链中的知识分类是实施知识管理的基础，是进行知识编码、通畅知识流程、构建知识平台、实现知识创新的基本依据。供应链企业中的知识包含了联盟各节点企业的结构化经验、专利技术、企业价值观、情报信息等，还包括各企业间的联系与交互。相对于企业内部的知识资源，供应链企业中的知识范围更大，层次更多，结构也更复杂。

依据知识主体的不同，供应链系统中的知识可分为个体知识、组织知识和组织间知识。个体知识是组织知识产生和存在的基础，但组织知识并非是个体知识的加和，它是个体知识在供应链中传播、共享和创新的结果，具有个体知识所没有的性质。组织间知识是供应链节点企业间个体知识和组织知识相互传播、转化和整合的过程中所产生的新知识，标示着企业间的知识流动和碰撞。

依据知识的可描述性程度不同，供应链系统中的知识可分为显性知识和隐性知识。

前者指的是内容明确、易于整理和储存且能够正式、方便地在不同知识主体之间传播和交流的知识,而后者是建立在个人经验、价值观、方法论等无形因素的基础之上,通过对信息或显性知识的叠加和再利用所得到的隐藏在思维深处的知识。隐性知识通常难以在不同知识主体之间传播和交流。

依据知识的结构化程度小同,分为正式结构知识和非正式结构知识。正式结构知识通常是显性的,而且容易被编码化为正式的格式,包括网页上的内容、电子数据交换的事务信息和各种文件等。在供应链中,这些知识是通过 EDI、网页、FTP 等形式传播的。非正式结构知识很不容易格式化和记录,而且同具体环境相关,通常嵌入在过程中或人的头脑中,包括电子邮件、论坛上的留言和协调过程等。在供应链中,这些知识是通过 E-mail、电视电话会议、公告板等形式传播的。

从企业价值链的角度,可以把供应链的知识管理活动看作是从供应商原料生产到售后服务全过程的知识转化、整合和传播的活动,则供应链企业中的知识包括:采购和供应知识、设计和开发知识、生产制造和物流知识、渠道管理和分销知识、客户服务和品牌知识、财务知识。采购和供应知识包括采购标准、供应商关系、原料质量控制、供应商响应速度等知识。设计和开发知识包括成本估计、工程设计、研发技术、专利与特有工艺、产品性能参数知识。制造和物流知识包括生产计划、生产能力、库存水平、设施和仓储设计、物流运输控制等知识。渠道管理和分销知识包括配送计划、分销商关系、渠道设计与管理等知识。客户服务和品牌知识包括产品品牌形象、顾客偏好、顾客满意度、市场趋势、市场分析和开发等知识。财务知识包括电子资金转账知识、财务报告知识等。

以上这些知识贯穿供应链管理的整个流程,不同行业或不同战略导向的供应链中知识要素也不一样。供应链中的知识管理水平很大程度上依赖于知识的种类和供应链的具体类型。

2) 供应链知识管理的动态活动过程分析

供应链上知识价值的实现,要求知识管理过程在整个供应链上完成,包括供应链企业内部和供应链企业之间。从知识管理的内容上来看,供应链中的知识管理主要涉及供应链中知识的创造、共享、运用和保护等主要活动的计划、组织、指挥与协调,涉及对供应链中的个体知识、部门知识、企业知识和企业间知识的管理。

（1）供应链中知识的获取

供应链中知识的获取指供应链参与企业从企业内部、供应链内部和供应链外部获取供应链流程中显性和隐性知识的过程。其中,主要强调从供应链合作伙伴那里通过学习获取知识,充分利用供应链这个蕴藏着丰富知识资源的"知识宝库"。可转化为知识的信息资源主要有电子文档资源、纸质文档资源、语音资源和数据库等。这些资源被收集到供应链企业的知识库中。知识获取要求供应链中个人、部门和企业都具有较强的知识选择、提炼、分类、识别的能力,能够从企业所获取的知识中甄别、分析对企业经营过程有用的知识。

（2）知识的编码

对知识进行识别、收集、分类、提取、组织以及标准化的过程,使其便于公开、共享和交流,并能够通过信息手段进行传递。知识编码化是组织实现知识管理的一个重要基础。知识编码工作中遇到的基本难题是如何在保持知识不失真的基础上对知识进行编撰和整理。

（3）知识的转化

知识管理的研究者大都认为知识的转化是知识管理的核心。知识转化指实现知识从一个知识源到另一个知识源的流动。从知识本身的区别来看,可以分为隐性知识和显性知识,根据它们之间的关系,可以得出知识的 4 个基本转化过程,如图 10.2 所示。

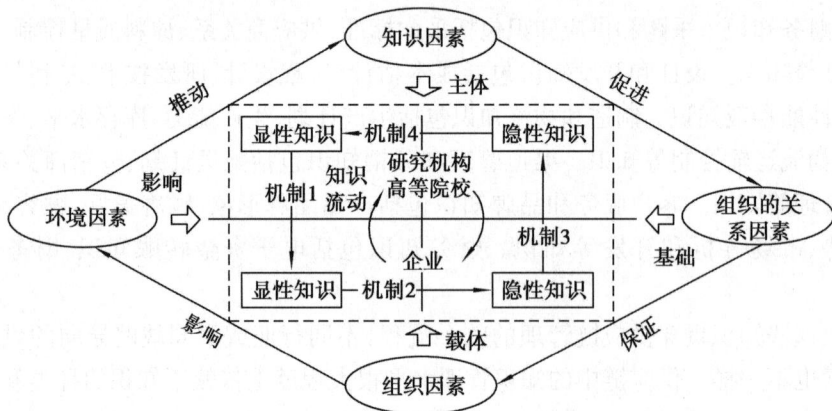

图 10.2　知识供应链中知识流动机制及影响因素

①显性知识到显性知识的转化。在这种知识转化方式中,显性知识转化为了更为复杂或更为系统化的显性知识,因此,这里关注的是如何通过知识集成系统的知识分类等方式来加速知识的系统化和优化,以提高现有知识的流动速度。由于供应链知识的来源错综复杂、特征各异,因此,知识的复杂度、数量以及组织的知识吸收能力对这种知识流动起着重要影响作用。需要提出的是,对于比较容易转移的显性知识来说,保持企业间强关系联结,往往需要大量的时间和较高的协调成本,共享效率低下,反而弱关系联结具有更高效率。

②显性知识到隐性知识的转化。通过这种知识转化,隐性知识系统得到拓宽、延伸或重构,从而增强了知识应用与进一步的知识创造能力,为新的知识创造循环奠定基

础。这种知识在流动中的转化对于创新的发生是重要的,也正是企业、大学、科研机构之间合作和交流可以促进创新的基本原理之一,因此,这种知识转化机制的关键是组织如何通过有效的学习方式和利用先进的知识传播工具将显性知识转化为头脑中的知识。

③隐性知识到隐性知识的转化。由于隐性知识具有"只可意会、难以言传"性,因此,知识在转化过程中可能会发生知识的散失,也可能会发生知识的改变,因为供应链主体间的知识背景、理解方式很难完全一致,这就使得隐性知识的流动往往需要大量的时间和较高的转移成本。环境因素、组织因素以及组织间关系对这种知识流动都会产生重要的影响。

④隐性知识到显性知识的转化。隐性知识往往存在于供应链主体的思维中,难以描述与表达,需要寻找有效的方式将隐性知识表达出来。因此,如何观察供应链成员的行为,采用通过隐喻、类推、想象、故事、可视化工具、模型和图标等支持工具将隐性知识转化为明晰知识就成了这种知识流动方式的关键。

(4)知识的创新

创新是对原有知识的实践、分析、创造和再实践的整个过程。它通过追求新发现、探索新规律、积累新知识,达到创造知识附加值、谋取竞争优势的目的。从创新知识的类型角度,可以把知识创新分为技术创新、管理创新、市场知识创新。由于在知识创新过程中起关键作用的主要是隐性知识,因此,可以认为知识的创新的实质就是一个寻找隐性知识转化为显性知识新途径的过程。供应链中知识的创造可以通过组成联合开发小组,让来自不同领域的专家、员工、客户进行交流。对于专业知识背景、个性、价值取向、经历经验等不同,看待同一问题时思维的角度也不尽相同,通过矛盾、争执、共识的过程,使他们的思想擦出火花,从而隐性知识得到创造。

(5)供应链中知识的保护

鉴于供应链的动态性和由不同独立法人企业组成的特点,供应链中的知识保护特别重要。供应链知识管理系统中必须有完善的用户管理和网络安全管理功能,节点企业还应具备较强的知识提炼和筛选能力,以更好地对涉及企业核心竞争力的知识资本,如知识产权、核心技术、客户偏好等进行有效的保护。

10.3　供应链的知识管理模型及管理策略

10.3.1　供应链的知识管理模型

　　图 10.3 采用圆轮图来表示供应链知识管理的思想和模型。模型把"共赢"放在该圆轮图的中心,强调进行供应链知识管理的目的是为了"共赢"。在"共赢"思想的指导下,通过隐性知识向显性知识的转化,以及对显性知识和隐性知识的管理,实现知识获取、知识共享、知识运用和知识创新的知识循环。另外,模型认为进行供应链知识管理的关键技术涉及供应链知识创新机制的建立、知识共享机制的建立、知识管理工具的建立和使用、知识安全机制和系统的建立以及知识创新与知识共享的联盟文化的培养,等等。而要达到上述目的,需要供应商、制造商、分销商、零售商以及技术支持中心的精诚

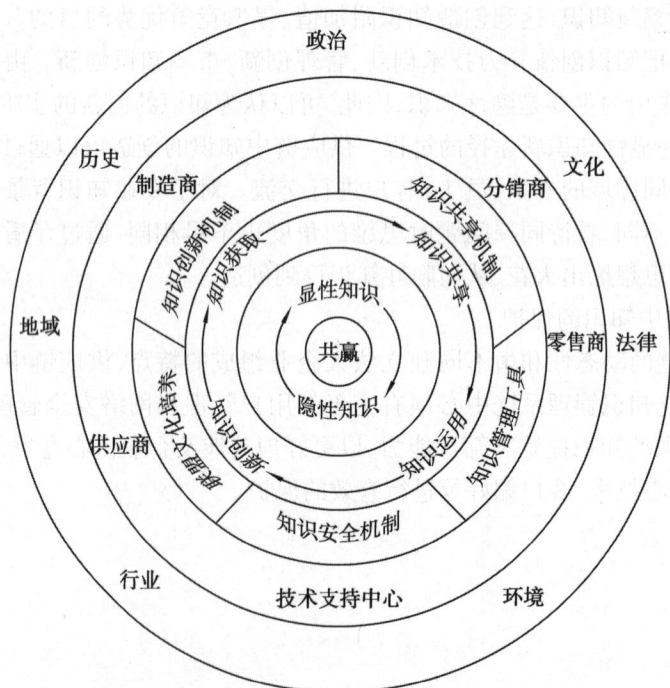

图 10.3　供应链知识管理模型

团结与合作。此外,供应链知识管理还受到历史、政治、文化、法律、环境、地域、行业等外部因素的影响和制约。

10.3.2　供应链的知识管理平台

要实现供应链的知识管理最关键的问题是知识管理平台的建立,如图 10.4 所示。供应商、制造商、分销商、零售商以及客户通过为其分别设置的知识门户,在知识管理平台的支持下,实现供应链的知识获取、知识传递、知识利用、知识创新、知识评价和知识保护。知识管理平台主要模块如下:

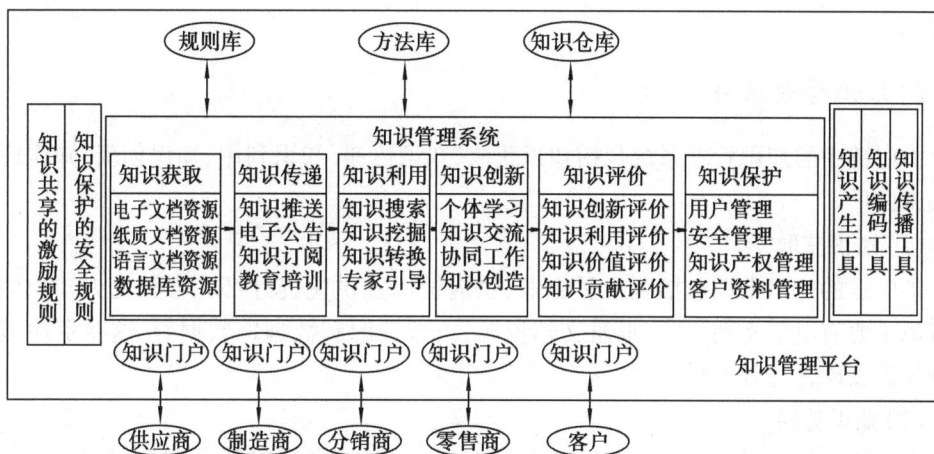

图 10.4　供应链的知识管理平台

1) 供应链企业知识门户(EKP)

供应链企业知识门户是员工日常工作所涉及相关主题内容的统一入口,员工可以通过它方便地了解当天的工作内容及完成这些工作所需的知识等。它使企业能够实时关联存储在企业内部和外部的各种信息和知识,使企业员工、客户和合作伙伴能够从单一的接触点访问其所需的个性化知识和信息。通过企业知识门户,任何员工都可以实时地与工作团队中的其他成员取得联系,寻找到能够提供帮助的专家或者快速连接到相关的知识。

供应链企业知识门户的基本服务应包括:

①应用与数据整合。由于供应链企业知识可能以多种数据格式保存,因此知识门户必须提供统一的知识检索、知识共享能力。知识门户的统一性就在于系统拥有统一的系统标准、规范和体系架构。

②知识分类与内容管理。EKP 通过知识分类与内容管理的应用,可以使用户通过单一的渠道访问所有信息与知识。这种集成不是简单地在页面上增加网页链接,而是通过集成化的方法把原有应用通过一个核心组件服务器集成在一起,来获取其他应用系统中的相关数据和知识。

③界面的集成和个性化定制。通过 EKP 接口展示的知识可加以定制(即个性化),为不同角色的用户提供个性化服务。这种个性化特点节省了用户的时间,并提供了安全保证,因为用户只能看到那些他们感兴趣的或他们有权访问的知识。

④系统管理整合。门户系统使用统一的账户管理,借助目录服务系统(如 MSAD 和 LDAP),采用一致的用户账户和密码,一次登录企业所有的信息系统,包括知识管理系统。

2)知识管理系统

供应链中的知识管理系统包括知识获取、知识传递、知识利用、知识创新、知识评价和知识保护。

(1)知识获取

供应链的知识来源包括各成员企业、供应链以及供应链外部。可转化为知识的信息资源主要有电子文档资源、纸质文档资源、语音资源和数据库数据等,这些资源被收集到知识仓库进行分类整合。

(2)知识传递

在知识应用前,知识应分配给需要知识的人。可通过知识推送、电子公告、知识订阅、教育培训等方式,以页面浏览、E-mail、文件传输等知识传递工具来实现知识在联盟企业之间以及有关人员之间的传递和分配。

(3)知识利用

不同的企业、不同的人员对知识有着不同的需求,可以通过知识搜索、知识挖掘等工具找到自己需要的知识。知识利用的目的是要实现隐性知识和显性知识的相互转化。

(4)知识创新

知识只有通过实践,才能真正创造价值。知识的创新包括如下过程:

①社会化过程。社会化过程强调知识的创造过程,产生的是一种"意会"的知识。它要求构建一个相互作用的领域来促进主体之间的经验与知识的分享,这就需要在主体间建立正式的和非正式的交流机制。

②外部化过程。外部化是隐性知识明晰化并进而转化为显性知识的过程。默会知识往往存在于供应链主体的思维中,难以描述与表达,但是通过供应链成员的行为,如

客户需求和新产品开发理念等,可以将默会知识转化为明晰知识。当供应链主体专注于核心竞争力,供应链主体不仅需要了解彼此的知识与能力,而且需要善于利用彼此的知识与能力。

③组合化过程。组合化过程主要是关注知识的应用,产生的是系统的知识,是从显性知识转化为更为复杂或更为系统化的显性知识的过程,通常通过技术集成、知识共享等方式来加速知识组合,并进而实现知识系统创新的过程。

④内部化过程。知识供应链中的知识内化是组织内部或组织之间显性知识到隐性知识的转化过程。通过内部化过程,默会知识系统得到拓宽、延伸或重构,从而增强了知识应用与进一步的知识创造能力,为新的知识创造循环奠定基础。

(5)知识评价

供应链知识管理评价的建立能够帮助核心企业和各节点企业看到知识管理的效果,帮助企业改善不足之处,增强其他企业加入的信心,它是上一个知识管理过程的结束,同时又是下一个管理过程的开始,为项目的继续实施和改进提供了强有力的参考依据。

(6)知识保护

鉴于供应链的多组织性和动态性,供应链的知识保护尤为重要。知识管理系统中必须有完善的用户管理和网络安全管理功能,以便对联盟企业的专有知识资本(知识产权、专利产品、商标、客户资料等)进行很好的保护。

3)知识仓库

供应链知识仓库的建立是为了实现供应链企业内部与外部的知识共享,并最终形成组织知识,打造供应链的核心竞争能力的平台。它的主要功能包括以下3个方面:

①将来自组织内部和外部的知识进行分类。

②为组织的知识管理提供一些基本的、被共同接受的有关定义和共同使用的使用路径。

③数据和文件管理,提供方便的检索手段,不仅要能对组织内部知识进行检索,而且应能对组织外部的有关知识进行检索。

10.3.3 供应链中知识管理实施策略

供应链知识管理的实施是一个复杂的过程,其实施策略主要包含以下8个步骤:

1)建立知识仓库与知识编码

供应链知识仓库的作用主要是供应链的成员将各自现有的知识识别、分类,进行加工和提炼,形成系统的、不断发展的知识资产。在知识仓库中可以对显性知识和隐性知识按照一定的规则存储,实现编码化。建立供应链的知识库,其基本的要求是具有系统性和便于查找。

2)建立知识共享网络

知识的共享与传播是供应链中知识管理的核心,要实现这一目标,最有效的方式是在供应链内建立交流的网络。结合知识在供应链中流动的特点,可以提供以下参考途径:

①在企业内部创建"适合的场所"和利用适合的传播方式促进交流。如微软公司为员工提供各种知识交流场所,促进隐性知识的交流与转化。公司项目经理们在"蓝色托盘"午餐中定期会晤,就一些特定项目交流经验。在训练场所中,公司依靠熟练员工用老师带徒弟的方式培训新雇员,新雇员注意观察、感悟熟练员工的工作,通过边干边学和"试错法"来提高技能,这种方法有助于难以显性化的隐性知识的交流与转化。

②在企业之间,不同企业可以采取互派人员观摩、学习,组织技能竞赛等手段来促进企业员工的学习热情,从而在潜移默化中通过互相观察、模仿、改进,达到隐性知识交流的目的。如丰田公司就经常派遣自己的员工到它的供应商那里了解部件的生产过程及特点,同时参考本企业的生产特点,提出合理化建议,从而实现了供货和生产的无缝化对接。

3)设立联盟知识管理机构

知识管理的实施需要组织结构的支持和配备相关人员。知识是否能够在供应链内得到有效的应用,其中一个重要条件是员工必须能够顺利地进行知识交流。新型知识管理组织结构具有以下特点:

①有利于转换与共享,使员工在这个过程中能够相互启发、沟通。这种沟通不仅发生在企业内部员工之间、部门之间,而且还应该发生在企业与顾客、供应商以及业务合作伙伴之间。

②有利于知识迅速扩散和更新,组织结构的设置应该使企业各部门之间、供应链各个节点企业之间能够方便、快捷地交流各自所拥有的知识,通过不同知识的碰撞,使原有知识得到更新。

③有利于增强供应链知识管理的协调水平,通过统一知识管理权力机构的设置,使供应链能够有效协调各企业的利益关系,增强企业间的团队精神,保持较高的工作效率,提高供应链对外部市场的反应速度。

4）构建知识管理基础设施

知识管理与信息技术是密切相关的，虽然知识管理远非技术问题，但是，知识技术为企业实施知识管理提供了一个优秀的平台。技术所担任的最有价值的角色是扩展了知识转换的区域、提高了知识传递的速度。技术还促进知识管理进行知识编码，有时甚至促进知识的产生。知识管理平台的建立是一件复杂的工作，需要信息技术的支撑和管理机制的支持。此外还需要做很多基础性的工作，如供应链中知识表示、传播，安全的技术标准、协议和语义本体，知识库、方法库和规则库的建立等。

5）建立促进知识共享的组织文化

文化是指人们共同拥有的知识，是使他们能以相同的方式阐述他们的经验，并依据共同的约定规范行动的知识。它是自我永恒的、多层次的、不易改变的。它们是组织基础价值观、行为和物质方面的表现。供应链上各企业因其所处的地域、行业以及社会环境不同，它们的经营理念、企业内部文化是有差异的。这样往往会导致知识在供应链成员间的共享与传播存在障碍，供应链成员较难形成合为一体的团队精神。因此必须培养供应链知识共享、知识创新的联盟文化，为各企业进行知识共享和知识创新提供文化支持，使供应链上各成员树立相互信任、共同发展的意识，以实现各成员企业的"共赢"。

6）建立知识共享的激励机制

有了知识共享的联盟文化，这还不够，还必须有一套激励机制。各成员企业不会主动把自己的独有知识奉献出来供其他企业使用，除非这么做对自己有利无害。由于在供应链的各成员企业之间不可能有行政强制命令和措施，因而对于供应链这样的动态联盟，比一般企业更需要一套知识共享的激励机制。

7）建立企业间的信任机制

企业是有自身利益的主体，虽然它们可以认识到整体利益与企业长远利益的一致性，但是在各种复杂的市场环境下未必能完全从供应链的整体利益出发行事，即具有有限理性，因此必须要有合理的规章制度来保障单个企业的利益。主要有以下方法：

①形成尊重知识产权的机制。对于企业投入了大量的人力、物力，历尽千辛万苦得来的核心知识、专利知识，供应链上的核心企业和其他企业不能无偿使用，而是要根据企业的获取成本和事先达成的协议予以补偿。

②建立完善的知识共享权限。对于不同企业，对供应链系统中知识的共享程度必须有严格的规定，要求与其在供应链中的地位以及其所提供的知识的多寡和价值成正

比,以便形成一个知识共享与贡献的公平环境,激励供应链企业积极分享其专有知识。

③建立完善的利益分配机制。由于知识共享而给整条供应链所带来的收益往往难以计算,具体到每个企业由所共享的知识而带来的收益更加无从评价。因此,为了赢得供应链中的弱势企业的信任、保持知识管理体系的稳定性,有时核心企业要牺牲自己的一部分利益来补偿弱势企业,从而建立更加稳固的合作关系。

8)建立供应链中的培训体系

培训体系的建立对供应链的运行效率的提高具有十分重要的意义。供应链的高效运作需要各成员企业积极配合和无缝集成。供应链的运行之初,各企业员工对供应链的运行机制还不太了解,难以很好地配合,更不可能贡献自己的知识财富,因而有必要对员工和成员企业进行供应链目标和运作模式等的培训。随着合作的深入和进一步知识更新的需要,在供应链的运行过程中还必须对员工进行培训、教育和宣传动员,不断提高员工的综合素质、专业水平及工作热情。所有这些,需要一套健全的员工学习和培训体系来支持。

供应链管理在现代企业管理中的作用日益重要,内涵日益丰富。而知识管理是知识经济催生的一种新的管理思想,实现知识管理与供应链管理的融合,对企业的成功尤为关键。由于供应链动态、跨组织及网络化的特点,供应链的知识管理比一般企业更复杂,因而在供应链的知识管理中,比一般企业更应注重知识共享、知识创新的联盟文化、激励机制的建立、知识的保护以及知识的安全等问题。

≫案例分析　日本丰田公司供应链知识管理案例分析

2005年5月,国际权威信用评级机构标准普尔把通用汽车的债券等级下调了3级,把福特汽车的债券等级下调了两级。5月12日,另一主要评级机构穆迪又将福特长期债券的信用等级从Baa1降至Baa3。穆迪刚在一个月前将通用的信用评级从Baa2调低到Baa3。相较之下,丰田汽车的评级为AAA。这是标准普尔信用的最高等级,丰田也成为唯一拥有AAA评级的汽车制造商。

丰田公司是如何从一个汽车小厂摇身一变成为世界汽车业巨头?各国专家们一直在讨论这个问题,美国两位学者Liberman和Asaba依据劳动生产率和存货水平,对1965—1990年期间美国和日本汽车制造商与供应商之间知识和生产技术共享进行了系统研究,他们发现,日本汽车制造商和供应商在劳动生产率(以每个雇员增加的价值来衡量)方面实现了同步增长。相反,美国汽车制造商生产率在增长,而供应商的生产率却始终在低谷徘徊。直到日本汽车制造商于20世纪90年代初期在美国设厂生产开始,美国制造商才开始模仿和学习日本的精简生产体系(JIT)。尽管美国制造商做出了很大的努力,但是美国汽车供应商的生产率仍然没有明显起色。实证研究发现,日本的汽车制造商的竞争优势除了来自零存货管理以外,还来自其与供应商之间所建立和保持的良好的双边及多边的知识共享网络。丰田公司被企业界公认为是"不断学习和改进的典范",其主要的原动力之一就是它与供应商之间所建立的知识共享网络。

1. 丰田汽车企业的知识管理

1)丰田企业的知识创造与组织间学习网络

知识共享非常诱人,但是应用却非常困难,首先要能够克服知识共享的困境:①如何激励谋求自我利益增加的网络成员最大限度地参与网络建设,并公开地和其他成员分享它所创造和积累的有价值的知识。②"免费搭车"问题。

丰田在与供应商的长期合作中,建立了一套包括集团全体成员在内的知识创造和组织间学习体系,并据此建立了以丰田为中心的网络信赖体系。丰田的组织间学习系统可以分为4个主要部分,即协丰会、生产调查部、自主研究会、从业员的移动。

图10.5显示了组织间学习系统的结构。组织间学习的形式分为连接型学习与网络型学习。组织间学习的内容分为显性知识学习和隐性知识学习。

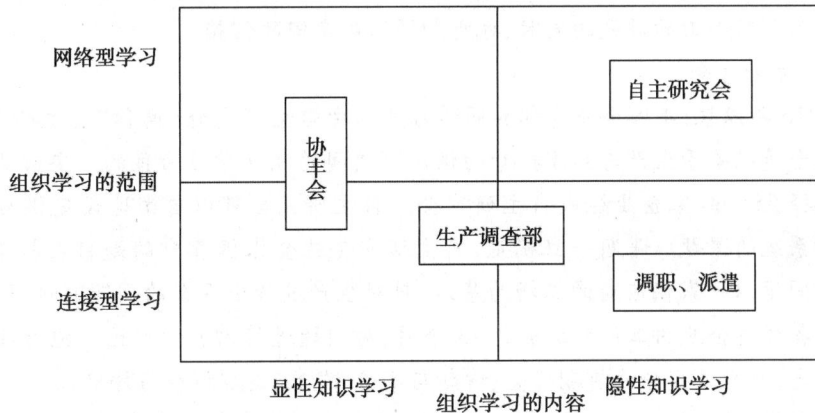

图10.5　丰田的组织间学习系统

这里每个部分都承担了学习子系统的功能,然后构成一个整体的学习系统。每个学习子系统之间是相互补充的关系。在各个子系统中,虽然也有其他的汽车制造商组成了与协丰会的功能类似的协会组织,但拥有高水平的生产调查部与自主研究会却是丰田独有的特点。

(1)协丰会

丰田在1943年建立了目的在于与供应商之间友好相处与进行信息交换的协丰会。2002年时会员企业数为210家。协丰会的董事会每月举行,就生产计划、对策、市场动向等问题交换意见。举行会议的目的是掌握供应商生产的部件或生产过程的实际情况。委员会还要求网络成员就某些重点课题如成本、品质、安全性等方面的问题进行知识学习与共享。这样的学习机会,给网络成员提供了学习与丰田生产系统有关的显性知识的可能。而且,从丰田到供应商,以及供应商之间,通过定期参加协丰会的各种活动,形成了遵守约定与惯例的合理期望。这样,协丰会活动提高了丰田与成员企业之间的合理信赖的程度。

(2)生产调查部

为了将丰田生产系统在丰田内外得以普及,1970 年在生产管理部内设置了生产调查室,1991 年变更为生产调查部。1997 年的生产调查部成员构成为:部长一名,主查 5 名,而各主查手下各有 6~7 名人员。生产调查部就工厂生产改进、库存削减、品质改善等相关问题,在必要的时候向供应商派遣为时 1 天到数月的工作团队。生产调查部汇集了丰田内部对丰田生产系统最熟悉的优秀人才。生产调查部的目的,不仅是为丰田内外的企业实施改进指导,还在于培养掌握丰田生产系统知识的人才。生产调查部的主管指导数家供应商,由于以长期交往为前提,通过现场的指导进行隐性知识的转移就成为可能。实际上,从供应商处听取的调查证明,通过与生产调查部的活动的沟通,使供应商在增加对丰田的敬畏的同时,也更加强了对丰田的信赖。

(3)自主研究会

从 1976 年以来,丰田企业外部共同学习活动由自主研究会(通称"自主研")主办。自主研究会是以关于生产与品质提升的供应商之间的相互学习为目的。丰田从关键供应商中选择 55~60 家企业组成自主研究会。自主研究会可以自由地设定供应商关于丰田生产系统的课题。课题一旦确定,自主研究会就会根据各自的题目在接下来的 4 个月的时间里以一家供应商的工场为基地,针对生产过程中存在的问题商讨解决对策。团队会在各成员企业的工厂中进驻 2~3 个月,对问题进行彻底的讨论。抱着共同解决问题的观念,研究过程分为前期检查、诊断与实验、发表、追踪调查与评价。

具体来讲,借着供应商之间的相互帮助,解决了供应商普遍存在的品质改善、领先时间缩短、库存减少等共同问题。特别重要的是,通过这种供应商共同的活动,在达到解决问题的基础上,深入贯彻了价值标准、研究方法以及共存共荣等价值观,构筑了与供应商之间的关系的信赖。

(4)从业人员的移动

从丰田向供应商派遣人员,是向供应商转移知识的重要机制。派遣方式有两种:一种是根据雇员的水平进行永久性的调职。一种是为期 2~3 年的客座派遣。进行阶段性派出的情况下,知识的转移是最主要的目的。针对供应商存在的问题,被派出的人员应用丰田的经验和知识与供应商一起解决问题的过程特别重要。针对问题的研究方法、对解决问题方法的培训都是进行知识转移的过程。而且,如果派出的人员解决问题的知识不够,还可以向丰田内部寻求解决问题的手段。即使没有派出,丰田与供应商之间也互相有人员的往来。丰田为供应商输送技术人员,提供最新的技术情报、技术开发的建议,更重要的是,从供应商处派遣来的客座工程师常驻丰田,进行共同开发。现在丰田有1 500个以上的客座工程师,他们与丰田的工程师一起,在数月甚至几年的时间里进行特定产品的开发。通过这种机制,不仅学到知识和开发过程,而且提高了关系的信赖。

通过调职与派出这种直接的接触,通过在实际的工厂和产品开发的现场解决问题,促进了隐性知识的学习。而且,丰田提供的具体指导,使供应商能够对丰田的能力有再认识的机会,这样就加强了合理的信赖,人员的调职与派遣使员工实现了面对面的讨论,为关系的信赖的增强作出了贡献。同时,人员的结合使供应商增强了命运共同体意识,强化了针对丰田网络的行为,关系的信赖增强了。

2)知识保护和价值分配的网络规则

丰田同时也建立了一些规则来防止成员保护和隐匿有价值的知识、"搭便车"。为此,丰田极力去除"专有知识"这一观念,倡导公开地共享所有的生产技术知识,这种知识是属于网络的财产,可以为所有成员所获取。丰田免费向供应商提供协助,并使其可以接触和运用丰田的经营运作知识和知识储备,条件是供应商必须自愿向其他网络成员开放。这使得丰田可以培养一些"示范供应商"、促进供应商之间相互开放。因为加入的代价是公开自己的经营运作,从而有效减少了"搭便车"问题。这一规则表述为:"加入网络的代价是有限地保护专有生产知识。知识产权属于网络而非单个企业。"

丰田建立规则对知识传播所带来的收益的分配加以明确。丰田投入巨资发展了运作管理咨询部,使其可以向供应商提供无偿协助,但它并不要求供应商立即降低价格。丰田认为随着供应商的进步,它自然从中获益。供应商也普遍认识到至少在短期,他们可以拥有知识传递产生的全部收益,因而增加了他们参与的积极性。价值分配的隐含原则可表述为:"知识接受者可在短期完全占有收益,但随着时间迁移,他们需要将部分收益与网络共享。"

3)丰田公司知识共享网络的风险与防范措施分析

企业参与知识共享网络能够给企业带来巨大的收益,当然也有很大的风险,如果处理不好,独立企业不仅会丧失继续参与网络的实际资格,而且还可能将企业长期积累的知识和经验毁于一旦。因此,正确认识风险和提高风险防范技能是企业参与知识共享网络的先决条件。

(1)知识共享网络存在的风险

从时间的角度来看,丰田的知识共享网络带有一定程度的理想化色彩,而且网络构建及知识共享过程极其耗时,代价巨大。

①各种频繁的小组活动需要丰田和供应商投入大量的时间和精力,不但增加成本,而且往往产生疲于应付的局面。技术领先的厂商可能不愿参与,从而破坏协调一致,降低活动的效果。

②成员间技术水平存在差异,使得缩小差距、帮助落后者的任务异常艰巨。

③供应商之间技术水平因知识传播而日益趋近,同质化会激化相互竞争,丰田在分配新业务时必然会面临权衡的困难。这种竞争肯定会破坏和谐及相互信任,干扰共享过程,增加协调与沟通的成本。

④在选择演示生产线等细节问题上都需要较多的考察、比较、选择等工作。

⑤在网络建立及成熟阶段,丰田还要不断地监控、引导、组织网络活动。

⑥网络外部的供应商可能会有更低的成本和更优良的品质,然而,丰田受到网络的制约,不能越出网络采购和应用最优质低廉的配件。与竞争者相比较,采购范围的局限会导致其成本增加,竞争力削弱。加之构建网络的长期性,使供应商优胜劣汰、网络吐故纳新的机制逐步丧失。

⑦企业间网络关系没有将供应商个体差异作为一个重要变量加以考虑。应该说,在网络关系中,成员企业的个体导向和短期的功利性目标是无法彻底排除的。供应商可能会背弃网络的知识共享规则,谋求自身的最大化利益。谋求短期利益动机的存在使"免费搭乘"不可能完全杜绝,无法协调一致的个体努力不能最终形成整合的强大力量。

(2)丰田的防范措施

丰田公司针对在知识共享过程中暴露出的种种问题,通过持续改进来防范风险,采取的措施如下:

①建立高效的通信和信息处理系统及有效的可分享的数据库。构建基于整个网络的局域网或电子平台,将网络系统和企业管理信息系统链接,建立有效的丰田与供应商之间的信息交流平台,以实现便捷、低成本的沟通,及时将外部动向信息或整体战略计划进行传达。此外,建立网络的数据库,及时地掌握更新供应商生产能力、经营、技术状况,以便跟踪、监控、分析,并且可以在网络内一定程度上调配供需,指导业务组合和完善资源配置。

②建立电子培训平台,将关键技术的培训或新技术的演示通过电子网络进行传输,打破时空界限,减免不必要及繁冗的面对面交流和会议。

③建立局域网上的问题解决中心,非重大技术问题可以通过网络向中心提出咨询,组织答复,或寻求相关供应商之间的交流,由此解决技术水平差异产生的问题,使丰田可以更集中于市场开拓、品牌建设等活动。

④使网络具有动态重组和动态合作机能,形成开放式的网络结构。引入外部竞争,保持网络一定的流动性。不断引入充实外部的优秀供应商,并逐步淘汰内部技术落后或违背网络原则的企业。增强网络的多样化,有效保证整体动态学习能力和发展速度。

⑤指导单个或供应商小组形成各自的专业化优势,避免尖锐的直接竞争和业务简单重复、资源浪费,进而形成协调互补合作的相互地位和沟通机制。

⑥努力完善制约机制。丰田作为网络的核心,有充分的监督、协调、调配能力,而且各组分的利益被视为休戚相关的。因此,可以在确立了整体的战略及计划后,协调和协助各个供应商计划的制订,并不断进行沟通调整,以此促进合作,增强默契,最大限度地整合所有个体的力量。

总之,丰田汽车通过上述各种机制,让供应商与丰田汽车有企业一体、命运与共的感觉,进而愿意集体分享知识、创造知识并不断学习新知识。

2. 丰田实施供应链知识管理的意义

首先,丰田培养和保持了成员企业对网络的认同,并奠定了供应商之间知识传输的基础。丰田建立和管理网络层次知识共享过程的能力至少部分地解释了丰田及其供应商拥有生产优势的原因。

其次,丰田把网络的主要功能定位于集合其自身的生产知识和多样化的供应商知识,帮助供应商进行技术改进和创新,传播各种显性的和隐性的知识。

第三,丰田所建立的网络是动态的。它具有激励和制约机制的作用、开放型网络的特征、动态合作的特征、动态重组的特征。网络层次制度化的知识共享规程是丰田及其供应商拥有竞争优势的关键,但是一直以来却没有被竞争者学习和模仿。丰田之所以保持持续性的优势,正是因为丰田及其供应商具有动态学习能力并能比竞争者更快地学习。确实,如果网络能产生强烈的认同并具有有效的协调原则,那么由于其内部知识的多样化,它将在创新和重组知识方面比单个企业更为优越。

丰田的案例表明:加入知识共享网络的供应商确实能够更快地获取知识和信息,从而促进生产水平和能力的提高。如利用网络的接近资源的能力,实现自身的资源;利用网络的学习能力,获得更多的学习机会;利用网络的技术转移机制,获得更多的先进技术;利用网络的市场反应能力,提高市场意识和市场运作水平;利用网络的本地化经营,培养大量的技术和管理人才;利用网络的组织结构和管理模式,转换企业经营机制。

>> 案例分析与讨论题

1. 协丰会知识整合成功的基础是什么? 取得了哪些效果?

2. 日本丰田公司是怎样实施知识管理的? 对于我国企业具有哪些可借鉴之处?

>> 复习思考题

1. 什么是知识管理？
2. 知识管理在供应链管理中的主要应用体现在哪些方面？
3. 供应链知识管理具有哪些特点，其主要活动过程包含了哪些方面？
4. 供应链知识管理的实施包含了哪些主要策略？
5. 在供应链中实施知识管理的主要障碍是什么？

第11章

供应链成本管理

本章导读:

- 供应链成本管理是一种跨企业的成本管理,其视野超越了企业内部,将成本的含义延伸到了整个供应链上企业的作业成本和企业之间的交易成本。
- 供应链成本管理在于通过成本管理供应链中的各个环节,使企业更好地满足客户需求,使供应链系统的总成本最优。
- 供应连成本管理方法如目标成本法、作业成本法和生命周期成本法等。

11.1　供应链成本概述

成本是反应供应链管理水平的最重要的指标之一。在供应链上为满足顾客的需求所付出的所有费用可以定义为供应链的总成本。供应链成本(Supply Chain Cost)是指在供应链运转过程中由物流、信息流和资金流所引起的成本以及供应链整合过程中产生的机会成本和整合成本。但这一定义又过于笼统,因此需要进行分类。

1)按物流活动分类

在现有的国外文献中,大多是简单地将供应链成本等同于物流成本,从物流过程及活动角度来分析物流成本和供应链成本的构成,而确切地给出供应链成本定义的文章极少,更多的是涉及物流成本和供应链成本中的存货成本和交通成本的计量方法和模型。例如,Joseph Scully 和 Stanley. E. Fawcett(1993)在《Comparative Logistics and Production Costs for Global Manufacturing Strategy》一文中从物流活动的角度,将物流成本分为7项,分别是文件汇编、存货、订货过程、包装、购买资源、交通和使用仓库费用。Lin、Collins 和 Su(2001)则是通过分析物流过程来确定物流成本,他们将物流成本分为如下5类:存货存储成本、采购成本、订货过程成本、交通成本和仓库成本。Manunen(2000)给出的物流成本定义是:"物流成本包括在供应链中所有物流引起的成本,以及包括涉及物流的信息流成本。"具体的物流成本构成如下:运输成本、寄送成本、仓库成本、购买成本、订购成本、支付交易成本、生产中的材料管理成本、销售成本(包括收到订货)和回收(recycling)成本。

上述成本定义及成本构成分析只是针对物流而言,并不能代替供应链成本分析。众所周知,供应链是从物流发展而来的,但物流并不等同于供应链。通常认为物流涉及的是产品从一地到另一地的流动,以满足顾客的需求。供应链涉及的是从原材料到产品再到顾客的所有活动,包括资源的使用、原材料部件制造和装配、存货和仓储、订货分录和订货管理、不同渠道的销售、按期向顾客交货和监控等所有这些活动的信息系统(Lummus,Krumwiede & Vokurka,2001)。由此可见,物流完成的职能只是供应链职能的一部分,因为供应链所涉及的成本范围远广于物流成本,所以物流成本只是供应链成本的一部分。

2)按 SCOR 的供应链成本分类

供应链委员会 SCC 给出了供应链运作参考模型 SCOR。它的基础是 5 个严格的管理过程,即计划(Plan)、采购(Source)、生产(Make)、发运(Deliver)和退货(Return)。它更多地涉及了供应链的运作成本,因此在工业界得到了广泛的重视和研究。根据模型在不同计量水平的计量指标可将成本分类如下:

①销货成本;

②总的供应链管理成本;

③订货管理成本;

④材料购置成本;

⑤存货储存成本;

⑥供应链相关的财务与计划成本;

⑦供应链相关的信息技术成本;

⑧附加值生产率(Value-added Productivity);

⑨售后担保/退回过程成本(Warranty/Returns Processing Costs)。

3)从合作供应链管理的角度对供应链成本分类

Tim、Milena 和 Yuan(2002)从合作供应链管理的角度将供应链成本分为两大类,即系统所有者的总成本和合作的机会成本。系统所有者的总成本构成是所选过程和系统的总的生命周期成本,系统成本包括获得系统使用、维护、处理错误和无效率的成本以及整合生命周期中伙伴关系的成本。维持和变化合作及经营关系产生了机会成本。合作的机会成本表示放弃更有利于合作的价值,它包括变换合作伙伴和合作不稳定成本(由于频繁地变化合作的成本)。

Tim、Milena 和 Yuan 所说的成本构成如下:

①系统所有者的总成本(Total Cost of Ownership of System)。它包括系统执行和整合成本、过程协调和整合成本以及数据转化和整合成本。

②合作的机会成本(Partnership Opportunity Cost)。它包括不稳定合作关系的成本和变化伙伴成本(Switching Cost)。

Tim、Milena 和 Yuan 主要强调信息系统支持对供应链整合和管理的重要作用。

4)按交易成本分类

JillE. Hobbs(1996)认为,在供应链这种垂直协调组织中,交易成本是非常重要的成本,因为它影响组织的经济活动。交易成本包括信息成本、谈判成本、拟订和实施契约的成本、界定和控制产权的成本、监督管理的成本和制度结构变化的成本。简言之,交易成本包括一切不直接发生在物质生产过程中的成本。

上述关于供应链成本的论述一定程度上弥补了物流成本理论的不足,但在可计量程度上难以把握。如机会成本、交易成本很难从其他管理成本中剥离出来进行独立的核算。因此,就要寻求一种更全面、更易于计量的供应链成本分析方法。

11.2 供应链流程环节成本分析

成本是供应链最重要的性能之一。供应链成本分析的目的是通过控制和管理供应链成本,以使公司在不断变化的全球市场上获得竞争优势。供应链包括满足消费者直接和间接需求的所有环节,在不同环节之间有持续不断的信息流、产品流和资金流。供应链每个环节都执行不同的程序,并与其他环节相互作用与影响。本书采用流程环节法,通过分析每一个阶段与环节发生的成本,以形成供应链的总成本。

1)供应链流程环节

任何一条供应链都可以分解为以下 4 个环节(Sunil & Peter,2001),即顾客订货环节、补充库存环节、生产环节和获取环节,且每个环节将出现在供应链中两个相继阶段之间的界面处,如图 11.1 所示。

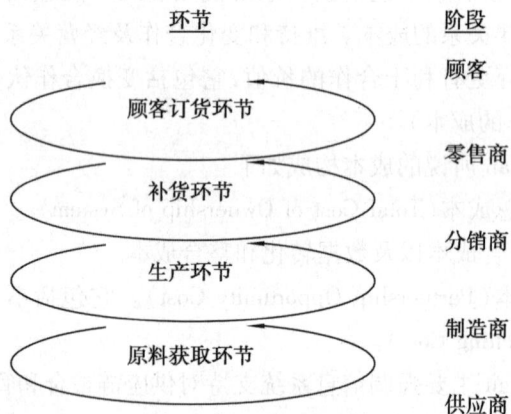

图 11.1 供应链流程环节

2)供应链流程环节成本分析

(1)顾客订货环节

顾客订货环节发生在顾客与零售商之间的界面上,包括顾客抵达、订单提交、订单确认、收到商品。在这一环节,顾客可以直接去超市或通过网络及电话向邮购公司订货。零售商按照顾客的订单配送产品,完成发货。顾客收货付现。

成本分析:为了方便顾客订货和及时检查库存,零售商通常会构建自己的信息管理系统,进行信息的收集和分析,由此便产生了信息成本。信息成本包括信息系统的购买成本以及维护使用成本。同时需要人力、物力来进行订单处理工作,由此产生了订货管理成本。零售商为了交货需要,从库存商品中找出相应的产品进行包装,直接交给顾客或邮寄给顾客,这一过程产生了包装成本、邮寄成本(管理成本)。发货后,库存减少,零售商根据商品的库存数量及时补充库存,导致库存成本的发生。与此同时,零售商收到现金或支票,产生了现金流。就顾客而言,发生的成本是其收货时的支出,这也是整个供应链的收入。

（2）补充库存环节

补充库存环节即补货环节,发生在零售商与分销商之间的界面上。在这一环节中,首先零售商需要确定是以经济批量订货还是其他方式补充存货,其目的是权衡产品供给水平和成本,以实现利润最大化。当分销商收到订单时,需要对所订购的商品进行备货并及时交付给零售商。

成本分析:零售商在订货时,为了减少总成本,通常采取经济批量订货。以其认为合适的方式(通过网络或直接派人)进行订货时,需支付相应的网费或差旅费及与订货相关的费用,这一部分费用属于固定订货成本,它是每次订购商品时都要产生的成本,不随订购规模的变化而变化。零售商收到所订产品,随即产生了存储成本和仓库管理成本,同时需支付货款(现金、支票或分期付款支付应付货款)给分销商,产生了资金转移成本和购买成本。购买成本并不是指简单的购买原材料或商品的价格,它还包括购买前对所需产品的调查和确认所产生的费用、购买产品的价格、检查产品合格的费用以及残次品退回的成本(Lisa M. Ellram,1993)。上述费用包含在供应链每个环节的购买成本中。而分销商接到订单时,需对订单进行整理,由此产生了订单管理成本。当分销商进行交货时,需将货物运达到零售商处或零售商指定的仓库中,这个过程中产生了运输成本。在日益激烈的竞争中,零售商与分销商为了追求各自利益的最大化,都需要信息管理系统,信息成本的产生便不可避免。

（3）生产环节

典型的生产环节发生在分销商与制造商(或零售商与制造商)之间的界面上,包括与更新分销商(或零售商)库存有关的所有过程。由顾客订单、零售商或分销商补充库存订单引发,或者由顾客需求与厂家产成品仓库中既有产品数量之间的差额启动了生产环节。分销商根据所确定的订货方式,将订单交与制造商。制造商则安排生产计划并进行生产。在符合质量要求、降低成本的同时,按时交货。

成本分析:分销商将订单交与制造商,产生相应的订货成本。收到货物,随即产生了存货成本和仓库管理成本。同时分销商需支付款项给制造商,这便产生了资金转移,其资金转移成本记入分销商账户中。制造商收到订单进行生产安排,花费了相应的人力和物力,产生了管理成本。进行产品生产时,有原料、工人薪金、各项费用支出,这些都包含在产品成本当中。通过运输将产品送达分销商手中,运输成本也要记入账中。

(4)原料获取环节

原料获取环节发生在制造商与供应商之间的界面上。在这一环节中,制造商从供应商那里订购原料,以便补充原料库存。原料订单取决于生产安排,原料需求量可以精确计算出来。因此,将供应商与制造商的生产计划联系起来非常必要。制造商首先根据自己的生产计划向原料供应商发出订单。供应商根据订单安排原料或零部件的生产,并按时运输送到制造商手中。制造商收到商品,并更新库存记录。

成本分析:从制造商订购原材料到按期收货,这一过程发生了信息成本、订货成本、采购管理成本、存货成本、仓库管理成本。制造商收货付款时,发生购买成本和资金转移成本。而供应商接受订货会产生劳动力成本(为企业管理的一部分,Sunil)。交货时,需将商品或原料运输到制造商处,产生运输成本,但与此同时,供应商的存货成本与仓库管理成本降低了。

3)供应链成本核算中的三个层次

由以上分析可知,零售商和分销商所发生的成本相似,主要为订货成本、购买成本、存货存储成本、仓储成本、运输成本、管理成本、交易成本、资金转移成本和信息成本。制造商和供应商所发生的成本除了包含上述零售商和分销商所发生的成本外,主要还有生产成本、财务费用和经营成本。

以前在分析供应链成本时,往往强调物流在供应过程中产生的成本,如存储成本、运输成本等。在环节法中加强了对信息流和资金流所产生成本的分析。信息对供应链的运营至关重要,因为它为管理者提供了赖以决策的基础。没有信息,决策者就无法了解顾客的需要、库存数量以及何时生产更多的产品并运送出去。因此,构建信息系统以及维护所产生的费用形成了信息成本,是供应链总成本中的重要部分。在供应链的各环节之间都有资金的流动,零售商得到顾客所付款项的一部分,同时将另一部分资金转移给分销商;分销商留下部分资金,其余转移给制造商;制造商留下部分资金,余下的部分给供应商。这种资金转移成本将计入供应链成本中。

典型供应链5阶段4环节中所涉及的主要成本包括产品流、信息流和资金流所引起的可见成本。在供应链中还有一些不能忽视的“隐性成本”,这些成本在以前有关的物流成本和供应链成本分析中很少提到。例如,在供应链各个环节上都面临着一个问题,即如何在众多上下游厂家、商家中选择最佳的合作伙伴。如果放弃一个有利的合作伙伴,而其替代者并不能给供应链带来最大利益,就会产生合作伙伴的选择成本。如果在已形成的供应链中经常改变合作伙伴,就会有伙伴转换成本和合作不稳定成本(由于供应链之间的合作经常发生变化的成本)产生(Tim McLaren,2002),可将这些称为供应链的机会成本。因此,许多供应链厂商希望与其合作伙伴有长期的、稳定的合作关系,以减少合作伙伴选择和转移成本以及合作不稳定成本。

总之,供应链主要成本如下:订货成本、购买成本、存货存储成本、仓储成本、运输成本、管理成本、交易成本、资金转移成本、信息成本、生产成本、财务费用和经营成本、与供应链相关的机会成本和整合成本。

上述供应链成本可以归纳并划分成3个成本层次:直接成本、作业成本和交易成本。这3个成本层次为分析和优化供应链成本奠定了基础。直接成本主要指生产成本;作业成本指与产品生产和交付相关的管理活动所引起的成本,这些成本因公司的组织结构而产生,主要包括订货成本、购买成本、存货存储成本、仓储成本、运输成本、管理成本等;交易成本包括处理供应商和客户信息及沟通产生的所有成本,这些成本源自公司同供应链上其他公司的相互交流(见图11.2)。

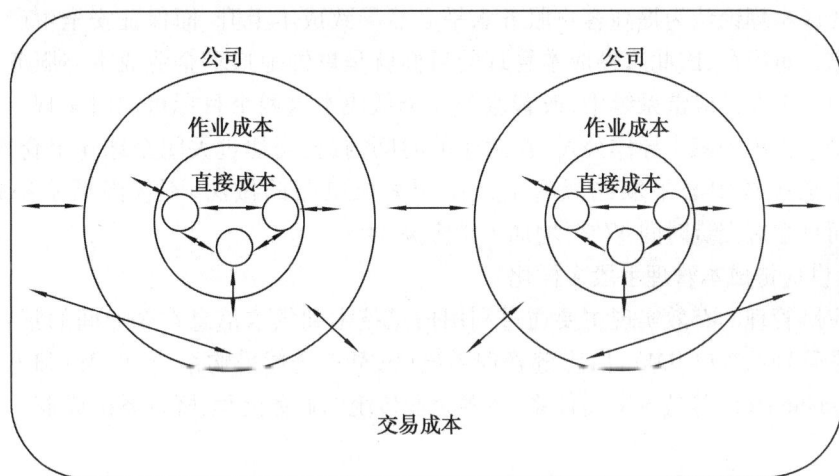

图11.2 供应链成本构成的3个层次

11.3 供应链成本管理的特点

供应链成本管理在于通过成本管理供应链中的各个环节,使企业更好地满足客户需求,使供应链系统的总成本最优。

与传统的成本管理相比,供应链中的成本管理具有以下特点:

(1)供应链成本管理范围由企业的生产领域向开发、设计、供应、销售领域拓展

传统的成本管理往往比较重视生产领域成本的控制,而将其他环节的成本视为生产和销售产品所发生的额外费用。然而,随着科学技术的进步和市场竞争的加剧,生产成本在企业中的比重呈现下降趋势,而与产品相关的设计、供应、服务、销售、信息等引起的成本不断上升,由此产生的成本数额甚至超过生产成本。

(2)供应链成本管理活动的整体性

供应链的整体性体现在企业自身流通环节的整合和与上下游企业间的整合两个方面。它要求企业必须在 3 个层次上权衡企业的成本:战略层次,主要包括合作伙伴的评价选择及仓库布局、数量和储存能力,以及材料在物流网络中的流动产生的成本;战术层次,包括采购和生产决策、库存和运输策略,根据市场需求组织生产,企业的产、供、销等经济活动都要适时适地适量,从而减少存货资金占用费用、仓储费用以及存货损失和价值损失;作业层次,是指日常决策,如生产计划流程、估计提前期、安排运输路线等。

(3)通过供应链成本管理可以提高服务水平和降低供应链系统总成本

传统成本理论认为提高客户服务水平必然导致成本上升,而保证安全生产和经营必须依靠大量库存,因此这种成本管理的目标就是单纯地追求企业成本与服务水平之间的平衡。但在供应链系统中,改善服务和降低成本这两个目标可同时实现。一个有效的例子是美国国家半导体公司,在两年的时间内,公司通过关闭全球 6 个仓库,从新成立的中央配送中心采取向顾客空运微型集成电路的做法,不仅降低了销售成本 2.5%,而且缩短交货时间 47%,增加了销售额 34%。

(4)供应链成本管理手段多样化

供应链管理的有效实现主要通过利用信息技术和供求信息在企业间的整合,建立客户关系管理系统(CRM)、供应链管理系统(SCM)、全球采购系统(GPM)和电子商务系统(E-commerce)等技术支撑体系,改善企业传统的业务流程,降低系统成本。

11.4 供应链成本管理方法

供应链成本管理内容是针对供应链的成本进行估计、计划、控制和评价,其远远超出了管理会计的范畴,创建了一套完整的新管理方法,如目标成本法、作业成本法和生命周期成本法等。

1)目标成本法

目标成本法是丰田(TOYOTA)在20世纪60年代开发出的成本管理方法,这一方法目前已经得到了广泛采用,也可将其应用到供应链成本管理中。目标成本法可以看作是一种全过程、全方位、全人员的成本管理方法。全过程是指供应链从生产到售后服务的一切活动,包括供应商、制造商、分销商在内的各个环节;全方位是指从生产过程管理到后勤保障、质量控制、企业战略、员工培训、财务监督等企业内部各职能部门各方面的工作,以及企业竞争环境的评估、内外部价值链管理、供应链管理、知识管理等;全人员是指从高层经理人员到中层管理人员、基层服务人员、一线生产员工。目标成本法是在作业成本法的基础上考察作业的效率、人员的业绩和产品的成本,弄清楚每一项资源的来龙去脉、每一项作业对整体目标的贡献。比较而言,传统成本法局限于事后的成本反映,而没有对成本形成的全过程进行监控;作业成本法局限于对现有作业的成本监控,没有将供应链的作业环节与客户的需求紧密结合。而目标成本法则保证供应链成员企业的产品以特定的功能、成本及质量生产,然后以特定的价格销售,并获得令人满意的利润。

目标成本法的流程主要包括3部分:在第一部分,市场驱动型成本核算是确定产品的准许成本。这是产品在预期销售价格下销售,并且保证一定利润水平时所能发生的最高成本。准许成本是由目标销售价格减去目标利润得到的,用公式表示是:产品目标成本 = 售价 – 利润。第二部分就是确定可完成的产品层次的目标成本。第三部分则是设定产品包含的每个组件的目标成本。

购货方的组件层次的目标成本决定了供应商的销售价格,从而就将它面临的市场竞争压力转嫁给了供应商。因为这种压力是通过组件转移的,所以为供应商成本降低工作的重点指明了方向,其结果就是购货方与供应商共同合作,进行成本管理工作。正是因为这种携手合作对于目标成本法效果的重要性,导致了目标成本法真正成为一种跨企业的成本管理技术。目标成本法可以有效地激发和整合成员企业,提升供应链的成本竞争力。

2)作业成本法

(1)作业成本法的产生

20世纪80年代后期,随着MRP、CAD、CAM、MIS的广泛应用,以及MRPⅡ、FMS和CIMS的兴起,使得美国实业界普遍感到产品成本信息与现实脱节,成本扭曲程度令人吃惊。经理们根据这些扭曲的成本信息作出决策时感到不安,严重影响到公司的赢利能力和战略决策。美国芝加哥大学的青年学者库伯(R. Cooper)和哈佛大学教授开普兰

（R. S. Kaplan）注意到这种情况，在对美国公司调查研究之后，发展了斯托布斯的思想，提出了"作业成本计算法"（1988）。随后，美国众多的大学和公司联系起来，共同在这一领域开展研究。这期间比较有代表性的著作有：詹姆斯·布林逊（James A. Brimson）的《作业会计：作业基础成本计算法》（1991）、彼得·B·B·特尼（Peter B. B. Turney）的《ABC的功效：怎样成功地推进作业基础成本计算》（1991）和库伯、开普兰等通过对八大公司试点报告的加工、整理写成的《推进作业基础成本管理：从分析到行动》（1992）等。

作业成本法的意义并不仅是简单意义上的成本计算，作业成本法以作业为中心的管理思想，现已从成本的确认、计量方面转移到企业管理的诸多方面，形成了作业管理思想。作业管理是利用作业成本计算提供的动态信息，对所有作业成本进行分析与修正，使企业管理深入到作业层，促进企业有效地提高作业完成效率和质量水平，减少浪费，降低资源消耗。

（2）作业成本法的计算

作业成本法（Activity-based Costing）是将间接成本和辅助资源更准确地分配到作业、生产过程、产品、服务及顾客中的一种成本计算方法。作业成本法是建立在两个前提之上的，即作业消耗资源、产品消耗作业。作业成本法的基本原理可以概括为依据不同的成本动因（Cost Driver）分别设置作业成本库（Cost Pool，作业成本池），再分别以各成本计算对象所耗费的作业量分摊在该成本库中的作业成本，然后分别汇总各成本计算对象的总成本（见图11.3）。

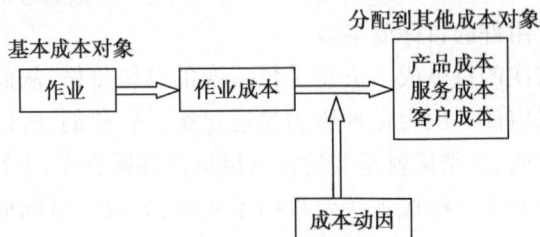

图 11.3　作业成本的概念图

与传统成本法相比，对直接费用的确认和分配，与传统成本计算方法并无差别，但对间接费用的分配依据作业成本动因，采用多样的分配标准，使成本的可归属性大大提高。传统的成本计算采用单一的标准进行间接费用的分配，无法正确反映不同产品生产中不同技术因素对费用的不同影响。

将作业成本法应用到供应链成本管理中，主要是因为随着科学技术的进步和市场竞争的加剧，生产成本在企业中的比重呈现下降趋势，而与产品相关的设计、供应、服务、销售、信息等引起的供应链间接成本不断上升，由此形成的成本数额甚至超过生产成本。供应链作业成本法站在供应链的视角上,以作业和交易为基础分析间接费用来优化产品或服务的总成本。企业内部的间接成本以作业为成本动因进行分析,而企业间的间接成本(交易成本)就需要以企业间发生的各种交易行为,如谈判、买卖等为基础进行分析。供应链上的企业可以通过作业成本法识别出那些与最终顾客的效用无关的作业,并通过减少或完全剔除这类无增值作业来降低成本,这样供应链上的企业就可以更好地对市场需求作出反应并增强自身的竞争力。

3)生命周期成本法

目前,对于生命周期成本法还没有达成统一的理解,大多是依据 Blanchard 和 Fabrycky 的定义:"生命周期成本是指在系统的生命周期中与该系统相关的所有成本。"在生命周期成本法系统中,产品使用者承担的成本(包括使用成本和周期结束成本)负责补充传统上由产品生产商所承担的成本,并且除了考虑实物流程及其相关物资和能源流动(LCI)的成本外,还要考虑劳动力和使用知识(如专利)的成本以及交易成本(如信息流)。例如,在生命周期中需要考虑产品的开发成本。

在采用生命周期成本法下,就可以确定产品开发、生产、使用、周期结束所产生的所有成本,并据此识别生命周期和供应链中的成本驱动因素和其悖反关系,以开发和生产最小总成本的产品。

通过上述成本控制和计量方法,可以使蕴含在供应链营运活动中的复杂成本经过分解变得容易识别,管理者因此可以了解到在供应链的哪一个环节或阶段成本增加了,是否需要改进。成本计量在利润分配和分担费用方面也起到重要的整合作用(Lalonde & Pohlen,1996)。同时,它也为重要决策——成本削减提供了坚实的基础。更进一步地说,通过供应链成本项目的计量可以使供应链中的成员看到竞争和获利的机会。

供应链成本管理是一种跨企业的成本管理,其视野超越了企业内部,而是将成本的含义延伸到了整个供应链上企业的作业成本和企业之间的交易成本,其目标是优化、降低整个供应链上的总成本。

另外,在传统的供应链中,供应商、生产商、分销商和零售商通过独立的工作来优化各自的物流系统,各自关注各自的实物流和信息流。各公司为分销渠道中的其他企业制造各种问题和无效工作,从而给整个供应链系统带来额外的成本。为了消减供应链物流系统成本,还必须在有效客户反应(ECR)、快速反应(QR)等方法上下工夫。

>>案例分析　北京市成品油供应链成本分析

近年来,我国经济呈现快速发展态势,由此带来成品油需求的迅速增长。一月份,北京市成品油表观销售 54.27 万吨,比去年同期增加 8.77 万吨,同比增长 19.3%。北京市成品油市场的经营商有中石油、中石化的销售公司,社会成品油经营单位以及投机商等,有效率地管理成品油流动,在供应链中寻求低成本,已成为北京市成品油经营企业的必然选择。

1.成品油供应链(见图 11.4)

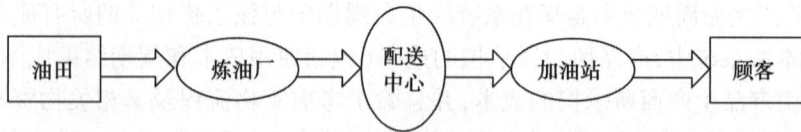

```
┌──────┐    ┌──────┐    ╭────╮    ┌──────┐    ┌──────┐
│ 油田 │ => │炼油厂│ => │配送 │ => │加油站│ => │ 顾客 │
│      │    │      │    │中心 │    │      │    │      │
└──────┘    └──────┘    ╰────╯    └──────┘    └──────┘
```

图 11.4　成品油供应链

成品油供应链管理是围绕配送中心,将炼厂(大区公司、省市公司)、配送中心、加油站(机构用户)连成一个链状的管理机构,通过对物流、信息流、资金流的控制和动态管理,在将成品油从炼油厂向最终消费者转移的过程中实现产品(服务)的增值。

现在,北京市各个成品油经营企业虽然已经非常重视成品油供应链管理,但对供应链成本管理不够,没有把成品油的供应链成本管理纳入企业供应链管理和预算管理的统一体系中,企业缺少所需的成品油供应链成本信息和基础数据,也没有建立起独立的供应链成本管理和核算制度,在现有企业财务报表上对供应链费用的体现较少,许多实际发生的供应链成本没有列入现有成本统计范围,对成本的测算、分析和控制都不完全。在大多数情况下,供应链的经理们很难全面了解整个供应链的成本构成,因此可以通过成本计量使蕴含在供应链营运活动中的复杂成本经过分解变得容易识别,管理者可以了解到在供应链的哪一个环节或阶段成本提高了,是否可以改进。成本计量在利润分配和分担费用方面也起到重要的整合作用。同时,成本计量为重要决策——成本削减提供了坚实的基础。更进一步地说,通过供应链成本项目的计量可以使链中成员看到竞争和获利的机会。

2.成品油供应链成本分析

北京销售成品油的企业的供应链成本核算计量首先要确定供应链的成本范围。成品油供应链的物流活动是确定成品油供应链成本范围的重要依据。

1)成品油供应链的物流活动分析

(1)成品油供应链上游的物流活动分析(见图 11.5)

成品油供应链上游的物流活动主要包括原油的物流活动和成品油的物流活动两部

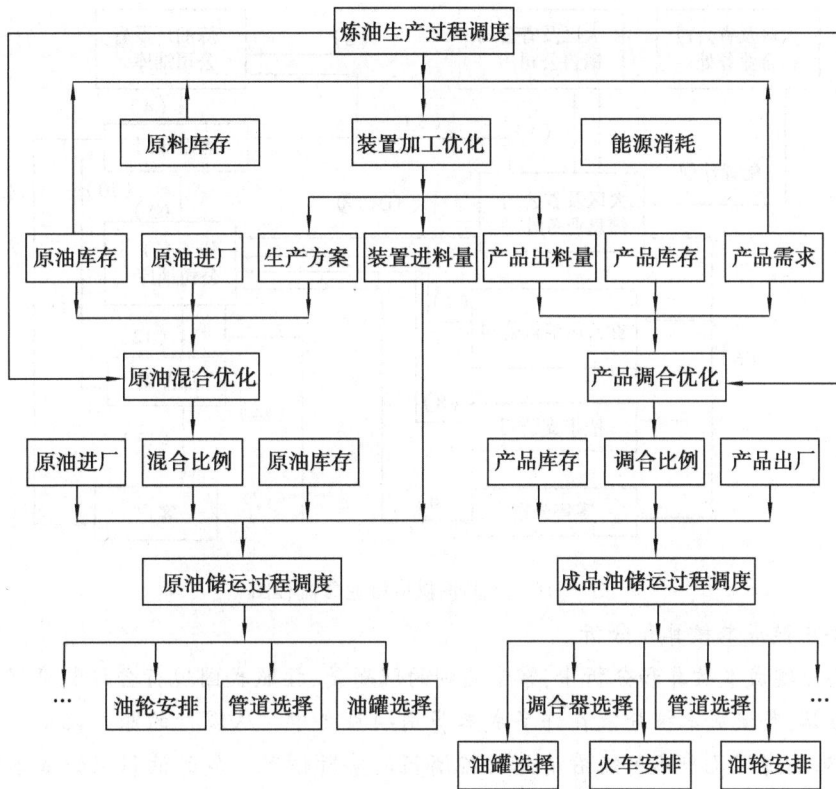

图 11.5　成品油生产流程图

分内容。原油的物流活动包括原油的卸载、原油在码头罐区的存储、原油从码头罐区到厂内罐区的移动、原油在厂内罐区的存储、原油从厂内罐区到装置的移动。成品油的物流活动包括成品油从装置到厂内罐区的移动、成品油在厂内罐区的存储、成品油的装载等。成品油供应链上游的物流活动还包括物料在装置之间的移动等。

（2）成品油供应链下游的物流活动分析（见图 11.6）

成品油供应链下游的物流活动涉及自炼厂发送油品、油库储存调配、加油站储存销售等重要节点，发生在炼油厂、油库、加油站和客户各个节点之间，主要包括成品油从炼油厂到油库的移动、在油库的罐区存储、成品油从油库的罐区到加油站的移动、在加油站的存储、从加油站到顾客的移动等。

根据成品油供应链流程图所体现的成品油流动特点及上述的分析，总结出主要的成品油物流活动。成品油供应链成本就产生于以上运输、库存、仓储、信息、油品包装和客户供应链服务等成品油物流活动中。形成的成品油成本主要有运输成本、库存成本、仓储成本、油品包装成本、供应链信息成本、客户服务成本。

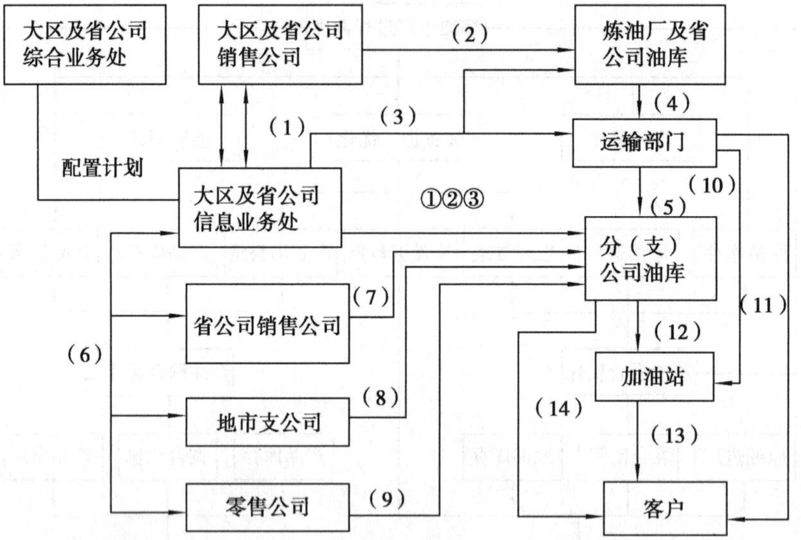

图 11.6　成品油供应链业务流程图

2）供应链成本核算和分析

在供应链成本核算和分析中,常常遇到的问题是,按照我国现行会计制度规定进行的成本核算,物流成本被分散在许多成本费用项目之中。从现行的账户记录和会计报表中,很难或者说几乎不可能看清楚物流消耗的实际情况。成品油供应链成本的大量基础数据就包含在其中的经营、管理、财务费用中,并未成为一个单独核算的项目,大量的物流费用与成品油经营和管理的费用混在一起。在成品油商品流通费用中直接反映供应链成本的主要有营业费用中的经营劳务费、租赁费、财产保险费、进货运杂费、销货运杂费、包装费、商品存储费、商品损耗、化验计量费、消防警卫费,管理费用中的租赁费、车辆费、车船使用税、提取的存货跌价准备等。这些流通费用项目中只有进销货运输费是纯粹的物流费用。还有一些隐性成本并没有列入成品油供应链成本中,如供应链基础设施建设费,企业利用自己的车辆运输的运费,企业利用自己的油库储存的仓储费,企业利用自己的工人进行包装、装卸费用,物流固定资产的折旧费,企业供应链管理人员的工资、福利、管理费用等;与物流办公和设施设备有关的水电、燃料、取暖费;收集、整理、分析、加工、传输物流信息的费用;油品运输和库存过程中大量的资金占用成本等。而这些费用对供应链成本核算是不可或缺的。

在核算企业供应链成本时,结合我国企业实际情况,首先将现有会计报表中与物流成本、供应链成本相关的会计科目与数据进行分类,同时补充报表中没有列入的供应链成本数据,将二者成本项目数据结合,列出核算表。核算表的形式借鉴日本企业供应链成本核算方式,按功能支付形态分类核算成品油供应链成本。

表 11.1 为成品油供应链成本的详细分类核算提供了基本框架,既可得出分类的供应链成本数据,又可用于计算一定时期内成品油供应链总成本。可以利用这些成本数据进行不同年度的成品油供应链总成本及单项成本的比较,进而确定应该对哪些不合理的功能进行改善。正确设定供应链合理化目标和指导成品油供应链成本管理的计划、预算安排。

表 11.1 成品油供应链成本计算表

科　目 ＼ 范　围	不同物流功能单项成本						
	运输	库存	仓储	包装	物流信息	物流客户服务	合计
一、　物流人员相关成本							
二、　物流行政管理成本							
三、　运输相关成本							
四、　物流信息费							
五、　财务费用							
六、　物流基础设施相关成本							
合　计							

≫案例分析与讨论题

1. 结合案例说说供应链物流活动与供应链成本的内在关系。
2. 结合案例说说供应链成本核算中常常遇到的问题以及解决对策。

≫复习思考题

1. 简述供应链成本的发展过程。
2. 简述供应链成本管理方法。
3. 简述我国企业在供应链成本管理中存在的问题。

第12章

联泰打造世界级的成衣供应链
——精敏供应链综合案例分析

本章导读:

- 联泰以供应链集成服务而非挤占上下游的战略定位取得了拓展业务和改善上下游关系的协同效果。
- 联泰以自己的成功实践向世人展示了中国 OEM (Original Equipment Manufacturer) 可以实现的中间地位优势、多收入来源优势与精敏供应链整体优势。
- 联泰开创了基于 OEM 的精敏供应链创新——以集成服务实现供应链精益与敏捷的有机结合。

12.1　案例描述：联泰打造世界级的成衣供应链

联泰国际集团创始于 1965 年,总部设于香港,是一家以服装制造为主的多元化跨国集团,是全球最大的成衣制造商之一;在全球许多国家和地区建有工厂,年产成衣 6 000 多万件,产品种类包括梭织、针织、裤子、毛衣、睡衣、内衣、时装等;年销售额达 5 亿多美元,2004 年 7 月 15 日在香港上市;拥有 23 000 多名员工,年营业额达 8 亿美元。目前集团有 110 多家下属公司,服装制造基地主要位于中国(广东和江苏)、菲律宾、美属塞班岛、柬埔寨和墨西哥等地,并在亚洲、北美和西欧设有 10 多家办事处,业务遍布美国、日本、菲律宾等 12 个国家和地区。以位于广东的东莞厂区为例,到 2005 年时,公司已有员工 7 020 人,生产能力达 120 万件/月,其中梭织服装 45 万件/月,针织服装 75 万件/月。

联泰采用全新的商业经营模式,致力于将科技管理和物流服务与制造业相整合,开发实施供应链一体化,由传统的制衣业转变为新型服装制造与全方位服务提供商。集团公司的愿景目标是:成为客户公认的全球最佳服装制造商。

联泰将东莞的厂区命名为"供应链城",此举突显了联泰独到的战略眼光与创新思维。一件服装的加工时间并不很长,但其他环节却很花费时间。类似地,服装加工费用对服装总成本的影响不是很大,而在其他几个环节中成本却很高。应对服装行业款式多、数量少、订货期短、竞争激烈的状况,联泰提出了自己独特的"DtoS",即"从设计到店铺"这样全程的一站式服务。①

1)设计

"从概念到产品"的实现需要有一个完整的业务流程和相应的业务机构。联泰的 DtoS 商业模式正是从服装的设计开始的。为了及时获得国内外市场的服装流行信息,联泰在纽约、新泽西、中国香港、中国内地及伦敦等地设置了一些服装设计工作室,其分工各有侧重。纽约及新泽西的设计工作室主要做平面设计、CAD 设计及时装设计等,中国香港及中国内地设计和开发工作包括面料开发、平面设计及服装设计。2005 年 2 月,联泰在东莞供应链城设置了主要供应伙伴的面料辅料创新中心,为每个主要供应商提供一间展品间,将他们的 IT 和物流进行统一管理,供应商可以在这里优先得到客户的

---

① 北京大学联泰供应链研究与发展中心.联泰:打造世界级成衣供应链.2005.11.

订单,而不用到各地到处跑了。

2）生产制造

当产品开发中心设计样品完成,在得到客户的确认后,开发中心将样板、设计资料和所有客人提供的纸样等提供给工厂,开始生产制造。联泰有相应的布料辅料数据库辅助布料物流,以保证在采购布料时与产品设计方案色差一致,以及剪裁时尽量保证衣服的不同部分位于同一层布上。在生产前期准备阶段,还要根据客户的要求对所涉及的样品进行缩水、抗拉力、掉色等各种检验。接着,在开始大规模生产之前,由工人、小组组长和主管先试做若干产品样本,使工人对本次要生产的产品样式和生产过程有所了解。当产前版做出后,经检验确认没有问题,再将样板在电脑中模拟排版以找到一个最省料的排版方式。上裁床之后,按照加工的工序,将裁片用小车送到每一个工人的座位旁边,工人们将这些裁片缝接起来,制成衣服后立即送到作业台上进行熨烫和包装。在这个流程中,联泰严格加强产品质量管理,在每个环节上都进行记录和检验,防止不合格产品出现。

在加强质量监管的同时,联泰也在研究如何进行流程创新,采用新的加工方式,让员工从固定的生产方式变为灵活的可调节生产加工方式,通过再造工厂的业务流程来提高劳动生产率,使员工在团队精神的培养和发挥、工作多样化等方面起到明显的作用,从而使员工满意度和质量意识显著提高。

3）物流与分销

联泰通过创立其物流全资子公司 CTSI 为集团在亚太地区的服装物流提供服务,其业务遍及世界 10 个国家,共有 17 个中转站。同时,联泰还花很多时间和精力与外部的物流厂商合作,由它们提供各种物流服务,包括托运、仓储、物流咨询和代为客户安排清关等服务。

为了在国际市场上获得有利的竞争地位,联泰将用户的装箱要求与服装制造同步,按照客户指定的方式对产品进行包装,做混色和混码的装箱,将货物按照客户的要求直接发送到世界上某个仓库或客户指定的某个地点,有效降低了客户成本,节约了重新装箱的时间,也避免了在重装箱过程中对产品品质产生影响。

4）信息平台

DtoS 商业模式的背后,联泰有信息技术来支撑整个企业的运作和管理。旗下的创意科技软件公司(IST)开发了一系列制衣专用的套装软件,同时也为最终用户提供有关的解决方案。目前已经在联泰使用的软件包括 ERP 软件包、供应链管理软件包、系统产品开发辅助系统、布料货运预通知系统、成品货运预通知系统、生产进度跟踪系统、项目及联系跟踪系统、文件管理系统、仓库跟踪系统、人力资源系统等。这些系统在 DtoS 中的应用主要体现在企业间协作、供应商及布料信息处理、生产控制、仓库管理和企业资源计划管理等方面,为 DtoS 模式的顺利进行起到了不可低估的重要作用。

12.2 案例分析:"从设计到店铺"的一站式服务

联泰成功的重要原因可归纳为从 1998 年开始探讨并实行的"从设计到店铺"的一站式服务战略,即"DtoS(Design to Store)"商业模式(见图 12.1)。

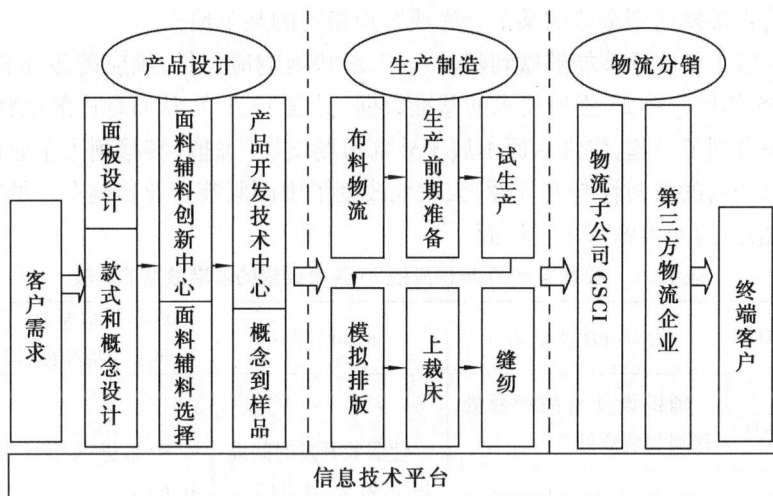

图 12.1 联泰 DtoS 模式

其突出做法包括:

1)以供应链集成服务提高现代服装的响应速度

品牌商在开发服装时首先考虑的是面料选择,而不是成衣的款式。因此,过去往往是品牌商和面料商开发好产品后,找联泰为其生产,这也是目前多数代工地区的做法。联泰利用中国土地规模和成本低的优势,将服装的设计中心建到工厂附近,为服装设计师提供所需要的面料图书馆、面料测验中心、流行色研究、电脑绘图和小样制作等非核心设计服务。服装品牌的设计师可以带着创意飞到中国,一周内可以完成整个设计过程。而在过去,设计师在国外设计与小样制作需要在国外和中国之间来回反复,花费约

45 天的时间。这个改动使服装开发时间缩短了 40 天,同时又不侵犯服装品牌商的核心竞争力,提供了过去服装品牌商必须要做,但不擅长的服务,从而使得联泰成为服装品牌商的首选供应商。另外,联泰厂区内的面料辅料创新中心为上游企业提供了面料辅料展示的平台,订单可以直接下发,节省了到全国各地选料看样的时间。

在制造环节上,联泰通过信息技术能将供应链下游难以做好的一些服务移到制造过程中完成,从而节省下游的时间和成本。比如说,传统上服装品牌商需要在零售配送时,将制造成批装箱的服装在配送中心打开,分拣,重新装箱,送往零售店面,这需要占用 1~2 天的时间和处理成本。现在,联泰通过信息技术从服装品牌商那里获取配送计划,联泰在制造装箱时,能够按照配送计划对产品进行不同大小和不同颜色的混装,使得产品能够直接送往零售店面,而不需要在配送中心分拣和混装,省下 1~2 天时间和成本。成品出货后,由物流子公司全权负责分销或者通过第三方物流公司,按照客户的要求将货物直接发送到全球的某个仓库或客户指定的某个地点。

联泰在以上各个环节能够做到丝丝入扣,最快地响应市场,供应链各环节的参数全面优于 2005 年供应链 25 强所要求的基准数据(见表 12.1),从而奇迹般地将服装供应链各环节整合到了一起,将许多原本属于外部市场交易"虚拟"转移到了企业内部,有效保证了信息沟通的及时性与有效性,大大地改变了中国服装企业普遍存在的响应滞后、成本升高、信息沟通不畅等不良局面。

表 12.1　联泰与 2005 年供应链 25 强所要求的基准数据的比较

序号	供应链环节	供应链功能创新	时间节省	2005 年供应链 25 强所要求的基准数据①	比较值/%
1	服装设计	辅助设计从品牌商处移到制造商处	使服装开发时间缩短了 40 天,快89%	产品进入市场要快60%	+29
2	面料设计	面料设计从供应链上游移到制造商处			
3	产品制造	通过设计新的加工流程对布料裁剪等重新排版	使一件衣服的加工时间从 23 min 减少到 19 min,比原先快17.4%	完成订单方面领先17%	+0.4

---

① 根据 AMR Research 的基准数据,2005 年 AMR Research 供应链 25 强(Supply Chain Top 25)在库存方面低于基准数据15% ,产品进入市场要快60% ,并且在完成订单方面领先17% 。

序号	供应链环节	供应链功能创新	时间节省	2005 年供应链 25 强所要求的基准数据	比较值/%
4	产品分销	按照配送计划对加工成的产品进行不同大小和颜色的混装,并经由物流子公司 CTSI 或者第三方物流公司直接发送到世界上某个仓库或客户指定的某个地点	不需要在配送中心分拣和混装,省下 1~2 天时间和成本,减少了一道库存与配送,如果基准库存为 10 天,则低于 50%	在库存方面低于基准数据 15%	+35
初步比较结论		联泰全面优于 2005 年供应链 25 强所要求的基准数据			

资料来源:根据联泰案例及有关材料整理而成。

2)通过营造求大于供的市场关系降低服装成本

降低成本费用是一个企业,尤其是不具备知识、技巧与重复发明(Reinventing)专长的中国 OEM 企业保持竞争优势的基本要求与努力方向(Thomas F. Siems,2005)。在产品成本构成中,一般 OEM 所在的生产环节所占的成本较小,仅占 7.5%(见表 12.2),因此,单单从生产环节进行成本降低的潜力越来越小,且一味追求成本降低还可能影响产品的质量,所以必须拓宽降低成本的思路。正如联泰执行总裁陈祖龙所说,"联泰不走单纯低成本的道路,这是联泰的定位",其基本出发点是通过流程创新等营造求大于供的市场关系。因为营造求大于供的市场关系能不断增加订单的规模与批次,并且能在很大程度上降低库存成本与商品处理成本。

表 12.2　零售商的简要成本细目分类

	物料成本	生产成本	工厂利润	其 他	零售商利润	合 计
成本/美元	6.5	3.0	0.5	26.0	4.0	40
比例/%	16.25	7.5	1.25	65	10	100

资料来源:联泰集团提供的有关材料。

联泰使得客户在供应链城中可以用最少的时间与相关的供应商与制造商进行快速沟通,并达成成交与物流配送等协议。同时,通过上下游价值链的审慎介入(服务而不挑战面料商与品牌商的核心地位与主打业务),大大增强了联泰对客户的吸引力、把握能力以及价值博弈能力,使得客户对联泰产生依赖,最终使联泰的服务达到一种"供不应求"的状况。目前,联泰有一半以上的营业额来自 POLO、FR 等 5 家世界知名品牌,这些客户把负责研发的科技人员常驻在联泰供应链城从事款式的设计和面料的选择,联泰则参与到其中共同对样品进行不断的改进,以最高的效率达成一致并组织生产。这种合作带来的示范效应,不断吸引着相关企业对联泰供应链城的加盟,从而使联泰以及相关布料商、品牌商的核心企业作用得到了协同发挥,较好地解决了各方都关心的根据时装潮流、季节变化与客户要求等进行面料开发与时装设计的互动优化问题,同时大大节省了由于客户相隔遥远所耗费的时间、精力与费用。为此,通过以上下游企业共同参与为重要特征的供应链集成服务是其中重要的方法。

积极通过新产品开发过程中的多主体协同等不断提高顾客需求满足过程中的针对性,即努力促使顾客买对货,从而大大节省库存维持成本以及滞销品的处理成本。比较典型的服装流程大约包括 270 多个步骤,通常需要 40 个星期来设计一套服装,而联泰在东莞厂区设置了包括设计与开发部门、技术中心、面料与辅料测试中心、营业跟单与全球生产规划、水洗、印花与绣花车间、生产车间等在内的能够完成服装设计开发一整套环节的机构。通过 DtoS 的设计、产供销信息共享与协同参与,就把以前的步骤从 200 多个减少到了 40 多个,从而使整个效率提高了 2/3,而且整个供应链成本也降低了。尤其值得一提的是,联泰通过产销直接对接大大提高了顾客买对货的比率,从而有效地提高了企业的成本竞争力。

除此之外,联泰积极利用现代信息技术改造服装加工流程,使一件衣服的加工时间减少了 2%,而每减少 1% 就能帮助联泰节省 300 万美元。由于这种成本降低是建立在不影响甚至是有利于服装质量、周转速度与企业信誉提高的基础上,因此,它开创了现代社会经济条件下服装企业的精益生产之路。

3) 以供应链集成服务谋求业务拓展与关系改善的协同效果

为了避免 OEM 厂商自创品牌、自我设计款式给外包厂商带来较大的竞争压力(OEM 厂商的自有品牌产品、设计款式与其代工产品均为同类产品),外包厂商通常会采取使 OEM 厂商陷入前所未有的困境的抽掉订单或进行技术、信息封锁等行为。对此,如何寻找到一种既能够拓展业务,又不与上下游主要客户发生冲突的两全之策就成了联泰进行供应链设计过程中要考虑的核心问题。

2006 年,笔者有幸参加了北京大学联泰供应链研究中心组织的赴联泰供应链城参观考察活动,与会代表们急于知道的一个基本问题是:有多余 8 亿美元销售收入的联泰为什么仍不打自己的服装品牌?有关领导的回答是,按供应链集成服务的做法比较适合联泰目前的情况,并有很大的发展空间。相对于中国服装企业的规模来讲,联泰远远大于那些打自己服装品牌的企业;而相对于联泰所服务的世界一流的服装企业来讲,联泰又处于弱势地位。为此,联泰之所以选择这样定位的关键是充分考虑到了服装供应链与企业发展的辩证关系。事实上,联泰为 OEM 如何实行战略制胜进行较为成功的尝试,以服务而非挤占上下游的战略定位较好地取得了拓展业务和改善上下游关系的协同效果。如在东莞厂区设置了包括设计与开发部门、技术中心、面料与辅料测试中心、营业跟单与全球生产规划、水洗、印花与绣花车间、生产车间等在内的、能够完成服装设计开发一整套环节的机构。这样,联泰不仅取得了许多名牌企业从事贴牌生产的服装收入,而且还在设计环节创出了自己的特色与服务收入,增强了与客户合作时的议价筹码,提高了本企业的核心竞争力。

12.3 理论创新:构建基于 OEM 的精敏供应链

从以上分析可以看出,联泰集团借助于实施以 DtoS 为重要内容的集成服务,较好地构建并实施了精敏供应链,实现了降低成本费用与快速满足顾客需求的双目标,为中国 OEM 新优势的取得提供了可供学习参考的范例。

精敏来源于英文"lean"和"agile"的组合。石磊(2007)将"精敏"定义为:通过减震点的转移来合并精益与敏捷这两项因子,使分离点(Decoupling Point)的下游企业能够迎合市场多变的需求,而上游企业能提供平顺、守时的生产过程。欧洲供应链权威研究者马丁·克里斯托夫(2000)将精敏供应链称为混合供应链,并认为其具有 4 个可辨别的特征:市场敏感性、虚拟能力、合作伙伴间的协作性以及对充分利用各合作伙伴核心优势的可能性。马丁·克里斯托夫和丹尼斯·托维尔(2001)提出了精益与敏捷相结合的分离点法、帕雷托曲线(Pareto Curve)和激增与基本需求法,他们认为这 3 种方法具有互斥性与各自的适用性,构建精敏供应链的关键就是要找到结合精益与敏捷两种特性的适当方法,而延迟就是一种结合的技术。

李忠富(2004)以住宅建造业为例,按照"退耦点"位置的不同将供应链战略分成 4 种,通过调整供应链"退耦点"位置来实现顾客满意的目标。纪雪洪等人(2005)认为:从产品需求模式看,精益供应链与标准化产品、实用性产品匹配,敏捷供应链与定制化产品、创新性产品相匹配;从产品模块化设计以及全球供应考虑,精益与敏捷集成的供应链是最有效的选择。尤大鹏等(2007)分析了大规模定制对敏捷、精益集成的要求,然后给出汽车大规模定制下精敏供应链的运作模式,在此基础上,提出精敏供应链实施的三层次集成模型。

总的来说,目前学术界对敏捷范式的供应链研究较多,但几乎都没有从整条供应链的视角来考虑如何合并精益与敏捷,以同时满足敏捷范式与精益范式的要求。在现代社会经济条件下,敏捷需要涵盖供应链的所有环节,且只有经由精益生产去除冗余,才能灵活适应市场及供应链各环节的变化。尤其值得一提的是,目前学术界关于基于OEM 的精敏供应链尚未见公开文献。从整条供应链的视角同时考虑精益与敏捷的整合是构建精敏供应链的理论前提与关键要素,同时也是中国 OEM 构建精敏供应链、实现由一般被人选择的企业向核心企业转变过程中必须解决的重要理论与实践难题。而以下则是联泰可资借鉴的中国 OEM 构建精敏供应链时可以考虑的一般范式,基本内容包括:以集成服务实现由一般企业向核心企业的转变、OEM 负责配送到店、多主体协同进行产品设计。有关 OEM 可以在此基础上进行创造性的运用。图 12.2 所示为基于 OEM 的精敏供应链框架。

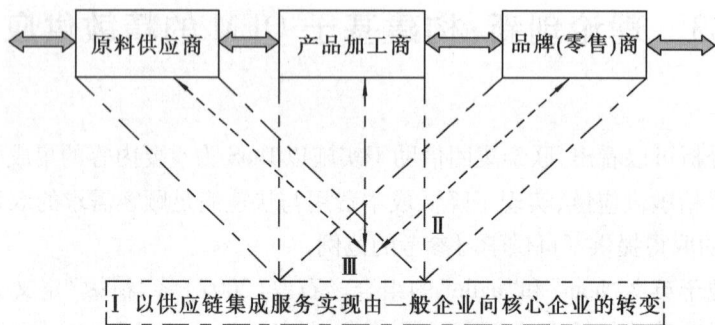

图 12.2　基于 OEM 的精敏供应链框架

1) 以供应链集成服务实现由一般企业向核心企业的转变

现行企业与企业之间的竞争,已经转化成供应链与供应链之间的竞争,供应链上所有企业整合能力的竞争,某种程度上又表现为供应链核心企业自身核心竞争力的强弱及其对整条供应链的影响。习惯上,大家把品牌商与零售商看作全球服装供应链的核心企业,而把 OEM 看作在其导引下进行低价竞争的"国际民工"。但联泰经由 DtoS 的实践,较好地实现了 OEM 由一般企业向核心企业的转变。用联泰国际集团执行副总裁陈祖龙的话来讲,即将其运营能力从过去单纯的制造环节向供应链上下游具有更高价值博弈能力的环节延伸,并在供应链上下游企业之间搭建一个桥梁,将联泰从一个被客户选择的被动角色转变为对整个供应链进行主动协调的角色。由于全球化供应链构建与调整的过程,是相关企业相互适应、相互认同后形成的一种和谐体系,因此 OEM 能否经由服务而使得相关企业,尤其是核心企业在价值观上认同,在经济上受益就成了问题的关键。在这方面,联泰为广大 OEM 提供了非常宝贵的经验——以服务而非挤占上下游的战略定位使 OEM 取得了拓展业务和改善上下游关系的协同效果,是一种既利于拓展业务,又不与上下游主要客户发生冲突的两全之策,同时经由服务也取得了企业与外包或 OEM 两种形式的综合优势。

张五常等经济学家认为,企业的诞生源于组织内部的交易效率高于中间产品的市场交易效率,而外包或 OEM 则源于中间产品的市场交易效率高于内部分工的交易效率,但以信息、通信与交通为代表的新技术发展,以及市场制度在全球范围的拓展,使得企业的竞争转变成了供应链的竞争。在这种情况下,企业必须努力经由合作取得以上所说的企业与外包或 OEM 两种形式的综合优势——基于供应链合作的企业内外部优势,即通过以服务而非挤占上下游的战略定位实现企业与外包形式的优势嫁接或集成。但中国企业普遍表现出合作意识不强、各自为政的行事作风,人为地割裂了供应链各环节的衔接,相应地带来诸多问题,如响应滞后、成本提供、信息沟通不畅等。联泰提出的"从设计到店铺"模式,使得 OEM 从一个纯制衣企业转变为服装供应链服务的提供商,企业功能也从制造沿供应链向上游向设计服务拓展,沿供应链向下游向零售店所需要的供应链服务拓展,从而奇迹般地整合了服装供应链各环节,将许多原本属于外部市场的交易"虚拟"转移到了企业内部,最大限度地实现了成本最低化,保证了信息沟通的及时性与有效性。同时,"从设计到店铺"模式也使企业的服装收入由以往的代加工收入扩大到了 DtoS 的诸多环节,从而使 OEM 企业从微笑曲线低端的价值劣势转化为与上下游有效协同的多收入来源的优势,并最终达到实现由一般企业向核心企业转变的跨越要求。而这种在价值观上认同、经济上共赢的合作状态,又促使整条供应链上的主要企业进行更深层次的合作。

2)OEM 负责把成品配送到店

世界制造中心向中国转移给国际知名企业构建全球供应链提供了良好机会,如何有效寻找可靠的第三方物流服务商就成了这些知名企业实现战略制胜的关键之一。但寻找可靠的第三方物流服务商的工作往往比较艰巨,正如宝洁公司全球服务部和物流部门的主管 Reisinger 所说:"我们希望能够找寻到一个知名的物流服务提供商,可以让我们在全球范围内都借助它的物流服务支持我们的业务。然而,目前这一点尚无法实现。"(佟路,2006)为此,中国 OEM 企业如何有效利用加工制造的便利,一步到位地考虑委托企业的非核心配送业务,即实现 OEM 负责配送到店就成了有效参与国际分工、密切供应链关系的重要举措。其实施的主要价值包括:

①缩短对品牌商、零售商新产品上市的提前期,大大降低缺货或过剩风险;供应链配送与库存环节成本的降低带来最终产品价格降低,可以增加竞争力并增加销售收入。

②对 OEM 来讲,可以掌控终端需求信息,得到更为准确的预测,从而更有效地安排生产,增加整个采购与生产的柔性与产品质量;消除预期外的短期产品需求导致的额外

成本,降低对安全库存的需求;有利于创造直接的、可观的商业利润①。

③对双方来讲,产品管理更专业化,可以实现更有效的配送、库存和订货决策,降低交易时间和交易成本;加强伙伴关系,提高供应链的柔性和持续改进能力,为双方长远发展奠定坚实基础。

联泰采用自行开发的"出货预通知系统"(ASN XFGA)可以实现在车间里直接按照客户通过订单系统(X)传来的各销售网点对不同货品组合的要求将产成品装箱,直接运抵客户的各个销售终端,既提高了物流效率,又保证了100%的配送准确率。此外,也避免了中途分拣造成物品破损,有效地实现了由品牌商销售信息拉动的上下游信息共享与物流合作,非常值得有关 OEM 企业借鉴。

3)多主体协同产品设计

Carlisle 和 Patker(1998)指出,供应商必须参与产品设计的过程才能使其特殊的制造与开发能力得以发挥。O'Grady 和 Chuang(2001)将这种协同关系扩展至所有与产品开发相关的协同活动,如协同设计、协同雏形开发以及协同测试等,并称之为产品开发链。但就总体而言,目前对于新产品开发过程的研究,大多是以大型企业内部的新产品开发活动为研究基础的(Huang et al,2002),并没有特别注意到最终产品是由众多产品零件(components)组合而成的情形,从而也忽略了新产品开发整合中的外部衍生与合作问题。而联泰则通过供应链的构建以及相关有形条件的创造与无形服务的提供,使由双方协同转变为产供销结合的三方协同,使这种概念层面上的协同转变为有完备技术经济条件支撑的紧密型合作。

由于一般 OEM 所服务的产品设计活动是一个以整体优化为主要目标的多主体合作与协调过程,通过对各个合作伙伴具有知识与技术的选择、获取、学习、吸收,以及在产品设计与制造方案中的应用,可以较快地提高新产品开发的绩效,因此,有关 OEM 可以充分借鉴联泰把自己定位在供应链中游位置的做法,积极发挥多主体协同产品设计的重要组织与管理作用,使类似于国际时装这种时间要求很高的精敏型供应链得到可持续的匹配,即通过多主体协作等较好地解决现代服装的成本节约与响应速度问题。

12.4　基本结论及有关说明

经过研究认为,联泰以供应链集成服务而非挤占上下游的战略定位较好地取得了

---

① 2005 年,联泰物流服务业务的净利润达到了30%以上。

拓展业务和改善上下游关系的协同效果,并以自己的成功实践向世人展示了中国 OEM 可以实现的中间地位优势、多收入来源与精敏供应链的整体优势,开创了基于 OEM 进行供应链构建的新局面,对中国 OEM 突破微笑曲线的困局具有重要的理论意义与实践价值。开创了中国 OEM 构建精敏供应链时可以考虑一般范式——以集成服务实行中间地位优势、多收入来源优势以及由一般企业向核心企业的转变;OEM 负责配送到店;多主体协同进行产品设计。较好地实现了相互关联的产品、工艺、组织和管理创新的结合,与戴尔的直线订购模式和朗讯的 DAMA 一样,是一种有效的技术经济模式变革。

需要说明的是,联泰作为中国 OEM 的优秀代表有着一般 OEM 难以比拟的卓越条件,如国际化观念成熟、经济实力雄厚、企业制度健全、人员素质很高。企业文化,也就是3C——连贯性(Continuity)、承诺(Commitment)和交流(Communication),使联泰在机会出现时抓住了它们(北京大学联泰供应链研究中心,2006)。因此,在学习时切忌简单模仿。但由此体现出来的充分认识配额取消与世界制造中心转移所带来的机遇与威胁,不失时机地进行转型,尤其是为向 OBM(Own Brand Manufacturing)转型奠定基础和能力的观念与做法值得学习;经由集成服务谋求企业与供应链协同发展的思路与做法值得借鉴。至于如何构建基于 OEM 的精敏供应链,则宜视企业与行业特点、战略群组与核心能力,以及上下游客户需求等情况进行灵活决策,尤其是对于大部分中小型的 OEM 来讲,则主要是通过产业集群或产业集群供应链的构建等增强能力,并视机会参与,或构建以自身为核心企业的精敏供应链,最终实现从一个被客户选择的被动角色转变为对整个供应链进行主动协调的角色,有效突破全球微笑曲线的困局。

参考文献

[1] 米歇尔·R·利恩德斯,哈罗德·E·费伦. 采购与供应管理(原书第 12 版)[M]. 赵树峰,译. 北京:机械工业出版社,2003.

[2] Hartmut Stadtler,Christoph Kilger. 供应链管理与高级规划——概念、模型、软件与案例分析[M]. 北京:机械工业出版社,2005.

[3] 巴罗(Ballou,R. H.),企业物流管理:供应链的规划、组织和控制[M]. 王晓东,等,译. 北京:机械工业出版社,2006.

[4] 大卫·辛奇-利维,菲利普·卡明斯基,伊迪斯·辛奇-利维. 供应链设计与管理——概念、战略与案例分析[M]. 北京:中国财政经济出版社,2004.

[5] 费雷德·R·戴维. 战略管理[M]. 北京:经济科学出版社,2001.

[6] 尼尔森·乔普瑞彼得·梅因德尔. 供应链管理——战略、规划与运营[M]. 北京:社会科学文献出版社,2003.

[7] 约翰·T·门茨尔. 供应链管理概论[M]. 北京:电子工业出版社,2006.

[8] 詹姆士·R·斯托克,等. 战略物流管理[M]. 北京:中国财政经济出版社,2003.

[9] 艾伦·哈里森,雷姆科·范赫克. 物流管理(原书第 2 版)[M]. 张杰,译. 北京:机械工业出版社,2006.

[10] 西格法德·哈里森. 日本的技术与创新管理[M]. 北京:北京大学出版社,2004.

[11] Aitken James, Childerhouse Paul, Christopher. Martin, et al. Designing and Managing Multiple Pipelines[J]. Journal of Business Logistics,2005,26(2):73-96.

[12] Bechtel Christian,Jayanth Jayaram. A Strategic Perspective[J]. Supply Chain Management, 1997,8(1):15-34.

[13] Berton Latamore. Customers,Suppliers Drawing Closer through VMI[J]. APICS—the Performance Advantage,1999:22-25.

[14] Brian S. Fugate, John T. Mentzer. Dell's Supply Chain DNA [J]. Supply Chain Management Review, 2004(10).

[15] Charles C. Poirier. Advanced Supply Chain Management[M]. Berrett-Koehler Publishers, Inc. 1999.

[16] Childerhouse Paul, James Aitken, Denis Towill. Analysis and Design of Focussed Demand Chains[J]. Journal of Operations Management, 2002,20(6):675-689.

[17] Christopher, Martin. Logistics and Supply Chain Management[M]. London: Prentice Hall, 1998.

[18] Dale S. Richard L. Dave, Patrick Guerra. Information Technology: Logistics Innovations for the 1990s[J]. Annual Conference Proceedings, vol. 2 (New Orleans: Council of Logistics Management, 1991): 247.

[19] Douglas Long. International Logistics: Global Supply Chain Management[M]. Kluwer Academic Publisher, 2003.

[20] Evens GN, et al. Business Process Reengineering the Supply Chain [J]. Production Planning and Control, 1995, 6(3).

[21] Hau L. Lee, Corey Billington. Managing Supply Chain Inventory: Pitfalls and Opportunities[J]. Sloan Management Review, Spring 1992: 65-73.

[22] Joseph Scully, STANLEY E. Fawcett. Comparative Logistics and Production Costs for Global Manufacturing Strategy [J]. International Journal of Operation & Production Management, 1993, 13: 62-78.

[23] LATOR A. Trial by Fire. A Blaze in Albuquerque Sets off Major Crisis for Cell-Phone Giants Nokia Handles Supply Shock with Aplomb as Ericsson of Sweden Gets Burned— Was Sisu the Difference [N]. Wall Street Journal, 2001-01-29(A1).

[24] Lee, H., Padmanabham V., Whang S. Information Distortion in a Supply Chain: The Bullwhip Effect[J]. Management Science, 1997, 43(4): 54.

[25] Lin, B., Collins, J., Su, R. K. (2001). Supply Chain Costing: An Activity-based Perspective[J]. International Journal of Physical Distribution & Logistics Management, 31 (10): 702-713.

[26] Martin Christopher, Denis R Towill. An Integrated Model for the Design of Agile Supply Chains[J]. International Journal of Physical Distribution & Logistics Management, 2001, 31(4): 235-246.

[27] Martin Christopher. The Agile Supply Chain: Competing in Volatile Markets[J]. Industrial Marketing Management, 2000, 29(1): 37-44.

[28] Prabir K. Bagchi, Byoung-Chun Ha. Supply Chain Integration in Europe: A Status Report [J]. School of Business Duques Hall Washington, 2005, DC: 7-8.

[29] Stefan Seuring. 供应链成本管理[M]. 北京:清华大学出版社, 2004.

[30] Sunil Chopra, Peter Meindl. Supply Chain Management: Strategy, Planning, and Operation[M]. Prentice Hall, 2001.

[31] Thomas F. Siems. Who Supplied My Cheese? Supply Chain Management in the Global

Economy[J]. Business Economics,2005,10：6-21.

[32] Tim McLaren,Milena Head, Yufei Yuan. Supply Chain Collaboration Alternatives：Understanding the Expected Costs and Benefits[J]. Internet Research：Electronic Networking Applications and Policy, 2002,12(4)：348-364.

[33] Vander Vaart,T. , Van Donk,D. P. A Critical Review of Survey-based Research in Supply Chain Integration[J]. Supply Chain Management；Survey；Review International Journal of Production Economics, 2007.

[34] 白少布. 面向供应链管理的库存控制理论与方法研究[D]. 南京：南京理工大学,2007.

[35] 鲍新中,等.供应链成本管理的基础理论与方法研究[J].物流技术,2007(4).

[36] 北京大学联泰供应链研究中心. 中国供应链现状：理论与实践[M]. 北京：北京大学出版社,2006.

[37] 陈兵兵.SCM 供应链管理：策略、技术与实务[M]. 北京：电子工业出版社,2004.

[38] 陈畴镛,陆锦洪. 基于数据挖掘方法的供应链合作伙伴选择[J]. 数量经济技术经济研究,2002(12).

[39] 陈国青, 黄京华. 第一届信息系统年会论文集[C]. 北京：清华大学出版社,2005.11.

[40] 陈红.知识创新导向的组织知识网络研究[D].天津大学,2005.

[41] 卢丹.供应链知识管理实施研究[D].武汉大学,2005：44.

[42] 陈慧.供应链合作伙伴关系类型和管理研究[D].同济大学,2007.

[43] 陈炜,史红.供应链整合与非整合状态下的利润比较[J].现代管理科学,2007(1).

[44] 陈晓辉.一汽丰田(长春)发动机公司生产物流管理业务流程再造[D].吉林大学,2007.

[45] 道格拉斯·M·兰伯特.供应链管理流程、伙伴、业绩[M].季建华,揭辉,王平,译.北京：北京大学出版社,2007.

[46] 道格拉斯·K·麦克贝思,尼尔·弗格森. 开发供应商伙伴关系：供应链一体化方案[M].上海：上海远东出版社,2000.

[47] 刁玉柱.供应链管理环境下业务流程再造研究[D].东北财经大学,2004.

[48] 丁伟东,刘凯,贺国先.供应链风险研究[J].中国安全科学学报,2003,13(4).

[49] 董安邦,廖志英.供应链管理的研究综述[J].工业工程,2002 (5)：16-20.

[50] 董瑞国.基于供应链的业务流程再造方法研究[D].河北工业大学,2006.

[51] 范黎波,李自杰. 企业理论与公司治理[M]. 北京：对外经济贸易大学出版社,2001.

[52] 冯蔚东,陈剑.虚拟企业中的风险分析与监控[J].中国管理科学,2001,9(5).

[53] 高本河,缪立新.供应链管理[M].深圳:海天出版社,2004.

[54] 高银燕.一体化管理模式下企业技术、组织结构和供应链的关系研究[D].福州大学,2006.

[55] 官志华.关于供应链中核心企业的定位及其演变趋势的研究[D].汕头大学,2004.

[56] 韩景丰,丁建时.基于系统分析的供应链风险识别与控制[J].铁道运输与经济,2006(10).

[57] 胡萍.基于BPR方法论的政府采购招标流程再造[D].合肥工业大学,2005.

[58] 胡文卿,霍佳震.基于SCOR模型的供应链流程管理架构研究[J].上海管理科学,2006(1):70-71.

[59] 花雪兰,徐学军.基于产品生命周期的供应链选择研究[J].工业工程,2007(2):26-30.

[60] 华蕊.基于供应链的合作伙伴选择问题研究[J].哈尔滨商业大学学报(社会科学版),2007(3).

[61] 黄光辉,万建平,蔡建湖.合作还是竞争:成本决定策略的选择——消费者个体选择下双通道物流供应链设计[J].管理工程学报,2006(4).

[62] 黄培伦,陈健.以内部营销为视角的内部关系管理研究[J].江苏商论,2007(4).

[63] 黄莺.供应链环境下的牛鞭效应和VMI策略[D].同济大学,2007.

[64] 霍佳震,马秀波.基于流程的供应链绩效评价[J].商业研究,2005(5).

[65] 贾鹏雷.联想打造黄金供应链[J].中外物流,2006(5).

[66] 蒋笑梅.物流管理实务[M].北京:机械工业出版社,2004.

[67] 焦芳敏.供应链风险管理体系探究[D].华侨大学,2006.

[68] 金润圭.面向供应链管理的库存控制理论与方法研究[M].上海:立信会计出版社,2006.

[69] 李敬.多元化战备[M].上海:复旦大学出版社,2002.

[70] 李严锋,张丽娟.现在物流管理[M].大连:东北财经大学出版社,2004.

[71] 李忠富,张蕊,薛小龙.面向顾客满意的住宅产业精益/敏捷供应链战略[J].哈尔滨工业大学学报,2004(10).

[72] 利波,洪涛.供应链管理(SCM)教程[M].北京:电子工业出版社,2006.

[73] 林慧丹.第三方物流[M].上海:上海财经大学出版社,2005.

[74] 林荣航.供应链管理(SCM)教程[M].厦门:厦门大学出版社,2003.

[75] 刘嘉,等.基于供应链风险管理的供应商评价体系研究[J].管理技术,2004.

[76] 刘刚.供应链管理[M].北京:化学工业出版社,2005.

[77] 刘丽文.供应链管理思想及其理论和方法的发展过程[J].管理科学学报,2003(2):81-86.

[78] 刘小卉.物流管理信息系统[M].上海:复旦大学出版社,2006.

[79] 刘志学.目标成本法——供应链成本管理的新方法[J].中国物资流通,2002(2).

[80] 鲁晓春,林正章.物流管理案例与实训[M].北京:清华大学出版社/北京交通大学出版社,2005.

[81] 罗珉,等.公司战略管理——理论与实务[M].成都:西南财经大学出版社,2003.

[82] 罗永华,何忠伟.电子供应链的构建问题初探[J].科技和产业,2004(8).

[83] 骆温平.第三方物流理论、操作与案例[M].上海:上海社会科学院出版社,2001.

[84] 骆温平,等.第三方物流与供应链管理互动研究[M].北京:中国发展出版社,2007.

[85] 马丁·克里斯托弗.物流与供应链管理[M].北京:电子工业出版社,2003.

[86] 马林.基于SCOR模型的供应链风险识别、评估与一体化管理研究[D].浙江大学,2005.

[87] 马士华,林勇.供应链管理[M].2版.北京:机械工业出版社,2005.

[88] 马士华.论核心企业对供应链战略伙伴关系形成的影响[J].工业工程与管理,2000.

[89] 马士华.库存不再疼痛——如何整编供应链中的库存管理权[J].中国商贸,2001(22).

[90] 迈克尔·波特.竞争优势[M].北京:华夏出版社,1997.

[91] 彭扬.物流信息系统[M].北京:中国物资出版社,2006.

[92] 钱莹.基于SCOR的供应链协同质量管理研究[D].河海大学,2007.

[93] 森尼尔,等.供应链管理——战略、规划与运营[M].北京:社会科学文献出版社,2003.

[94] 邵晓峰,张存禄,李美燕.供应链管理[M].北京:机械工业出版社,2006.

[95] 施先亮,李伊松.供应链管理概论[M].北京:首都经贸大学出版社,2006.

[96] 石磊.敏捷与精敏供应链范式研究评介[J].外国经济与管理,2007(5).

[97] 宋华,胡左浩.现代物流与供应链管理[M].北京:经济管理出版社,2000.

[98] 孙元欣.供应链管理原理[M].上海:上海财经大学出版社,2003.

[99] 索晨霞.北京市油品供应链成本分析[J].商场现代化,2007(2).

[100] 索晨霞.供应链成本分析[J].工业技术经济,2004(6).

[101] 谭显东.基于信息技术的供应链管理[D].华北电力大学,2005.

[102] 汤世强.供应链企业战略合作伙伴关系的形成和运行机制[J].上海工程技术大

学学报,2003(9).

[103] 唐慧静.供应链核心企业的风险预测与规避[D].上海海事大学,2005.

[104] 佟路.跨国企业缔造全球供应链,寻求可靠服务[J].中外物流,2006(7).

[105] 佟庆.供应链管理中的信息平台战略研究[J].农业网络信息,2005(1):54-60.

[106] 王静.基于供应链管理的企业物流系统再造研究[D].哈尔滨工程大学,2006.

[107] 王丽亚.物流信息系统与应用案例[M].北京:科学出版社,2007.

[108] 王焰.一体化的供应链[M].北京:中国物资出版社,2002.

[109] 王耀球,等.供应链管理[M].北京:机械工业出版社,2004.

[110] 王益谊,席西民,毕鹏程.管理中的不确定性及系统分析框架[J].管理评论,2003
(15).

[111] 王勇,陈俊芳.供应链事件管理研究[J].商业研究,2004(16).

[112] 吴晓波,耿帅.供应链与物流管理[M].杭州:浙江大学出版社,2003.

[113] 吴志华,等.中国粮食物流研究[M].北京:中国农业出版社,2007.

[114] 吴志华,等.笔记本供应链调研报告[J].商业周刊新物流,2007(1).

[115] 肖美丹,李从东,张瑜耿.基于未确知模糊理论的供应链风险评估[J].软科学,
2001(5).

[116] 肖萍.如何规避危机事件引致的系统性风险——非典时期株洲经济调查的启示
[J].经济研究,2004(9).

[117] 谢家清.电子供应链管理研究与应用[D].南京理工大学,2005.

[118] 徐文燕.交易费用理论综合分析[J].黑龙江财专学报,1998(6):54.

[119] 徐振宇,何树东.如何进行供应链管理[M].北京:北京大学出版社,2003.

[120] 许明辉.供应链中的应急管理[D].武汉大学,2005.

[121] 许淑君,马士华.供应链企业间的战略伙伴关系研究[J].华中科技大学学报,
2001(6).

[122] 杨长春,候方淼.供应链管理[M].北京:对外贸易大学出版社,2004.

[123] 杨晓雁.供应链管理[M].上海:复旦大学出版社,2005.

[124] 杨艳玲.基于BPR思想的组织设计研究[D].四川大学,2005.

[125] 尤大鹏,马少辉.大规模定制下的汽车供应链研究[J].物流技术,2007(26).

[126] 曾蓓,周彤.商业模式演进的轨迹[J].山东工商学院学报,2007(1).

[127] 曾凡婷,李宏余,孙蛟.浅析敏捷供应链与精益供应链[J].物流技术,2004(1).

[128] 曾庆元,赵国锡.浅谈条形码技术在物流管理中的应用[J].柴油机设计与制造,
2006(4):54-56.

[129] 张存禄.供应链风险管理[M].上海:上海交通大学出版社,2004.

[130] 张强.基于供应链管理战略的企业组织结构模式及运行[D].西安电子科技大学,2007.

[131] 张仕军,孟志青.基于模糊评判法的供应链风险研究[J].北方经济,2007(9).

[132] 张喜征.企业供应链危机与经营风险[J].技术经济,2002(1).

[133] 张旭梅.虚拟供应链的知识管理机制研究[J].2004,22(12):96-99.

[134] 张震.T公司供应链业务流程再造[D].西北大学,2006.

[135] 赵林度.供应链与物流管理理论与实务[M].北京:机械工业出版社,2003.

[136] 赵向东.我国中小企业的业务流程再造研究[D].山东大学,2006.

[137] 赵阳.基于供应链参考模型的供应链绩效评价体系应用研究[D].东南大学,2005.

[138] 郑素萍.电子供应链——供应链发展的新看点[J].财经界,2006(2):171-172.

[139] 钟秀丽.基于SCOR的物流作业成本核算研究[D].华中科技大学,2004.

[140] 周淑华.基于协调的供应链绩效评价指标体系研究[J].科技与管理,2005(2).

[141] 周艳军.供应链管理[M].上海:上海财经大学出版社,2004.

[142] 朱冰心,胡一竑.基于复杂网络理论的供应链应急管理研究[J].物流技术,2007(11).

[143] 朱怀意,朱道立,胡峰.基于不确定性的供应链风险因素分析[J].软科学,2006(3).

[144] 朱庆.供应链企业间的知识共享及其知识交易研究[D].重庆大学,2006,6.

[145] 朱钟棣,罗海梅,李小平.中国OEM厂商的升级之路[J].南开大学学报(哲学社会科学版),2006(5).

后　记

面对刚刚完成的书稿,十分感谢南京财经大学与重庆大学出版社等诸多单位的领导与专家、学者,因为正是他们的远见卓识,分别同意立项"供应链管理课程建设研究"等课题与"供应链管理"出版计划,才使得创新要求很高的"供应链管理战略、策略与实施"较好地得到了人财物方面的支撑。

特别感谢东南大学的赵林度教授,他那独到、严谨与"苛求"的治学态度,以及身先士卒的拼搏精神,使我们在完成该书的整个过程中不敢有半点马虎。尤其值得一提的是,快速发展的南京财经大学非常重视物流管理专业建设、相关师资引进与作用发挥、省级重点物流实验室建设,以及企业管理省级重点学科现代物流管理方向的建设,从而为本团队在这一崭新领域的忘我深根营造了非常有利的条件,在此十分感谢在该书研究与撰写过程中给予宝贵理解、支持与指导的企业管理学科带头人乔均院长。非常感谢联泰控股首席运营总裁陈伟利先生、中粮集团总裁助理栗明先生、东海粮油副总经理付仲水先生、隆平高科战略发展部李岁湘经理与南京物流协会秘书长张承祥先生……正是他们的热切关心与工作支持,才使我们在有关供应链管理课题立项或项目咨询、相关资料搜集与课题研究等方面得以顺利地进行,从而为提高本书的质量提供非常宝贵的素养。

经由多轮本科生、研究生《供应链管理》教学及相关课题研究或项目咨询,笔者草拟了本书的写作大纲,然后经有关会议共同讨论后交项目组各成员分头执笔完成初稿,再经由编写组讨论,以及笔者统稿修改定稿。主要执笔分工为:王常伟、王立石编写第 1 章、马永刚编写第 2 章、韩世莲编写第 3 章、胡非凡编写第 5 章、于辉编写第 6 章、陈建军编写第 10 章、索晨霞编写第 11 章,其他章节主要由笔者负责完成。值得一提的是,刘晓明、颜天宝、彭秋收、钱雅敏、杨建、李小艳、叶平等研究生参与了本书主要章节素材的大量搜集、部分初稿撰写与校对等工作,笔者在此对项目组所有成员的精诚合作表示最诚挚的感谢。

由于本书的视角独特,加上研究与撰写、修改过程中人员众多、素材丰富,因此课题组虽尽了努力,但一些缺点或疏漏在所难免,谨希同志们赐教!

吴志华

2008 年 5 月 19 日于南财大